***ACCESO GRATIS** a la Lectura en la Nube*

Para visualizar el libro electrónico en la nube de lectura envíe junto a su nombre y apellidos una fotografía del código de barras situado en la contraportada del libro y otra del ticket de compra a la dirección:

ebooktirant@tirant.com

En un máximo de 72 horas laborales le enviaremos el código de acceso con sus instrucciones.

LA DEMOCRATIZACIÓN DE LAS DIPUTACIONES PROVINCIALES

SISTEMAS Y PROCESOS ELECTORALES DE LAS CORPORACIONES PROVINCIALES (1812-2024)

Procedimiento de selección de originales, ver página web:
www.tirant.net/index.php/editorial/procedimiento-de-seleccion-de-originales

LA DEMOCRATIZACIÓN DE LAS DIPUTACIONES PROVINCIALES

SISTEMAS Y PROCESOS ELECTORALES DE LAS CORPORACIONES PROVINCIALES (1812-2024)

MIGUEL ÁNGEL CHAMOCHO CANTUDO

ARMANDO JOSÉ SANTANA BUGÉS

Coordinadores

tirant lo blanch

Valencia, 2025

En caso de erratas y actualizaciones, la Editorial Tirant lo Blanch publicará la pertinente corrección en la página web www.tirant.com.

La presente obra ha sido sometida a la revisión de pares ciegos según el protocolo de publicación de la editorial a efectos de ofrecer el rigor y calidad correspondiente tanto en su contenido como en su forma, aplicándose los criterios específicos aprobados por la Comisión Nacional E 016 (BOE num. 286, de 26 de noviembre de 2016).

Esta obra se enmarca en el Proyecto de Generación del Conocimiento SysComProa, que lleva por título "Dinámicas de cambio, transiciones políticas y desarrollo sostenible: el sistema competencial de la Administración provincial", financiado por parte del Ministerio de Ciencia, Innovación y Universidades, la Agencia y del Fondo Europeo de Desarrollo Regional (Proyecto PID2023-151015NB-100 financiado por MCIU /AEI /10.13039/501100011033 / FEDER, UE), con la colaboración económica de la Acción 1b, dentro del Plan Operativo de Apoyo a la Investigación para presentación de proyectos a convocatorias competitivas externas de la Universidad de Jaén, en colaboración con la Facultad de Ciencias Sociales y Jurídicas y la Diputación provincial de Jaén-Instituto de Estudios Giennenses.

EDITA: TIRANT LO BLANCH
C/ Artes Gráficas, 14 - 46010 - Valencia
TELFS.: 96/361 00 48 - 50
FAX: 96/369 41 51
Email: tlb@tirant.com
www.tirant.com
Librería virtual: www.tirant.es
DEPÓSITO LEGAL: V-754-2025
ISBN: 978-84-1095-687-2

Si tiene alguna queja o sugerencia, envíenos un mail a: *atencioncliente@tirant.com*. En caso de no ser atendida su sugerencia, por favor, lea en *www.tirant.net/index.php/empresa/politicas-de-empresa* nuestro procedimiento de quejas.

Responsabilidad Social Corporativa: http://www.tirant.net/Docs/RSCTirant.pdf

Dedicatoria

Los autores de esta obra colectiva quieren dedicar este libro a un gran maestro de la ciencia Ius-histórica, Santos Coronas González, que recientemente nos ha dejado, para rendir homenaje a su legado, con profundo cariño y afecto.

Índice

Presentación

Aún perdura en el recuerdo aquel 29 de junio de 2013 en el que conmemoramos el bicentenario de la Diputación de Jaén. Más de doscientos años de consolidación de la Administración provincial como una institución nacida al amparo de la primera Constitución Española de 1812 y que superando monarquías, repúblicas, dictaduras, revoluciones y varias transiciones políticas, sigue bajo el amparo constitucional, tan viva y tan necesaria como entonces.

La conmemoración de aquel bicentenario tuvo su punto de partida en los resultados de un proyecto de investigación promovido por la propia Diputación, a través del Instituto de Estudios Giennenses (IEG) allá por 1999, que dio como resultado la publicación de *La Diputación Provincial de Jaén en el primer Estado constitucional. (1813-1868). Entre el modelo liberal-constitucional y el modelo moderado-isabelino. Historia política y jurídica* (ed. Diputación de Jaén-Instituto de Estudios Giennenses, 2004), del que fue autor Miguel Ángel Chamocho Cantudo, profesor en la Universidad de Jaén, consejero secretario del IEG y coordinador de la presente publicación. La celebración del bicentenario de la Diputación de Jaén sirvió de marco para desarrollar distintas actividades, algunas de las cuáles se han convertido en símbolos de nuestra provincia. El himno de la provincia de Jaén basado en el poema *Aceituneros* del poeta alicantino, pero con profundas raíces giennenses, Miguel Hernández, cuyo legado literario se encuentra depositado en nuestra institución, o el Día de la Provincia, que por primera vez celebramos aquel 19 de marzo de 2013, son algunos ejemplos. Igualmente, varias fueron las publicaciones de carácter institucional y académico que tuvieron lugar con motivo de esta efeméride, algunas de ellas coordinadas por Miguel Ángel Chamocho Cantudo, como *Modelos históricos de diputaciones provinciales* (ed. Diputación de Jaén, 2013), o *Las Diputaciones provinciales, 1820-1823* (ed. Diputación de Jaén-Instituto de Estudios Giennenses, 2019).

La presente obra que lleva por título *La democratización de las diputaciones provinciales. Sistemas y procesos electorales de las corporaciones provinciales (1812-2024)* sigue la tónica de las anteriores publicaciones, que abordan la consolidación de las diputaciones provinciales como órganos constitucionales, encargados de la prestación de una serie de servicios públicos dentro de un marco competencial territorial: la provincia. La temática de este estudio se centra en reconstruir cómo, desde su nacimiento e institucionalización tras la Constitución de 1812, las diputaciones provinciales fueron organismos que siguieron el mismo sistema y proceso que las elecciones a los diputados a las Cortes de España. Este libro reconstruye las progresivas variaciones históricas que los sistemas electorales coadyuvaron a la elección de los diputados provinciales, desde el sufragio universal indirecto, el sufragio censitario, mediante sistema de voto uninominal o plurinominal, hasta la consolidación del actual sistema de sufragio universal libre y secreto, reflexionando además sobre la posible mejora del sistema electoral incorporando el modelo de sufragio directo.

Desde la Diputación de Jaén nos sentimos orgullosos de seguir ejerciendo de catalizadores del espíritu y de la identidad provincial, sin olvidar la importancia que ha tenido y tiene esta administración pública en la construcción de la provincia que somos. Hoy, más de 200 años después, contribuimos en la medida de nuestras competencias y recursos a que todos los municipios de nuestra provincia puedan prestar servicios públicos de calidad y los vecinos y vecinas giennenses dispongan de infraestructuras municipales de primer nivel, independientemente del lugar en el que residan.

FRANCISCO REYES MARTÍNEZ
Presidente de la Diputación Provincial de Jaén

Introducción

Las Diputaciones provinciales nacieron como una institución constitucional. Creadas al amparo del artículo 325 de nuestra primera constitución española de 1812, consolidada por todas las constituciones históricas y nuevamente constitucionalizada en 1978, en su artículo 141. Esta constatación liga indisolublemente a la Diputación provincial con su carácter indiscutiblemente constitucional, y su suerte, como organismo provincial, debe seguir la suerte de los valores constitucionales que la crearon, desarrollaron y actualmente atesoran.

Uno de esos valores, el de la consolidación de un organismo provincial electivo, sometido a sufragio electoral para la elección de sus miembros, de sus diputados, hasta la actual democratización de la institución, es el objeto de preocupación de esta obra colectiva.

Y este valor, el de ser una institución provincial sometida al proceso de elección de sus diputados mediante el sufragio, mediante el ejercicio del voto por los titulares de la soberanía nacional, en suma, de ser una institución que, desde su nacimiento, ha estado supeditada a un proceso de democratización, se encuentra vinculado inexorablemente a los principios programáticos que los distintos grupos y partidos políticos, con cuyas mayorías parlamentarias, han procedido a reconocer, en estos últimos doscientos años, desde sistemas de sufragio universal indirecto en distintos grados, sufragio censitario, con modelo de voto uninominal o plurinominal, hasta el actual sufragio universal, libre y secreto.

A grandes rasgos, los valores del liberalismo político, pergeñaron en nuestra primera Constitución de 1812, una institución peculiar, desdibujada en su autonomía al estar supeditada a la fuerte presencia del Ejecutivo, a través del Jefe Político (institución de nombramiento regio), y descafeinada en cuanto a su carácter representativo, en la medida en que sus diputados, elegidos por los mismos electores que elegían a los diputados a Cortes, no tenían la consideración, al menos para los redactores de la Constitución, de representantes de sus provincias, sino de meros asesores del Ejecutivo en materias económico-administrativas. El miedo a convertir a las diputaciones provinciales en pseudo-parlamentos provinciales marcó el destino inicial de estas instituciones. El marcado carácter centralizador que coadyuvó la naturaleza jurídica de las diputaciones, por parte de los miembros de la comisión constitucional y la mayor parte de los parlamentarios peninsulares, encontró una contundente respuesta por oposición abierta de los diputados de la América española, quienes exigieron, aunque sin resultados, la extensión de la soberanía nacional, no sólo al parlamento español, sino también a las diputaciones provinciales, y a todos sus miembros, también para los jefes políticos. La ignorancia de la metrópoli española a esta corriente provincialista de las élites americanas, tan diputados españoles unos como los otros, permitió construir una revolución de las provincias en aquellas provincias lejanas con resultados de fragmentación de los territorios ultramarinos que pronto se identificaron, no con el centralismo constitucional español, sino con modelos de franca lógica federal, base para los futuros procesos de independencia nacionales de la América hispana.

Los sistemas electorales españoles fueron redirigiendo sus concepciones hacia modelos propios del liberalismo conservador que sólo articulaba un modelo censitario, directo por primera vez, pero restringido a quienes los ideólogos del doctrinarismo consideraron aptos para el ejercicio de dicha función pública, cual era ejercer un sufragio derivado de su capacidad y de su propiedad. El resto de la población, sin capacidad ni propiedad, no era apta para participar en las funciones públicas que permitían ejercer el sufragio.

Un modelo de sufragio censitario, bajo voto uninominal o plurinominal que se fue consolidando durante la mayor parte del siglo XIX, siendo una pequeña isla temporal el acceso al primer sistema de sufragio universal, reconocido tras la revolución de 1868 y constitucionalizado un año después, aplicado a las diputaciones provinciales, incluso, y por primera vez, a la propia presidencia de la corporación provincial, elegida ahora, por y de entre los propios diputados.

El conservadurismo propio de la Restauración de la casa Borbón recuperó durante varias décadas el sufragio censitario, y aunque aprobada una ley de sufragio universal, su vigencia y aplicación práctica estuvo siempre tremendamente cuestionada, por no decir silenciada, y sólo supeditada al hecho de saber leer y escribir, aunque cuestionada si carecían de medios de subsistencia.

A la concepción de institución subsidiaria de las diputaciones provinciales durante la Segunda República, derivado del peso que dicho marco constitucional republicano quiere otorgarle al hecho regional, o la vinculación del sufragio orgánico a la Diputación provincial durante el revisionismo estatal del General Francisco Franco, a través de la representación municipal y representación corporativa, marcaron la naturaleza jurídica de la institución provincial hasta la llegada de la actual democracia.

El sufragio universal, libre, directo y secreto se consolidó, en el nuevo marco constitucional y legal español en 1978 para todas las instituciones del Estado, incluidas las diputaciones provinciales, pero con un salvedad. Las instituciones provinciales, tal y como fueron diseñadas en la Constitución actualmente vigente en España, fueron articuladas bajo un modelo de sufragio indirecto o de segundo grado, razón que llevó al legislador español a establecer una salvaguarda a la firma de la Carta Europea de Autonomía Local de 1985, en la medida que ante el sufragio directo exigido por dicha Carta en su articulado, nuestras diputaciones provinciales no respondieron a dicha exigencia.

Un sistema electoral indirecto o de segundo grado que creemos, desnaturaliza su concepción representativa de cara a los ciudadanos que, en ningún caso, depositan una papeleta para elegir a ningún diputado provincial, o a su presidencia, sino que, depositan el voto para sus concejales y responsables de la Alcaldía, y en función de dichos resultados, se configuran las actas de diputados provinciales.

Esta breve síntesis es lo que el lector tendrá la oportunidad de seguir en esta obra colectiva que responde a la consecución por parte de un conjunto de investigadores universitarios de un Proyecto de Investigación I+D+i, de generación del conocimiento, en el marco del Programa estatal para impulsar la investigación científica y su transferencia, dentro del Plan estatal de Investigación científica concedido por el Ministerio de Ciencia, Innovación y Universidades para 2024-2027. Bajo el título: "Dinámicas de cambio, transiciones políticas y desarrollo sostenible: el sistema competencial de la administración provincial", uno de nuestros primeros resultados de la investigación y de transferencia, ha sido esta obra colectiva que tiene en sus manos.

El investigador principal de dicho proyecto, el Dr. Miguel Ángel Chamocho Cantudo, Catedrático de Historia del Derecho de la Universidad de Jaén, y el contratado predoctoral del Ministerio de Ciencia, Innovación y Universidades, con desempeño de docencia en la Universidad de Jaén, D. Armando J. Santana Bugés, también miembro del equipo de investigación nobel del citado proyecto, ambos coordinadores de la presente obra colectiva, quieren agradecer a las instituciones y a los autores y autoras de los seis capítulos que la conforman, su más sincero agradecimiento por haber vertebrado una obra que consideramos de calado intelectual, pero también de transferencia hacia el legislador español, sobre la necesidad de que nuestras instituciones provinciales accedan al sistema de sufragio directo, en cualquiera de las modalidades que se sugieren en la presente obra.

Y nuestro primer agradecimiento debe ir dirigido a la propia Universidad de Jaén, quien no sólo acoge como institución beneficiaria del proyecto de investigación financiado por el Ministerio, más arriba indicado, junto a su Facultad de Ciencias Sociales y Jurídicas, sino que para que su presentación fuera más competitivo, recibimos una adjudicación económica para presentación de proyectos a convocatorias competitivas externas, gracias al Vicerrectorado de Investigación y Transferencia del conocimiento, quien mediante resolución de 30 de enero de 2024, nos hizo beneficiarios de la Acción 1b, dentro del Plan Operativo de Apoyo a la Investigación.

Entre los agradecimientos institucionales, los coordinadores de esta obra colectiva, quieren tener una especial consideración a la Diputación provincial de Jaén y a su organismo autónomo, el Instituto de Estudios Giennenses, máxime además, cuando uno de los coordinadores de la presente obra, Miguel Ángel Chamocho Cantudo, es Consejero-Secretario de dicho organismo. En este sentido, el primer proyecto de investigación que nos permitió trabajar sobre las instituciones provinciales, en general, y la giennense, en particular, fue precisamente un proyecto financiado por el Instituto de Estudios Giennenses para el bienio 1999-2000. Fruto de aquel proyecto de investigación, transferimos a la sociedad, pero y sobre todo, a la propia Diputación de Jaén el origen de su institucionalización, un 29 de junio de 1813. Fruto de esta transferencia de los resultados de la investigación, la Diputación de Jaén inauguró una serie de actividades conmemorativas de su bicentenario, y que desde el punto de vista de obras científicas, ha impulsado varias obras en el marco de los estudios conmemorativos del Bicentenario de la Diputación de Jaén (1813-2013). Gracias a la generosidad de la Diputación provincial de Jaén, que colabora en esta obra colectiva a través del Instituto de Estudios Giennenses, hemos consolidado una línea de investigación, desde hace 25 años, que tiene como objeto de preocupación la propia institución provincial en sus distintas realidades, orgánicas o competenciales, y en distintos períodos históricos.

Junto a la presentación, llevada a cabo por el Presidente de la Diputación provincial de Jaén, D. Francisco Reyes, y a la presente introducción, realizada por los coordinadores de esta obra, le siguen un total de seis capítulos, correspondientes a seis autores y autoras miembros del proyecto de investigación anteriormente referenciado. En este sentido, los coordinadores de esta obra han articulado la autoría de cada uno de los capítulos en función de la trayectoria científica y académica de cada autoría, reservando la temática a la temporalidad y especialidad de cada autor o autora.

En este sentido, y siendo el objeto de nuestro estudio los sistemas y procesos electorales de las Diputaciones provinciales, desde 1812 hasta prácticamente la actualidad, la sistemática dada se inicia con el capítulo primero destinado al análisis del "sistema electoral provincial del primer constitucionalismo español (1812-1844)", a cargo de Marta Rodríguez Duarte, Graduada en Derecho por la Universidad de Oviedo, doctorándose en la actualidad, gracias a ser beneficiaria del programa de ayudas "Severo Ochoa" para la investigación y docencia del Principado de Asturias en 2020, siendo su línea de investigación doctoral el estudio de las instituciones político-administrativas, prestando especial atención al proceso de instauración y consolidación de la Diputación provincial de Oviedo y al tránsito de culturas jurídicas del Antiguo Régimen al Liberalismo. Su aportación se centra en los primeros años de constitucionalización e institucionalización de las diputaciones provinciales a partir de 1812, primero para aquellas provincias reconocidas en el artículo 10, y posteriormente en las vertebradas tras la división provincial provisional de 1822 y definitiva de 1833. El análisis de los debates parlamentarios, el estudio de la naturaleza jurídica de la institución provincial, así como la puesta en marcha de las primeras diputaciones forman parte de la aportación de este primer capítulo, centrándose en la normativa que permitió el restablecimiento de dichas diputaciones, a partir de 1835, y el estudio del sistema y de algunos procesos electorales tras la nueva constitución de 1837, y la consolidación de un sistema de sufragio censitario.

El capítulo segundo está dedicado al estudio del "sufragio censitario de las corporaciones provinciales durante la época isabelina (1844-1868)", y corre a cargo del Dr. Manuel Estrada Sánchez, profesor titular de Historia del Derecho de la Universidad de Cantabria, cuya dilatada trayectoria académica ha estado, en buena medida, dirigida al estudio de los procesos electorales durante el moderantismo político, y en particular a sus excelentes estudios sobre la Diputación de Cantabria. Los estudios de las leyes electorales de 1846 y 1865, así como la dinámica electoral, elecciones de diputados provinciales, y las modificaciones propuestas por los Decretos de 1863 y 1866, materializan un fantástico capítulo. En toda esta legislación se consolida un sistema censitario, en la medida en que para la familia liberal y moderada, el sufragio se concebía como una función y no como un derecho individual, por lo que le fue concedido a aquellas personas que se consideraban aptos para su ejercicio. Igualmente, se materializa el sufragio directo, ya fuera mediante voto uninominal o plurinominal, en función de los intereses políticos de las mayorías parlamentarias.

El capítulo tercero lleva por título "transiciones políticas y transformaciones de los sistemas electorales de las corporaciones provinciales entre la revolución progresista y la restauración borbónica (1868-1931), y corre a cargo de María Teresa Martínez Táboas, profesora contratada doctora en Historia del Derecho por la Universidad de Vigo. Entre sus líneas de investigación, necesarias para esta obra colectiva, ha participado en distintos estudios sobre Diputaciones Provinciales, y sobre su valoración histórica y horizontes de inflexión, presentes y futuras, y en concreto se ha especializado en las Diputaciones provinciales en España durante el siglo XIX: institución, territorio y municipios, ligados fundamentalmente a su preciosa tierra gallega. La autora nos ofrece el estudio de la breve isla temporal que supuso el modelo de sufragio universal adoptado por la revolución gloriosa, constitucionalizado en 1869, y ejercitado en el seno de las diputaciones provinciales, incluso para la elección de su presidencia, que por primera vez se elige, por y de entre los diputados. Este breve sueño democratizador, bajo el sufragio universal, vuelve a nublarse tras la restauración de la casa Borbón, quien vuelve a insuflar el sistema censitario con un mayor control sobre quienes ejercen el derecho de voto, consolidando así un control político por las élites conservadoras, a pesar de los aires descentralizadores y democratizadores que pudieran pergeñarse en algunos proyectos de reforma de la legislación provincial. Finalmente, un breve esbozo del Estatuto provincial de 1925, con la novedosa composición de las diputaciones provinciales mediante diputados electos por un sistema de sufragio universal directo, pero también con diputados corporativos, procedentes de los ya electos concejales de los ayuntamientos, es objeto del presente capítulo.

Siguiendo con el trazo histórico, el capítulo cuarto lleva por título "Intervencionismo estatal y democracia corporativa de las diputaciones en el Estado Franquista (1939-1975)", y corre a cargo de un querido y gran amigo, el Dr. Enrique Orduña Prada, profesor de Derecho constitucional de la Universidad Complutense de Madrid, al que le une además, su carácter de funcionario de Administración Local con Habilitación de Carácter Nacional, perteneciente a las subescalas de Secretaría-Intervención y de Secretaría. Desempeña actualmente el cargo de vocal asesor en el Consejo de Transparencia y Buen Gobierno. Partiendo de la creación de las comisiones gestoras, encargadas de sustituir a las diputaciones provinciales durante la segunda república, su reserva temporal nos ilustrará sobre el modelo de diputaciones provinciales bajo el sistema de sufragio orgánico diseñado por una dictadura unitaria, centralista, jerarquizada, bajo los principios del totalitarismo. En la ley de bases de régimen local de 1945, se destierra la elección como sistema de organización política, rechazando la naturaleza de derecho público subjetivo del derecho de sufragio. Nuestro autor nos propone un excelente desarrollo de las elecciones bajo la llamada democracia orgánica y representación corporativa, a diputados provinciales, y con una especial referencia al modo de designación del Presidente de la institución provincial.

A Miguel Ángel Chamocho Cantudo, uno de los coordinadores de esta obra colectiva, le corresponde el capítulo quinto, que lleva por título "Hacia la democratización de las diputaciones provinciales durante la transición política y la democracia (1975-2003). Catedrático de Historia del Derecho de la Universidad de Jaén, es desde el año 2000 un apasionado en el estudio de las instituciones político-administrativas contemporáneas, y en particular de las Diputaciones provinciales, a las cuáles les ha dedicado numerosos estudios, y ha transferido a la Diputación giennense los resultados de la investigación que han permitido a la institución celebrar en 2013 su bicentenario. Su propuesta de capítulo analiza, sobre todo la constitucionalidad de la provincia y de la Diputación provincial, y su posterior desarrollo en la práctica electoral, pero también en el desarrollo legislativo habido para el régimen local en 1985, tanto la ley de bases como la electoral, en las llamadas diputaciones del régimen común, desatendiendo a otras instituciones provinciales o insulares con regímenes especiales. Igualmente, y como propuesta necesaria, analiza también las relaciones entre las comunidades autónomas y las diputaciones provinciales, en particular a través de la ley de Comunidad autónoma de Andalucía, cerrando su estudio mediante un acercamiento la modernización de las instituciones provinciales en el marco de los dos pactos locales descentralizadores de 1993-1999 y 2000-2003.

El último capítulo, y que cierra la cronología temporal hasta la actualidad, corre de la mano del Dr. Rafael Jesús Vera Torrecillas, y lleva por título "Hacia una nueva democratización de las corporaciones provinciales: perspectivas para la elección directa (2003-2024). El Dr. Rafael J. Vera es Licenciado y doctor en Derecho por la Universidad de Huelva, y también Graduado en Historia y Patrimonio por la Universidad de Burgos, doctorándose en Historia Contemporánea por la Universidad Rovira y Virgili, habiéndose especializado en el poder provincial en la transición: del tardofranquismo a la democracia. A esta función de profesor asociado en la Universidad de Huelva se une el que desde 1999 ingresa por oposición en la Escala de funcionarios de Habilitación Nacional, categoría Superior, desempeñando desde 2004 el cargo de Secretario General de la Excma. Diputación Provincial de Huelva y Letrado-Jefe del Servicio Jurídico Provincial. Todo un doble bagaje, científico y práctico, para consolidar un capítulo que tiene como objetivo traer al análisis el difícil encaje de las diputaciones provinciales en la estructura territorial del Estado, y su principal función cual es la de ser garantes de la prestación de servicios municipales esenciales, sin los cuáles, muchos ayuntamientos de escasa población tendrían serias dificultades para abastecimientos y servicios básicos. Tanto es así, que actualmente, podemos considerar a las diputaciones provinciales como entidades prestadoras de servicios al municipio, como clara y necesaria justificación hacia su existencia.

Además, analiza la necesaria democratización definitiva de las diputaciones hacia un modelo de elección directa, superando así el modelo representativo actual, por otro mucho más participativo, sobre todo mediante el sufragio activo, realizando para ello una reflexión crítica sobre la necesaria reforma del sistema electoral, y recuperando todos los debates políticos de los últimos años sobre esta cuestión.

En suma, y como el lector podrá comprobar, un elenco de profesionales de la enseñanza universitaria, de la investigación de calidad, y de la práctica institucional, que han tenido y tienen a las diputaciones provinciales como objeto de sus preocupaciones intelectuales, y en algún caso, de su oficio diario y cotidiano.

MIGUEL Á. CHAMOCHO CANTUDO
ARMANDO J. SANTANA BUGÉS
Jaén, 29 de septiembre de 2024

Capítulo 1

El sistema electoral provincial del primer constitucionalismo español (1812-1844)

MARTA RODRÍGUEZ DUARTE
Profesora sustituta de Historia del Derecho y de las Instituciones
Universidad de Oviedo
ORCID: 0000-0003-4453-2845

1. INTRODUCCIÓN

Pese a su nacimiento gaditano, diversas serán las teorías surgidas en torno al origen de las diputaciones provinciales, llegándose a hablar de una heterogeneidad de antecedentes: aquellos que sitúan su punto de partida en las instituciones históricas medievales[1]; los que lo hacen en las circunstancias derivadas de la

---

1 Nos referimos a las diputaciones históricas: Diputación de Asturias, Diputación de Vizcaya, Diputación de Álava, Diputación de Guipúzcoa,

Guerra de la Independencia[2]; o aquellos que parten de la ordenación departamental napoleónica[3]. Una diversidad de posibles influencias que nos da pistas del marco plurinsitucional en el que estas surgen y se perfeccionan[4].

Diputación de Navarra, Diputación de Cantabria y la Junta del Reino de Galicia. Definidas por dos rasgos: su papel como delegadas de Cortes (característica que comparte con las diputaciones provinciales) y como órgano representativo, aspecto que en este caso no es asumido por el texto gaditano.

2 Las juntas provinciales, juntas revolucionarias, son creadas en oposición a la invasión francesa de 1808. Tendrán estas una naturaleza jurídica marcada por las notas de independencia y soberanía, consecuencia directa de la incapacidad del soberano para ejercer el poder, lo que les permitirá subrogarse en su lugar.

3 El Decreto de 17 de abril de 1810 lleva a cabo la división de los pueblos del Reino en prefecturas y subprefecturas. En cada prefectura habrá un magistrado encargado bajo el nombre de Prefecto que será el responsable del Gobierno civil, de la vigilancia sobre la administración de rentas y de policía general. A su vez, como órganos complementarios a dicha autoridad, encontraremos: el Consejo de Prefectura, compuesto por tres individuos nombrados por el Rey con competencia en todos los negocios concernientes a la cuota de repartimiento, exenciones de contribuciones, contratos entre el fisco y los particulares o entre los particulares y las municipalidades, ejecución de obras públicas y el tratamiento de las dificultades relativas a la propiedad de las fincas; y la Junta General de Prefectura, compuesta por veinte personas designadas por el Monarca a propuesta de las municipalidades de cada Prefectura, encargada de repartir las contribuciones directas entre las subprefecturas y de decidir sobre los excesos de la cuota de las contribuciones, examinar las cuentas de los prefectos relativas a los gastos hechos y remitir al Ministro de Hacienda sus informes y dictámenes. Las últimas piezas de este nuevo organigrama administrativo serán los subprefectos y la correspondiente Junta General de Suprefectura, que también estará integrada por diez miembros elegidos por el Rey propuestos por las municipalidades de cada subprefectura.

4 En primer lugar cabe destacar la opinión de Martínez Sospedra, quien se inclina por la prevalencia de teorías historicistas españolas tomando como referencia las juntas y otras instituciones provinciales históricas: "las diputaciones instituidas por la Constitución tienen una triple fuente: la imitación de las instituciones preexistentes en algunas provincias,

Enmarcadas en el tránsito de culturas jurídicas, del Antiguo Régimen al Liberalismo, con la emergencia de nuevos grupos sociales y nuevos valores de corte liberal, las diputaciones se convertirán en el fiel reflejo de la inestabilidad gubernativa, y consecuentemente normativa, del marco decimonónico español. Desde su creación en 1812, y como receptoras de las políticas cambiantes, irán adaptándose a las directrices del Gobierno. En este sentido, dos serán las notas que nos definirán como son por este concebidas: de un lado, el grado de subordinación respecto

---

el precedente de las juntas provinciales y, muy en segundo plano, los consejos generales del constitucionalismo francés postrevolucionario", véase en Martínez Sospedra, A, M. (1978), *La Constitución de 1812 (El constitucionalismo liberal a principios del siglo XIX)*, Facultad de Derecho, Cátedra Fadrique Furió Ceriol, pág. 351; Por su parte, Ortego Gil seguirá la misma línea y empleará el término "plurinstitucional" para referirse a la combinación de fuentes, a la adhesión institucional. Una adhesión con matices, ya que en sus términos "no hay una institución de la que se copiara la de la Diputación Provincial, sino que la influencia fue plurinstitucional", véase en Ortego Gil, P. (1990), *Evolución legislativa de la Diputación Provincial en España 1812-1845: La Diputación de Guadalajara*, Tomo I, Universidad Complutense de Madrid, págs.102-103; En el caso de Santana Molina, se emplea el término "sincretismo": "en la elaboración institucional de nuestras diputaciones provinciales, se conjugaron toda una serie de elementos, provenientes unos de instituciones foráneas y otras de nuestro acervo jurídico constitucional histórico, que acabaron por otorgar a las corporaciones un carácter sincrético que responde perfectamente, además, a esos intentos de conciliación entre la tradición y reformismo tan del gusto de los diputados gaditanos", véase en Santana Molina, M. (1989), *La Diputación Provincial en la España decimonónica*, Instituto Nacional de Administración Pública, pág. 108; Por su parte, Muñoz del Bustillo argumenta: "los constituyentes gaditanos tomaran como guía instrumentos procedentes del Antiguo Régimen, que en absoluto se podría entender entonces completamente en desuso o el que los individuos integrantes de las primeras diputaciones coincidieran en la práctica con los mismos que vinieron ocupando los cargos de mayor responsabilidad en el ámbito local desde bastante tiempo atrás", véase en Muñoz Del Bustillo, C. (1997), "Los antecedentes de las diputaciones provinciales o la perpleja lectura de un pertinaz lector", *Anuario de historia del derecho español*, (67), pág. 1183.

de la Administración Central, representada en los jefes políticos e intendentes; del otro, su ámbito de autonomía, que se verá reflejada en las atribuciones que les son otorgadas.

Atendiendo a todos estos factores que condicionan su papel en el ordenamiento administrativo, se analizarán las características y la evolución del sistema electoral durante el primer constitucionalismo. Como punto de partida la regulación constitucional de 1812, pasando por el Decreto de 21 de septiembre de 1835 y los cambios acontecidos tras la promulgación de la Constitución y de la Ley electoral de 1837, imperantes hasta el inicio de la década moderada. Asimismo, se hará necesario incidir en las características de los procesos electorales una vez es instaurada dicha legislación. Finalmente, se concluirá con un acercamiento a los proyectos normativos sucedidos en España en 1840, tendentes a modificar la Ley de 1837. Veámoslo.

2. EL RÉGIMEN ELECTORAL PROVINCIAL EN EL CONTEXTO GADITANO

El día 10 de enero de 1812 se iniciaba el debate relacionado con el Título VI del Proyecto de Constitución: "Del Gobierno interior de las provincias y de los pueblos". Tal y como puede deducirse de la lectura de los *Diarios de sesiones de las Cortes*, fue el 12 de enero de 1812 el día en que se comenzó a tratar el gobierno político-económico de las provincias y las diputaciones[5].

El primer artículo objeto de debate será el 324 (artículo 322 del proyecto) encargado de regular la cabeza de la institución: el Jefe Superior; un precepto con el que no estaba del todo de acuerdo el Diputado americano Joaquín Fernández de Leiva, quien entendía que ese Jefe debería tener "asociados dos ad-

[5] *Diarios de sesiones de Cortes* (en adelante *DSC*), núm. 466, 12 enero de 1812, págs. 2606 a 2612.

juntos nombrados por la Diputación Provincial"[6]. Era esta una objeción que reflejaba una idea clara: la lucha contra el autoritarismo institucional que marcaba la tradición no solo patria, sino también francesa. La aprobación del artículo 325 (artículo 323 del proyecto) que establecía la existencia de las corporaciones provinciales ("en cada provincia habrá una Diputación Provincial, para promover la prosperidad, presidida por un Jefe Superior"), se desarrollará sin ningún tipo de enmienda[7]. Un dato que nos da pistas del consenso existente en relación con la instauración de la institución.

Mayor conflictividad surgirá en relación con la aprobación del artículo 326 (artículo 324 del proyecto), que textualmente recogía la siguiente previsión: "se compondrá esta Diputación del Presidente, del Intendente y de siete individuos elegidos en la forma que se dirá, sin perjuicio de que las Cortes en lo sucesivo, varíen este número como lo crean conveniente, o lo exijan las circunstancias, hecha que sea la nueva división de provincias que trata el artículo 11"[8]. Una importante regulación para la configuración de la corporación, que como cabe esperar, irá acompañada del correspondiente debate, y que girará en torno a tres puntos: la necesidad de aumentar el número de vocales y equipararlo al número de partidos en cada provincia; su carácter representativo, o no; y la amenaza ante un posible federalismo[9]. Una vez más, la confrontación de tendencias se hacía notable entre aquellos que defendían que las diputaciones debían tener carácter representativo frente a los que se la negaban y preferían apostar por los siete individuos regulados en el precepto inicial[10]. Fue esta última

---

6 *Ibíd.*, pág. 2606.

7 *DSC*, núm. 466, 12 enero de 1812, pág. 2607.

8 Dicha modificación se llevará acabo tras la división provincial de 1833 y la promulgación del Decreto de 21 de septiembre de 1835.

9 Ortego Gil, P., *Evolución legislativa de la Diputación Provincial en España 1812-1845: La Diputación de Guadalajara, op. cit.*, pág. 129.

10 Defenderían el carácter representativo de las diputaciones los diputados: Borull, Aner, Creus, Lazarrabal, Ramos Arispe, Jauregui, Leiva, Mendiola, Castillo y Alcocer; mientras que apostarían por el mantenimiento de

postura la que triunfaría, al acabar negándose el carácter representativo, que tal y como explicaba Argüelles, era la mejor forma de evitar que las diputaciones usurparan "más facultades que las que la ley les da", ya que al multiplicar la acción en pequeños gobiernos se llegaría a la federación[11].

Llegaba el turno de debatir los artículos 327 a 331 (325 a 329 del proyecto). El artículo 327 (artículo 325 del proyecto), que establecía la renovación de la mitad de la diputación cada dos años, fue aprobado tras haberse especificado que no había necesidad de permanencia continua en la capital "puesto que el corto número de sesiones que se les prescribía les dejaba hueco suficiente para cuidar de su Hacienda, etc."[12]. Por su parte, el artículo 328 (artículo 326 del proyecto) determinaba que la elección debía de hacerse por los electores del partido al día siguiente de haberse nombrado los diputados de Cortes[13]; y el 329 (artículo 327 del proyecto) contemplaba la existencia de tres suplentes. Ambos preceptos fueron aprobados sin discusión.

Para ser elegido Diputado Provincial, el candidato debía cumplir una serie de requisitos recogidos en el precepto 330 (artículo 328 del proyecto): ser ciudadano en el ejercicio de sus derechos; tener más de veinticinco años; ser natural o vecino de la provincia, con residencia, a lo menos, de siete años y contar con ciertos niveles de renta, los suficientes "para mantenerse con decencia"; y

---

los siete individuos: Muñoz de Torrero, Pérez de Castro, Argüelles, Zorraquín, Espiga y el Conde de Toreno.

11 *DSC*, núm. 466, 12 enero de 1812, pág. 2610.

12 *DSC*, núm. 468, 14 enero de 1812, pág. 2622.

13 El método desarrollado para la elección de diputados a Cortes es desarrollado en la Instrucción de 23 de mayo de 1812 para la elección de diputados a Cortes, véase en *Colección de los decretos y órdenes que han expedido las Cortes Generales y Extraordinarias* (en adelante *CDO*), T. II, págs. 220-221.

no ser empleado de nombramiento real[14]. Requisitos muy cuestionados sobre todo en lo que a los niveles económicos se refiere. En este sentido, Ramos Arispe aseguraba que hablar de "rentas bastantes, provenientes de bienes raíces o caudales propios" resultaba atrevido tras el período de guerra y miseria que había asolado el país; además, apuntaba el perjuicio de negar a aquellos individuos a "quienes les faltan bienes" la posibilidad de "hacer grandes servicios a la provincia", puesto que "menor inconveniente sería dotarlos, que privarse de sus luces e ilustración"[15]. Asimismo, el artículo 331 (artículo 329 del proyecto) contemplaba la posibilidad de reelección, siempre y cuando hubieran pasado cuatro años[16], fomentándose así los intentos de renovación y combatiéndose, teniendo en cuenta que era complicado, la acumulación del poder provincial en ciertas manos.

La mecánica electoral preceptuada por la Constitución de Cádiz establecía que la elección de los diputados provinciales se hiciera siguiendo lo previsto para la designación de diputados a Cortes[17]. La forma de realizarla sería a través de un sistema indirecto llevado a cabo por las juntas provinciales. Estas estarían integradas por los electores de todos los partidos, que a su vez habían sido designados por los de parroquia, quienes previamente habían sido seleccionados por una serie de compromisarios escogidos por los habitantes de cada parroquia de la provincia[18].

---

14 La única incompatibilidad o prohibición que contemplaba la normativa era ser empleado de nombramiento del Rey de los que trata el 318 de la Constitución.

15 *DSC*, núm. 468, 14 enero de 1812, pág. 2623.

16 *Ibíd.*

17 Regulación desarrollada en la Instrucción de 23 de mayo de 1812 conforme a la cual debían celebrarse en la Península e Islas adyacentes las elecciones de diputados de Cortes para las ordinarias del año próximo de 1813, véase en *CDO*, T.II, págs. 221-227.

18 La complejidad del sistema de elección descansaba en la diversa configuración otorgada a cada Junta, provocando que, en ocasiones, se viera desvirtuado el ejercicio del derecho de sufragio activo, teóricamente calificado como universal. En primer término, las juntas electorales

La elección se llevaría a cabo al día siguiente de haber sido nombrados los diputados a Cortes y sería efectuada por los mismos electores[19]. Ahora bien, ¿qué características debían concurrir en un elector? Para ser elector de partido, se requería ser ciudadano mayor de veinticinco años, en ejercicio de sus funciones, vecino y residente[20]; similares cualidades a las exigidas para serlo en la parroquia[21].

El 23 de mayo de 1812 era promulgado el Decreto para el establecimiento de las diputaciones provinciales en la Península

---

de parroquia, integradas por todos los avecindados y residentes en el territorio de la parroquia, elegían a los compromisarios por mayoría simple, siendo estos los encargados de nombrar a los electores parroquiales en una cantidad variable dependiente del número de vecinos y por mayoría absoluta. En segundo lugar, las juntas electorales de partido, compuestas por los electores parroquiales, eran las encargadas de elegir por "a lo menos la mitad de los votos, y uno más" en la cabeza de cada partido, al elector o electores que debían de concurrir a la capital de la provincia para elegir los diputados. Finalmente, eran las juntas electorales de provincia, integradas por los electores de partido, las que se reunían en la capital con el fin de votar y elegir a los diputados, requiriéndose también, y como en el caso anterior, la mitad de los votos más uno y posibilitándose la realización de un segundo escrutinio si no se alcanzase dicha mayoría. En el caso de las juntas de parroquia y de partido, la presidencia recaía en el Jefe Político o en el Acalde del lugar de reunión o de la cabeza de partido, mientras que en la Junta de provincia esta debía ser ocupada por el Jefe Político; junto al Presidente, se nombraba un Secretario y dos escrutadores como resto de miembros de la mesa. Asimismo, en todos los niveles de la elección, la ceremonia era revestida con la celebración de una misa solemne (bien en la parroquia, en la Iglesia Mayor o en la Catedral) y los actos de elección tenían lugar en las casas consistoriales o, en su defecto, en un edificio notorio de cada circunscripción, véase en artículos 35 a 103 de la Constitución española de 1812.

19 Santana Molina, M. (1986), *La Diputación provincial en la España decimonónica.* Tesis doctoral consultada en: http://hdl.handle.net/10045/4007, pág. 310.

20 Artículo 75 de la Constitución española de 1812.

21 *Ibíd.*, artículo 45.

y Ultramar. En él se determinaban los territorios en los que habría una Diputación Provincial mientras no se hiciera la división prevista en el artículo 11 de la Constitución[22]; y se preveía que "no habiendo de haber Diputación en todas aquellas en que se hará elección de diputados de Cortes, donde esto suceda, los individuos de la Diputación serán nombrados en las capitales de las provincias comprendidas en el territorio de la Diputación"[23]. El proceso de nombramiento variaba en función del número de provincias: si fuera igual a siete, la Junta electoral de provincia nombraría al individuo según lo establecido en el artículo 328 de la Constitución, esto es, por los electores de los partidos al día siguiente de haber sido nombrados los diputados de Cortes y por el mismo orden con que estos se nombraban; si fuese menor de siete, cada provincia elegiría a los individuos hasta completar el número requerido, teniendo en cuenta la población de cada uno de los territorios; y si fuese mayor a siete, nombrarían en primer lugar aquellas provincias con mayor población, alternándose sucesivamente; determinándose que era esta una regla que no debía regir en la provincia o provincias en las que el número de habitantes superase al menos en la mitad a la de menor población, ya que las que estuvieran en aquel caso nombrarían siempre[24]. Además,

---

22 Artículo 1 del Decreto CLXIV de 23 de mayo de 1812: "Habrá diputaciones provinciales en la Península e Islas adyacentes, en Aragón, Asturias, Ávila, Burgos, Cataluña, Córdoba, Cuenca, Extremadura, Galicia, Granada, Guadalajara con Molina, Jaén, León, Madrid, Mancha, Murcia, Navarra, Falencia, en cada una de las provincias Vascongadas, en Salamanca, Segovia, Sevilla, Soria, Toledo, Valencia, Valladolid, Zamora, Islas Baleares, e Islas Canarias. Y en Ultramar las habrá en cada una de las provincias que expresamente se nombran en el artículo 10 de la Constitución, y además por ahora en la América Meridional, en el Perú la del Cuzco, en Buenos-Ayres la de Charcas, y en la Nueva-Granada la de Quito; y en la América Septentrional, en Nueva-España la de San Luis Potosí, a que se agregue Guanajuato; en Guatemala otra que se fijará en León de Nicaragua con la provincia de Costa Rica, y en la Isla de Cuba otra en Santiago de Cuba", véase en *CDO*, T. II, págs. 235-237.

23 *Ibíd.*, artículo 2.

24 Artículo 2 del Decreto CLXIV de 23 de mayo de 1812.

también se ordenaba que para la elección de los individuos se turnaran todos los partidos de la provincia con el objetivo de que en la Diputación siempre hubiera un representante de la capital o su partido[25].

Este Decreto suscitará multitud de críticas. Muchos diputados consideraban que la anexión de provincias y la desigualdad existente respecto a las que tuvieran una población inferior iban a constituir un claro perjuicio, al poder quedar estas sin representación ni Diputación. Dudas que de nuevo Argüelles trató de disipar al argumentar que se habían tenido en cuenta las capitales de renombre, junto con la división natural del territorio establecida por ríos y montes y la pluralidad de costumbres[26].

Tras determinarse el nuevo mapa territorial y la normativa aplicable, llegaría la convocatoria para la formación de las diputaciones. A través de la Orden de 15 de septiembre de 1812[27] se mandaría formar las juntas preparatorias para elegir diputados a Cortes y diputaciones provinciales[28]. El camino para la instauración de las diputaciones quedaba abierto, al estar ya determinados: la división (aunque fuera provisional) del territorio nacional, la forma en que deberían verificarse las elecciones y el mandato para que estas fueran convocadas. Ni los acontecimientos militares, ni las trabas consecuencia de los mismos fueron obstáculo para su instalación, que fue verificándose progresivamente en los diferentes

---

25 *Ibíd.*, artículo 3.

26 *DSC*, núm. 500, 23 febrero de 1812, pág. 2813.

27 *CDO*, T. III, pág. 76.

28 La Junta preparatoria estaba compuesta por el Jefe Superior de la Provincia; del Arzobispo u Obispo, o en su defecto del eclesiástico más condecorado del pueblo donde se celebrara la Junta; del Intendente, donde lo hubiere; del Alcalde más antiguo; del Regidor decano y del Síndico Procurador general de la capital de la provincia; también de dos hombres buenos, vecinos de la misma provincia, y nombrados por las arriba mencionadas.

territorios[29]. Una realidad que pronto se vería frustrada por el regreso de Fernando VII y la derogación del régimen constitucional el 4 de mayo de 1814[30].

Con la llegada del Trienio Liberal la normativa gaditana sería reinstaurada, y con ella, las diputaciones provinciales. Por Decreto de 30 de marzo de 1820 estas se verían restablecidas[31], y por Orden de 29 de junio de 1821 dispuestas las instrucciones para proceder a la renovación de sus individuos[32]. Un periodo, el Trienio, que también sería aprovechado para llevar a cabo una nueva división del territorio. Mediante la promulgación del Decreto de 27 de enero de 1822[33] el mapa pasaría a estar integrado por cincuenta y dos provincias, instándose a que en todas ellas hubiera una Diputación[34].

---

29 Ortego Gil, P., *Evolución legislativa de la Diputación Provincial en España 1812-1845: La Diputación de Guadalajara*, Vol. I., *op.cit.*, pág. 170.

30 Fernando VII a través del Decreto de 4 de mayo de 1814 suprimió la figura de los jefes políticos pasando a atribuir a los jefes militares el mando político de las provincias. Un mes después, a través del Decreto de 15 de junio de 1814, se cesaba a las diputaciones provinciales, declarándose como no necesarias y traspasando sus competencias a las contadurías de provincia, *véase* en Fernández Rodríguez, T.R.; Santamaría Pastor, J.A. (1977), *Legislación administrativa española del siglo XIX*, Instituto de Estudios Administrativos, págs. 701-702.

31 Por Decreto de 30 de marzo se prescribirán las instrucciones para llevar a cabo su instalación, estableciéndose que a tenor de lo prescrito en el artículo 328 de la Constitución, que fijaba que su nombramiento fuese "al día siguiente al de los diputados a Cortes", y puesto que estaba previsto que la celebración de estas elecciones fuera el día 22 de mayo, era conveniente, entretanto tuviera lugar la nueva formación, que se reunieran de manera provisional las diputaciones de 1814, *Gaceta de Madrid* (en adelante *G.*), núm. 60, martes, 4 de abril de 1820.

32 *CDO*, T. VII, págs. 22-223

33 Fernández Rodríguez, T.R.; Santamaría Pastor, J.A. (1977), *Legislación administrativa española del siglo XIX*, *op.cit.*, págs. 511-533.

34 La Circular de 29 de marzo de 1822 del Ministerio de la Gobernación ordena instalar a la mayor brevedad las diputaciones provinciales en las nuevas provincias y en las demás completar el número de diputados que habían quedado vacantes por haberse trasladado a las de nueva creación, véase en Muñoz Muñoz, M.D. (2013), "Recopilación

Un proceso de reforma y renovación, que culminaría con la promulgación de la Instrucción de 3 de febrero de 1823 reguladora del gobierno-económico de las provincias[35], pero que se vería rápidamente frustrado por la repentina llegada de los *Cien Mil Hijos de San Luis* al territorio español. Fernando VII regresaría al trono y el 1º de octubre abolía cualquier rastro de la normativa constitucional previa[36].

3. LAS MODIFICACIONES DEL RÉGIMEN ELECTORAL PROVINCIAL TRAS EL RESTABLECIMIENTO DE LAS DIPUTACIONES EN 1835

3.1. La consolidación del liberalismo

Revolución como sinónimo de cambio, este debe ser el punto de partida para entender la configuración jurídica, política y social de la reforma administrativa iniciada en España con la llegada

---

legislativa de las diputaciones provinciales", *Boletín del Instituto de Estudios Giennenses*, (207), pág. 67.

35 Esta Ley constituirá el verdadero hito del Gobierno Provincial, con una escasa vigencia durante la etapa del Trienio Constitucional pero con un importante papel durante la etapa isabelina. Tuvo una vigencia intermitente, pero su influencia y poder fue determinante, llegado a ser considerada como la verdadera primera Ley de Régimen Local de la historia de España. Su objetivo de regular el gobierno económico político de las provincias buscará hacer una diferenciación entre el gobierno económico y el gobierno político, confiándose a las diputaciones y ayuntamientos el primero de ellos, y el segundo a los alcaldes y jefes políticos.

36 Real Decreto con motivo de la libertad recobrada por S. M. el Rey nuestro Señor, estableciendo que son nulos y de ningún valor todos los actos del Gobierno desde el 7 de Marzo de 1820 hasta hoy día 1.º de Octubre de 1823, véase *G.* núm. 93, martes, 7 de octubre de 1823.

al trono de la Regente María Cristina. El liberalismo llamaba a la puerta y la reorganización de la administración territorial se convertía en la primera tarea a cumplir. La prioridad de la Monarca era manifiesta, y así lo dejaba claro en el Decreto promulgado el 30 de noviembre de 1833, solo un mes después de su ascenso al trono:

> "Persuadida de que para que sea eficaz la acción de la administración debe ser rápida y simultánea; y asegurada de que esto no puede suceder, cuando sus agentes no están situados de manera que basten a conocer por sí mismos todas las necesidades y los medios de socorrerlas, tuve a bien, al confiaros por mi Real Decreto de 21 de Octubre el despacho del Ministerio de Fomento, encargaros que os dedicaseis antes de todo, a plantear y proponerme, de acuerdo con el Consejo de Ministros, la división civil del territorio, como base de la administración interior, y medio para obtener los beneficios que meditaba hacer a los pueblos"[37].

Javier de Burgos será el elegido para llevar a cabo el encargo desde la dirección del recién instaurado Ministerio de Fomento. Para ello, la centralización y racionalización se convertirán en los dos pilares sobre los que construir el nuevo ordenamiento[38]. El

---

[37] Decreto de 30 de noviembre de 1833 sobre la división civil de territorio español en la Península e islas adyacentes en 49 provincias, véase en *G.*, núm. 154, martes, 3 de diciembre de 1833.

[38] Pese a que el proyecto de división territorial sea atribuido a Javier de Burgos, bebe de los proyectos precedentes y así lo reconoce el propio De Burgos en el preámbulo del Decreto: "Así lo habéis verificado después de haber reconocido los prolijos trabajos hechos antes de ahora por varias comisiones y personas sobre esta importante materia". El proyecto de 1813 elaborado por Felipe Bauzá determinaba la existencia de cuarenta y cuatro provincias clasificadas en tres categorías en función de su naturaleza económica (riqueza y población) y coyuntura histórica. Este último aspecto cobra especial relevancia por representar el vínculo con las concepciones del Antiguo Régimen. Por su parte, el de 1820 elaborado por Bauzá y Larramendi perfeccionaría la división anterior, y teniendo en cuenta los criterios de superficie, población y riqueza, así como las demarcaciones históricas, propusieron un nuevo mapa integrado por cuarenta y siete provincias. Este mapa sería modifi-

mapa español pasaba a dividirse en cuarenta y nueve provincias en las que, posteriormente, se irán encajando todas las piezas que integrarán la Administración del Estado. El criterio seguido para establecer los límites provinciales no será exclusivamente geográfico, a pesar de la clara inspiración departamental francesa, sino que a la fórmula se sumarían criterios históricos, así como el número de pobladores[39]. Una vez fijada la estructura provincial, un Subdelegado de Fomento era colocado al frente de cada unidad constitucional[40], siendo la instalación de estos agentes un avance más en la reforma administrativa iniciada por el Gobierno de Cea Bermúdez, así como una gran novedad en la que confluirán pa-

---

cado tras ser discutido y tramitado en Cortes, aumentándose en tres las provincias y alterándose el nombre de algunas con el fin de preservar su denominación histórica.

39 La división provincial de Javier de Burgos creaba las siguientes provincias: La Andalucía, que comprende los reinos de Córdoba, Granada, Jaén y Sevilla, se divide en las ocho provincias siguientes: Córdoba, Jaén, Granada, Almería. Málaga, Sevilla, Cádiz y Huelva; El Aragón se divide en tres provincias, a saber: Zaragoza, Huesca y Teruel; El Principado de Asturias forma la provincia de Oviedo; Castilla la Nueva continúa dividida en las cinco provincias de Madrid, Toledo, Ciudad Real, Cuenca y Guadalajara; Castilla la Vieja se divide en ocho provincias, a saber: Burgos, Valladolid, Palencia, Ávila, Segovia, Soria, Logroño y Santander; Cataluña se divide en cuatro provincias, a saber: Barcelona, Tarragona, Lérida y Gerona; Extremadura se divide en las de Badajoz y Cáceres; Galicia en las de Coruña, Lugo, Orense y Pontevedra; El reino de León en las de León, Salamanca y Zamora; El de Murcia en las de Murcia y Albacete; El de Valencia en las de Valencia, Alicante y Castellón de la Plana; Pamplona, Vitoria, Bilbao y San Sebastián son las capitales de las provincias de Navarra, Álava, Vizcaya y Guipúzcoa; Palma la de las islas Baleares y Santa Cruz de Tenerife la de las islas Canarias, véase Artículo 2º Decreto de 30 de noviembre de 1833.

40 Por Decreto de 23 de octubre de 1833 eran creados los subdelegados de fomento: “se establecerá una autoridad superior administrativa con el título de Subdelegado principal de Fomento en cada una de las capitales de las provincias”, véase en Fernández Rodríguez T.R.; Santamaría Pastor, J.A., *Legislación administrativa española del siglo XIX, op. cit.*, pág. 535.

radigmas tradicionales. De un lado, la idea representativa ilustrada de fomento de la riqueza y prosperidad de la provincia, y del otro, la continuista y adepta de influencia francesa en la que se equipara a los subdelegados con los prefectos, cabeza visible de la administración periférica[41].

Pese a los reajustes y renovaciones promovidas desde los primeros tiempos de la Regencia, la exigencia de un mayor ritmo en los cambios será constante por parte de los sectores progresistas. A ello se le añadía su reticente recepción hacia el Estatuto Real de 1834[42], por ser considerado una norma conservadora que evocaba principios propios del Antiguo Régimen[43]. Dicha oposición aumentará cuando por parte del Gobierno se comiencen a suprimir publicaciones periódicas que difundían "doctrinas diametralmente opuestas a los principios conservadores sancionados en el Estatuto Real[44]". El clima se hacía cada vez más insostenible; el desgaste y los prolongados juicios públicos se irían intensificando, y durante el verano de 1835 estallaría la revolución[45].

---

41 Nieto, A. (1996), *Los primeros pasos del Estado constitucional. Historia administrativa de la Regencia de María Cristina de Borbón*, Ariel, págs. 246-247.

42 Para un estudio completo véase Tomás Villaroya, J. (1968), *El sistema político del Estatuto Real (1834-1836)*, Instituto de Estudios Políticos.

43 En este sentido Tomás y Valiente lo describe como una norma "ambigua, conscientemente ambigua", cómo "un pacto entre parte de la nobleza y de la jerarquía eclesiástica del Antiguo Régimen y la burguesía más conservadora", véase en Tomas Y Valiente, F. (1982), *Manual de Historia del Derecho Español*, Tecnos, págs. 442-443.

44 Publicaciones periódicas como: *El Nacional, El Universal, El Eco de la Opinión* y *El Tiempo* fueron suprimidas a través de la Orden de 20 de mayo de 1834, véase en Villarroya Tomás, J. (1996), "La redacción y publicación del Estatuto Real", *Revista de Estudios Políticos*, (145), pág. 73.

45 Javier de Burgos describe la situación en la que venía desarrollándose el país desde los albores de1835: "la marcha siempre indecisa de la administración interior; el estado poco satisfactorio y nada tranquilizador de nuestras relaciones diplomáticas; los progresos reales y efectivos de los carlistas; la falta absoluta de protección y el recargo de gravámenes de que, merced a las circunstancias, se resistían necesaria e inevitablemente los intereses particulares eran otros tantos poderosos motivos de

3.2. El Decreto de 21 de septiembre de 1835

El agitado contexto insurreccional suscitó el derrumbe del breve Gobierno del Conde de Toreno y la llegada a la presidencia de Juan Álvarez de Mendizábal, viviéndose un tiempo clave para el restablecimiento de las diputaciones provinciales con la promulgación del Decreto de 21 de septiembre de 1835[46]. Surgirán así los siguientes interrogantes: ¿en qué medida afectaba la nueva norma al ámbito comicial teniendo en cuenta la inexistencia de una ley electoral?[47], ¿cuáles eran sus directrices?

---

disgusto, y aun hasta cierto punto legítimos de queja contra los depositarios del poder", véase en De Burgos, J. (1850), *Anales del Reinado de Doña Isabel II,* Libro 3º, Establecimiento Tipográfico de Mellado, págs. 99-100.

46 *G.*, núm. 270, miércoles, 23 septiembre de 1835.

47 Con motivo de la llegada de Mendizábal al poder fue planteada la necesidad de otorgar a la nación de una ley electoral, que pusiese fin a la interinidad del Decreto de 20 de mayo de 1834 (inspirador del Decreto de 21 de septiembre de 1835). Con este motivo fue nombrada una "junta de expertos", que presidida por José María Calatrava e integrada por destacados liberales como Manuel José Quintana, Antonio Alcalá Galiano, Valentín Ortigosa y Juan Madrid Dávila, presentase a S.M. un proyecto de ley electoral. Pese a estar de acuerdo en diversos aspectos como la proporcionalidad del sufragio, la figura del suplente, la segunda vuelta en el caso de optarse por el sufragio directo o algunas de las condiciones para ser diputados; había otros muchos que impedían el acuerdo: la preferencia por el modelo de sufragio o el número de individuos al que se le reconocía el derecho a ejercerlo. Esta disparidad acabó provocando la presentación de dos proyectos: el primero firmado por Madrid Dávila, Quintana y Alcalá Galiano, que fue el adoptado por el Gobierno; y el segundo secundado por una minoría suscrito por Calatrava y Ortigosa. Fue este un intento fallido, entre otras causas, por no querer concederse el derecho electoral a determinados sectores sociales que pudieran poner en riesgo el nuevo estado, por la escisión ocurrida entre los liberales o por las actitudes de indefinición del Gobierno tendentes a integrar elementos progresistas y moderadas, véase en Estrada Sánchez, M. (1999), *El significado político de la legislación en la España de Isabel II,* Servicio de publicaciones de la Universidad de Santander, págs. 18-38.

El Decreto determinaba un incremento en el número de diputados que integraban la institución, se abandonaban los siete diputados recogidos en la Constitución de 1812 y se establecía una representación por cada partido judicial de la provincia o juez de primera instancia, siempre y cuando estos no bajasen del *mínimum* de siete[48]. Se aumentaba así el número de representantes provinciales que integraban la Diputación y se hacía realidad una propuesta que ya había sido discutida, y desechada por el "temor federalista", en las Cortes gaditanas. Era el momento de aceptar ese incremento, y sin apenas controversia, se admitía dicho modelo, por ser el que mejor encajaba con el ordenamiento homogéneo implantado tras la división territorial de 1833 y con el fomento de los intereses y la prosperidad de la provincia[49].

Este aumento de representatividad iría acompañado de un endurecimiento de los requisitos para disfrutar de la cualidad de Diputado Provincial. De manera similar a la Constitución de 1812, el propio Decreto establecía en su artículo 5º las características de los candidatos: "ser español o haber adquirido carta de naturaleza en el reino"; "tener veinticinco años cumplidos y saber leer y escribir"; y "haber residido cuatro años en la provincia, y dos en su respectivo partido con actual vecindad casa abierta y con una subsistencia independiente". Además, se agregaba una nueva condición relacionada con unos determinados niveles de renta y con una determinada clase social[50]; a partir de ahora, para ser elegido debía poseerse "una renta anual de 6.000 reales, procedentes 3.000 a lo menos de propiedad territorial o industrial radicada en el país", o, en su defecto "subsistir independiente y decentemente con el oficio de abogado, médico-cirujano o con enseñanza o profesión pública de

48 Artículo 1 del Decreto de 21 de septiembre de 1835.

49 Ramos Vázquez, I. (2005), "Sobre la naturaleza jurídica de las diputaciones provinciales", *Ivs Fvgit,* (12), pág. 521.

50 *G.*, núm. 94, domingo, 25 noviembre de 1834.

alguna ciencia"[51]. Quedaba así limitado el derecho a ejercer el sufragio pasivo, que pasaba a estar profundamente ligado a los propietarios y a ciertos profesionales vinculados a una mínima capacidad económica. En definitiva, se aumentaba la representatividad pero se acotaban los potenciales elegibles[52].

Igualmente, la lista de impedimentos para ejercer el cargo de Diputado era perfeccionada. El cuerpo legal septembrino remitía a lo dispuesto para los ayuntamientos a la hora de establecerlos, entre ellos: los procesados criminalmente condenados en juicio a privación, los condenados a pena inflamatoria, los que se hallaran bajo vigilancia de policía por sentencia, los declarados en quiebra, los que hubieran hecho suspensión de pagos, los deudores a los fondos públicos, los deudores a Rentas Reales, los que llevaran en arrendamientos los abastos públicos como obligados principales o fiadores, los tratantes por sí o por persona interpuesta en regatonería del mantenimiento del Común de su vecindad y los parientes por consanguinidad o afinidad de los individuos de Ayuntamiento en cualquier grado de línea recta o en el primero de la transversal[53].

Las pautas para el ejercicio del derecho electoral también eran fijadas en el Decreto. En este sentido, lo preceptivo era celebrar una primera Junta, presidida por el Alcalde y con asistencia del Secretario del Ayuntamiento, compuesta, en los pueblos cuyo vecindario fuese o pasase de doscientos vecinos, de los individuos que por elección popular integraran el Ayun-

---

51 Artículo 5 del Decreto de 21 de septiembre de 1835.

52 "La representatividad que reconoció quedó circunscrita a una mínima parte de la población del país, limitándose en exceso el derecho de sufragio, tanto en el aspecto territorial, como en el personal", véase en Estrada Sánchez, M. (1998), "El enfrentamiento entre doceañistas y moderados por la cuestión electoral (1834-1836)", *Revistas de Estudios Políticos,* (100), pág. 245.

53 Artículo 6 del Decreto de 23 de julio de 1835 para el arreglo provisional de los ayuntamientos de la Península e Islas adyacentes, véase en *G.*, suplemento al núm. 206, viernes, 24 de julio de 1835.

tamiento, y de otros tantos vecinos hábiles para entrar en él y que fueran mayores contribuyentes[54], para que designaran (entre los propios miembros u otros vecinos del pueblo) dos personas, de las cuales una fuera vocal de la Junta de partido, y que ambas concurrieran a la cabeza del mismo para nombrar a los representantes provinciales correspondientes[55]. En el supuesto de no superar los doscientos vecinos, sería necesaria la reunión de los que estuvieran más próximos con el objetivo de lograr la cantidad indicada y representar al común[56]. Una vez formada la Junta en la cabeza de partido, que de nuevo sería presidida por el Alcalde y en la que se nombraría un Secretario escrutador, se llevaría a cabo la votación secreta de elección de diputados (tanto propietarios como suplentes). Tras ella, el Secretario extendería el acta firmado por todos los electores al Gobernador Civil para que lo pusiese en conocimiento de la Diputación y de cada uno de los elegidos, a quienes se le expediría un certificado firmado por el Presidente y Secretario[57]. Este certificado sería posteriormente examinado en el seno de la Diputación por una comisión de tres individuos, que comprobaría el cumplimiento de los requisitos de cada elegido[58];

---

54 Para poder ser elegido individuo de Ayuntamiento se necesitaba: ser español o haber adquirido naturaleza en estos reinos; tener 25 años cumplidos; una residencia en la provincia de al menos cuatro años, dos cuanto menos avecindad en el pueblo con casa abierta; saber leer y escribir (quedando este requisito dispensado para el cargo de regidores hasta el año de 1840 en los pueblos que no excedieran de 400 vecinos); y estar incluido en la lista de mayores contribuyentes, según lo establecido en el artículo 16 del Decreto de 23 de julio de 1835 para el arreglo provisional de los ayuntamientos de la Península e Islas adyacentes.

55 Artículo 2 del Decreto de 21 de septiembre de 1835. La subdivisión de partidos judiciales se determina en el Decreto de 21 de abril de 1834, véase en *G.*, núm. 62, miércoles, 23 de abril de 1834.

56 Artículo 4 del Decreto de 21 de septiembre de 1835.

57 *Ibíd.*, artículo 9.

58 *Ibíd.*, artículo 16.

quienes una vez confirmada dicha aptitud, irían prestando juramento para comenzar a ejercer el cargo[59].

Se observa así la introducción de un nuevo elemento en el cupo de electores: ser mayor contribuyente, rigiendo un sistema censitario e indirecto de segundo grado en el que los sujetos que tuvieran cierto poder adquisitivo, serían los encargados de elegir a los representantes de cada partido. Algo que fue criticado por parte de los sectores progresistas, entre ellos, el Diputado Antonio González, que durante la discusión previa a la aprobación del Decreto, cuestionaba la adopción de tal base electoral al entender que no simbolizaba, ni mucho menos representaba, la realidad de los ciudadanos:

> "Y yo pregunto: de la manera que hasta ahora se hacen estas elecciones, porque aunque nos toque a nosotros es necesario decirlo, ¿se verá representada ni aun una centésima parte de la población en las Cortes de España? No por cierto, porque los individuos que forman estas juntas electorales se reducen a un número cortísimo por la base establecida actualmente"[60].

La vigencia de este Decreto solo sería de un año. El Motín de la Granja en 1836 y el restablecimiento transitorio de la normativa gaditana supondría el retorno a la legislación de 1823. Mediante la Ley de 15 de octubre de 1836[61], relativa al gobierno político de las provincias, se instauraba la Instrucción de 3 de febrero de 1823 del gobierno económico-político de las provincias con solo dos excepciones: la del artículo 245, referente al sueldo de los jefes políticos, y la del artículo 44, regulador de los fondos que debían remitirse a la Depositaria de la Diputación Provincial[62]. Del mismo modo, a través del Decreto de 29 de noviembre se recuperaban los decretos de 10 de julio de 1812

---

59 *Ibíd.*, artículo 14.

60 *DSC*, núm. 211, viernes, 8 de mayo de 1835, pág. 2470.

61 *G.*, núm. 681, viernes, 21 de octubre de 1836.

62 Muñoz Muñoz, M.D. (2013), "Recopilación legislativa de las diputaciones provinciales", *Boletín del Instituto de Estudios Giennenses, op. cit.*, pág. 69.

sobre la formación de ayuntamientos y de 11 de agosto de 1813 para el gobierno de las diputaciones provinciales y ayuntamientos[63]. El ordenamiento constitucional doceañista volvía a cobrar vida, manteniéndose hasta la promulgación de la Constitución de 1837[64].

---

63 *G.*, núm. 735, sábado, 10 de diciembre de 1836.

64 Teniendo en cuenta que la normativa gaditana disponía que el número de diputados provinciales fuese siete (véase artículo 326) y que esta había sido restablecida, el 14 de enero de 1837 será promulgado un Decreto relativo al número de individuos que debían componer las diputaciones provinciales. Dicha regulación decía: "se agregarán a los diputados, que actualmente lo son, los individuos que sean necesarios para formar un número igual al de los partidos judiciales", véase en *G.*, núm. 780, lunes, 25 de enero de 1837. La inclusión de estos representantes suscitaría ciertas dudas en la práctica provincial. Como ejemplo podemos observar a la Diputación provincial de Oviedo que en su sesión de 5 de junio de 1837 discutía como proceder ante el incremento de diputados provinciales, que había pasado de siete a quince. En este sentido era expuesta y discutida la siguiente cuestión: ¿cuántos diputados serían requeridos a partir de ahora para formar acuerdo?, ¿eran suficientes los cuatro representantes que marcaba el articulo 147 de la Ley de 3 de febrero de 1823, o bien siguiendo la razón y objeto de la disposición, era preciso que concurriesen por lo menos ocho, la mitad más uno del número de individuos? Se optaría por la segunda opción, acordándose que sería necesaria la convergencia de ocho diputados en atención a ser evidente que el fundamento del mencionado precepto era exigir un *quorum* de cuatro cuando los diputados fueran solo siete, pretendiéndose así que resoluciones de la Diputación resultaran siempre de una mayoría, véase en Actas de la Diputación provincial de Oviedo, 5 junio 1837, *AHA*, Libro 11138. Asimismo, las elecciones celebradas en la provincia para igualar al número de los partidos el de los vocales de la diputación serían motivo de conflicto. Como ejemplo, puede observarse que la elección de esos ocho miembros provocó que el Jefe Político de Oviedo elevara una propuesta a Cortes en la que exponía sus dudas sobre la validez de las elecciones celebradas el 26 de febrero, véase en Sección General, *Archivo del Congreso de los Diputados* (en adelante *ACD*), leg. 332, caj. 4.

4. EL NUEVO MARCO JURÍDICO DE 1837

4.1. La Constitución de 1837

El 18 de junio de 1837 era aceptada, jurada y promulgada la nueva Constitución. Una obra legislativa marcada por su carácter consensual, que trataba de paliar la brecha existente entre moderados y progresistas, cada vez más profunda. Un objetivo que queda claramente reflejado en las palabras de la Reina Gobernadora, donde se destacaba la búsqueda de la paz, la concordia y la unidad:

> "Con el más perfecto acuerdo entre la Nación y el Trono la Ley fundamental de la Monarquía, ningún motivo queda, ya a la incertidumbre, ningún pretexto a la desunión. Bandera de paz y de concordia sirva esta Ley desde hoy en adelante a todos los españoles de insignia que los guíe al bienestar a que aspiran y tan justamente merecen; y viéndola tremolar sobre el solio de la Reina que defienden con tanto heroísmo, consideren este solio como el mejor cimiento de la libertad e independencia, como el pilar más firme de su gloria y de su prosperidad"[65].

Si el texto fundamental pretendía ser una obra que contentara a todos los grupos políticos, ¿qué rasgos presentaba para lograr ese equilibrio?[66]. En primer lugar, entre sus elementos progresistas figurarán: la soberanía nacional, la libertad de imprenta sin previa censura, el instituto del Jurado y el de la Milicia Nacional, las

---

65 *DSC,* núm. 228, domingo, 18 junio de 1837, pág. 4126.

66 La Constitución de 1837 era (dejando aparte el Estatuto de Bayona) el tercer texto fundamental que la nación conocía. El de 1812 tal vez había pecado de avanzado; el Estatuto Real de 1834 se resentía de una clara timidez; la nueva Constitución venía a ser una transacción entre los dos textos. Los progresistas la habían redactado sacrificando alguno de sus principios; los moderados la aceptaban dejando constancia de que no recogía todas sus aspiraciones, véase en Tomás Villarroya, J. (1983-1984), "La publicación de la Constitución de 1837", *Revista de derecho político,* (20), pág.18.

amplias facultades de las Cortes en orden a la sucesión de la Corona, así como la índole electiva de ayuntamientos y diputaciones provinciales. En segundo lugar, y de clara influencia moderada, se encontrarán: la flexibilidad constitucional, el bicameralismo, el sistema electoral directo y el reforzamiento de los poderes de la Corona en detrimento de la autonomía de las Cortes[67].

Si se presta especial atención a la regulación dada al ordenamiento provincial, concretamente al ámbito de la Diputación, su articulado será escaso. Las mínimas referencias las encontramos en el Título XI, denominado: "De las Diputaciones provinciales y de los Ayuntamientos". Dicho título estará compuesto por tres artículos (del 69 al 71), que de manera simple establecerán la presencia de una Diputación en cada provincia, dejando su organización y sus funciones para ser regulados en una ley posterior, tal y como se verá a continuación.

Tras la promulgación de la normativa constitucional, el día 20 de julio tendría lugar una nueva convocatoria a Cortes[68]. A este respecto, será de sobra conocido el papel crucial de las diputaciones, por ser las encargadas de supervisar e impulsar el proceso electoral regulado ya por la Ley de 20 de julio. Se buscaba así articular un sistema que garantizase la normalidad en el desarrollo de los comicios generales, que por primera vez iban a celebrarse de conformidad a la Ley electoral[69]. Simultáneamente al

---

[67] Suanzes-Carpegna, J.V. (1983), "La Constitución española de 1837: una constitucional transaccional", *Revista De Derecho Político,* (20), pág. 95.

[68] *G.*, núm. 965, domingo, 23 de julio de 1837.

[69] "La Ley electoral llegará en primeros de agosto a las capitales de provincia más distantes de la del reino, y de consiguiente hasta el 25 del mismo se ocuparán las diputaciones en formar las listas de electores. Tendrán que oír a los ayuntamientos, y valerse acaso de otros medios de investigación. Solo la urgencia justifica una precipitación que ciertamente cedería en perjuicio de la exactitud, a no contar, con o es debido, con el celo y laboriosidad de las corporaciones provinciales. Seis días se conceden después para la remisión de las listas, y quince según la Ley para su exposición al público. Para acabar de rectificarlas, remitirlas a los distritos electorales y disponer su inserción en el Boletín

desarrollo dicho proceso de convocatoria a Cortes, tendría lugar la promulgación de la normativa en materia de diputaciones provinciales: la Ley de 13 de septiembre relativa a su organización. Esta nueva regulación establecía que la institución estaría compuesta por "el Jefe Político, el Intendente y un número de diputados igual al de partidos judiciales en que se dividiera la provincia, siempre que estos no bajasen de siete, que debían ser el mínimo de representantes"[70]. Asimismo, contemplaba la vigencia de las leyes publicadas con anterioridad cuando estas no se opusiesen a lo prescrito por la nueva norma[71]; lo que se traduce en que la Instrucción de 3 de febrero de 1823 siguiera constituyendo la guía elemental encargada de regir la coyuntura de las corporaciones provinciales. Por su parte, en lo que al procedimiento electoral se refiere, la noma fijaba las pautas relativas al método de elección de diputados provinciales, que también debían ser conformes a la Ley de 20 de julio[72].

4.2. Ley electoral de 20 de julio de 1837

Ya hemos visto como la Ley de 13 de septiembre estipulaba como base normativa del procedimiento electoral provincial la Ley de 20 de julio de 1837. Eso sí, contemplaba la salvedad de que se pudieran introducir "las modificaciones indispensables que el

---

oficial no se han designado más que siete días; de forma que solo el 22 de Setiembre se dará principio a las votaciones, que, con arreglo a la misma Ley, podrán durar hasta cinco", *Ibíd.*

70 Artículo 1 de la Ley de 13 de septiembre de 1837, véase en *G.*, núm. 929, domingo, 18 septiembre de 1837. En relación con el número de individuos de la corporación provincial, el 14 de enero de 1837 era promulgado el Decreto relativo al número de individuos que debían componer las diputaciones provinciales, siendo determinado que hubiera un número de diputados provinciales igual al de partidos judiciales (véase nota 63).

71 Artículo 7 de Ley de 13 de septiembre de 1837.

72 *Ibíd.*, Artículo 4.

Gobierno determinara"[73]. Pues bien, lo que ahora habrá que reseñar son sus características, y hasta que punto, tuvo que ser adaptada para ser aplicada en los comicios provinciales.

Las Cortes constituyentes de 1836-1837 ya habían dejado claro desde el inicio de su andadura la importancia del establecimiento de una legislación electoral. Tanto es así, que en los debates de diciembre de 1836 sobre sobre el proyecto de Constitución se había dejado entrever la necesidad de configurar un nuevo método de elección, en este caso el directo[74].

El 25 de marzo de 1837 era por fin designada la Comisión[75] encargada de desarrollar el proyecto electoral[76], que sería presentado a las Cortes el 31 de mayo de 1837[77]. Esta, teniendo en cuenta los

73 *Ibíd.*

74 Entre los argumentos expuestos durante el férreo debate, resultarán ilustrativas las palabras de Agustín Argüelles, quien manifestaba su apoyo a este sistema directo y criticaba a los que preferían el indirecto: "Los señores diputados que prefieren la elección indirecta, no olvidando las influencias perniciosas inseparables de ella, ¿no sacrificarán su teoría a la seguridad que del método directo (...) Digo pues, señores, que toda la fuerza del patriotismo sobre que reposa el método de la elección indirecta está limitada a suponer que por él entrar a votar mayor número de individuos; pero yo he indicado que este número tiene un gran correctivo; lo que no sucede en la directa, cuyo vicio queda corregido desde luego por su misma naturaleza, porque ¿cómo se compran 4000 electores que puede tener una provincia por el método directo con la facilidad que 15 o 20 que pueda dar por el indirecto? Además, señores, en el método directo hay una responsabilidad moral, y todos temen exponer su reputación, por lo cual hay más inseguridad de que caminen con mayor rectitud; de esta responsabilidad carece el método indirecto", véase en *DSC*, núm. 68, lunes, 26 de diciembre junio de 1836, págs. 781-782.

75 Dicha comisión estaría formada por Agustín Argüelles, en labores de Presidente; Salustiano Olózaga, como Secretario; y Joaquín María Ferrer, Antonio González, Vicente Sancho, Pío Laborda, Pablo Torréns, Pedro Antonio Acuña y Manuel María Acebedo, como vocales.

76 *DSC*, núm. 151, sábado, 25 de marzo de 1837, pág. 2307.

77 *DSC*, apéndice al núm. 213, miércoles, 31 de mayo de 1837, págs. 3787-3796.

datos estadísticos reunidos y dejando de lado todos los métodos de sufragio indirecto, "que constituyen la ineficacia del sistema representativo", establecía como punto de partida que las elecciones se hicieran conforme al método directo. Ahora bien, lo que ahora debía decidirse era la mejor forma, o la más representativa, de aplicarlo.

Con el fin de lograr su propósito, se aprovecharían los conocimientos de lo acontecido en las elecciones verificadas en el mes de agosto de 1836 para tratar de corregir los considerados errores, principalmente en términos de utilización del requisito de mayores contribuyentes[78]. En el Decreto de 24 de mayo de 1836, regulador de dichas elecciones a Procuradores Generales del Reino, se habían definido como electores a aquellos que, además de la mayoría de edad, disfrutaran de la cualidad de ser mayor contribuyente de la provincia[79]. Junto a dicha prevención, se recogía

78 Hay que tener en cuenta que el Decreto de 24 de mayo de 1836 por el que se convocaban nuevas elecciones a Cortes que debían celebrarse el 20 de agosto de 1836 ya establecía el sufragio directo como método de elección. Pese a que las Cortes nunca llegaron a constituirse, las elecciones sí que se celebraron. De esta forma, la experiencia en la aplicación del método directo podía ser plausible teniendo en cuenta los resultados obtenidos: "La formación de las listas electorales, la distribución de los distritos, y el mecanismo integro de la elección y de los escrutinios, todo se ha tomado en el presente proyecto de Ley, del que se discutió en el último Estamento de Procuradores, sin más diferencias que las que imperiosamente reclamaba la diversa índole de las elecciones que ahora se han de hacer", véase en *DSC*, apéndice al núm. 212, miércoles, 31 de mayo de 1837, pág. 3788.

79 En este caso el Decreto establecía una regulación algo compleja. De conformidad con el artículo 4º se fijaba que fueran los mayores contribuyentes en la provincia en que gozaran de vecindad en razón de 200 por cada Diputado que cupiere a la provincia. Por su parte, el artículo 5º agregaba a este número, y otorgaba la cualidad de mayores contribuyentes, a aquellos que pagaran en la provincia en la que residían igual cuota de contribuciones que la menor que fuera necearía para completar el número de 200 electores por cada Diputado. En último término, el artículo 6º establecía la posibilidad de que fueran calificados como

toda una lista de atributos o cualidades tendentes reconocer la capacidad: que si los abogados con dos años de estudio abierto; que si los médicos, cirujanos latinos y farmacéuticos con dos años de ejercicio; que si los doctores y los licenciados, o los arquitectos, pintores y escultores titulados en bellas artes, etc. Entendía así la Comisión encargada de elaborar el proyecto que el miedo a crear un privilegio político entre los grandes poseedores había terminado provocando una situación análoga respecto a los considerados "capacitados", estableciéndose de nuevo un privilegio "bien en favor de la capacidad sin garantía o bien en favor de la propiedad sin inteligencia", "¿por qué ha de ser elector, o que significa en la sociedad un licenciado sin ejercer su profesión, o un doctor sin enseñanza?"[80]. Se debía tomar como referencia, siguiendo el criterio de "todos los pueblos de Europa", la propiedad, ya fuese patrimonial, adquirida por la industria propia o intelectual; eso sí, sin obviar la realidad del país, en donde "con tan poca equidad y tan irregularmente" se hallaban derramadas las cargas públicas. A este respecto, se disponía que "el signo más general y seguro

---

mayores contribuyentes aquellos que justificasen ante la Diputación Provincial pagar la cuota requerida en los supuestos anteriores, aunque lo hicieran todo o en parte fuera de la provincia de residencia. Dicha clasificación también es criticada por la Comisión, al ser calificada como injusta: "Al mismo tiempo las más accidentales circunstancias privaban del derecho de nombrar los diputados, en calidad de contribuyente, al vecino de un pueblo quo en el mismo sistema de impuestos pagaba cantidades mucho mayores que el que habitaba en un pueblo inmediato. El que vivía, por ejemplo, en un pueblo do los confines de la provincia de León con Asturias, se hallaba privado del derecho de votar si no pagaba por lo menos 200 reales de impuestos directos, cuando el asturiano que vivía a cien pasos de s u casa no necesitaba pagar más que 58 reales. En el mismo caso se hallaba el habitante de la provincia de Granada, cuya cuota electoral ascendió a 300 reales, con respecto al de Almería, donde no pasaba de 122; el de Tarragona, donde la cuota fue de 457 reales 15 maravedíes., respecto del de Castellón de la Plana, donde no excedió de 250; y el de Madrid, dude fue preciso pagar 500 reales respecto al de Segovia, donde bastó pagar 266", *Ibíd.*

80 *Ibíd.*

de la propiedad" era, sin disputa, la contribución, base para la formación de un cuerpo electoral de acuerdo con "un censo fijo, prudente y arreglado" a las circunstancias particulares de cada provincia[81].

Teniendo en cuenta todos estos antecedentes, la Ley electoral de 1837 finalmente establecería que pudieran ser electores los españoles mayores de veinticinco años domiciliados en la provincia[82], siempre que cumplieran uno de los siguientes requisitos: pagar anualmente 200 reales de vellón de contribución directa o cuota fija[83]; tener una renta líquida anual que no ba-

---

81 *Ibíd.*, págs. 3378-3379.

82 Resulta llamativa la propuesta hecha por el señor Cayetano Charco en la que proponía rebajar la edad de 25 años a 20. Pese a no resultar aprobada, el señor Diputado argumentaba que debía establecerse una diferenciación entre la edad exigida para ser Diputado y la exigida para ser elector: "Si hemos establecido una notable diferencia entre la edad senatoria y la que se exige para ser Diputado, ¿por qué no se ha de establecer también entre el Diputado y el elector? ¿Ha de señalarse la misma edad para ser Diputado que para usar el derecho de elección? Para esto basta tener conocimiento de algunas personas adornadas por las cualidades que exija la Ley para ser nombrados diputados (...) Para ser Diputado es indispensable más instrucción y experiencia, y por lo mismo una edad mayor, a la manera que para Senador se ha señalado la edad de 40 años, por suponer esta la calma y lentitud con que debe marchar este Cuerpo Colegislador", véase en *DSC*, núm. 219, miércoles, 7 de junio de 1837, pág. 3945.

83 En este caso la Ley se encarga de determinar la manera de justificar la contribución. Lo primero que llama la atención es la especificación que se hace sobre la cuota fija con el fin de evitar confusiones terminológicas, ya que "en algunos pueblos y provincias no se entienden por contribuciones directas algunas que realmente lo son, y se denominan allí de cuota fija", véase en *Ibíd.*, pág. 3962. Asimismo, se aprobaba: que tuviera derecho a votar todo socio que justificase "por la escritura registrada de la sociedad colectiva, que por el capital o la industria que tiene puesta en ella, pague una contribución que no baje de 200 reales al año; y que el modo de justificar el pago de las contribuciones solo fuese a través de una prueba fehaciente, esto era con "los recibos de los recaudadores o los documentos justificativos de las oficinas donde existan los repartos

jase de 1.500 reales de vellón procedente de predios propios, rústicos, urbanos o de ganados de cualquier especie, o de establecimientos de caza y pesca, o de cualquier profesión para cuyo ejercicio se exigieran estudios y exámenes preliminares[84]; pagar en calidad de arrendatario o aparcero una cantidad en dinero o frutos que no bajase de 3.000 reales de vellón al año, bien fuera por las tierras que cultivara o aprovechara, inclusos los edificios y artefactos destinados al beneficio de las mismas y sus productos, bien fuese por los ganados de cualquiera especie o por los establecimiento de caza o pesca que beneficiara[85]; o habitar una

---

de las contribuciones", véase en *DSC*, apéndice segundo al núm. 236, lunes, 26 de junio de 1837, págs. 4335-4336.

84 Llama la atención la preocupación por no excluir a ningún colectivo. Tal es así que, en el proyecto presentado inicialmente por la Comisión no estaban reseñados algunos tipos de propietarios. En este sentido, se destacará la adición del Diputado Monterde, que abogaba por la inclusión de los propietarios de ganados teniendo en cuenta que estos formaban "la principal riqueza de varios de los distritos electorales de España" véase en *Ibíd.*, pág. 4336. En el artículo 7 párrafo 2º se detallaba la forma de acreditar el nivel de renta, siendo previsto que "los profesores probarán su renta con certificados de los Ayuntamientos de los pueblos donde residan, y los propietarios con las escrituras de arriendo u otros contratos de la misma especie, cuando los haya, y si no los hay, con los justiprecios de peritos nombrados por los Ayuntamientos en cuyo jurisdicción estén situadas los bienes" y especificándose, a tenor de la propuesta realizada por el Diputado toledano Charco, que los labradores que poseyesen una yunta propia "destinada exclusivamente a cultivar las tierras de su propiedad" estaban comprendidos en la grupo anterior, sin tener necesitar de aportar justificación sobre su renta, véase en *G.*, núm. 964, sábado, 22 de julio de 1837.

85 Se vuelve a reconocer el derecho de los labradores: "la Comisión cree que la facultad de probar el derecho electoral por el arrendamiento solo debe concederse a la numerosa y respetable clase de labradores", véase en *DSC*, apéndice segundo al núm. 236, lunes, 26 de junio de 1837, pág. 4336. La Ley electoral recoge textualmente que: "los labradores que tengan dos yuntas propias destinadas exclusivamente a labrar sus propias tierras o las que cultiven de propiedad ajena en arriendo o aparecería, serán comprendidos en este caso sin necesidad de probar el arrendamiento que pagan".

casa o cuarto destinado exclusivamente para sí y su familia, que valiera al menos 2.500 reales vellón de alquiler anual en Madrid, 1.500 reales de vellón en los demás pueblos que superasen las 50.000 almas, 1.000 reales de vellón en los que excedieran de 20.000 y 400 reales en los restantes. Asimismo, se determinaba la posibilidad de poder acumular la renta procedente de bienes propios y lo que se pagase de arrendamiento por los que se cultivase de propiedad ajena, "computando el precio del arrendamiento como equivalente a la mitad de una renta de igual valor", de manera que debería ser inscrito en la lista electoral el que justificase tener 500 reales de vellón de renta propia y pagar 2.000 de arrendamiento[86].

Con esta propuesta se tenía la intención de perfeccionar y aumentar el cupo de electores, que verían facilitadas sus opciones de justificar la capacidad para ejercer su derecho de sufragio activo. Se trataba de reconocer a los potenciales propietarios "en todas partes" y "bajo todas sus formas"[87], incrementándose la participación del cuerpo electoral en 257.984 individuos, crecimiento que alcanzará los 376.255 en 1839 y los 423.787 en 1840[88]; y abriéndose el espacio político a nuevos sectores de la burguesía profesional, comercial e industrial[89]. Dentro de su articulado también se contemplaría el modo de proceder en el

86 El párrafo 4º del artículo responde al deseo de la comisión de llevar al cuerpo electoral a una clase que, atendiendo al signo externo de alquiler pagado, ofreciera garantías suficientes : "A una clase numerosa de individuos que vive, generalmente en las grandes poblaciones, de los productos de sus capitales, impuestos en los fondos públicos, o manejados por terceras personas, o de sueldos que reciben del Estado, o de ciertas profesiones o industrias que no están sujetas al pago del subsidio de comercio", véase en Tomás Villarroya, J. (1965), "El cuerpo electoral en la Ley de 1837", *Revista de Ciencias Sociales,* (6), pág. 183.

87 *DSC,* apéndice al núm. 212, miércoles, 31 de mayo de 1837, pág. 3788.

88 Monsell Cisneros, M.F; Pérez Díaz, L.R. (1989), "La práctica electoral en el Reinado de Isabel II", *Revista de las Cortes Generales,* (16), pág. 145.

89 Marichal, C. (1980), *La revolución liberal y los primeros partidos políticos en España,* 1834-1844, Cátedra, pág. 145.

supuesto de que en la provincia no llegasen a computarse los 300 electores por cada Diputado propietario, determinándose que debía de completarse dicho número con los mayores contribuyentes de impuestos directos; añadiéndose a aquellos que pagasen igual cuota de contribuciones que la menor que fuese necesaria para completar el número de 300 electores por cada representante[90].

Tras ser precisadas las cualidades del elector, llegaría el turno de fijar sus limitaciones para ejercer el derecho de sufragio activo, optándose por prohibir dicha praxis a quienes se hallasen procesados criminalmente con pena de prisión; los que por sentencia legal hubieran padecido penas corporales, aflictivas o infamatorias y no estuvieran rehabilitados; los que estuvieran bajo interdicción judicial por incapacidad, ya fuese física o moral; los que estuvieran en situación de quiebra, suspensión de pagos o tuvieran sus bienes intervenidos; así como los deudores a los caudales públicos como segundos contribuyentes[91].

Complementariamente a la Ley electoral de 1837, era promulgada la Instrucción de 6 de noviembre con las pautas sobre el modo y la forma de proceder a la elección de representantes provinciales[92]. En este sentido, en ella, se especificaban las modificaciones, o mejor dicho adaptaciones, que debían plantearse sobre el capítulo 4° de la Ley de 20 de julio a la hora de celebrar los comicios de diputados provinciales. Veamos pues sus peculiaridades.

Las elecciones de diputados de provincia tendrían lugar en las cabezas del distrito electoral, estableciéndose que en el caso de que las capitales tuvieran más de un juez de primera instancia

---

90 Artículo 8 de la Ley electoral de 1837.

91 *Ibíd.*, artículo 11.

92 Hay que recordar que la Ley de 13 de septiembre previa en su artículo 2° que las diputaciones provinciales se renovaran íntegramente en las elecciones que debían comenzar el día 1° de Diciembre.

se formasen tantos partidos como jueces[93]. En ellas participarían los mismos sujetos que habían votado en los comicios a Cortes, quienes acudirían a ejercer su derecho al respectivo partido[94]. Igualmente, la Instrucción de 6 de noviembre determinaba que en el supuesto de haber sido subdivididos los distritos electorales, se designaría un comisionado encargado de llevar una copia certificada del acta con el resultado obtenido a la capital, verificándose el escrutinio general en la cabeza de partido. Este acto lo presidiría el Jefe Político en la capital de la provincia o Alcalde constitucional en los partidos, quien en caso de ausencia o enfermedad sería sucedido por quien estuviera ocupando y ejerciendo su autoridad, y a él asistirían el Ayuntamiento o una comisión de su seno siempre que no se bajase de cuatro individuos[95]. Harían de comisionados cuatro sujetos designados por suerte, y si el partido no tuviese tantos distritos, serían nombrados aquellos en los que se hubiese subdividido y concurriesen al acto; completando el *quorum* requerido con individuos del Ayuntamiento sacados por suerte entre los que supieran escribir[96]. Hecho el escrutinio general de votos y extendida el acta[97], serían autorizadas por el Presidente y los secretarios las copias a cada uno de los diputados electos para que les sirvieran de credencial; remitiéndose otra copia a la Diputación. Por su parte, el original sería depositado en el archivo del Ayuntamiento de la cabeza

---

93 Artículos 1 y 2 de la Instrucción de 6 de noviembre de 1837, véase en *BOPO*, núm. 93, miércoles, 22 de noviembre de 1837.

94 *Ibíd.*, artículo 3.

95 *Ibíd.*, artículo 4.

96 *Ibíd.*, artículo 5.

97 Siguiéndose las formalidades del artículo 37 de la Ley electoral de 20 de julio que determinaba que el acta debía extenderse conforme al modelo adjunto y debía estar firmada por el Presidente y los cuatro secretarios escrutadores. En el acta debían expresarse: el número total de electores de la provincia, el número de los que habían participado en la elección, el total de votos obtenido cada uno de los diputados las dudas y reclamaciones que pudieran suscitarse.

de partido[98]. Cabe destacar que la norma también contemplaba el modo de proceder de aquellos partidos judiciales que por sí solos formasen un distrito electoral, estipulándose que una vez finalizado el escrutinio (conforme al modelo propuesto y donde aparecieran reflejados el número total de los electores del distrito, el número de estos que participó en la elección y los votos obtenidos por cada candidato[99]) se extendiera por el Presidente y por los secretarios el acta, para ser después depositado en el archivo del Ayuntamiento una vez habían sido realizadas las dos copias certificadas, una para la Diputación y otra para el elegido[100]. Aun así, en el caso de no resultar nombrado ningún Diputado en la primera votación, se establecía la posibilidad de celebrar nuevas elecciones[101]. Finalmente, el Alcalde pondría en conocimiento del Jefe Político quienes eran los elegidos, para después fijar el día en que se llevaría a cabo la instalación de la Diputación[102]; momento en el que los diputados, para entrar a ejercer su cargo, debían prestar juramento ante el Jefe Político[103], y en donde, posteriormente, se crearía una comisión encargada de examinar y aprobar las actas electorales de cada uno de los partidos judiciales[104].

Ya habiendo sido analizadas las principales características, son muchas las pistas que nos rebelan el crucial papel que tuvo la Ley electoral de 1837 en la evolución del régimen comicial. Una norma que se convertía en impulsora del cambio en el método de elección, que pasaba a ser directo; que ampliaba el cupo electoral y que será el eje vertebrador de los procesos electorales hasta la llegada de la normativa conservadora de 1846 como claro ejemplo de la legislación progresista del marco decimonónico. Tal es

---

98 Artículo 6 de la Instrucción de 6 de noviembre de 1837.
99 Artículo 32 de la Ley electoral de 20 de julio de 1837.
100 Artículo 7 de la Instrucción de 6 de noviembre de 1837.
101 *Ibíd.*, artículos 8 y 9.
102 *Ibíd.*, artículo 10.
103 *Ibíd.*, artículo 11.
104 *Ibíd.*, artículo 12.

así, que tras la revolución de julio de 1854 y el inicio del Bienio progresista, esta volvería a ser restablecida[105].

4.3. Los procesos electorales provinciales entre 1837 y 1844

La firma del ansiado acuerdo alcanzado en Vergara el 31 de agosto de 1839 supuso el fin del conflicto armado que asolaba el país desde el ascenso al trono de Isabel II, lográndose así que el eterno opositor, Carlos María Isidro, abandonara la península.

¿Qué ocurriría a partir de entonces con la organización provincial? Una vez conseguida cierta estabilidad y paz, el Gobierno decidía que era el momento de impulsar la reinstalación de las diputaciones provinciales, y más teniendo en cuenta que la actividad de las corporaciones se había visto plenamente condicionada por el conflicto armado. En este sentido, a través de la promulgación

---

105 En ese marco, por Decreto de 7 de agosto de 1854 se ordenaba el restablecimiento en las capitales de provincia de las diputaciones existentes en abril de 1843, las cuales empezarían a funcionar el día 20 de agosto de 1854, véase en *G.*, núm. 584, martes, 8 de agosto de 1854. Bien es cierto que en ocasiones resultará inviable reinstalar al completo dichas corporaciones, teniendo en cuenta la falta de algunos de los diputados. En este sentido, por Orden de 20 de agosto se determinó como había de completarse el número de diputados provinciales cuando faltaran algunos de los que ejercieron este cargo desde 1840 a 1843: "En vista de las comunicaciones remitidas a este ministerio por varios gobernadores de provincia con ocasión de ciertas dudas que ocurren a cerca del modo de entenderse el Decreto de restablecimiento de las diputaciones (...) se ha servido mandar: 1º Que en las provincias donde faltan diputados de los que ejercieron este honroso cargo de 1840 a 1843 se complete el número con otros elegidos por los alcaldes que compongan los respectivos partidos judiciales quienes se reunirán al efecto en la cabeza del partido; 2º Que los partidos judiciales que, o por haber adquirido este carácter después de la creación de las diputaciones provinciales, o por cualquier otra causa, carezcan de representación, observen este mismo método para el nombramiento de sus disputados; 3º Que los cargos de los así elegidos cómo todos los diputados, duren hasta la nueva elección", véase en *BOPO,* núm. 102, viernes, 25 de agosto de 1854.

de la Orden de 24 de octubre de 1839 se instaba a su regeneración, entendiéndose que los individuos que hasta ahora las componían "eran el producto de la elección de diferentes partidos de la provincia y no del común de los electores de ella, como sucedía anteriormente por el sistema de elección indirecta"[106]. A esto se le sumaba que la regulación de 1837 no recogía entre su articulado mención alguna a la duración del cargo de Diputado, regulando exclusivamente el momento en el que debía procederse la elección[107]. De igual modo, si se recurría a la norma complementaria vigente de 1823, se establecía una renovación bianual por mitades independiente de la celebración de elecciones generales. En definitiva, una clara contradicción a la que se daba solución a fines de octubre de 1839.

El desarrollo de la norma de 24 de octubre delimitaba las pautas a seguir. En el artículo 1 se fijaba como fecha para el nombramiento y toma de posesión de los nuevos individuos el día 1º de enero del año 1840. Para determinar los diputados que debían ser cesados en el cargo, el Jefe Político convocaría una sesión pública (el 10 de noviembre) en la que se realizaría un sorteo, y aquellos que resultaran primeros, serían sustituidos; si el número de los diputados fuese impar cesaría la mayoría absoluta[108]. Asimismo, se proponía una excepción sobre aquellos diputados provinciales

---

106 *BOPO,* núm. 89, miércoles, 6 de noviembre de 1839.

107 Artículo 6 de la Ley de 13 de septiembre de 1837 "las nuevas diputaciones provinciales se instalarán y empezaran a ejercer sus funciones inmediatamente que se concluyan las elecciones", véase en *G.*, núm. 929, domingo, 18 septiembre de 1837.

108 Artículo 2 Orden de 24 de octubre de 1839: "para determinar cuáles de los diputados actuales deben cesar, los convocará el Jefe político a una sesión pública que ha de celebrarse el día 10 de noviembre próximo, en la que con todas las formalidades correspondientes se inscribirán en cédulas separadas los nombres de cada diputado, se encantararán y sortearán. La mitad de los individuos que salgan los primeros en este sorteo será lo que se deberá cesar en fin de este año. Si el número de los diputados actuales fuese impar cesará la mayoría absoluta de los diputados", véase en *BOPO,* núm. 89, miércoles, 6 de noviembre de 1839.

que a finales del año no llevaran ocho meses de ejercicio, quienes debían de continuar en el cargo y con quienes no se contaría para la renovación ni serían incluidos en el sorteo[109].

La debilidad del sistema político hacía muy complicado lograr la efectividad de las órdenes del Gobierno, cada vez más debilitado. Gran parte de esta problemática recaerá en el activo papel del ejército en la vida pública y en el acceso de los militares al poder político. Ámbito en el que volverá a destacar indudablemente el General Baldomero Espartero, que tras su papel en la paz de Vergara, alcanzaba las más altas cuotas de popularidad e influencia. A ello se añadía el paulatino aumento de progresistas en el seno de las Cortes. En suma, se describe un contexto marcado por la inestabilidad en el que el 31 de octubre las nuevas Cortes eran suspendidas, y en donde tan solo un mes más tarde, sería decretada su disolución[110] y su nueva convocatoria[111].

En pocas palabras, la reorganización estaba en marcha, y con ella los procesos electorales, tanto provinciales como generales, no resultando fácil coordinar su desarrollo, y más teniendo en cuenta el papel protagonista de las diputaciones en ambos. ¿Cómo solventarlo? Tan solo unos días después de la disolución de las Cámaras era promulgada otra Orden por la que se suspendía la renovación de las corporaciones provinciales acordada con anterioridad:

> "Teniendo presente S. M. la Reina Gobernadora que la renovación de las diputaciones provinciales, mandada ejecutar por la Orden de 24 de Octubre último, entorpecería notablemente y con perjuicio del bien público las operaciones preparatorias para la

---

109 *Ibíd.*, artículo 3.

110 Bahamonde, A.; Martínez, J.A (2014), *Historia de España siglo XIX*, Cátedra, pág. 213.

111 Orden de 19 noviembre 1839 dirigida a los Jefes políticos con motivo de la disolución del Congreso de los Diputados y convocatoria a nuevas Cortes para el 18 de febrero del año próximo para que haya orden en las próximas elecciones, véase en *G.*, núm. 1837, miércoles, 20 de noviembre de 1839.

elección de Diputados a Cortes y propuestas de la tercera parte de Senadores, que ha de efectuarse a consecuencia del Real Decreto de 18 de este mes, ha tenido a bien mandar quede sin efecto la mencionada Orden de 24 de Octubre, continuando en el ejercicio de sus funciones los individuos que al tiempo en que fue expedida componían las referidas diputaciones provinciales, hasta que concluidas las elecciones de diputados a Cortes y las propuestas de la tercera parte de Senadores, pueda procederse a la renovación de las indicadas corporaciones"[112].

Se puede observar así que se daba preferencia a las operaciones preparatorias para la elección de diputados a Cortes, y como la renovación de las diputaciones provinciales quedaba relegada a un segundo plano. De este modo, el Gobierno pasaba a regular el procedimiento de renovación y formación de las diputaciones a través de disposiciones normativas de carácter especial y separadas de las normas que regulaban las competencias y funcionamiento interno de la administración provincial[113].

El resultado de las elecciones generales de enero de 1840 fue determinante para el ideal moderado. El claro triunfo de Evaristo Pérez de Castro abría la puerta a la inminente reforma del ordenamiento hacia tendencias conservadoras. Dicho objetivo puede verse reflejado desde los inicios de la legislatura, tal y como se hacía patente en el discurso de la Reina Gobernadora con motivo de la apertura de Cortes del mes de febrero:

"Os serán presentados varios proyectos de ley cuya gravedad y urgencia reconocen todos. Tales son las que deben poner de acuerdo las diputaciones provinciales y los ayuntamientos con el tenor y espíritu de la Constitución vigente: la que dejando completamente a salvo la libertad de imprenta ponga coto a sus demasías; la que atienda de una vez a la seguridad y dignidad del culote, y a la suerte del Clero, sin olvidar la triste situación de las Religiosas y Exclaustrados; la que de organizar el Consejo de Estado para que

---

112 Orden de 22 de noviembre de 1839, véase en *G.*, núm. 1842, lunes, 25 de noviembre de 1839.

113 Ortego Gil, P., *Evolución legislativa de la Diputación provincial en España 1812-1845: La Diputación de Guadalajara*, Vol. I., *op.cit.*, pág. 538.

sirva de luz y guía. A la Corona, y además las medidas legislativas que reclaman las administraciones de justicia, la Marina nacional, tan digna siempre de la más solicita atención, y otros objetos de no menor importancia".

Por su parte, los sectores progresistas no tardarían en alzar la voz en contra de las propuestas. Tan pronto eran abiertas las sesiones, acusarían al Gobierno de haber manipulado los votos, exigiendo un nuevo recuento o la anulación de los mismos. Hostilidad que todavía se haría mayor con los proyectos de ley presentados en el Congreso de los Diputados el día 21 de marzo; sendos planteamientos estarían encabezados bajo denominaciones similares: uno relativo a la "organización y atribuciones de los Ayuntamientos" y a otro a "organización y atribuciones de las Diputaciones provinciales". En suma, se pretendía implantar un cambio en el sistema político local y provincial, donde la autoridad ejecutiva se viera afianzada. Pese al intento, la reforma en la normativa de diputaciones provinciales no saldría adelante, algo que no se extendía a la regulación municipal[114].

Las tensiones en el Gobierno traspasarían las paredes del Parlamento, y la revolución estallaría en las calles. A partir del 1 de septiembre la insurrección liberal era declarada en muchas ciudades del territorio nacional, procediéndose a la formación de la primera Junta provisional en Madrid[115], para después continuar

---

114 La nueva Ley de ayuntamientos de 1840 estaría integrada por 113 artículos, en los que se reducía a las municipalidades a "meras comisiones consultivas", expresión utilizada por el asturiano Agustín Argüelles durante el debate parlamentario, véase en Segundo Flórez, J. (1895), *Espartero. Historia de su vida militar y política y de los grandes sucesos contemporáneos*, Vol. III, Madrid, págs. 446-448.

115 En este sentido hay que resaltar el manifiesto elaborado por la Diputación provincial y el Ayuntamiento de Madrid, en el que dirigiéndose al pueblo madrileño establecían: "La Excma. Diputación Provincial, unida al Ayuntamiento constitucional de esta M. H. villa, a consecuencia del patriótico pronunciamiento del día de ayer a favor de la causa de la li-

con el establecimiento de juntas revolucionarias en los diferentes puntos del país[116]. La Reina María Cristina necesitaba apoyos que le ayudaran a paliar el alcance de lo sobrevenido y se veía obligada a solicitar consejo de Espartero, quien ahora se convertiría en el valedor del régimen liberal.

Desde los primeros momentos de la Regencia provisional, Espartero y sus hombres dictarán normativa relativa a la regeneración de las corporaciones provinciales. El día 13 de octubre de 1840 eran promulgados dos Reales Decretos: el primero, suspendía la aplicación de la Ley municipal; y el segundo, instaba a la renovación de las diputaciones y al nombramiento de sus miembros[117]. Focalizando nuestra atención en el proceso de instalación de las corporaciones provinciales y su proceso electoral, la normativa señalaba que habiendo sido constituidas con arreglo a la Ley de 13 de septiembre de 1837 (que remitía al método de elección de la Ley de 20 julio de 1837); habiendo sido desarrollada su normativa por la Instrucción de 6 de noviembre, donde nada se decía sobre la duración, renovación y modo de verificación; y no constando ninguna otra disposición vigente, se disponía que la toma de posesión de los nuevos diputados tuviera lugar el 1°

bertad, y con objeto de conservar la tranquilidad pública, ha acordado, después de oídos a los beneméritos comandantes de la Milicia Nacional, el establecer una Junta provisional que haga las veces de Gobierno local hasta tanto que S. M., bien penetrada de las críticas circunstancias, se digne nombrar un ministerio constitucional que responda al voto de la Nación", véase en *G.*, núm. 2133, jueves, 3 de septiembre de 1840.

116 El 10 de septiembre se recibieron noticias del establecimiento de juntas revolucionarias en las ciudades de Toledo, Burgos, Zaragoza, Salamanca, Ávila, Cáceres, Segovia, Huesca, Granada, León, Ciudad Real, Cádiz, Lérida, Cartagena, Málaga y Almería. La insurrección de septiembre se había convertido en una revolución nacional, véase en Marichal, C., *La revolución liberal y los primeros partidos políticos en España*: 1834-1844, *op. cit.*, pág. 200.

117 Decreto de 23 de octubre de 1840 de renovación de diputaciones provinciales, véase en *G.*, núm. 2190, domingo, 18 de octubre de 1840.

de enero de 1841[118]. Para elegir a sus representantes los jefes políticos debían emplazar a las diputaciones, que podían estar o no disueltas como consecuencia del periodo insurreccional vivido. Ante esta realidad, se establecían tres posibilidades: convocar a la Diputación provincial si esta no había sido suprimida; convocar a la que en su lugar se hubiese designado; o, como tercera vía, asociar un individuo de cada uno de los ayuntamientos de los pueblos cabeza de partido para que junto al Intendente conformaran la Diputación[119]. Una vez constituida, se fijarían en las puertas de los ayuntamientos las listas de electores formadas con motivo de la última elección de diputados a Cortes, donde permanecerían expuestas quince días[120]. Igualmente, todas las reclamaciones que se suscitaran acerca de la inclusión o exclusión en las listas serían presentadas a los ayuntamientos y ellos serían los encargados de remitirlas a las diputaciones en un plazo también de una quincena[121]. Una vez resueltas todas las dudas, concretamente en este caso el 10 de diciembre, concurrirían a la cabeza de partido o distrito, el Alcalde (o alcaldes sí hubiera más de uno) para que junto con dos electores designados por ellos mismos, constituyeran la mesa electoral de conformidad con la Ley de diputados a Cortes[122]. Posteriormente, en los cuatro días siguientes, sería verificada la elección[123]; y el quinto día, en este caso el 15 de diciembre, con la presencia del Ayuntamiento de la cabeza de partido y del resto de miembros de la mesa electoral, tendría lugar el escrutinio general. El resultado se recogería en el acta, del que se remitirá

---

118 *Ibíd.*, artículo 1.

119 *Ibíd.*, artículo 2.

120 *Ibíd.*, artículo 3.

121 *Ibíd.*, artículo 5.

122 *Ibíd*, artículo 6.

123 *Ibíd.*, artículo 7.

una copia al elegido[124] y otra al Jefe Político, quedando la original depositada en la Secretaría del Ayuntamiento[125].

Estas diputaciones provinciales instaladas en 1841, serán renovadas en 1843. Con Joaquín María López de nuevo a la cabeza del Consejo de Ministros, sería promulgado el Decreto de 26 de agosto que impulsaba la renovación de la totalidad de los individuos, teniendo en cuenta "la gravedad y cúmulo de negocios puestos a su cuidado, y el largo y azaroso período de tres años que llevan de existencia"[126]. Fue este el último proceso de renovación antes del triunfo de las políticas moderadas[127].

5. DE CAMINO AL MODERANTISMO: LOS INTENTOS DE REFORMA

La Ley de 1837, pese haber dotado de estabilidad al sistema electoral, dejaba entrever ciertas deficiencias, las cuales se manifestarán en las sucesivas enmiendas presentadas desde su promulgación en julio de 1837. Es por ello por lo que resultará interesante observar en que medida los sectores moderados trataban de ir implantando sus políticas, algo que nos hará comprender mejor

---

124 A tenor de la celebración de estas elecciones se suscitarán dudas sobre la posibilidad de que los individuos que componían las diputaciones pudieran ser reelegidos, así como sus opciones de renuncia y la autoridad y competencia para admitirla. Una cuestión que es solventada por la Orden de 16 de noviembre de 1840, que determinaba que pudieran ser reelegidos; y que si se daba el caso de que presentasen renuncia, esta se verificase ante las diputaciones provinciales respectivas, que la admitirían y procederían a segundas elecciones, véase en *G.*, núm. 2222, miércoles, 18 de noviembre de 1840.

125 Artículo 8 del Decreto de 23 de octubre de 1840.

126 *G.*, núm. 3263, lunes, de 28 agosto de 1843.

127 Nos estamos refiriendo a la promulgación de: la Ley de 8 de enero de 1845 de organización y atribuciones de las diputaciones provinciales; la Constitución de 1845; la Ley 2 de abril de 1845 para el gobierno de las provincias y La Ley electoral de 18 de marzo de 1846.

cuál fue el camino recorrido hasta el nacimiento de la Ley electoral de 18 de marzo de 1846[128].

Destacaba sobre todas las cuestiones la acontecida como consecuencia de la inclusión de nuevos grupos en el cupo electoral, entre ellos los labradores, quienes por primera vez habían tenido la oportunidad de ejercer su derecho sin necesidad de acreditar un nivel de renta (de 1.500 reales), al serles válido poseer una yunta de bueyes para trabajar tierras que fuesen de su propiedad; así como pagar una cantidad en dinero o frutos que no bajase de 3.000 reales de vellón al año si eran arrendatarios o aparceros. Unas prevenciones que debilitaban el sufragio cen-

---

[128] No hay que olvidar que las diputaciones provinciales pasarán a estar regidas por una nueva norma: la Ley de 8 de enero de 1845. En ella, además de establecerse nuevas cualidades para ser Diputado Provincial (artículo 7), junto a sus prohibiciones (artículo 8) e incompatibilidades (artículo 9); se determinaba que la elección de representantes provinciales debía de hacerse en virtud de Real convocatoria (artículo 10), utilizándose las mismas listas que para diputados a Cortes (artículo 12). Es decir, los diputados provinciales debían ser nombrados por los mismos electores que elegían diputados a Cortes, siendo los requisitos de estos electores fijados por la Ley electoral de 1846. A tenor de ello, el 30 de junio de 1847 era publicado un nuevo Decreto acordando la renovación total de todas las diputaciones provinciales, aprovechándose también la oportunidad para explicar el motivo de por el cual la Ley de 8 de enero de 1845 no había sido aplicada al ámbito organizativo de las diputaciones hasta entonces: "Al publicarse la Ley de 8 de Enero de 1845 fue necesario dejar en suspenso todas sus disposiciones relativas a la organización de las diputaciones provinciales hasta que, puesta en ejecución la nueva ley electoral, se formasen las listas con sujeción a ella. Producto las actuales diputaciones de una ley que caducó, ni el número de sus individuos, ni las cualidades de estos guardan armonía con la vigente (…) Tales consideraciones demuestran la necesidad urgente de renovar en su totalidad las diputaciones provinciales". En definitiva, había sido necesario esperar a que la formación de listas de electores se hiciese siguiendo los criterios de la nueva Ley electoral, y ahora que por fin se había logrado, era el momento de verificar las elecciones provinciales siguiendo los trámites y formalidades prescritos en el título 3º de la Ley de 8 de enero, véase en *G.*, núm. 4677, lunes, 5 de julio de 1847.

sitario que pretendía implantarse, y que al ampliar tanto la horquilla de votantes, propiciaban "la arbitraria injerencia de la administración en la elaboración y rectificación (hasta quince días antes de los comicios) de los censos"[129]. A este respecto, serán ilustrativas las palabras de Javier de Burgos, que nos describen la aptitud de:

> "una multitud de individuos, que, por el hecho de arrastrar una precaria existencia, se supusieron independientes, sin notar que el labriego, atenido a las eventualidades de un cultivo mezquino e imposibilitado de sostenerse sin el apoyo de unos u otros de sus conciudadanos, no podía ser en una asamblea electoral más que el instrumento ciego de los que le ayudaban a subsistir"[130].

Junto a esta amplitud del cuerpo electoral, saldrían a relucir las amplias, y cuestionadas, facultades otorgadas a las diputaciones provinciales. Eran estas las encargadas de elaborar el mapa electoral, de hacer la subdivisión en distritos y de señalar sus capitales; lo que propiciaba que en ocasiones pudieran inmiscuirse otros intereses que dificultaran la participación de los individuos. En este sentido, también era controvertido el proceso relativo a la configuración de la mesa electoral y su control[131].

---

129 Estrada Sánchez, M. (2008-2009), "La frustrada propuesta de reforma electoral de 1840 (un precedente del reflujo liberal de la Década Moderada)", *Anuario de historia del derecho español*, (78-79), pág. 351.

130 De Burgos, J. (1851), *Anales del reinado de Doña Isabel II*, libro undécimo, tomo II, Establecimiento tipográfico de Mellado, pág. 271.

131 Tal y como explica Estrada Sánchez: "La clave de todo el proceso radicaba en controlar la mesa electoral, que era elegida entre los presentes en el lugar de votación durante la primera hora del primero de los cinco días habilitados para votar, bajo la presidencia del alcalde del municipio designado como cabeza de distrito. Teniendo además en cuenta que el centro de votación podía señalarse hasta un día antes de la celebración de los comicios, lo frecuente, en particular en la España rural, era *ganar la mesa*". Lo que tendría como resultado la: "probable victoria del ministerio, merced, en gran medida, a las manipulaciones ejercidas en el desarrollo de todo el proceso por comisionados y jefes políticos", véase en Estrada Sánchez, M., "La frustrada propuesta de re-

Tales irregularidades provocaron que prácticamente desde su aprobación, fuesen presentadas numerosas enmiendas. Entre ellas, la presentada por el señor Argüelles en el periodo de 1837 a 1838, quien defendía la modificación de los artículos 34 y 35 de la Ley electoral[132]; la del señor Moure, que pretendía reinscribir los términos del artículo 38, incorporar nuevas prevenciones sobre las elecciones parciales y suprimir el 54[133]; la de Ruiz Arbol

forma electoral de 1840 (un precedente del reflujo liberal de la Década Moderada)", *op. cit.*, págs. 352-353.

132 "Convencido de los obstáculos que ofrece la ejecución práctica de los artículos 34 y 35 de la Ley electoral, en razón de la repugnancia que manifiestan muchos electores a concurrir a las capitales de provincia, como comisionados de las mesas respectivas de distrito: deseando conciliar la legalidad de estos actos importantes con la menor molestia de los ciudadanos a quienes la Ley concede el derecho de elección, y que no se les distraiga contra su voluntad de Ius tareas y ocupaciones" se propone que puedan estos "nombrar a cualquiera otro elector de los que corresponda a la provincia", quien "desempeñará las funciones señaladas en el artículo 35, haciendo constar su nombramiento, que resultará en la misma acta, cuidando asimismo las mesas de dirigirla al comisionado cerrada y con el resguardo correspondiente", véase en *DSC*, apéndice tercero al núm. 136, miércoles, 2 de mayo de 1838, pág. 2039.

133 Se proponía un cambio de redacción en el artículo 38, pasándose a autorizar "tres copias que sin dilación se pondrán a disposición del jefe político, éste remitirá al Gobierno que, conservará una, para que el Rey elija los Senadores correspondientes, pasando a la Secretaría de cada uno de los Cuerpos colegisladores una de las otras dos copias. Autorizarán del mismo modo tantas certificaciones expresivas en resumen del resultado de las actas electorales, cuantos sean los senadores propuestos, y los diputados propietarios y suplentes elegidos, a cada uno de los cuales remitirá el jefe político un ejemplar, que les servirá de credencial al tiempo de su presentación. Estas certificaciones pasarán a la comisión de Revisión de actas, para que las examine y de su dictamen sobre ellas y cualidades personales de los individuos, sin cuyo requisito no puedan tomar asiento en los respectivos Cuerpos"; también se previene que en las elecciones parciales se observasen "los trámites de una elección general tal y cómo previene el articulado, pero no se autorizarán más que dos copias cuando la elección sea únicamente relativa a uno

relativa a la reforma de los artículos 37 y 38 y presentada en la legislatura siguiente[134]; o la publicada en la *Revista de Madrid* por el Marqués de Vallgornera en el año 1838, quien, como buen moderado, intercedería: por la configuración de un sistema uninominal, que según su parecer era mucho más sencillo que el plurinominal instaurado; por la simplificación del proceso electoral; o por el diseño de los distritos siguiendo criterios poblacionales previamente fijados.

---

de los Cuerpos Colegisladores"; y la supresión del artículo 54, véase en *DSC*, apéndice segundo al núm. 140, lunes, 7 de mayo de 1838, pág. 2135.

134 "La experiencia ha demostrado que los Cuerpos Colegisladores se ven diariamente en la necesidad de reclamar documentos de las actas electorales de los distritos, en razón a no constar en la general el resultado de cada una de aquellas. Esto embaraza sobremanera el examen y discusión de las actas electorales; retrae esta consideración al Diputado electo de hacer el viaje a la Corte, y por otra parte influye considerablemente en que el Congreso no se constituya pronto y oportunamente, según ahora acaba de suceder. Además, puede haber reclamaciones sobre el acta electoral de un distrito; más, puede llegar a invalidarse, sin que éstas infieran perjuicio al Diputado electo. En este caso no es justo ni tampoco conveniente que este pendiente el resultado de su elección, y sin entrar en el Congreso (...) Y esto se evitaría esto se evitaría, en mi concepto, con la alteración que propongo del art. 37 de la Ley electoral y del modelo del acta general. También propongo una enmienda en el artículo 38 de dicha Ley. En mi opinión únicamente tres copias del acta debían remitirse o expedir la Junta de escrutinio general, a saber: una al Gobierno para S.M eligiera los senadores; otra parta el Senado, y otra para el Congreso, remitidas por conducto del Gobierno, y no expedir ninguna en favor de los diputados electos, y sí en su lugar un mero oficio les sirviera de credencial para que con ella se presentaran a ejercer sus funciones en los respectivos Cuerpos Colegisladores", véase en *DSC*, núm. 38, miércoles, 9 de octubre de 1839.

El proyecto del Marqués, presentado al Senado en el mes de mayo de 1838[135] no llegaría a ser fructífero, pero si a ser inspirador de la reforma planteada ante el Senado por Saturnino Calderón Collantes, Ministro de la Gobernación, el 23 de marzo de 1840[136].

El trabajo de Calderón Collantes tenía como finalidad acotar el número de electores en vista del exceso establecido por la ley, "un número que no guarda la proporción debida con la población y demás circunstancias de España". Para ello se entendía que "lo más justo y más sencillo" era conceder el derecho a los que pagasen una contribución directa, siendo esta la mejor forma de justificar que la participación en los comicios fuera un derecho concedido solo a aquellos que velaran por la "quietud y prosperidad del Estado". Se abogaba así por el manteamiento del mismo importe de cuota, fijado en 2.000 reales anuales, que, aunque pudiera resultar insuficiente, se entendía que no debía modificarse hasta realmente ver materializada la cifra de electores alcanzada. Por otro lado, también preveía el proyecto que si en un partido electoral no se llegaba a los 300 electores que debían nombrar a un Diputado, se completara dicho *quorum* con los mayores contribuyentes, fuera cual fuera la cantidad con la que concurrieran a sufragar los gastos del Erario. Asimismo, y en palabras del Gobierno, como impulsor del proyecto, parecía justo extender dicho derecho electoral a quienes contribuyesen al mismo fin con una deducción del sueldo, un capital invertido o un servicio prestado en las diferentes carreras.

En segundo lugar, además de las reformas de los requisitos de los electores, se impulsaba un cambio en la formación de las listas electorales, "a fin de cerrar la puerta a indebidas inclusio-

---

135 Para ver el proyecto presentado por el Marqués de Vallgornera: Diario de Sesiones del Senado (en adelante *DSS*), apéndice tercero al número 70, lunes, 28 de mayo de 1838, págs. 763-768.

136 *DSS*, apéndice primero al número 11, lunes, 23 de marzo de 1840, págs. 99-107.

nes o a exclusiones, no menos injustas", que pasaba a ser una tarea encomendada al Alcalde del pueblo señalado para cabeza de partido electoral, siendo oídos los ayuntamientos de los pueblos, pidiendo informes a las oficinas de Hacienda y recogiendo cualquier otro dato que pudiera resultar relevante. Aquellas reclamaciones que pudieran plantearse serían resueltas por las diputaciones provinciales, que fallarían acerca de los posibles vicios. Vemos así que se acrecentaba la imparcialidad de las corporaciones, que seguirían siendo las encargadas de resolver pero lo harían sobre lo acordado por otra autoridad. De igual modo, lo dispuesto por la Diputación podría ser recurrido ante la Audiencia Territorial[137].

Mención aparte debe hacerse a la mayor innovación planteada: el método de elección de los diputados. En este caso, el Gobierno entendía que había "llegado el momento de dar a la elección directa (…) el grado de perfección (...) que recomienda el ejemplo de las Naciones más adelantadas". El nuevo plan consistía en que cada una de las provincias fuera dividida en tantos partidos electorales cuantos diputados le correspondiesen, nombrando cada uno de los partidos un Diputado. Este método uninominal, a ojos de los proponentes, estaba repleto de ventajas, las cuales eran enumeradas: era el más conforme al espíritu de justicia y de igualdad, ya que gracias a él todos los electores de España nombrarían al mismo número de diputados; era el que más fielmente representaba la voluntad de los electores; el más representativo, ya que si cada partido electoral nombrase un Diputado sería más probable que todas las opiniones políticas e intereses tuvieran presencia en el Congreso, evitándose así que algún partido político ejerciese "influjo excesivo"; el más breve y sencillo, ya que cada elección estaría circunscrita a un solo partido electoral evitándose dilaciones indebidas o fraudes[138]; el que podía evitar segundas votaciones, dado que era nombrado un solo Diputado; o el que

---

137 *Ibíd.*, págs. 99-100.

138 A este respecto se pone de manifiesto en el proyecto todas las dilaciones, fraudes e inconvenientes que traían consigo las juntas generales de

en el caso de tener que repetirlas, más simplificaría el proceso al promover la elección en un solo partido, evitándose así molestar a la provincia[139].

Tan solo un día después de la presentación del proyecto, era designada la Comisión encargada de informar sobre él[140]. Un trabajo que daría sus frutos el 21 de abril, cuando esta presentara su dictamen a la Cámara Alta. Las enmiendas realizadas, lejos de respetar lo propuesto, irían destinadas a modificar sustancialmente el sentido de la norma, a la que se trataba de dar un mayor sello moderado. Cuatro serían las principales variaciones introducidas: la primera, conceder el derecho de sufragio activo a parte del estado eclesiástico, concretamente a los curas párrocos en propiedad y a los eclesiásticos que disfrutasen de prebendas con una dotación de al menos 10.000 reales; la segunda, confiar las tareas de formación de listas y reclamaciones electorales a las autoridades del Poder Ejecutivo del Estado (alcaldes y jefes políticos) y relegar a los ayuntamientos y diputaciones provinciales a tareas de auxilio; la tercera, modificar el proceso de formación de las mesas electorales de distrito, que pasarían a estar presididas por el Alcalde; y la cuarta, alterar algunas de las cualidades necesarias para ser Diputado, tales como el aumento de la contribución directa, que pasaba a ser de 400 reales o los 16.000 de suelo[141].

escrutinio celebradas en la capital de provincia, que daban en muchas ocasiones lugar a importantes quejas y reclamaciones.

139 *Ibíd.*, pág. 100.

140 Fueron designados cómo miembros de la Comisión los senadores: Marqués de Vallegornera (sustituido por Gaspar de Ondovilla en la sesión de 28 de abril de 1840), Francisco Paula Figueras, Mariano Egea, Domingo Ruiz de la Vega y José Isla Fernández, véase en: *DSS*, núm. 12, martes, 24 de marzo de 1840, pág. 131; *DSS*, núm. 26, martes, 28 de abril de 1840, pág. 390.

141 *DSS*, apéndice segundo al número 25, martes, 21 de abril de 1840, págs 375-376.

Las críticas contra el dictamen fueron enseguida sucediéndose por la minoría progresista, que era consciente de la necesidad de reforma de la Ley electoral de 1837 pero que bajo ningún pretexto entendía justificado el carácter autoritario que desprendía el nuevo texto[142]. No estaban ante una reforma, sino que estaban ante una nueva Ley[143]. Su constante cuestionamiento marcaría el desarrollo de los debates, que no llegaron ni siquiera a durar dos semanas[144]. Fueron estas unas sesiones definidas por la irregularidad de las discusiones, que en ocasiones podían ser intensas, pero que en cuestiones tan trascendentales como la división de las provincias en distritos uninominales, la presidencia de la mesa electoral o las cualidades de los elegidos, resultaban ciertamente nimias[145].

Finalmente, la reforma, o "excesiva reforma" según el parecer progresista, fue aprobada por 58 votos a favor y 20 en contra[146], no llegando a ser aplicada tras la llegada del régimen esparterista.

6. A MODO DE CONCLUSIÓN

De estas páginas se deduce que la evolución de los procesos electorales provinciales del primer constitucionalismo estará estrechamente vinculado al contexto político en el que estos se enmarquen, o lo que es lo mismo, serán el resultado de la

---

142 Estrada Sánchez, M., "La frustrada propuesta de reforma electoral de 1840 (un precedente del reflujo liberal de la Década Moderada)", *op. cit.*, págs. 363-364.

143 *Ibíd.*, pág., 364.

144 Se iniciaban el 29 de abril de 1840 y se extendían hasta el 12 de mayo, véase en: *DSS*, núm. 27, miércoles, 29 de abril de 1840, págs. 410-423; *DSS*, núm. 36, martes, 12 de mayo de 1840, págs. 556- 565.

145 Estrada Sánchez, M., "La frustrada propuesta de reforma electoral de 1840 (un precedente del reflujo liberal de la Década Moderada)", *op. cit.*, pág. 364.

146 *DSS*, núm. 36, martes, 12 de mayo de 1840, pág. 563.

ideología política de que quienes los promuevan. Concluimos así que:

I. Con la promulgación de la Constitución de 1812 se pretendía otorgar una regulación completa que rigiera prácticamente todos los aspectos del proceso electoral. Estos eran la determinación de los requisitos tanto para ser Diputado Provincial como para ser elector, así como las pautas para celebrar los comicios. Algo que no ocurrirá con el texto constitucional de 1837, menos exhaustivo, que derivará en otras leyes la organización de las corporaciones provinciales: la Ley de 13 de septiembre y la Ley electoral de 1837.

II. Los constituyentes doceañistas determinaban que podían ser diputados provinciales los ciudadanos mayores de veinticinco años, naturales o vecinos de la provincia, con residencia de al menos siete años. Como requisito económico solo se preveía que tuvieran "lo suficiente para mantenerse con decencia", dejándose así la puerta abierta a la indeterminación. Ya con el Decreto de 21 de septiembre de 1835 se concretarían más las condiciones, precisándose que el representante poseyera una renta anual de 6.000 reales, de los cuales 3.000 procedieran de la propiedad territorial o industrial; o bien pudiera subsistir "independiente y decentemente" por ser abogados, médicos-cirujanos o ejercientes en alguna otra profesión pública. Quedaba así acotado el derecho a ejercer el sufragio pasivo, que pasaba a estar profundamente ligado a los propietarios y a ciertos profesionales que tuvieran una mínima capacidad económica. Por su parte, en relación con las incompatibilidades, la Constitución de 1812 establecía la prohibición de ser Diputado Provincial y a la vez empleado de nombramiento real; mientras que el Decreto de 1835 perfeccionaba los supuestos y remitía a lo previsto en la normativa de ayuntamientos.

III. Con respecto al cupo electoral, la Constitución gaditana exigía la ciudadanía, mayoría de edad, vecindad y residencia como cualidades del votante. Este sufragio universal masculino será modificado con la promulgación del Decreto de 21 de septiembre, donde se añadiría la exigencia de ser mayor contribuyente. Dicho sufragio censitario, del que también se parte en la regulación electoral de 1837, será ciertamente matizado, adaptado y ampliado. Las prevenciones del articulado de la Ley electoral en favor del aumento del cupo de electores propietarios harían más factible la posibilidad de justificar la capacidad económica y el derecho a disfrutar del sufragio activo, permitiendo la participación de nuevos sectores burgueses en las elecciones.

IV. El método de elección también será transformado. Según avanzamos en el marco decimonónico vemos cómo se abandona el sistema indirecto de origen gaditano, cuyo papel fundamental recae en las juntas de electores, y se opta por el directo, en el que los votantes eligen "sin intermediarios" y en donde se hace necesaria la elaboración de listas de electores. El trámite de formación de las mismas será uno de los momentos más controvertidos del proceso; siendo constantes las reclamaciones presentadas por los fraudes cometidos, bien por incluir a sujetos que no respetaban los requisitos o bien por excluir a quienes sí los tenían.

V. Los procesos electorales se verán condicionados por el contexto insurreccional. A este respecto vemos cómo tras la promulgación de la Ley electoral de 1837 y de la Instrucción de 6 de noviembre relativa a las especialidades provinciales, el proceso de renovación de las diputaciones será ciertamente irregular. Esto se traducía en que los procesos electorales provinciales tuvieran que ser regulados a través de decretos y órdenes.

VI. Una vez promulgada la Ley electoral de 1837, serán constantes los intentos de reforma de los sectores moderados en defensa de una nueva normativa tendente a acotar el número de electores, a implementar el método uninominal y a reformar el proceso de formación de las listas electorales. Se constituía así el germen de la Ley electoral de 1846.

VII. El hecho de estar ante un contexto provincial condiciona que toda esta normativa sea aplicada de muy diversas formas. Las características de cada territorio hacen que las directrices gubernativas sean recibidas con mayor o menor aceptación.

7. REFERENCIAS BIBLIOGRÁFICAS Y FUENTES

7.1. Fuentes normativas

Decreto de 17 de abril de 1810 lleva a cabo la división de los pueblos del Reino en prefecturas y subprefecturas.

Constitución española de 1812.

Instrucción de 23 de mayo de 1812 conforme a la cual deberán celebrarse en la Península e Islas adyacentes las elecciones de diputados de Cortes para las ordinarias del año próximo de 1813.

Decreto de 23 de mayo de 1812 para el establecimiento de las diputaciones provinciales en la Península y Ultramar.

Orden de 15 de septiembre de 1812 por la que se manda formar las juntas preparatorias para elegir diputados a Cortes y diputaciones provinciales.

Decreto de 4 de mayo de 1814 por el que se suprimió la figura de los jefes políticos.

Decreto de 15 de junio de 1814 por el que se cesaba a las diputaciones provinciales.

Decreto de 30 de marzo de 1820 por el que vuelven a instaurarse las diputaciones provinciales.

Orden de 29 de junio de 1821 sobre las aclaraciones sobre el modo y orden con que han de proceder las diputaciones provinciales para la renovación de sus individuos.

Decreto de 27 de enero de 1822 sobre la división provisional del territorio español.

Orden de 29 de marzo de 1822 por la que ordena instalar a la mayor brevedad las diputaciones provinciales en las nuevas provincias y completar el número de diputados que han quedado vacantes.

Instrucción de 3 de febrero de 1823 del gobierno económico-político de las provincias.

Decreto de 1 de octubre de 1823 estableciendo que son nulos y de ningún valor todos los actos del Gobierno llamado constitucional.

Decreto de 23 de octubre de 1833 por el que son creados los subdelegados de fomento.

Decreto de 30 de noviembre de 1833 sobre la división civil de territorio español en la Península e islas adyacentes en 49 provincias.

Decreto de 21 de abril de 1834 de subdivisión de partidos judiciales.

Estatuto Real de 1834.

Orden de 20 de mayo de 1834 por la que se ordena la supresión de algunas publicaciones periódicas.

Decreto de 20 de mayo de 1834 para celebración de Cortes Generales del Reino.

Decreto de 23 de julio de 1835 para el arreglo provisional de los ayuntamientos de la Península e Islas adyacentes.

Decreto de 21 de septiembre de 1835 sobre el modo de constituir y formas las diputaciones provinciales.

Decreto de 24 de mayo de 1836 regulador de las elecciones a Procuradores Generales del Reino.

Ley de 15 de octubre de 1836 relativa al Gobierno político de las provincias.

Decreto de 29 de noviembre de 1836 por el que se restablecen los decretos de 10 de julio de 1812 sobre la formación de ayuntamientos y el de 11 de agosto de 1813 para el gobierno de las diputaciones provinciales y ayuntamientos.

Constitución española de 1837.

Ley electoral de 20 de julio de 1837.

Decreto de 20 de julio de 1837 para celebración de Cortes Generales del Reino.

Decreto de 13 de septiembre de 1837 relativo a la organización de las diputaciones provinciales.

Instrucción de 6 de noviembre con las pautas sobre el modo y forma de proceder a la elección de representantes provinciales.

Orden de 24 de octubre de 1839 mandando proceder al nombramiento de individuos de las diputaciones provinciales.

Orden de 18 de noviembre de 1839 sobre disolución Cortes y convocatoria de próxima reunión para el 18 de febrero de 1840.

Orden de 19 noviembre 1839 dirigida a los Jefes políticos con motivo de la disolución del Congreso de los Diputados y convocatoria a nuevas Cortes para el 18 de febrero de 1840.

Orden de 22 de noviembre de 1839 revocando la que manda renovar las diputaciones provinciales.

Ley de 14 de enero de 1840 sobre organización y atribuciones de los ayuntamientos.

Decreto de 23 de octubre de 1840 de renovación de diputaciones provinciales.

Orden de 16 de noviembre de 1840 que prevé que los individuos que componen las diputaciones provinciales pueden ser reelegidos en las elecciones próximas.

Decreto de 26 de agosto de 1840 determinando que luego que concluyan las elecciones de Diputado a Cortes, se proceda en todas las provincias de la monarquía a la renovación y nombramiento individuos de las diputaciones.

Ley de 8 de enero de 1845 sobre organización y atribuciones de las diputaciones Provinciales.

Constitución española de 1845.

Ley 2 de abril de 1845 para el gobierno de las provincias.

Ley electoral de 18 de marzo de 1846.

Decreto de 7 de agosto de 1854 que ordenaba el restablecimiento en las capitales de provincia de las diputaciones existentes en abril de 1843.

7.2. Fuentes documentales

Archivo Histórico de Asturias

Actas de la Diputación provincial de Oviedo, Libro 11138.

Archivo del Congreso de los Diputados

Sección General, leg. 332, caj. 4.

Diarios de sesiones de Cortes

Núm. 466, 12 enero de 1812; núm. 468, 14 enero de 1812; núm. 500, 23 febrero de 1812; núm. 211, viernes, 8 de mayo de 1835; núm. 68, lunes, 26 de diciembre junio de 1836; núm. 228, domingo, 18 junio de 1837;

núm. 151, sábado, 25 de marzo de 1837; apéndice al núm. 212, miércoles, 31 de mayo de 1837; núm. 219, miércoles, 7 de junio de 1837; núm. 223, domingo, 11 de junio de 1837; apéndice segundo al núm. 236, lunes, 26 de junio de 1837; apéndice tercero al núm. 136, miércoles, 2 de mayo de 1838; apéndice segundo al núm. 140, lunes, 7 de mayo de 1838; núm. 38, miércoles, 9 de octubre de 1839.

Diarios de Sesiones del Senado

Apéndice tercero al número 70, lunes, 28 de mayo de 1838; apéndice primero al número 11, lunes, 23 de marzo de 1840; núm. 12, martes, 24 de marzo de 1840; apéndice segundo al número 25, martes, 21 de abril de 1840; núm. 26, martes, 28 de abril de 1840; núm. 27, miércoles, 29 de abril de 1840; núm. 36, martes, 12 de mayo de 1840.

7.3. Publicaciones periódicas

Gaceta de Madrid

Núm. 60, martes, 4 de abril de 1820; núm. 93, martes, 7 de octubre de 1823; núm. 154, martes, 3 de diciembre de 1833; núm. 62, miércoles, 23 de abril de 1834; núm. 94, domingo, 25 noviembre de 1834; suplemento al núm. 206, viernes, 24 de julio de 1835; núm. 270, miércoles, 23 septiembre de 1835; núm. 681, viernes, 21 de octubre de 1836; núm. 735, sábado, 10 de diciembre de 1836; núm. 964, sábado, 22 de julio de 1837; núm. 965, domingo, 23 de julio de 1837; núm. 929, domingo, 18 septiembre de 1837; núm. 1837, miércoles, 20 de noviembre de 1839; núm. 1842, lunes, 25 de noviembre de 1839; núm. 2133, jueves, 3 de septiembre de 1840; núm. 2190, domingo, 18 de octubre de 1840; núm. 2222, miércoles, 18 de noviembre de 1840; núm. 3263, lunes, de 28 agosto de 1843; núm. 4677, lunes, 5 de julio de 1847; núm. 584, martes, 8 de agosto de 1854.

Boletín oficial de la provincia de Asturias

Núm. 93, miércoles, 22 de noviembre de 1837; núm. 89, miércoles, 6 de noviembre de 1839; núm. 102, viernes, 25 de agosto de 1854.

7.4. Bibliografía

Artola Gallego, M., (1991), *Partidos y programas políticos 1808-1936*, Madrid.

Bahamonde, A.; Martínez, J.A (2014), *Historia de España siglo XIX*, Cátedra.

Baró Pazos, J. (1993), "Hacia la consolidación del régimen parlamentario en España: el Congreso de los Diputados en la Constitución de 1837", *Revista de Estudios Políticos,* (57), págs. 55-106.

Borrego, A. (1874), *El libro de las elecciones. Reseña histórica de las verificadas durante los tres periodos del régimen constitucional,* Madrid.

Chamocho Cantudo, M.A.; Lozano Miralles, J. (2012), "Sobre un hito jurídico, La Constitución de 1812", *Reflexiones actuales, estados de la cuestión, debates historiográficos,* Universidad de Jaén.

De Burgos, J. (1850), *Anales del Reinado de Doña Isabel II,* º, Establecimiento Tipográfico de Mellado.

Estrada Sánchez, M. (1997), "Representatividad y diseño territorial en la legislación electoral española, 1834-1868", *Poder economía, clientismo,* Madrid.

(1998), "El enfrentamiento entre doceañistas y moderados por la cuestión electoral (1834-1836)", *Revistas de Estudios Políticos,* (100), págs. 241-272.

(1999), *El significado político de la legislación en la España de Isabel II,* Servicio de publicaciones de la Universidad de Santander.

(2008-2009), "La frustrada propuesta de reforma electoral de 1840 (un precedente del reflujo liberal de la Década Moderada)", *Anuario de historia del derecho español,* (78-79), págs.341-349.

(2008), "¿Y para qué queremos las diputaciones? Una reflexión en torno a los orígenes y primera evolución de las diputaciones provinciales", *Anuario da Facultade de Dereito da Universidade da Coruña,* (12), págs. 303-319.

Fernández Almagro, M. (1943), "Las Cortes del siglo XIX y la práctica electoral", *Revista de Estudios Políticos,* (9-10).

Fernández Domínguez, A. (1992), *Leyes electorales españolas de Diputados a Cortes en el siglo XIX. Estudio histórico y jurídico-político,* Madrid.

Fernández Rodríguez, T.R.; Santamaría Pastor, J.A. (1977), *Legislación administrativa española del siglo XIX,* Instituto de Estudios Administrativos.

Jordá Fernández, A. (2018), "El régimen electoral como condicionante de la participación política en la administración local española (1812-1978)", *Participación y exclusión política causas, mecanismos y consecuencias.*

Marqués De Valgornera (1838), "Reflexiones sobre la Ley Electoral de 1837. Vicios e inconvenientes de una elección complexa", *Revista de Madrid,* (1).

Marichal, C. (1980), *La revolución liberal y los primeros partidos políticos en España,* 1834-1844, Cátedra.

Martínez Sospedra, A, M. (1978), *La Constitución de 1812 (El constitucionalismo liberal a principios del siglo XIX)*, Facultad de Derecho, Cátedra Fadrique Furió Ceriol.

Monsell Cisneros, M.F; Pérez Díaz, L.R. (1989), "La práctica electoral en el Reinado de Isabel II", *Revista de las Cortes Generales*, (16), págs. 143-147.

Muñoz Del Bustillo, C. (1997), "Los antecedentes de las diputaciones provinciales o la perpleja lectura de un pertinaz lector ", *Anuario de historia del derecho español*, (67), págs. 1181-1194.

Muñoz Muñoz, M.D. (2013), "Recopilación legislativa de las diputaciones provinciales", *Boletín del Instituto de Estudios Giennenses*, (207), págs- 59-94.

Nieto, A. (1996), *Los primeros pasos del Estado constitucional. Historia administrativa de la Regencia de María Cristina de Borbón*, Ariel.

Orduña Rebollo, E. (2012), "Orígenes de las diputaciones provinciales: territorio y Administración". *El bicentenario de las diputaciones provinciales (Cádiz 1812)*, Fundación Democracia y Gobierno Local.

Ortego Gil, P. (1990), *Evolución legislativa de la Diputación Provincial en España 1812-1845: La Diputación de Guadalajara*, Universidad Complutense de Madrid.

Posada Herrera, J. (1988), Lecciones *de administración*, Instituto Nacional de Administración Pública.

Ramos Vázquez, I. (2005), "Sobre la naturaleza jurídica de las diputaciones provinciales", *Ivs Fvgit*, (12), págs. 481-529.

Rueda, J.C. (1998), *Legislación electoral española (1808-1977)*, Ariel.

Santana Molina, M. (1986), *La Diputación Provincial en la España decimonónica*, Tesis Doctoral consultada en: http://hdl.handle.net/10045/4007.

(1989), *La Diputación Provincial en la España decimonónica*, Instituto Nacional de Administración Pública.

Tomás Villarroya, J. (1962), "La Constitución de 1812 en la época del Estatuto Real", *Revista de estudios políticos*, (126), págs. 251-278.

(1964-1965), "Las primeras elecciones directas en España", *Anales de la Universidad de Valencia*, (38), págs. 415-442.

(1965), *El cuerpo electoral en la Ley de 1837*, Diputación Provincial de Barcelona.

(1968), *El sistema político del Estatuto Real (1834-1836)*, Instituto de Estudios Políticos.

(1981), "El proceso constitucional de 1812", *La era isabelina y el sexenio democrático*, Espasa Calpe.

(1985), *El Estatuto Real de 1834 y la Constitución de 1837,* Fundación Santa María, D.L.

(1983-1984), "La publicación de la Constitución de 1837", *Revista de derecho político,* (20), págs. 15-32.

(1990), "Las listas electorales de 1840", *Estudios históricos: Homenaje a los profesores José M.ª Jover Zamora y Vicente Palacio Atard,* Vol. 1, Universidad Complutense de Madrid.

(1992), "El Gobierno durante el reinado de Isabel II", *1812-1992. El arte de gobernar: historia del Consejo de Ministros y de la Presidencia del Gobierno,* Tecnos.

Tomás Y Valiente, F. (1982), *Manual de Historia del Derecho Español,* Tecnos.

Varela Suanzes-Carpegna, J., (1983), "La Constitución española de 1837: una constitucional transaccional", *Revista De Derecho Político,* (20), págs. 95-106.

Capítulo 2

El sufragio censitario de las corporaciones provinciales durante la época isabelina (1844-1868)

DR. MANUEL ESTRADA SÁNCHEZ
Profesor Titular de Historia del Derecho y de las Instituciones
Universidad de Cantabria
ORCID: 0000-0003-0309-535

1. A MODO DE UNA BREVE INTRODUCCIÓN: LAS DIPUTACIONES PROVINCIALES, UNA INSTITUCIÓN AL SERVICIO DEL APARATO DEL ESTADO Y DE LOS INTERESES DE LA PROVINCIA

Varias fueron las fuentes de las que pudieron beber los padres de la Constitución de 1812 al tiempo de diseñar las que iban a ser las flamantes diputaciones provinciales, de ahí que en este punto la doctrina no se muestre unánime[1]: que si se inspiraron en las propuestas reformistas de marcado cariz económico que se formularon en la vecina Francia antes de 1789; que si en su

1 Entre la amplia nómina de trabajos con los que ya se cuenta que abordan el estudio de las diputaciones desde diversas ópticas y enfoques, tanto atendiendo a una visión general, como centrados en un marco estrictamente provincial, podemos citar, entre otros, Martínez Sospedra, M. (1978). *La Constitución de 1812 y el primer liberalismo español.* Cátedra Fadrique Furio Ceriol. González Casanova, J.A. (1986). *Las Diputaciones Provinciales en España. Historia política de las Diputaciones desde 1812 hasta 1985,* Mancomunidad General de Diputaciones de Régimen Común. Santana Molina, M. (1989). *La Diputación Provincial en la España decimonónica.* Instituto Nacional de Administración Pública. Ortego Gil, P. (1990). *Evolución legislativa de la diputación provincial en España 1812-1845. La diputación provincial de Guadalajara.* Universidad Complutense. Muñoz de Bustillo, C. (1997). "Los antecedentes de las diputaciones provinciales o la perpleja lectura de un pertinaz lector", *Anuario de Historia del Derecho Español (*67). Homenaje a Francisco Tomás y Valiente, II. 1179-1192. Jordà Fernández, A. (2002). *Las Diputaciones provinciales en sus inicios. Tarragona 1836-1840. La guerra como alteración en la aplicación de la norma jurídica,* Diputació de Tarragona/Ministerio de Administraciones Públicas. Jordà Fernández, A. (2008). *Origens de la Diputació de Tarragona (1822-1840). Divisió territorial, organizació institucional i relacions amb els ajuntaments.* Diputació de Tarragona. Jordá Fernández, A. (2023). *De ayer a hoy: reflexiones sobre un bicentenario (las diputaciones provinciales, 1822-2022).* Diputació de Tarragona/Iustel. Orduña Prada, E y Jordà Fernández, A. (2018). *Diputaciones provinciales. Historia, actualidad y futuro,* Fundación Democracia y Gobierno Local. Chamocho Cantudo, M. Á. *(2013). Modelos históricos de Diputaciones Provinciales. Estudios conmemorativos del Bicentenario de la Diputación Provincial de Jaén. 1813-2013.* Diputación Provincial de Jaén/Instituto de Estudios Giennenses. Chust, M. y Pérez Juan, J.A. (2022) *Ayuntamiento de ayuntamientos: los orígenes de la Diputación Provincial de Castellón, 1812-1823.* Diputación Provincial de Castellón. Cebreiros Álvarez, E. (2024). *El origen de las diputaciones provinciales en el siglo XIX. Dos siglos fomentando la prosperidad,* Diputación de Ourense/Fundación Universidade da Coruña/Agencia Estatal Boletín Oficial del Estado. Terán Fuentes, M y Chust, M. (2024). *La revolución de las provincias. Los orígenes de las diputaciones provinciales en el mundo hispano, 1812-1824.* Instituto de Investigaciones Históricas. Universidad Michoacán de San Nicolás de Hidalgo/Marcial Pons.

nacimiento algo tuvo que ver un motivo de necesidad como era el de coordinar e institucionalizar la labor de las juntas de defensa que en 1808, a comienzos de la Guerra de la Independencia, surgieron por toda la nación, una causa, esta, que tradicionalmente ha sido admitida de forma común y general; e incluso, que también tuvieron como ejemplo las asambleas hidalgas que en la España del Antiguo Régimen se formaron en el norte de la Península, cuyo preferente propósito era el de defender sus viejas franquicias frente al avance centralizador de la monarquía, como dieron a entender Argüelles en el *Discurso Preliminar a la Constitución de 1812*; Diego Muñoz Torrero, para quien "este establecimiento es antiguo en alguna de nuestras provincias"; o Toreno, que insistiendo en esta líneas, defiende que las diputaciones se formaron a "ejemplo de las de Navarra, Vizcaya y Asturias, las cuales, si bien con facultades á veces muy mermadas, conservaban todavía bastante manejo en su gobierno interior, especialmente las dos primeras"[2]. Un plural elenco de posibles influencias, aunque todas ellas pautadas por la idea que latía en la mayor parte de estos diputados de otorgar voz, solo voz, a los poderes locales, facultándolas para colaborar con el representante de la nación en los asuntos económicos y administrativos en las que estaban previstas que fuesen las nuevas demarcaciones territoriales.

En efecto, la diputación provincial que concibieron los diputados del Cádiz de las Cortes era una institución que tenía como principal tarea la de asistir a quien estos mismos constituyentes habían previsto que fuese el vigoroso delegado de la nación en el territorio: el jefe superior o político, que como recogía el artículo 324 de la Constitución era nombrado por el Rey en cada

---

2 Argüelles, A. de (edición 1989) *Discurso preliminar a la Constitución de 1812*, Centro de Estudios Constitucionales, pág. 114. Muñoz Torrero, en DSC 13 de enero de 1812, pág. 2618. Toreno, Conde de (edición 2008). *Historia del levantamiento, guerra y revolución de España* (edición del Centro de Estudios Políticos y Constitucionales. Presentación de Varela Suanzes-Carpegna, J.), pág. 1064.

una de las provincias en las que en un futuro se llevaría a cabo una división más conveniente del territorio español, según señalaba el artículo 11 de la Constitución. De este modo, teniendo en cuenta que su principal cometido no debía de ir más allá que el de auxiliar al correspondiente representante del Ministerio, a lo sumo les fueron reconocidas unas parcas atribuciones que se ceñían al estricto marco económico y administrativo. Como señaló Muñoz Torrero en los debates de Cortes en los que se abordó su origen, las diputaciones debían actuar como "agentes o instrumentos del Gobierno para promover la prosperidad de los pueblos"[3], por lo que a juicio de otro liberal como José de Zorraquín, se debía tratar de "un cuerpo que reciba directamente las órdenes del Gobierno"[4]. Con argumentos como estos, la parte más numerosa de los legisladores de 1812 no pensaron reconocer atribución política alguna a las mismas. Para nuestros primeros liberales y en particular para la mayoría de los diputados de la Península, estas, como mucho, debían tener unas facultades de carácter económico-administrativo, de ahí que su misión, en el estricto marco político, sería la de colaborar con los correspondientes jefes políticos: eran, y así fueron concebidas, un instrumento más del aparato del Estado.

Por este motivo y con el fin de ejercer un mayor control sobre ellas, también eran los delegados del ministerio en el territorio (los jefes políticos y los intendentes) a quienes les correspondía la dirección de las diputaciones, actuando en consecuencia como presidente el primero, y ejerciendo funciones de vicepresidente el segundo. Pero aún fueron más allá los legisladores de 1812. Incluso los miembros de la corporación provincial que tenían carácter electivo que fijaron los constituyentes de 1812, los diputados provinciales, vieron sensiblemente limitado su carácter representativo, de modo que a todas, sin tener en cuenta ni la extensión que abarcaba su demarcación, ni la población que esta albergaba, les asignaron el mismo número de siete diputados, para así evitar la

---

3 DSC. 13 de enero de 1812. pág. 2619.

4 DSC. 12 de enero de 1812, pág. 2611.

posible equiparación de las diputaciones con las Cortes. Ello se debió al temor que latía en la parte más liberal de los diputados de las Cortes gaditanas, los que representaban a las circunscripciones de la España europea, cuando acometieron los debates en torno a la cuestión territorial y se plantearon cómo insertaban en el andamiaje institucional de la nueva nación liberal la institución provincial: era el miedo que tenían a un inquietante provincialismo que, sospechaban, ya anidaba entre las elites criollas y, en consecuencia, a que por el vasto territorio de la monarquía surgiesen un remedo de Cortes provinciales que aspirasen a igualarse en rango con las Cortes de la nación. Como destacó el Conde Toreno, "lo dilatado de la Nación la impele, bajo el sistema liberal, al federalismo"[5]. Así, subrayó Argüelles, "la representación nacional no puede ser más que una (...) y las Diputaciones provinciales no tienen, ni por su naturaleza pueden tener, ningún carácter representativo"[6]. Una cifra esta, los siete vocales que establecía el artículo 326 de la Constitución, que en un futuro, como el mismo artículo señalaba, se podía modificar si "las Cortes lo crean conveniente, o lo exijan las circunstancias, hecha que sea la nueva división de provincias de que trata el artículo 11", como así se hizo en 1835, cuando por segunda vez se restituyeron las diputaciones provinciales y se estableció que habría tantos diputados provinciales como partidos judiciales en los que estuviese dividida la provincia. Dos años después, ya durante la vigencia de la Constitución de 1837, el Decreto de Cortes de 13 de septiembre de ese año sobre *organización de las diputaciones provinciales*, y a efectos de su sistema de elección, determinó que las diputaciones contarían, además de con los correspondiente jefe político e intendente, *con* "un número de diputados igual al de los partidos judiciales en el que se divide, siempre que estos no bajen de siete, que ha de ser el mínimun de los diputados". Ahora, cuando ya la España americana se había emancipado y teniendo en cuenta que esta era una ley de exclusiva aplicación en la metrópoli, como reflejaba el artículo 291 de la vigente Instrucción de 1823 y

---

5 DSC. Ibidem. pág. 2608.

6 DSC. Ibidem, pág. 2610.

recogía en su adicional segunda la Constitución de 1837 por la que "las provincias de Ultramar serán gobernadas por leyes especiales", ya los diputados, aunque lo eran de la provincia, en la práctica pasaban a asumir la responsabilidad de velar por los intereses de sus correspondientes partidos judiciales, desterrando de este modo, al menos por el momento, el miedo a que aflorase cualquier planteamiento centrífugo entre los diputados provinciales.

Sin embargo, a pesar de este carácter en clave centralizadora con el que fueron concebidas las primeras diputaciones, algo que incluso propició que ni siquiera estas contasen con símbolos particulares con las que pudiesen ser identificadas, de ahí que ni el escudo de cada una de ellas recogiese un motivo característico, una imagen propia de la provincia, pues este era el escudo de España con una leyenda que incorporaba el nombre de la respectiva circunscripción, también acabaron desempeñando un papel, y no menor, no solo en materia económico-administrativa, sino incluso en asuntos que tuvieron un notable alcance político. Así, el acusado centralismo que en materia de administración territorial diseñaron los padres del texto de 1812, cedió en su rigor con la ya tardía Ley de 1823. Como en su momento señalamos, políticas se pueden considerar las atribuciones correspondientes al reparto de las contribuciones entre los pueblos; a la formación, establecimiento y tutela de los nuevos ayuntamientos liberales; la potestad que tenían de dar parte al Gobierno de los abusos que detectasen en la administración de las rentas públicas; el cometido de denunciar ante las Cortes las infracciones a la Constitución en sus respectivas provincias; la competencia de seleccionar y otorgar los correspondientes títulos a los maestros de las escuelas; o la autoridad que durante el Trienio Liberal (1820-1823) tuvieron los diputados provinciales de ser los encargados de administrar los bienes de los conventos suprimidos y que aún estaban pendientes de enajenar. Y políticas fueron también, o al menos como tal se deben entender, la facultad que tenían para formar los censos y la estadística de cada provincia. Una información que fue fundamental para determinar el perímetro y la extensión que debían abarcar tanto los nuevos partidos judiciales como, aunque en este caso también atendiendo a la historia, los ayuntamientos liberales que estaban en proceso de creación. Demarcaciones ambas, partidos y ayuntamientos, en los que se asentó el método de elección de diputados a Cortes y de diputados provinciales que se estableció con el sistema de sufragio indirecto que rigió durante la vigencia de la Constitución de 1812[7]. Un protagonismo que pronto desplegaron las diputaciones en el ámbito de su jurisdicción, y de cuya voluntad de ejercerlo también dieron cuenta al tiempo de su instalación[8].

Incluso, más allá de su destacada presencia en el diario discurrir de la administración de las provincias, también las diputaciones alcanzaron un palmario protagonismo en las cuestiones estrictamente electorales. Debido a que los legisladores de 1812 otorgaron a estas materias un carácter administrativo, también ellas fueron las encargadas de dirigir las operaciones electorales que se debían desarrollar en sus respectivas demarcaciones, tanto en las elecciones de diputados provinciales y nacionales, como en las municipales. En este caso, en lo que respecta a los comicios municipales, su papel era determinante, pues como recogía el artículo 134 de la Instrucción de febrero de 1823 la diputación provincial conocía "de los recursos y dudas que ocurran sobre elecciones de los oficios de Ayuntamiento, y las decidirán gubernativamente por vía instructiva, sin ulterior recurso". Estas amplias facultades permitieron que la institución provincial pudiese intervenir en el desarrollo de los comicios que se celebraron bajo la égida del texto de Cádiz, sentando además las bases del notable protagonismo que tuvo en estos asuntos desde que se estableció

---

7 Estrada Sánchez, M. (2024). "Diputaciones provinciales y poder territorial en la España del siglo XIX (1812-1870), *El origen de las diputaciones provinciales en el siglo XIX: dos siglos fomentando la prosperidad*, Diputación de Ourense/Fundación Universidades da Coruña/Agencia Estatal Boletín Oficial del Estado, págs. 203-222.

8 Cebreiros Álvarez, E. (2024). "El gobierno provincial en los discursos y proclamas con motivo de la instalación de las primeras diputaciones en España". *La revolución de las provincias. Los orígenes de las diputaciones provinciales en el mundo hispano, 1812-1824*. Marcial Pons, págs. 111-118.

el sistema de sufragio directo, en particular, como así ocurrió, con una ley electoral como la de 1837 que rigió durante la intermitente vigencia del texto constitucional de ese año.

2. DEL EMBATE MODERADO, A LOS NECESARIOS PLANES DE REFORMA QUE IMPULSÓ LA UNIÓN LIBERAL: ENTRE LA LEY ELECTORAL DE MARZO DE 1846 Y LA DE JULIO DE 1865

Como propugnaban las corrientes de pensamiento que en materia electoral estuvieron vigentes durante el primer liberalismo, al adoptar el sufragio directo solo una parte de la población masculina tuvo derecho de voto, negando el mismo, tanto el activo (la facultad de elector) como el pasivo (la de elegible) a amplias capas de la sociedad. De este modo, y partiendo del principio de que para la familia liberal el sufragio se concebía como una función y no como un derecho individual, el voto les fue concedido a quienes se entendía que eran aptos para su ejercicio, proponiéndose capacidad y propiedad como elementos diferenciadores entre quienes se les consideraba preparados e independientes y se les suponía interesados para desempeñar este cometido, y aquellos que, por el contrario, debían quedar al margen del mismo. En suma, como Pacheco recogió en sus *Lecciones de Derecho Político,* "el derecho electoral no será un derecho de todos, y las ínfimas clases de cualquier país deberán estar privadas de él por la razón sencilla de que no podrán ejercerlos convenientemente (…), el ignorante no lo tiene, para lo que ha menester ciencia; el indigente no lo goza, en lo que ha menester propiedad"[9].

---

9 Pacheco, J.F. (edición de 1984). *Lecciones de Derecho Político Constitucional.* Centro de Estudios Constitucionales, pág. 178.

Con este principio, esgrimido tanto por aquellos que defendían un liberalismo más avanzado, como por quienes postulaban otro de corte más restringido, el derecho de sufragio les fue reconocido a dos grupos determinados. Por un lado, a los propietarios, pero solo a aquellos que eran económicamente independientes y, como contribuyentes que eran al sostenimiento del Estados, también se preveía que estaban interesados en la correcta administración de los recursos públicos. Y, por otro lado, a las denominadas capacidades, a aquellos individuos que merced a sus estudios, cuya adquisición también presuponía un principio de independencia económica, se entendía que eran aptos para discernir entre lo bueno y lo malo, aunque fue en este punto donde las propuestas moderadas (más restrictivas) y las progresistas más se distanciaron. Un planteamiento, en suma, que proponía que fuesen apartados del juego político aquellos que careciesen de cualquier interés o de preparación para intervenir en las decisiones de la vida pública, que era asumido y como tal defendido por todos los grupos liberales de la sociedad del momento, aunque con un matiz diferenciador de no menor importancia, el que se refería al objeto de la representación: los intereses sociales para los moderados, la verdadera opinión nacional para los progresistas[10]; más restringido, por lo tanto, en el caso de los primeros, más laxo en el de los segundos. Debido a esta disímil consideración que tenía la poliédrica familia liberal en cuanto al objeto de la representación política, también fueron diversas las propuestas que se hicieron en este campo, que en el caso de la España isabelina tomaron cuerpo en tres diferentes leyes electorales: las correspondientes a 1837, 1846 y 1865, que vieron la luz en el contexto de la Constitución de 1837, la primera; y en el marco de la de 1845, aunque con diferente propósito, las dos últimas.

---

10 Una distinción que recoge Garrorena Morales, Á. (1974). *El Ateneo de Madrid y la teoría de la Monarquía Liberal (1836-1847)*. Instituto de Estudios Políticos, pág. 787.

Como de ello ya dimos cuenta en su momento[11], el destacado protagonismo que la Ley de 1837 otorgó a las diputaciones provinciales, permitió y facilitó su arbitraria injerencia en dos de los pasos que eran determinantes en el desarrollo de los comicios, tanto en los que se elegían los diputados provinciales, como en las consultas para designar a los diputados a Cortes. Una determinante importancia la que tuvieron las diputaciones provinciales en esta materia, que lo fue a través de dos vías: por un lado, en la confección de los censos electorales; por otro, al tiempo de fijar los distritos y las correspondientes cabeceras electorales. No son pocos los ejemplos que ponen de manifiesto su parcial modo de actuar. La revisión de los censos electorales, cuya labor solo a ellas le correspondía y que además la ley permitía que se llevase a cabo quince días antes de la celebración de los comicios, dejó en sus manos un poderos recurso que consintió su arbitraria injerencia. Y ello, además, teniendo en cuenta que alguno de los artículos de la Ley electoral de 1837 facilitaban la incorporación o la exclusión de los censos a gran parte de los posibles electores, en concreto a través de los que reconocían este derecho, en condición de inquilino, a "quienes habitasen una casa o cuarto destinados exclusivamente para sí o su familia"[12] y, sobre todo, a "los labradores que posean una yunta propia destinada exclusivamente a cultivar las tierras de su propiedad, sin necesidad de justificar su renta; o a aquellos que tengan dos yuntas propias y que cultivasen tierras en arriendo o aparcería, sin necesidad de probar el arrendamiento que pagan"[13]. Unas flojas costuras, estas, a través de las que se filtraron y fueron colocados en los censos un grueso número

11 Estrada Sánchez, M. (2024). "Diputaciones provinciales y poder territorial en la España del siglo XIX (1812-1870), op. cit. Estrada Sánchez, M. (2018). "Ni ausentes, ni inocentes: el papel de las diputaciones provinciales en la dinámica electoral durante el período isabelino (1835-1868). *Diputaciones provinciales. Historia, actualidad, futuro.* Claves 24. Serie Claves del Gobierno Local, Fundación Democracia y Gobierno Local, págs. 77-104.

12 Artículo 7.4 de la Ley Electoral de 20 de julio de 1837.

13 Artículos 7.2 y 7.3 de la Ley Electoral de 20 de julio de 1837.

de electores dependientes de quienes controlaban la confección de los mismos. De ahí el abultado cuerpo electoral que para las consultas nacionales y provinciales hubo en España mientras rigió la ley de 1837, pues con ella se alcanzaron las más altas cifras porcentuales que se conocieron en la Europa del momento, debido a que situó en torno a 600.000 los ciudadanos con derecho de sufragio para los comicios de 1844, e incluso se acercó a los 700.000 en 1854. Datos estos que contrastan con los que para el mismo período de tiempo se dieron en Francia, donde el derecho de voto se reconocía a no más allá del 0,6% de sus habitantes, Bélgica que se situaba en el 1,1%, o el Reino Unido donde la reconocida *Reform Act* de 1832 confirió el derecho de sufragio activo a un 3% de la población[14].

Un recurso, el de manipular los censos, que se completó con la facultad que también la ley atribuía a las diputaciones para señalar tanto los distritos electorales en los que, con el vigente sistema plurinominal, se debía dividir la provincia y cuyo tamaño y número no era infrecuente que se modificase en cada elección; algo que también a veces ocurría al fijar la correspondiente capital, el pueblo en el que se emplazaba la única mesa electoral del mismo[15]. Incluso, en el caso de las elecciones de diputados provinciales, también la ley permitía, si así lo consideraba necesario la diputación provincial, que esta subdividiese "los partidos judiciales en distritos electorales

---

14 Santirso, M. (2008). *Progreso y libertad. España en la Europa liberal (1830-1870).* Ariel. Aquillué, D. (2015). "La Constitución de 1837: ¿una Constitución transaccional?. *Revista Historia Autónoma* (6), págs. 55-56.

15 El artículo 19 de la ley electoral de 1837 señalaba que las diputaciones provinciales serían las encargadas "de dividir sus respectivas provincias en los distritos electorales que más convenga a la comodidad de los electores, señalando para cabezas de distrito los pueblos donde más fácilmente se pueda concurrir a votar (aunque esto fue algo que no siempre se cumplió), sin atenerse precisamente esta operación a las divisiones administrativa o judicial; pero nunca el número de distritos electorales podrá ser menor que el de los partidos judiciales".

si la comodidad de los electores lo exige"[16]. Acciones, estas, a través de las que los consistorios provinciales también podían influir de forma directa en los comicios, pues en función de su interés situaban la capital del distrito en aquellos ayuntamientos en los que no tenían duda de la inquebrantable lealtad de los poderes locales, del favor y de la connivencia del correspondiente alcalde, acercando o alejando de la urna a los posibles elementos adictos u opositores. Una operación, esta, que también tenía importantes consecuencias para el desarrollo de las jornadas electorales, pues aseguraba el control de la mesa definitiva. De ello, de la determinante importancia que tenía esta operación para el desarrollo de los comicios, ya entonces dio cuenta Andrés Borrego: como "el primer día de elección, de nueve a diez de la mañana se verifica el nombramiento de la mesa (...) La importancia de estas funciones es de tanta consecuencia que desde luego puede asegurarse que el partido que por su habilidad o su número, consiga elegir la mesa, reúne las mayores probabilidades de ganar la elección"[17]. Y además, el control de la mesa aseguraba el nombramiento de un comisionado afín que era el encargado de llevar el acta definitiva a la capital de la provincia y como tal formaba parte de la junta electoral provincial[18].

---

16 Artículo 4 del *Decreto de Cortes de 13 de septiembre de 1837 sobre organización de las diputaciones provinciales.*

17 Borrego, A. (1837). *Manual electoral de para el uso de los electores de la opinión monárquico-constitucional.* Imprenta de la Compañía Tipográfica.

18 De la parcialidad con la que actuaban los comisionados de partido da cuenta de forma crítica Ramón de Campoamor, para quien, refiriéndose a las elecciones a Cortes, "donde se hallan dos comisionados hay pactos, transacciones, cambalaches, sumas, restas y multiplicaciones. ¡Oh patria mía!. ¡Yo sé de algunos de tus padres que han sido engendrados entre dos tostadas de pan mojadas en un par de huevos!". Campoamor, R. (edición de 1901). Historia crítica de las Cortes reformadoras", *Obras Completas.*II.

Y frente a este texto, el moderantismo, como heterogéneo grupo político que, en sus diferentes facciones, fue el exclusivo dominador de la política nacional entre 1844 y 1854, formuló un nuevo sistema electoral. Una propuesta en esta materia por la que, sin marginar de modo absoluto a las capacidades, se otorgó a los mayores propietarios de cada uno de los nuevos distritos electorales, a unos notables locales con ascendencia sobre la comunidad, el papel de principales actores, de protagonistas de la vida política. Una nueva ley, la electoral de marzo de 1846, que se insertó en el amplio catálogo de reformas legislativas que se acometieron a partir de 1845 con la intención de poner fin a la legislación administrativa del Trienio Liberal que se había rescatado en agosto de 1836. Reformas, de profundo calado político, que en particular destacaron en materia de ayuntamientos, diputaciones, representantes territoriales del Ministerio y legislación electoral, en tanto estos eran cuatro campos que se consideraban fundamentales para construir un Estado dinámico, enérgico y, a la vez, profundamente centralizado.

En este contexto, y también con el fin de reforzar y promocionar la figura de unas elites locales a quienes se las suponía fieles e interesadas aliadas de un moderantismo que en 1845, con la nueva Constitución, ya estaba en proceso de consolidarse en el poder; como también, previendo que con la reducción del derecho de voto se facilitase al Ministerio el control de las elecciones, se modificó la laxa Ley de 1837. Sin pretender llevar a cabo una detallada exposición de las características del nuevo texto electoral, de la Ley de marzo de 1846[19], sí es oportuno que nos detengamos en los tres apartados más relevantes de esta, en tanto establecieron importantes diferencias respecto a la Ley

19 Estrada Sánchez, M. (1999). *El significado político de la legislación electoral en la España de Isabel II*. Servicio de Publicaciones de la Universidad de Cantabria. Zurita Aldeguer, R. (2010). "El proceso electoral". *Elegidos y elegibles. La representación parlamentaria en la cultura del liberalismo*, Marcial Pons Historia, págs. 89-299. Presno Linera, M. Á. (2012). *Leyes y normas electorales en la historia constitucional española*, Iustel.

electoral de 1837, que, como más adelante veremos, también tuvieron una manifiesta influencia en los comicios provinciales. Novedades que entrañaron la reducción del cuerpo electoral, las exigentes condiciones que se establecieron para reconocer el derecho de voto pasivo, y la instauración del método uninominal para la elección de los diputados a Cortes. Una mudanza en la letra de esta nueva ley, que contribuyó a realzar la acusada voluntad censitaria de la misma y que al tiempo ponía de manifiesto la intención que sus promotores tenían por controlar los procesos electorales y reconocer los derechos políticos a un reducido y escogido sector de la sociedad.

Debido a que "los demasiados electores solo sirven para que abunden aquellos que sin opinión propia, sin conocimiento de los negocios públicos, sin intereses que defender obedecen ciegos a unos cuantos que los manejan a su antojo"[20], la facultad de elector se restringió a aquellos propietarios a quienes se suponía que eran plenamente independientes y a unas selectas capacidades que también debían disponer de un mínimo de ingresos que las asegurase un *digno pasar*. En el caso de los primeros, fijaban los límites a todo español mayor de veinticinco años que abonase anualmente cuatrocientos reales por contribución directa, frente a las leves exigencias censitarias que se recogían en la Ley electoral de 1837. Y esta manifiesta limitación del derecho de voto se reforzaba al endurecerse las condiciones que se exigían para reconocer este derecho a las capacidades a las que, como dijo el diputado Polo en el transcurso de los debates parlamentarios de la ley, se las consideraba las causantes de provocar "los trastornos y las revueltas de las alucinadas clases proletarias"[21]. Por ello, como recogía el artículo 16 de la ley, no solo la mayor parte de quienes acreditasen estudios superiores o el ejercicio de determinadas profesiones debían abonar doscientos reales por contribución directa, sino que incluso, en el caso de em-

---

[20] Pidal en DSC. 11 de marzo de 1845, apéndice al número 94, pág. 1764

[21] DSC. 4, de febrero de 1846, pág. 528.

pleados activos, cesantes y jubilados su sueldo debía alcanzar los ocho mil reales anuales.

Con este principio como bandera, que como resumió Pidal suponía que "la capacidad política, según la legislación de todos los pueblos cultos y aún según nuestra legislación actual, se funda en la propiedad"[22], respecto a la Ley de 1837 se redujo de forma sensible el número de individuos con derecho de voto, hasta llevarlo a unos porcentajes de representatividad que para algunas consultas estuvieron en torno al 1% del total de la población de España, a poco más de 80.000 ciudadanos, y que si bien se fue incrementando de forma progresiva, con dificultad superó, ya en el segundo período de su aplicación, entre 1856 y 1865, los 150.000. Un porcentaje de electores exiguo, que incluso pudo ser menor dado que hubo distritos rurales en los que no se alcanzaban los preceptivos 150 con los que debía contar cada uno. De ahí que en previsión de que se diese esta circunstancia, el artículo 17 permitía que se completase el censo hasta alcanzar ese número, pero solo con los mayores contribuyentes por contribución directa del distrito.

Censos electorales, cuya elaboración y revisión era competencia del jefe político, que en estas labores contaba con el asesoramiento del consejo provincial, frente a como se realizaban estas operaciones en el caso de la Ley de 1837, cuyas atribuciones recaían en las diputaciones provinciales, de modo que también en esta parte del proceso el aparato de Estado se aseguraban su control. Como también, y con el fin de evitar las manipulaciones que sobre ellos se ejecutaban en las fechas inmediatamente anteriores a la celebración de los comicios, como así se recogía en la Ley de 1837 que permitía realizar estas operaciones quince días antes de las elecciones, con el texto moderado de 1846 se revisaban cada

---

22 DSC. apéndice al nº 27. 31 de enero de 1846, pág. 485.

dos años, pretendiendo de este modo un desarrollo más plácido o menos convulso del proceso electoral[23].

En esta línea y frente a una Ley como la de 1837 que equiparaba el derecho de voto activo con el pasivo, por lo que debido a sus exiguas exigencias se facultaba a gran parte de los españoles seglares que hubiesen cumplido los veinticinco años a participar como elegibles en las consultas comiciales, en 1846 también se limitaba de forma evidente y notable este derecho. Ahora se restringía la calidad de elegible a un selecto grupo de ciudadanos seglares con veinticinco años cumplidos: a aquellos que un año antes del comienzo de las elecciones dispusiesen de una renta de doce mil reales vellón de bienes raíces, o pagasen anualmente mil reales vellón de contribución directa (art. 4).

Y como tercera y también destacada novedad, tras los dos previos y fracasados intentos que hubo por implantarlo, en 1835, en el contexto de los debates que se llevaron a cabo en el Estamento de Procuradores en torno a la reforma del sistema electoral del Estatuto Real; en 1840, en la propuesta de reforma electoral que impulsó el Gabinete Pérez de Castro, la Ley de 1846 establecía el sistema uninominal, por el que la España no colonial fue dividida en 349 distritos cada uno de los cuales debía elegir su correspondiente diputado en Cortes.

Un sistema, que se inspiraba en los textos electorales de las monarquías liberales de la Europa del momento, en particular en la Francia orleanista, y en el que predominaban los distritos con un reducido número de electores, de modo que para las primeras elecciones que se celebraron con esta ley, 100 de los 349 distritos (más del 28%) no superaron el número de 200 in-

---

23 Como dijo Pidal en su condición de ministro de la Gobernación cuando se presentó en las Cortes el proyecto de ley, al llevar a cabo esta operación "en épocas normales, cuando reinan la calma y la tranquilidad (...) las pone a cubierto de las pasiones dominantes en tiempos de elección". DSC. 11 de marzo de 1845. Apéndice al número 94, pág. 1764.

dividuos con derecho de voto. Debido al destacado protagonismo que con el nuevo método adquirían los pequeños distritos, y teniendo en cuenta que en su mayor parte iban a quedar bajo el control de unas oligarquías de campanario ideológicamente vinculadas a los postulados moderados, se anulaba el predominio que de facto tenía el progresismo en los más populosos núcleos urbanos[24].

Y una vez más, como ocurrió en el caso de la elaboración de los censos electorales, las diputaciones provinciales perdieron la facultad que tenían con la Ley de 1837 de parcelar la provincia en tantos distritos como entendiese que era conveniente para celebrar las operaciones electorales y establecer en cada uno de ellos sus correspondientes capitales. Ahora era el ministerio el encargado de fijar los también flamantes distritos uninominales, estableciendo, además, como se recogía en el párrafo segundo del artículo treinta y seis, que esta división, que se incorporaba a la propia ley, no se podría variar, "en todo o en parte sino en virtud de una ley". Incluso, en aquellos casos en los que el número de electores de un distrito fuesen más de seiscientos, de modo que este se debía dividir en secciones, esta operación era exclusiva competencia del jefe político y con posterior aprobación del Gobierno (art. 38).

Ahora bien, a pesar de estos amplios y poderosos recursos de los que disponía el Ministerio, ocasiones hubo en las que, debido a lo limitado del cuerpo electoral, en ellas, en las elecciones, también asumiese una destacada notoriedad el elemento local. Una circunstancia que se dio debido a que al quedar orillados aquellos votantes económica y administrativamente

---

24 Sin embargo, aunque estos pequeños distritos contribuyeron a acrecentar la fortaleza moderada, los progresistas también avalaron la reforma que se operó en este campo. Orense, uno de los escasos progresistas presentes en la Cámara, abogó por este sistema, argumentando en la tribuna que las ventajas del mismo eran que "con él debías organizar 349 corrupciones, en lugar de que ahora, con organizar 49, estaba despachado". DSC. 6 de febrero de 1846, pág. 571.

dependientes y en consecuencia de fácil manipulación, como ocurría con la previa ley de 1837, el enfrentamiento político se iba a desarrollar entre iguales, entre grupos de similar poder y ascendencia en el ámbito local, de donde en ocasiones derivaba una intensa lucha entre facciones locales. Al reducirse de tal manera el cuerpo electoral, el derecho de sufragio dejó de ser individual para interpretarse como colectivo. Ahora se entendía que el voto no era del individuo, sino de la familia, de la facción entre cuyos miembros hubiese un determinado número de ellos que disfrutasen de ese derecho. Y ahí, teniendo en cuenta esta circunstancia, también en parte se quebró la intención que con esta ley tuvieron los moderados de intervenir en el desarrollo de los comicios. Debido a que la maquinaria de un Estado aún endeble se encontró con unos poderosos notables locales que contaban con un fuerte y cimentado arraigo en su comunidad, estos, en no pocas ocasiones, y debido a la estrechez del cuerpo electoral, también fueron capaces de hacer frente a las pretensiones que el Ministerio pudo tener por imponer un determinado candidato. Es evidente que este disponía de recursos, en particular administrativos, que podían facilitar el triunfo de sus patrocinados, que se esgrimían como premio o como amenaza, tanto en las elecciones a Cortes como en las de diputaciones provinciales, en las que más adelante nos detendremos. Sin embargo, también hubo casos, y no puntuales, en los que los poderes locales fueron capaces de doblegar, o al menos de obligar a pactar a una administración aún en esos años menos poderosa de lo que tradicionalmente se ha creído. Teniendo en cuenta su escasez de recursos y su más real que aparente débil músculo, estamos ante un Estado, el que en particular comienza a desarrollarse a mediados del siglo XIX, que en no pocas ocasiones se vio necesitado de recurrir a los, por tradición y ascendencia, arraigados poderes locales. De ahí que en particular durante el período moderado logren su acta en el Congreso aquel tipo de diputados que "siguen gobiernos de cualquier color", quienes, habiéndose presentado a las elecciones como independientes, e incluso enfrentándose en ellas a candidatos patrocinados por el gobierno, se "transforman en ministeriales"[25]. Y además, cuando nos referimos a la sociedad que abarca, al menos, hasta la segunda mitad de este siglo XIX, no solo en España, sino en toda la Europa continental en la que habían triunfado las nuevas corrientes de pensamiento, "no existían partidos políticos capaces de disciplinar a sus afiliados o comprometerlos con posturas acordadas en común, sino redes deslavazadas de facciones formadas por personas afines"[26]. Un cambio, un apoyo al Gobierno, del que obtendrán un beneficio específico para él y para aquellos a quienes representa y a quienes debe su elección, como también, en justa reciprocidad, el Ministerio reforzará su presencia en el territorio.

Pero a pesar de estas disfunciones, más frecuentes de lo que habitualmente se piensa, ese "Estado bravucón al que le hemos creído varias de sus bravatas" del que nos hablan Justo Beramendi y Antonio Rivera[27], con esta ley también dispuso de suficientes recursos que facilitaron la victoria de los candidatos que ella promocionaba. Una ley, la electoral de 1846, que se insertó en el proyecto que en materia de administración acometió el Partido Moderado con el fin de facilitar al Ministerio el control del territorio. Una norma que debemos incardinar en el conjunto de textos que se promulgaron a partir de 1845, una vez que el partido, y en concreto su corriente central, se afianzó en el poder, a través de la que se anuló el carácter representativo de ayuntamientos y diputaciones que tuvieron durante la vigencia de la legislación del Trienio Liberal que se había restablecido en 1836,

---

25 Lyttelton, N.A.O. (1973). "El patronazgo en la Italia de Giolitti (1892-1924)", *Revista de Occidente,* (127, octubre) pág. 129.

26 Christopher, C. (2024). *Primavera revolucionaria. La lucha por un mundo nuevo, 1848-1849* (traducción de Rodríguez Halffter, E.), Galaxia Gutenberg, pág. 118.

27 Beramendi, J. y Rivera, A. (2016). "La nacionalización española: cuestiones de teoría y método". *Los caminos de la nación. Factores de nacionalización en la España contemporánea.* Comares, págs. 3-32. Recogido en Veiga Alonso, X. R. (2017). "Poderes locales y construcción del Estado en el siglo XIX (1808-1874)". *Ayer* (108). pág. 293.

y que ejecutó un expolio competencial de estas instituciones. Se reforzó así, en el ámbito municipal, la figura de un alcalde que iba a quedar sujeto al poderoso delegado del ministerio, y en el provincial estableciendo los nuevos consejos provinciales[28], también tutelados por el representante del Ministerio, aún el jefe político, más tarde, con las connotaciones que ello tuvo, el omnipresente gobernador de provincia, que asumieron la mayoría y las más destacadas competencias (en particular las políticas) de las diputaciones[29]. Y como colofón en esta estrategia cuya finalidad era la de perfilar y consolidar una vigorosa administración, se instituyó un nuevo y poderoso delegado del Ministerio en las provincias, como lo fue el flamante gobernador de provincia, que sustituyó al menos efectivo y más débil, y habitualmente de breve duración en su destino (una media de no más allá de seis meses en el ejercicio de su cargo) jefe político. Y todo ello, además, confiriendo un amplio protagonismo político en el territorio a las poderosas aristocracias locales, que no solo nutrieron a los nuevos consejos políticos o provinciales, sino también, en tanto se elevaron los requisitos económicos para disfrutar del derecho de sufragio pasivo, solo a ellas, a ese concreto y escogido grupo social, se les reservó la capacidad de asumir la representación política de la ciudadanía.

Con la revolución de 1854 que puso fin a la Década Moderada y la consiguiente derogación del texto constitucional de 1845 que fue reemplazado por el de 1837, se rescató el modelo político administrativo que el progresismo implantó entre 1837 y 1845, siendo restablecida, como ocurrió en otros campos, la Ley electoral de julio de 1837. Corto fue, no obstante, el período de vigencia de este texto, que rigió durante la breve experiencia del Bienio Progresista. Años estos, los que fueron de 1854 a 1856, en los que no solo se acometieron los trabajos para

---

28 Moreno Tejada, S. (2020). *El Consejo Provincial (1845-1868). Estudio particular de la corporación alicantina.* Tirant lo Blanch.

29 Cajal Valero, A (1999). *El Gobernador Civil y el Estado centralizado del siglo XIX.* Ministerio de Administraciones Públicas.

redactar una nueva Constitución, sino también se emprendieron aquellos que debían culminar con la sanción de una nueva ley electoral. Fue sin embargo muy tarde, ya en enero de 1856, cuando las Cortes comenzaron los debates de una ley de bases en la materia. Un proyecto, meticuloso en cuanto a las garantías de la limpieza de los procesos electorales y ambicioso respecto al reconocimiento del derecho de sufragio, pues otorgaba la capacidad de elector con 120 reales de contribución directa, o cifra similar en aquellos lugares en los que esta no se abonase, y, aunque evitando el sufragio universal[30], "dejando abierto el camino para el porvenir"[31]. Y como importante novedad, con el fin de facilitar la participación de la ciudadanía en la vida política, regulaba el desarrollo de la campaña, "permitiendo tanto la libre circulación de las candidaturas impresas", como autorizando la celebración de actos y reuniones electorales, siempre que en las mismas estuviese presente "un agente del Gobierno como testigo de que no se infringe lo dispuesto en la ley"[32].

Sin embargo, debido tanto a la inestabilidad social y política que se estaba viviendo, como por causa de la fractura que se produjo entre los grupos triunfantes de la revolución de 1854, en julio de 1856 Espartero fue sustituido por O´Donnell al frente del Gobierno, truncando el proyecto electoral que había avalado Patricio de la Escosura en su condición de ministro de Gobernación. El definitivo paso con el que se puso fin al régimen del Bienio Progresista se dio el inmediato mes de septiembre, cuando un decreto del Ministerio O'Donnell restableció, aunque durante un tiempo parcialmente modificada por

---

30 Semanas después del triunfo de la revolución, en 1854, Pacheco le manifestó al embajador inglés, Howden, las consecuencias que provocaría la adopción del sufragio universal en España: "la mitad de los votos serían para el carlismo y la cuarta parte o más para el socialismo". Kiernan, V.V. (1970). *La revolución de 1854 en España.* Aguilar. págs. 109-110.

31 Patricio de la Escosura en DSC. 8 de mayo de 1856. Apéndice primero al número 376, pág. 13057.

32 Texto en DSC. 8 de mayo de 1856. Apéndice primero al número 376, págs. 13057-13070.

un Acta Adicional, la Constitución de 1845 y, en consecuencia, en el ámbito de la representación política la ley moderada de 1846, con puntuales modificaciones a la misma que se tomaron del proyecto de 1856.

Pronto se entendió, no obstante, que era preciso llevar a cabo una reforma en materia electoral, en particular con el fin de ampliar el derecho de sufragio y de dar una mayor seguridad a los comicios, evitando con ello los fraudes que se habían generalizado en los años finales de la Década Moderada. Hubo así, no solo una serie de propuestas de reforma parcial del restaurado texto de 1846, sino también hasta dos proyectos que se presentaron a las Cortes generales. Por un lado, el que en 1857 avaló en el Senado el Marqués de Miraflores y cuya principal y más llamativa característica era aquella por la que proponía la insaculación para designar a los diputados[33]. Una propuesta que fundaba en que teniendo en cuenta que "el derecho a elegir es una ficción, tanto más evidente, cuanto que no se puede ejercer con libertad"; además "de perturbador de la sociedad y del sosiego público, es imposible", continuaba, "hallar nada peor que el sistema actual. Si el mío no es bueno, al menos no es tan malo, y por de contado es preferible"[34]. Más recorrido pudo tener el proyecto de ley electoral que, en su calidad de ministro de la Gobernación, presentó al Congreso en junio de 1860 José Posada Herrera, quien poco antes, en 1858, había puesto en marcha el principio de la "influencia moral del Gobierno" que venía a legitimar muchas de las arbitrarias actuaciones de este en las consultas electorales. Sin embargo, debido a sus limitadas pretensiones por reformar en profundidad la vigente Ley de 1846, el proyecto electoral que auspició Posada Herrera también fracasó[35].

---

33 DSS. 30 de mayo de 1857. Apéndice tercero al número 12, págs. 169-171.

34 DSS. 2 de junio de 1857, págs. 174-177.

35 DSC. 8 de junio de 1860. Apéndice primero al número 26, págs. 2-8.

Un hecho que tuvo una significativa trascendencia en el orden político y que bien se puede considerar como el germen de la revolución de 1868, cual fue el abandono del Partido Progresista de la actividad política en 1863 como consecuencia de la circular que sobre reuniones electorales dictó el ministro de la Gobernación Florencio Rodríguez Vaamonde en agosto de ese año[36], estimuló el interés por alumbrar una nueva ley electoral. La ya manifiesta necesidad que había por recuperar para la lucha legal al progresismo disidente, crítico y agraviado tanto por la escasa representatividad del vigente texto de 1846, como por las notorias manipulaciones que ejercía el Ministerio en las elecciones, se plasmó en la presentación de una serie de iniciativas legislativas para reformar la misma. Propuestas que no llegaron a ver la luz, salvo la *Ley de procedimiento y sanción penal de delitos electorales*[37], que, si bien en parte modificaba la norma de 1846, tampoco corrigió las deficiencias de la misma. Fue preciso esperar a la formación del Gabinete O'Donnell en junio de 1865, el Ministerio corto de la Unión Liberal, para que definitivamente fuese derogada la Ley de 1846 y tomase cuerpo el último texto que en materia electoral se promulgó durante el reinado de Isabel II: la Ley de julio de 1865, que contó con el aval de quien mejor conocía la materia electoral como era el nuevamente ministro de Gobernación, José Posada Herrera.

De la urgencia que había por mudar la Ley de 1846 da cuenta el hecho de que habiéndose constituido el Ministerio O'Donnell el 21 de junio de 1865, menos de un mes más tarde, el 18 de julio, se promulgaba la nueva ley. Dos eran las más llamativas novedades que presentaba el nuevo texto, demandas ambas que desde hacía tiempo se venían formulando desde el progresismo: la ampliación del cuerpo electoral y la restitución del sistema de distritos plurinominales. En el primer caso, se redujo a la mitad el mínimo de renta para acceder al cuerpo electoral, fijándose el umbral en 20 escudos (200 reales); como también adquirieron el derecho

---

36 *Gaceta de Madrid,* 21 de agosto de 1863.

37 *Gaceta de Madrid,* 23 de junio de 1864.

de sufragio activo la mayor parte de las capacidades, sin requisito contributivo alguno, o pagando cualquier cuota, o, en el caso de funcionarios activos, cesantes o jubilados, quienes percibiesen más de 800 escudos anuales. El resultado fue un incremento del número de individuos con derecho de voto que, para el caso de las elecciones a Cortes, y por extensión para las de diputados provinciales, alcanzó un número de más de 400.000 varones mayores de 25 años, de los que en torno a 60.000 eran capacidades. Y con el fin de evitar las frecuentes injerencias de la administración en la formación de los censos electorales, se dispuso que los ayuntamientos cabeza de sección (la capital de cada uno de los partidos judiciales) contasen con un denominado *Libro de registro del censo electoral*, en el que periódicamente recogiesen las modificaciones del censo del correspondiente partido judicial.

En el caso del sistema de distritos, se restableció la provincia como circunscripción única, aunque segregando de esta aquellos distritos urbanos que tuviesen una población superior a los 45.000 habitantes. Más importante fue, no obstante, el hecho de que las secciones electorales se acomodaban a la división existente en partidos judiciales, evitando con ello la arbitraria intervención de la administración, en concreto de las diputaciones provinciales, al tiempo de señalar la ubicación de las mesas electorales, como ocurría en el caso de la Ley de 1837.

Estas fueron las más notorias innovaciones que en materia electoral se introdujeron con la Ley de 1865, respecto, no solo al texto de 1846, sino incluso al de 1837. También, con el fin de facilitar el acceso de los electores a la urna, se establecieron tres días de votación; se extendió el derecho de sufragio pasivo a cualquier seglar mayor de veinticinco años contribuyente del Estado que no tuviese causa de ilegibilidad; y se procuró evitar cualquier tipo de parcial actuación del Ministerio en el desarrollo de los comicios. Medidas, todas ellas, con las que se pretendió extender, aunque sin generalizar, el derecho de voto y clarificar el desarrollo de las votaciones. Una aspiración, no obstante, que se truncó, pues en las dos elecciones a Cortes que se celebraron con esta ley, también el triunfo correspondió al gobierno que las había convocado. Al fin, como dijo el diputado Bremon en el debate de la misma, "la verdad de las elecciones y la ausencia de los abusos que en ellas se pueden cometer no depende precisamente del sistema electoral que se adopte, sino de la manera de ejecutarlo"[38].

3. LA DINÁMICA ELECTORAL DE LAS DIPUTACIONES PROVINCIALES DURANTE EL REINADO DE ISABEL II (1845-1868)

3.1. La elección de los diputados provinciales durante el período moderado

Fue con las leyes de *Organización y Atribuciones de los Ayuntamientos y de las Diputaciones Provinciales* de 8 de enero de 1845 cuando se pusieron en marcha los profundos cambios que en materia político-administrativa se llevaron a cabo durante la Década Moderada (1844-1854). Dos fueron los posibles motivos por los que esta parcela fue la primera a la que los políticos moderados prestaron atención en sus planes de reforma de la administración. Bien se pudo deber, por un lado, a que las leyes de Ayuntamientos y de Diputaciones que se promulgaron el 8 de enero de 1845 eran fruto de los fracasados intentos de reforma de este campo que se abordaron en 1840, de ahí que no fuese preciso aplicar destacadas variaciones en unos textos que ya se habían redactado, e incluso hasta sancionado como era el caso de la Ley de ayuntamientos. En efecto, si bien la Ley provincial, aunque sí llegó a las Cortes, no se debatió, la de ayuntamientos, que fue el definitivo detonante que provocó la caída de la Reina Gobernadora, María Cristina de Nápoles y su sustitución por el general Espartero, fue suspendida en octubre de 1840. De ahí que tras la caída de este como Regente en

38 DSC. 3 de julio de 1865, pág. 3002.

1843 desde el liberalismo moderado recién llegado al poder, fuese al campo de la administración local al que primero se prestase atención: el trabajo ya estaba hecho, solo era preciso poner en marcha estas leyes. Pero, además de esta circunstancia, también debemos tener presente la necesidad y la urgencia, a la que ya nos hemos referido, que había de reformar las leyes que estaban en vigor en estas materias. Unos textos que tras haber sido restablecidos en 1836 eran los que se habían sancionado en pleno Trienio Liberal. Y ello, a pesar del interés que hubo durante la Regencia de Espartero por modificar esta legislación. Una manifiesta voluntad por cambiar las leyes de 1823 que lo era con el propósito, no solo de distanciarse de la propuesta doceañista, sino también para acomodar estas al espíritu y la letra de la nueva Constitución de 1837. Una (fracasada) propuesta de reforma que se acometió ya avanzado el régimen esparterista: primero, a instancias del ministro de Gobernación, Facundo Infante, con sus proyectos de leyes municipales y provinciales de marzo y abril de 1842 respectivamente; más tarde, en noviembre de ese mismo año, avalada por el nuevo responsable de la cartera de Gobernación, Mariano Torres Solanot, aunque ahora solo en materia de administración provincial[39].

Pero también otro debió de ser el motivo por el que a partir de 1844 esta obra se llevó a cabo con tanta premura, cual era el interés que para los moderados tenía la administración territorial, en tanto se consideraba que era una pieza primordial para construir una eficaz administración de la que España carecía. Una preferente atención, la que prestaron a este ámbito, que venía reforzada con el aval de una flamante camada de políticos e ideólogos doctrinarios, que, por el momento, giraba en torno a tres ámbitos: diputaciones, ayuntamientos y consejos provincia-

---

39 Sobre los dos proyectos de administración provincial, Ortego Gil, P. (1990). *Evolución legislativa de la diputación provincial en España 1812-1845*. op. cit. págs. 566 y sigs.

les. Como en su momento señalamos[40], fue en estos años cuando tomó carta de naturaleza la obra de personajes como Javier de Burgos; Alejandro Oliván; Manuel Ortiz de Zúñiga; o Francisco Agustín Silvela y su propuesta de creación de los consejos de provincia, remedo de los futuros consejos provinciales. A juicio de otro ilustre administrativista como Manuel Colmeiro, "no basta que el Poder administrativo exista; es preciso además que para corresponder a su objeto, tome formas adecuadas a la naturaleza de sus funciones; en fin, es necesario que tenga una organización conveniente. La organización administrativa debe fundarse en el principio de que la Administración es una e indivisible, y que la autoridad emana de un Poder central responsable, quien la transmite hasta los últimos agentes de esta escala, unidos entre sí, como eslabones de una misma cadena. Hay, pues, un orden jerárquico en la Administración, o una verdadera "jerarquía administrativa" que definiremos "la serie ordenada de autoridades que, bajo la dirección y responsabilidad del Poder central están encargadas de ejecutar las leyes de interés común"[41].

Con esta base doctrinal, y con los ya referidos precedentes con los que se contaba, la *Ley de 8 de enero de 1845 sobre organización y atribuciones de las diputaciones provinciales* no fue objeto de un debate parlamentario. Las Cortes autorizaron al Gobierno Narváez y con Pedro José Pidal al frente de la cartera de Gobernación, para arreglar la legislación relativa a los *Ayuntamientos, Diputaciones provinciales, Gobiernos políticos y Consejos provinciales*[42], siendo algunas de las novedades que la misma introdujo el preludio de las reformas que poco después se plasmaron en la Ley electoral de 1846.

---

40 Estrada Sánchez, M. (2013). "Al fiel servicio del poder: una aproximación a la trayectoria de los representantes territoriales del Estado en la España del primer liberalismo (1808-1849)". *El Estado y la Nación. Cuestión nacional, centralismo y federalismo en la Europa del Sur.* Ediciones Universidad de Cantabria, págs. 103-138.

41 Recogido en Posada, A. (edición de 1982). *Evolución legislativa del régimen local en España, 1812-1909* (edición del Instituto de Estudios de Administración Local), págs. 207-208

42 DSC. 29 de octubre de 1844. Apéndice al número 16, pág. 135.

Atendiendo al estricto ámbito electoral, cuatro fueron los apartados a los que los legisladores de 1845 prestaron una mayor atención, que sirvieron para alejarse de la propuesta progresista, acentuar el principio censitario para disponer del derecho de sufragio pasivo, y como consecuencia de ello facilitar la acción partidista de la administración en los comicios: las cualidades que eran necesarias para ser diputado provincial; la formación y revisión de los censos electorales; el desarrollo de las jornadas electorales y en particular las operaciones encaminadas a elegir la mesa electoral; y el modo de resolver las posibles reclamaciones electorales y la correspondiente proclamación de los diputados.

Además de la condición de vecindad a la que más adelante nos referiremos, notable fue la reducción que se produjo del número de ciudadanos a quienes se reconocía el derecho a ser diputado provincial, que se restringió a los mayores de veinticinco años que dispusiesen de una "renta anual procedente de bienes propios no inferior a 8.000 reales" o pagar 500 reales al año de contribución directa (art. 7.2). Debido a este nivel de exigencia y en previsión de que hubiese partidos judiciales en los que "no haya veinte personas que tengan estos requisitos (...) se completará el número con los mayorees contribuyentes que se hallen inscritos en las listas de elegibles para los Ayuntamientos del partido".

Como hemos dicho, en un tiempo como este, en el que regía el sufragio censitario, una de las claves en el desarrollo de cualquiera de los comicios radicaba en el modo y sobre todo en quién o quiénes eran los responsables de formar los censos electorales. Así, ahora, frente al determinante y exclusivo papel que con el texto de 1837 desempeñaban las diputaciones provinciales, este protagonismo y en particular tras la promulgación de la Ley electoral de 1846, recayó en el delegado del Ministerio, en el aún jefe político. Él era, además, no solo el responsable de la publicación de las listas, sino también a él le competía llevar a cabo la división, si era conveniente y necesario, de los partidos judiciales en distritos y de remitir estas divisiones al Gobierno, que sería el encargado de aprobarlas. Una división que, además, como recogía en artículo 14 de la ley, "servirá para todas las elecciones sucesivas, no pudiéndose hacer variación alguna sin que la apruebe también el Gobierno".

Como significativas fueron las novedades que se introdujeron en aquellas cuestiones relativas al desarrollo de las jornadas electorales, que ahora, frente al texto progresista de 1837 que señalaba cinco días para celebrar las elecciones, se reducían a tres. No obstante, más importancia y de notable trascendencia en cuanto al desarrollo de estas jornadas, fue el modo de elegir la mesa electoral. Como se recogía en el artículo 16, era el alcalde del municipio cabeza de partido a quien le correspondía presidir la misma, junto a cuatro secretarios escrutadores que eran elegidos por los electores presentes en el colegio electoral la primera hora de votación el primer día de los comicios. Teniendo en cuenta que solo se podían votar dos de los cuatro escrutadores, siempre era la facción del alcalde la que iba a controlar la mesa definitiva, garantizando a este grupo, habitualmente en sintonía con el Ministerio, su primacía en el desarrollo de los comicios. Ahora no era necesario, como había expuesto Andrés Borrego para el caso de la Ley de 1837, disputar la elección de la mesa, pues bastaba con contar en ella con dos de los cuatro escrutadores que fuesen afines al alcalde. Como consecuencia de esta operación, todo lo que ocurría a partir de ese momento en el desarrollo de las jornadas electorales quedaba bajo el estricto control de quien dominaba la mesa: ella, sus miembros, por mayoría, eran quienes resolvían las dudas y reclamaciones que se planteasen; ellos eran quienes proclamaban electo al diputado que había triunfado en la consulta (pendiente de su aprobación por el jefe político); y, como atribución primordial, ellos redactaban el acta definitiva, cuyo original se depositaba en el archivo del ayuntamiento cabeza de partido, en tanto que una copia certificada se remitía al jefe político[43].

---

[43] En aquellos casos en los que, debido a la extensión de los partidos judiciales, fuese necesario dividir estos en distritos electorales, el artículo 13 establecía que la labor de establecer los mismos y su correspondiente

Por último, y como colofón, dos determinantes prerrogativas también quedaban a la decisión del Gobierno, facultades, ambas, que fueron el preludio de la reforma electoral que en estos asuntos se llevó a cabo en 1846. Por un lado, era el jefe político, de acuerdo con el consejo provincial, quien decidía si el diputado electo tenía las cualidades que prescribía la ley para el desempeño del cargo, cuya resolución los interesados podían recurrir al Gobierno, quien resolvía definitivamente (art. 34). Por otro lado, también era el jefe político y también oyendo al consejo provincial, quien, si encontraba motivos para anular los comicios o hubiese reclamaciones sobre los mismos, remitiría toda la documentación "al Gobierno, el cual declarará si es válida dicha elección o si ha de verificarse de nuevo en todo o en alguna de sus partes" (art. 33)[44].

---

capital era exclusiva competencia del jefe político, quien "la pasará al Gobierno para su aprobación". El hecho de dividir los partidos judiciales en distritos, también incidía en el modo de celebrar el escrutinio general correspondiente al distrito. En este caso, como recoge el artículo 25, la mesa del distrito nombraba entre ellos un comisionado que era quien debía llevar la copia del acta del escrutinio a la cabeza del partido. El artículo 26 señalaba que este escrutinio se celebraría "a los seis días de haberse celebrado las elecciones en los distritos, ante el Ayuntamiento pleno de la cabeza de partido, bajo la presidencia del Jefe Político o la persona que designe, y harán de escrutadores los dos comisionados que sean al efecto elegidos".

44 Sobre el papel de los consejos provinciales Moreno Tejada, S. (2020). *El Consejo Provincial (1845-1868). Estudio particular de la. corporación alicantina*, op. cit. De notable interés son las aportaciones recogidas en Chamocho Cantudo, M. A. (2014). *El nacimiento de la justicia administrativa provincial. De los Consejos de Prefectura a los Consejos Provinciales.* Dykinson/Diputación de Jaén/Instituto de Estudios Giennenses. En esta monografía se estudian tanto sus atribuciones contenciosas como consultivas en Chamocho Cantudo, M. A. "Los consejos provinciales: atribuciones contenciosas, procedimiento y sistema de recurso", págs. 397-426 y Pérez Juan, J. A. "Atribuciones consultivas de los consejos provinciales", págs. 427-454.

Fueron estas las más notorias innovaciones que aportaba el nuevo texto, que se introdujeron con el fin de asegurar a la administración el control de las elecciones provinciales. De ahí que la figura del jefe político, que creció en autoridad y poder cuando en 1849 se convirtió en el nuevo gobernador de provincia, se establezca como el elemento clave en el desarrollo de estos procesos. Y para ello contaron, además, con la colaboración de los consejos provinciales, instituciones, estas, de nueva factura, que se nutrieron de una selecta nomenclatura local cuyos miembros procedían de las más señalados y poderosos grupos familiares de la provincia. De ello podemos dar cuenta si nos detenemos en lo que sucedió en demarcaciones tan distantes y diferentes como son las de Alicante, Jaén o Santander. Consejeros que, como señala Francisco Acosta, "formaban parte de sagas asentadas sobre una situación de preeminencia económica, con un radio de acción local y provincial, aunque algunas tienen ramificaciones más allá"[45]. Y lo que este autor muestra para el caso de Jaén, bien se puede extender a otras provincias de España como, por ejemplo, fue la de Alicante, donde la profesora Moreno Tejada resalta el importante papel que desempeñaron los diputados en Cortes y los senadores en las propuestas que se realizaron de muchos de los que definitivamente fueron nombrados, en su mayor parte extraídos de los grupos de poder local[46]. Una característica que también se repite en la provincia de Santander. Como en su momento señalamos, los consejeros provinciales se cooptaron entre influyentes grupos familiares locales o estrechamente vinculados a ellos, que también, como contemplaba el artículo 69 de la

---

[45] Acosta, F. (2014). "Perfiles políticos del Consejo Provincial de Jaén (1845-1854)". *El nacimiento de la justicia administrativa provincial. De los Consejos de Prefectura a los Consejos Provinciales,* pág. 353. *El nacimiento de la justicia administrativa provincial. De los Consejos de Prefectura a los Consejos Provinciales.* Dykinson/Diputación de Jaén/Instituto de Estudios Giennenses.

[46] Moreno Tejada, S. (2020). *El Consejo Provincial (1845-1868). Estudio particular de la. corporación alicantina.* op. cit. págs. 280-299.

Ley provincial de 1863, debían ser destacados propietarios en sus respectivas provincias, a tenor de los 800 reales de contribución territorial que era preciso que abonasen en la misma.

En su mayor parte, y además del evidente predomino de letrados, estos presentaban una serie de características muy definidas: algunos procedían del campo de la administración local, donde habían desempeñado o estaban ejerciendo cometidos de importancia como podían ser los de secretario municipal, y a quienes su presencia en los consejos políticos les sirvió como paso previo al desarrollo de una posterior carrera en ese ámbito en el contexto nacional, donde llegaron a ocupar puestos como la secretaría de algún gobierno civil, o hasta el destacado cargo de gobernador de provincia. También se trataba de personas que no desconocían la vida política de la provincia, en tanto que en algún caso habían participado en la misma como concejales o habían sido diputados provinciales. En el aspecto ideológico, en su mayoría estaban vinculados a la corriente central del Partido Moderado o el sector puritano del mismo, al que habían llegado desde el conservadurismo *cristino* o desde las filas del progresismo resellado y de donde años más tarde pasarán a formar parte de la Unión Liberal. Y, por último, la cuarta característica que encontramos en la mayor parte de ellos es la que les relaciona de forma directa o a través de vínculos familiares, con el mundo de los negocios de la provincia, ejerciendo puestos directivos en sociedades de comercio y consejos de administración de notorias empresas de ferrocarriles, navieras, minería o banca[47].

En el resto de las cuestiones no hubo, por el momento, significativas diferencias respecto a la ley electoral de 1837. En este sentido, el artículo 11 también reconocía el derecho de sufragio activo a los mismos electores de diputados a Cortes, que, como

---

[47] Estrada Sánchez, M. (2018). "Ni ausentes, ni inocentes: el papel de las diputaciones provinciales en la dinámica electoral durante el período isabelino (1835-1868), op. cit..

hemos señalado, se redujo de forma notable con la ley electoral de 1846. En cuanto a la representación territorial de la provincia en el pleno provincial, el texto de 1845 confirmó a los partidos judiciales como demarcación electoral, como se había perfilado en 1835 y definitivamente establecido en 1837, con la salvedad de fijar en nueve el número mínimo de los diputados (art. 3), frente a los siete que como límite inferior establecía el Decreto de Cortes de 13 de septiembre de 1837 (art. 1). Y al igual que sucedía con el progresista Decreto de septiembre de 1837, tampoco se exigía la vecindad en el correspondiente partido judicial. Incluso, y como novedad frente al texto de 1837, que requería que los diputados provinciales estuviesen domiciliados en la respectiva provincia, ahora esta exigencia desaparece, con el fin de facilitar el derecho de sufragio pasivo a todos aquellos que eran titulares de propiedades en ella, sin necesidad de justificar su vecindad. Así, el párrafo tercero del artículo siete reconocía este derecho a quienes residiesen y llevasen "a lo menos dos años de vecindad en la provincia, o a quienes tuviesen en ella propiedades por las cuales se paguen 1.000 reales de contribución directa". Un requisito, este, que se adicionaba a las exigencias contributivas de la ley y cuya finalidad no era otra que la de permitir la presencia de candidatos incluso ajenos a la provincia.

Fue esta una medida que bien pudo facilitar la generalización, también en las diputaciones, del cunero. Ese diputado que para un contemporáneo como Rico y Amat "busca cuna, esto es, distrito. Los aspirantes a la diputación cuyos méritos y servicios son desconocidos completamente en su país (...) adornados con el traje seductor de la recomendación ministerial (...) buscan una patria nueva que los adopte en defecto de la suya"[48]. Sin embargo, al menos según la descripción que nos hace el jurista, escritor y también político alicantino, esta figura no tuvo una general presencia entre los diputados provinciales del período. Así lo

---

48 Rico y Amat, J. (1855). *Diccionario de los políticos o verdadero sentido de las voces y frases más usuales entre los mismos.* Imprenta de F. Andrés y Compañía. págs. 137-138.

vivió, pongamos por caso, Antonio Guerola, cuando desempeñó el cargo de Gobernador de Málaga entre 1857 y 1863, ante las "dificultades que tuvo de reunir el número suficiente de diputados para celebrar sesión (...) pues la mayor parte de ellos vivían en los pueblos"[49]. Una opinión esta, por cierto, que en poco se distanciaba de la que su superior jerárquico, el ministro Posada Herrera, también tenía tanto de los diputados provinciales como de aquellos que asumían la representación en Cortes. "Cuando se trata aquí, en el Congreso, de discurrir sobre intereses materiales (...) por regla general, los bancos están desiertos; pero cuando hay una discusión política, entonces se ve la animación". Y a continuación, refiriéndose a las diputaciones provinciales, proclamaba que estas, "mientras duraba la guerra civil, cuando se trataba del principio de libertad, estaban concurridas, todos los diputados asistían, pero en el momento que se concluyó la guerra (...) en todas las diputaciones de España no era posible reunir número suficiente de Diputados, y los que asistían, no quisiera decirlo, pero más que por intereses públicos, solían ser llevados por intereses particulares"[50].

Y sin embargo, a pesar de la pobre opinión que sobre los diputados tenían tanto Posada como Antonio Guerola, no por ello este se olvidó de mencionar en sus memorias a los 33 diputados que resultaron electos durante su mandato en la provincia andaluza. "*Aunque no tomé gran iniciativa en ellas, nos dice, logré saliesen personas dignas y las que deseaba el Gobierno, y especialmente el señor Cánovas, que era quien inspiraba su política en aquella provincia*"[51]. Pero además, de la descripción que hace de ellos, resulta que en su mayoría o eran vecinos o estaban

---

49 Guerola, A. (edición de 1995). *Memoria de mi administración en la Provincia de Málaga como gobernador de ella desde 6 de diciembre de 1857 hasta el 15 de febrero de 1863.* Edición de Fundación Sevillana de Electricidad. vol. III, pág. 999.

50 Posada Herrera en DSC. 6 de febrero de 1861, pág. 1.457.

51 Guerola, A. (edición de 1995). *Memoria de mi administración en la Provincia de Málaga.* op. cit. pág. 1010.

fuertemente asentado en el distrito al que representaban, o tenían estrechos vínculos económicos o familiares con el mismo. Lazos estos, los familiares, que los detalla Rafal Zurita en el caso de los comicios que se celebraron durante esos años en los tres distritos de La Marina, en Alicante[52]. Y conclusión a la que también hemos llegado en el caso de la Provincia de Santander. Del total de los 35 diputados provinciales que fueron elegidos entre 1847 y 1862, veintiocho de ellos eran naturales y la práctica totalidad de los mismos también residían y desarrollaban su actividad profesional en el partido judicial por el que fueron elegidos. Incluso, en el caso de los siete restantes, todos ellos tenían algún vínculo con su correspondiente partido judicial: o bien, como habitualmente ocurría, sus lazos eran económicos, debido, principalmente, a negocios mineros o de empresas harineras; o bien estaban ligados al distrito a través de fuertes relaciones familiares, que facilitaba al nuevo candidato, a ese *teórico cunero*, beneficiarse de la clientela de quien había renunciado a defender su acta, en no pocos casos debido a que ahora aspiraba a más altas cotas en la política nacional[53].

---

52 Zurita Aldeguer, R. (2008). "`'Candidatos aceptados, apoyados, impuestos'. El Gobierno ante las élites en la España liberal". *Las élites en Italia y en España (1850-1922).* Universitat de València. págs. 145-165. A modo de ejemplo de trabajos, cada vez más numerosos, en los que se destaca la importancia de lo local en el discurrir de la vida política de la España del siglo XIX, Moll, I y Salas, P. (2002). "Las pequeñas élites agrarias y su participación en la vida política de la segunda mitad del siglo XIX", *Ayer* (48), págs. 159-183. Sierra, M., Peña, M. A., Zurita, Rafael. (2010) *Elegidos y elegibles. La representación parlamentaria en la cultura del liberalismo.* Marcial Pons Historia. Veiga Alonso, X. R. (2017). "Poderes locales y construcción del Estado en el siglo XIX (1808-1874)". *Ayer,* 108. págs. 285-302. Pro, J. (2019). *La construcción del Estado en España. Una historia del siglo XIX.* Alianza Editorial.

53 Un estudio prosopográfico de los parlamentarios cántabros, en Garrido Martín, A. (2006), *Diccionario biográfico de los Parlamentarios de Cantabria (1813-1901).* Parlamento de Cantabria.

De ahí, por todo ello, el papel, incluso con una legislación tan restrictiva e intervencionista como la moderada, que durante estos años desempeñaron las aristocracias locales. Aun considerando que estas diputaciones, las que estuvieron vigentes entre 1845 y 1854, o las posteriores que rigieron de 1856 a 1863, fueron unas instituciones anodinas y sometidas a la autoridad del Ministerio que la ejerció a través de los gobernadores civiles, también ellas y en concreto sus diputados, estuvieron en condiciones de interferir y mediatizar la acción del Gobierno en las provincias, como necesarios interlocutores que para él eran y a las que este necesariamente se vio obligado a recurrir para desplegar su política en el territorio.

3.2. Entre la Ley de 25 de septiembre de 1863, y el Decreto de 21 de octubre de 1866: de una pretendida descentralización, al enroque moderado.

"La descentralización administrativa es hoy la aspiración universal y legítima del país, no el vago clamor de la opinión, ni la enseña de una bandería. Nacida la legislación administrativa de 1843 en ocasión en que era necesario dar al poder firmeza, robustez y prestigio; infiltrado más adelante su espíritu en diversas leyes especiales, se han venido exagerando los principios conservadores al intentar restaurarlos y fortalecerlos, de forma que, basada la administración del país en un sistema de desconfianza y suspicacia, comprimió con los resortes de ese sistema la energía de todas las fuerzas locales, privándolas de espacio para su existencia y de libertad para su desenvolvimiento. Por esta razón no se ha identificado con el sentimiento nacional, ni se ha atraído la adhesión de los pueblos; por manera que desde hace muchos años es una verdadera necesidad social la de restituir al municipio, a la provincia y a las más importantes instituciones sociales, la espontaneidad de su iniciativa, la dirección de sus fuerzas y la libertad de acción que necesitan para que no vivan como al presente una vida desmedrada y sin carácter propio". De este modo daba comienzo la exposición de motivos de la proposición de ley que el 13 de marzo de 1866 presentó al Congreso Manuel Durán y Bas sobre la reforma de las leyes administrativas vigentes[54]. Una propuesta que se estructuraba en seis ambiciosas bases, que atendían a las materias relativas a la organización territorial de la nación y diseñaba una nueva y reforzada diputación provincial. Empero, aunque sí reducía su capacidad de actuación, también esta propuesta otorgaba un no menor protagonismo al Ministerio, cuya presencia en las provincias se aseguraba a través de unos gobernadores que tutelarían la actuación de diputaciones y de ayuntamientos. Una proposición, en suma, que aspiraba a avanzar por la vía descentralizadora, pero que en modo alguno pretendía que se pasase "de un sistema de centralización casi absoluta, encubierta forma de la omnipotencia del poder, a una descentralización sin límites que engendre la anarquía". Un camino, este, por el que, como decían los firmantes de la proposición, "se entró ya al formar la ley para el gobierno y administración de las provincias, de 25 de septiembre de 1863; pero no puede negarse que fue con prudencia escasa"[55].

No iba desencaminado Durán y Bas, uno de esos juristas que contribuyeron a difundir por España los argumentos doctrinales de la Escuela Histórica del Derecho, cuando al referirse a esta ley, la de septiembre de 1863, destacaba su escasa ambición, la prudencia con la que había abordado la cuestión de la descentralización en materia de administración provincial. Y ello, no obstante, a pesar de los argumentos que José Posada Herrera, en su condición de ministro de Gobernación, esgrimió en la Cámara el 25 de octubre de 1860 cuando presentó el P*royecto de Ley para el Gobierno de las Provincias*, que al tiempo también regulaba el papel de los gobernadores y de los consejos provinciales en el

---

54 Además de Durán y Bas, diputado por Barcelona, esta iba firmada por los también diputados catalanes, Joaquín María de Paz, Felipe Bertrán, Ramón de Síscar, José María de Fivaller, José Ferrer y Vidal y Laureano Ballester., DSC. 14 de marzo de 1866. Apéndice primero al número 48.

55 DSC. Ibidem, pág. 1.

marco de la administración provincial[56]. Un ambicioso y necesario proyecto con el que se pretendía relajar las rígidas y estrictas leyes moderadas, que formaba parte de una general propuesta de reforma de la administración territorial que se completaba con el *Proyecto de Ley sobre el Gobierno y Atribuciones de los Ayuntamientos* que también ese mismo día se presentó en la Cámara[57].

Un texto, el provincial, que nació con un pecado original: se propuso como un avance (que sí lo fue) frente a la vigente legislación moderada que se había restablecido en 1856, pero ignoró los más ambiciosos proyectos de reforma que en este campo se habían abordado durante el Bienio Progresista. Como dijo el senador Pedro Gómez de la Serna en enero de 1862 cuando en la Cámara alta se celebró el debate a la totalidad del proyecto, "la unión liberal pudo haber vuelto a tomar en sus manos la obra que en las últimas Cortes constituyentes habían comenzado (...) en lugar de haber ido a buscar las disposiciones del 45, que estaban más distantes"[58]. Y ello, aun teniendo en cuenta el público reconocimiento que también desde las bancadas progresistas se tuvo de la centralización, como necesaria medida que en su momento lo fue para construir una unidad de acción de los poderes del Estado y en consecuencia una administración eficiente. Una centralización, no obstante, que no debía tener un carácter tan extremo, tan radical como la que se había ejecutado durante la Década Moderada. "No, nosotros no queremos la anarquía; no queremos esa descentralización absoluta" dijo a continuación Gómez de la Serna, "(...) nosotros queremos centralizar lo que centralizarse debe, y descentralizar lo que no debe centralizarse (...) los progresistas (...) no queremos que los intereses locales ni aun los provinciales queden abandonados o fuera de la acción del Gobierno"[59]. Una opinión que concordaba con la que un año antes, en los debates de esta ley en el Congreso, manifestó

---

56 DSC. 2 de noviembre de 1860. Apéndice cuarto al número 32.

57 DSC. 2 de noviembre de 1860. Apéndice tercero al número 32.

58 DSS. 27 de enero de 1862, pág. 418.

59 DSS. Ibidem.

su correligionario político Joaquín Aguirre, para quien era necesario llevar "la centralización hasta donde es necesario para el sostenimiento de la autoridad, hasta donde es necesario para que se puedan defender los buenos principios de gobierno"[60]. Pero, no obstante, a pesar de esta voluntad, de las públicas manifestaciones que el progresismo vertió sobre el modo de abordar una materia tan sensible como la referida a la administración territorial de España, o de la defensa que del proyecto hizo Cánovas del Castillo, para quien en él se condensaban todas las leyes anteriores[61], en la práctica este dejaba no pocos recursos, al menos en determinadas parcelas cardinales, en manos de una vigorosa administración, que además, desde 1845, había crecido con el fin de facilitar su férrea omnipresencia en el conjunto de la nación[62].

Sin embargo, el proyecto Posada Herrera de 1860 siguió un camino tan largo que no vio la luz hasta 1863, cuando para esta fecha el ya casi septuagenario marqués de Miraflores era quien presidía el Consejo de Ministros y Florencio Rodríguez Vaamonde desempeñaba el cargo de ministro de Gobernación. Casi tres años, los que fueron entre noviembre de 1860, cuando el proyecto de 91 artículos entró en la Cámara y septiembre de 1863, fecha en la que se promulgó con 102 artículos, en los que pasó por una compleja y detenida serie de trámites parlamentarios, lo que nos da una idea tanto de la atención que a la materia prestó el poder ejecutivo, como el cuidado con la que la que se abordó.

De su voluntad por realzar el papel de las diputaciones es revelador el hecho de que estas tendrán una figura cercana

---

60 DSC. 7 de febrero de 1861, pág. 1466

61 DSC. 7 de febrero de 1861, pág. 1474.

62 Como destaca Xosé Ramón Veiga, "el Estado fue más intenso en unos apartados que en otros y selectivo en su acción: relativamente efectivo en materias electorales (...) pero incluso en estos aspectos, las interferencias de poderes ajenos son visibles". Veiga Alonso, X.R. (2017) "Poderes locales y construcción del Estado", op.cit. pág. 293.

a la de un presidente del pleno, que será cooptado entre sus miembros. Los galones de la presidencia de la institución, en efecto, aún los asumía el gobernador, a quien en consecuencia le correspondía presidir las sesiones, "siempre que asista a las mismas" (art. 36). Sin embargo, "la Diputación Provincial en el primer día de cada reunión ordinaria o extraordinaria nombrará de entre sus individuos un Presidente" (art. 37), señalando a un diputado que, sin ser el efectivo presidente de la diputación, fue reconocido como el más relevante entre los diputados provinciales. Como también fue un señalado avance, frente al texto de 1845 que fijaba dos períodos de sesiones de veinte días cada uno de ellos, que estos dos períodos no tuviesen límite de tiempo, pues durarían "los días necesarios para el despacho de los negocios que señalara la misma Diputación en la primera sesión; a cuyo fin los Gobernadores las darán conocimiento de los asuntos que hayan de despachar" (art. 32). De ahí el crecimiento que se experimentó en el número de sesiones y sobre todo los asuntos que se trataron, que con esta ley celebró la institución provincial, como hemos podido comprobar en el caso de la de Santander: frente a la habitual media de veinte sesiones por período que se celebraron con la Ley Provincial de 1845, con el texto de 1863 su número creció de forma notable, hasta alcanzar, a modo de ejemplo, las cuarenta y ocho sesiones en 1864, recién estrenada la ley, que llegaron a las ciento diez y siete en 1867, y a las sesenta hasta el 4 de septiembre de 1868[63]. Como también se deben destacar otras dos importantes novedades que manifiestan la voluntad del legislador por otorgar un cierto protagonismo, y también político, a las diputaciones: por un lado, la autoridad que a estas les fue conferida para nombrar y separar a los empleados de la diputación y del consejo provincial, "cuyos sueldos o gratificaciones no excedan de 6.000 reales" (art, 55.4); por otro lado, de (en teoría) indudables connotaciones políticas, la facultad

63 Datos recogidos en las Actas de la Diputación Provincial de Santander.

de proponer el nombramiento de los consejeros provinciales (art. 55)[64].

En el estricto marco electoral, la nueva ley no se detenía, como así ocurrió con el previo texto moderado, en ordenar el desarrollo de los comicios. El motivo, era evidente: aunque la Ley de 1845 se promulgó aún con la vigencia del texto electoral de 1837, ya estaba previsto llevar a cabo su urgente modificación, como así ocurrió en 1846. Por el contrario, y aunque también se esperaba acometer la necesaria reforma de este texto, no parecía que esta se fuese a emprender de forma inmediata, de ahí que hasta 1865 en esta materia continuó rigiendo la Ley de 1846. Como recogía la nueva ley provincial en su artículo 29, "las elecciones se harán conforme al método que establezca le ley electoral para Diputados a Cortes". También, en este sentido y sin mediar novedad alguna, las listas de electores para diputados a Cortes eran las que servían para la elección de los diputados provinciales (art. 28). Como tampoco hubo especiales novedades en cuanto al reconocimiento del derecho de voto pasivo (art. 22), pues solo se distanciaba de la Ley Provincial de 1845 al fijar una renta anual de 6.000 reales procedentes de vienes propios, en vez de los 8.000 de la ley moderada. Más exigente era, no obstante, en cuanto a los mínimos por contribución directa que establecía en 600 reales, frente a los 500 de la Ley de 1845, considerando, no obstante, la actualización de esta contribución que se había determinado hacía diez y ocho años.

Otras dos novedades que recogía el texto de 1863 fueron la que atendía a la delimitación de los distritos electorales, y la que establecía un número mínimo de votantes para otorgar validez a las elecciones. En este caso, cuando en 1860 fueron presentados ante el Congreso los proyectos de diputaciones y de ayuntamientos, Posada Herrera remarcó que esta medida se adoptaba con el fin de "imponer virtualmente una nota de censura sobre la

64 Moreno Tejada, S. (2020). *El Consejo Provincial (1845-1868)*. op. cit, págs.249 y sigs.

mayoría electoral de un pueblo que así desdeña el ejercicio (que tal vez debiera ser obligatorio) de un derecho tan importante"[65]. De ahí que el artículo 30 de la ley declarase "nula la elección de Diputado o Diputados provinciales en la que no hayan tomado parte la mayoría absoluta de los electores de partido, procediéndose en este caso dentro del término de veinte días a una segunda elección, que será válida, sea cual fuere el número de electores que en ella tomen parte"[66].

Como también reseñable fue la delimitación de los distritos electorales que estableció esta ley, que incluso pudo ser más llamativa en el caso de haber prosperado la propuesta que en este apartado se recogía en el proyecto. En efecto, con el fin de otorgar un mayor carácter representativo a la institución provincial y aumentar el número de diputados, se desterraba el partido judicial como demarcación electoral y se adoptaba la división territorial que regía para las elecciones de diputados a Cortes[67]. De este modo, el artículo 18 del proyecto señalaba que las diputaciones se compondrán "de dos diputados por cada uno de los distritos electorales de Diputados a Cortes". Una propuesta que se modificó en los debates de la Ley en el Congreso, que estableció que "la elección de las diputaciones provinciales se verificará por distritos de 40.000 almas, cada uno de los cuales nombrará dos diputados" (art. 21). Aunque tampoco fue esta la definitiva redacción del artículo 21. Finalmente, la ley recogió el texto que

---

65 Estas palabras las pronunció cuando presentó la Ley de Ayuntamientos. En el mismo sentido también se manifestó en el caso de la ley provincial. DSC. 2 de noviembre de 1860. Apéndice tercero al número 32, pág. 2. DSC. 2 de noviembre de 1860. Apéndice cuarto al número 32, pág. 2.

66 Mayores eran las exigencias que se recogían en el proyecto, pues, como contemplaba el artículo 28, si tras la segunda votación "no concurriesen tampoco la mayoría de electores, el Gobierno designará entre los diez mayores contribuyentes del partido las personas que habrán de desempeñar el cargo de diputado provincial". DSC. 2 de noviembre de 1860. Apéndice cuarto al número 32, pág. 2.

67 DSC. Ibidem.

había redactado la comisión del Senado que elaboró el preceptivo dictamen que fue debatido en esta Cámara y que, aun manteniendo los partidos judiciales como demarcación territorial, con un mínimo de siete por provincia, otorgaba un diputado más a aquellos partidos judiciales "que tengan más de 30.000 almas" (art. 21). De este modo se pretendía primar la representación de los distritos urbanos, frente al tradicional predominio de los rurales.

El resultado fue una ley[68] que si bien preveía avanzar por los cauces de una ansiada y necesaria descentralización y en el concreto marco político-administrativo aflojar la presencia del aparato del Estado en el territorio, no solo se quedó corta en cuanto a sus previsiones, pues tuvo un carácter más que descentralizador, desconcentrador[69]; sino también tuvo un breve recorrido cronológico[70]. De ahí, debido a su débil ambición, tanto la oposición progresista, como las ya señaladas críticas que sobre ella vertió Durán y Bas en marzo de 1866, lo que demuestra hasta qué punto el rechazo a la misma se fue extendiendo por muchos y notorios sectores de la sociedad política.

---

68 Se complementó, en materia de gobernadores y de organización territorial (provincial y municipal), con el Reglamento para su ejecución de 25 de septiembre de 1863.

69 Orduña Rebollo, E. (2003). *Municipios y Provincias. Historia de la organización territorial española.* Federación Española de Municipios y Provincias/Instituto Nacional de Administración Pública/Centro de Estudios Políticos y Constitucionales, pág. 470.

70 La opinión que para la prensa mereció esta ley, difirió según su adscripción ideológica. Si para *La Época* enmendaba "graves deficiencias de nuestra organización administrativa, dando mayor ensanche a la vida provincial e imponiendo más severas condiciones a los funcionarios públicos, de modo que los progresistas no tienen ya pretexto alguno para mantener su estrategia de retraimiento electoral", para *El Contemporáneo* esta "no obedece a ningún principio, ni establece ningún sistema, no consulta con igualdad y justicia las necesidades y aspiraciones administrativas de los pueblos". Referencias recogidas en *La Correspondencia de España* de 30 de septiembre de 1863.

Fue el Real Decreto de 21 de octubre de 1866 impulsado por González Bravo, que reformaba la ley sobre organización y atribuciones de los ayuntamientos y la reseñada ley provincial, el texto que anunció el definitivo enroque moderado y que al tiempo provocó la general oposición a la nueva situación política tanto de progresistas como de unionistas. Fue esta una causa más, y no menor, que contribuyó a gestar los acontecimientos que menos de dos años más tarde provocaron la caída, no solo de este Ministerio, sino también de la propia dinastía.

El origen de este Decreto se encuentra en la cada vez más nutrida oposición al régimen, en particular tras la sustitución del Ministerio O´Donnell en julio de ese año por el que hasta su fallecimiento, en abril de 1868, presidió el general Narváez. Un Decreto con el que, como se justificaba en su preámbulo, se pretendía poner coto a ese clima francamente prerrevolucionario, ya no una mera oposición legal al régimen, que se estaba extendiendo por España. De ahí que en este ámbito, en el de la administración local, y debido a que la revolución "se apoderó de muchos Municipios importantes, y triunfó en las diputaciones de casi todos las Provincias", se propusiese, no solo una reforma con el fin de limitar algunas de las facultades con las que contaban los municipios y las diputaciones, sino también la completa renovación tanto de ayuntamientos, "elegidos en una época de perturbación moral y política", como de diputaciones para que, en este caso, "su acción quede en lo futuro encerrada dentro de los límites que nunca debió traspasar"[71]. De ahí que se procediese a disolver las vigentes diputaciones y a elegir unas nuevas de acuerdo al recién promulgado texto.

Con esta voluntad de restringir los (modestos) avances que en materia de administración provincial se habían experimentado con la Ley de 1863, cuatro fueron las más notorias novedades que

---

71 Fernández Rodríguez, T. R. y Santamaría Pastor, J. A. (1977). *Legislación administrativa española del siglo XIX*. Instituto de Estudios Administrativos, págs. 819 y 820.

introdujo el Real Decreto de 1866. De estas, la que tenía una menor carga ideológica era aquella que exigía un diferente nivel de renta para disfrutar del derecho de sufragio pasivo (art. 23.2), en función de la categoría de la provincia (de tercera, de segunda o de primera). Como también desaparecía la facultad de elegible que se reconocía a quienes abonasen 1.000 reales de contribución directa en la provincia.

Más llamativas, y en las que se pone de manifiesto el interés que hubo por ejercer un estricto control de las diputaciones, fueron las otras tres que se contemplaron en este Decreto. Con un contenido puramente electoral y de significativo carácter político, ahora, como recogía el artículo 30, no se exigía que votasen la mayoría absoluta de los electores para considerar válidas las elecciones, siendo solo preciso para obtener el acta de diputado conseguir en los comicios la mitad más uno de los votos emitidos. Una medida, esta, que bien se puede sospechar que se adoptó con el fin de evitar el previsible alto número de elecciones anuladas, teniendo en cuenta la estrategia de abstención (abstención activa) en cualquier consulta electoral, tanto nacional como provincial, que ahora no solo promovía el Partido Progresista, sino a la que también se había adherido la Unión Liberal.

Como también, en el estricto marco del funcionamiento de la institución provincial, y con el fin de robustecer la acción del Gobierno, descollaron dos de las medidas que incluía el Decreto de octubre de 1866, ambas detraídas de las atribuciones que desde 1863 se habían conferido a las diputaciones. Como se recogía en la exposición de motivos, "la prerrogativa de elegir empleados desde 6.000 rs de sueldo abajo y la de proponer otros de mayor remuneración que la nueva Ley (1863) había concedido a las Diputaciones de provincia, le facilitaba el camino para completar el cuadro de sus subalternos". De ahí, y debido al *predominio* de una oposición (ahora considerada como revolucionaria) que "en los Ayuntamientos, en las Diputaciones y Consejos provinciales formaba la red de sus agentes en la localidad", que las diputaciones perdiesen tanto la facultad de nombrar a esos empleados cuyos sueldos no superasen los 6.000 reales. De este modo, como disponía el artículo 47, todos los empleados de la administración provincial serían nombrados por el Gobierno; como también las diputaciones provinciales perdían la atribución, de marcado cariz político, de proponer el nombramiento de los consejeros provinciales.

Medidas, todas ellas, que se completaron con un nuevo impulso que se dio a la figura del gobernador, que tuvieron un efecto contrario para los intereses del Ministerio, pues contribuyeron a generalizar el rechazo a esta situación. Una cada vez más amplia oposición al régimen, que culminó en septiembre de 1868 con la Revolución Gloriosa que puso fin, no solo al Ministerio González Bravo, sino también a la propia monarquía. Un nuevo período, el Sexenio Democrático, que en el ámbito de la administración provincial tuvo como inicial novedad la Ley orgánica provincial de octubre de 1868 y como principal hito la Ley provincial de 1870, textos ambos con los que las diputaciones provinciales adquirieron una dimensión política de la que hasta entonces habían carecido.

4. REFERENCIAS BIBLIOGRAFICAS

4.1. Bibliografía

Acosta, F. (2014). "Perfiles políticos del Consejo Provincial de Jaén (1845-1854)". *El nacimiento de la justicia administrativa provincial. De los Consejos de Prefectura a los Consejos Provinciales.* Dykinson/Diputación de Jaén/Instituto de Estudios Giennenses.

Aquillué, D. (2015). "La Constitución de 1837: ¿una Constitución transaccional?. *Revista Historia Autónoma,* (6), 45-59.

Argüelles, A. de (edición 1989) *Discurso preliminar a la Constitución de 1812,* Centro de Estudios Constitucionales.

Beramendi, J. y Rivera, A. (2016). "La nacionalización española: cuestiones de teoría y método". *Los caminos de la nación. Factores de nacionalización en la España contemporánea.* Comares, 3-32.

Borrego, A. (1837). *Manual electoral de para el uso de los electores de la opinión monárquico-constitucional.* Imprenta de la Compañía Tipográfica.

Cajal Valero, A (1999). *El Gobernador Civil y el Estado centralizado del siglo XIX.* Ministerio de Administraciones Públicas.

Campoamor, R. (edición de 1901). Historia crítica de las Cortes reformadoras", *Obras Completas.*II.

Cebreiros Álvarez, E. (2024). *El origen de las diputaciones provinciales en el siglo XIX. Dos siglos fomentando la prosperidad,* Diputación de Ourense/Fundación Universidade da Coruña/Agencia Estatal Boletín Oficial del Estado.

(2024). "El gobierno provincial en los discursos y proclamas con motivo de la instalación de las primeras diputaciones en España". *La revolución de las provincias. Los orígenes de las diputaciones provinciales en el mundo hispano, 1812-1824,* Marcial Pons.

Chamocho Cantudo, M. Á. (2013). Modelos históricos de Diputaciones Provinciales. Estudios conmemorativos del Bicentenario de la Diputación Provincial de Jaén. 1813-2013. Diputación Provincial de Jaén/Instituto de Estudios Giennenses.

(2014). *El nacimiento de la justicia administrativa provincial. De los Consejos de Prefectura a los Consejos Provinciales.* Dykinson/Diputación de Jaén/Instituto de Estudios Giennenses.

(2014). "Los consejos provinciales: atribuciones contenciosas, procedimiento y sistema de recurso", *El nacimiento de la justicia administrativa provincial. De los Consejos de Prefectura a los Consejos Provinciales.* Dykinson/ Diputación de Jaén/Instituto de Estudios Giennenses. págs. 397-426.

Christopher, C. (2024). *Primavera revolucionaria. La lucha por un mundo nuevo, 1848-1849* (traducción de Rodríguez Halffter, E.), Galaxia Gutenberg.

Chust, M. y Pérez Juan, J.A. (2022) *Ayuntamiento de ayuntamientos: los orígenes de la Diputación Provincial de Castellón, 1812-1823.* Diputación Provincial de Castellón.

Estrada Sánchez, M. (1999). *El significado político de la legislación electoral en la España de Isabel II.* Servicio de Publicaciones de la Universidad de Cantabria.

(2013). "Al fiel servicio del poder: una aproximación a la trayectoria de los representantes territoriales del Estado en la España del primer liberalismo (1808-1849)". *El Estado y la Nación. Cuestión nacional, centralismo y federalismo en la Europa del Sur.* Ediciones Universidad de Cantabria. 103-138.

(2018). "Ni ausentes, ni inocentes: el papel de las diputaciones provinciales en la dinámica electoral durante el período isabelino (1835-1868).

Diputaciones provinciales. Historia, actualidad, futuro. Claves 24. Serie Claves del Gobierno Local, Fundación Democracia y Gobierno Local. 77-104.

(2024). "Diputaciones provinciales y poder territorial en la España del siglo XIX (1812-1870), *El origen de las diputaciones provinciales en el siglo XIX: dos siglos fomentando la prosperidad,* Diputación de Ourense/Fundación Universidades da Coruña/Agencia Estatal Boletín Oficial del Estado, 203-222.

Fernández Rodríguez, T. R. y Santamaría Pastor, J. A. (1977). *Legislación administrativa española del siglo XIX.* Instituto de Estudios Administrativos.

Garrido Martín, A. (2006), *Diccionario biográfico de los Parlamentarios de Cantabria (1813-1901).* Parlamento de Cantabria.

Garrorena Morales, Á. (1974). *El Ateneo de Madrid y la teoría de la Monarquía Liberal (1836-1847).* Instituto de Estudios Políticos.

González Casanova, J.A. (1986). *Las Diputaciones Provinciales en España. Historia política de las Diputaciones desde 1812 hasta 1985.* Mancomunidad General de Diputaciones de Régimen Común.

Guerola, A. (edición de 1995). *Memoria de mi administración en la Provincia de Málaga como gobernador de ella desde 6 de diciembre de 1857 hasta el 15 de febrero de 1863.* Edición de Fundación Sevillana de Electricidad. vol. III.

Jordà Fernández, A. (2002). *Las Diputaciones provinciales en sus inicios. Tarragona 1836-1840. La guerra como alteración en la aplicación de la norma jurídica,* Diputació de Tarragona/Ministerio de Administraciones Públicas.

(2008). *Origens de la Diputació de Tarragona (1822-1840). Divisió territorial, organizació institucional i relacions amb els ajuntaments.* Diputació de Tarragona.

(2023). *De ayer a hoy: reflexiones sobre un bicentenario (las diputaciones provinciales, 1822-2022).* Diputació de Tarragona/Iustel.

Kiernan, V.V. (1970). *La revolución de 1854 en España.* Aguilar.

Lyttelton, N.A.O. (1973). "El patronazgo en la Italia de Giolitti (1892-1924)", *Revista de Occidente,* (127, octubre).

Martínez Sospedra, M. (1978). *La Constitución de 1812 y el primer liberalismo español.* Cátedra Fadrique Furio Ceriol.

Moll, I y Salas, P. (2002). "Las pequeñas élites agrarias y su participación en la vida política de la segunda mitad del siglo XIX", *Ayer* (48). 59-183.

Moreno Tejada, S. (2020). *El Consejo Provincial (1845-1868). Estudio particular de la corporación alicantina.* Tirant lo Blanch.

Muñoz de Bustillo, C. (1997). "Los antecedentes de las diputaciones provinciales o la perpleja lectura de un pertinaz lector", *Anuario de Historia del Derecho Español* (67). Homenaje a Francisco Tomás y Valiente, II.

Orduña Prada, E. y Jordà Fernández, A. (2018). *Diputaciones provinciales. Historia, actualidad y futuro,* Fundación Democracia y Gobierno Local.

Orduña Rebollo, E. (2003). *Municipios y Provincias. Historia de la organización territorial española.* Federación Española de Municipios y Provincias/Instituto Nacional de Administración Pública/Centro de Estudios Políticos y Constitucionales,

Ortego Gil, P. (1990). *Evolución legislativa de la diputación provincial en España 1812-1845. La diputación provincial de Guadalajara.* Universidad Complutense.

Pacheco, J.F. (edición de 1984). *Lecciones de Derecho Político Constitucional.* Centro de Estudios Constitucionales.

Pérez Juan, J. A. (2014). "Atribuciones consultivas de los consejos provinciales", *El nacimiento de la justicia administrativa provincial. De los Consejos de Prefectura a los Consejos Provinciales.* Dykinson/Diputación de Jaén/Instituto de Estudios Giennenses. 427-454.

Posada, A. (edición de 1982). *Evolución legislativa del régimen local en España, 1812-1909* (edición del Instituto de Estudios de Administración Local).

Presno Linera, M. Á. (2012). *Leyes y normas electorales en la historia constitucional española,* Iustel.

Pro, J. (2019). *La construcción del Estado en España. Una historia del siglo XIX.* Alianza Editorial.

Rico y Amat, J. (1855). *Diccionario de los políticos o verdadero sentido de las voces y frases más usuales entre los mismos.* Imprenta de F. Andrés y Compañía.

Santana Molina, M. (1989). *La Diputación Provincial en la España decimonónica.* Instituto Nacional de Administración Pública.

Santirso, M. (2008). *Progreso y libertad. España en la Europa liberal (1830-1870).* Ariel.

Sierra, M., Peña, M. A., Zurita, Rafael. (2010) *Elegidos y elegibles. La representación parlamentaria en la cultura del liberalismo.* Marcial Pons Historia

Terán Fuentes, M y Chust, M. (2024. *La revolución de las provincias. Los orígenes de las diputaciones provinciales en el mundo hispano, 1812-1824.* Instituto de Investigaciones Históricas. Universidad Michoacán de San Nicolás de Hidalgo/Marcial Pons.

Toreno, Conde de (edición 2008). *Historia del levantamiento, guerra y revolución de España* (edición del Centro de Estudios Políticos y Constitucionales. Presentación de Varela Suanzes-Carpegna, J.)

Veiga Alonso, X. R. (2017). "Poderes locales y construcción del Estado en el siglo XIX (1808-1874)". *Ayer* (108), 285-302.

Zurita Aldeguer, R. (2008). "'Candidatos aceptados, apoyados, impuestos'. El Gobierno ante las élites en la España liberal". *Las élites en Italia y en España (1850-1922).* Universitat de València. 145-165.

(2010). "El proceso electoral". *Elegidos y elegibles. La representación parlamentaria en la cultura del liberalismo,* Marcial Pons Historia. 89-299.

4.2 Fuentes documentales

Diario de Sesiones del Congreso de Diputados (DSC.)

Legislatura 1810-1813

Legislatura 1844-1845

Legislatura 1845-1846

Legislatura 1854-1856

Legislatura 1860-1861

Legislatura 1861-1862

Legislatura 1864-1865

Legislatura 1865-1866

Diario de Sesiones del Senado (DSS.)

Legislatura 1857

Legislatura 1861-1862

Actas de la Diputación Provincial de Santander.

Gaceta de Madrid, 21 de agosto de 1863.

Gaceta de Madrid, 23 de junio de 1864.

La Correspondencia de España de 30 de septiembre de 1863.

Capítulo 3

Transiciones políticas y transformaciones de los sistemas electorales de las corporaciones provinciales entre la revolución progresista y la restauración borbónica (1868-1931)

DRA. MARÍA TERESA MARTÍNEZ TÁBOAS
Profesora de Historia del Derecho y de las Instituciones
Universidad de Vigo
ORCID: 0000-0003-2641-8432

1. INTRODUCCIÓN

En este capítulo intentaremos abordar, desde una perspectiva global, la transición política y los cambios en los sistemas electorales de las corporaciones provinciales, en un importante periodo de nuestra historia que transcurrió entre 1868 y 1931 conformado por tres importantes acontecimientos, la Revolución progresista, la Restauración borbónica y la Dictadura de Miguel Primo de Rivera. Este dilatado periodo de 63 años bajo el amparo de dos Constituciones, la de 1869 y 1876, se caracterizó por un amplio desarrollo normativo sobre la administración local, resultado de la propia situación política acontecida en nuestro país.

2. CONTEXTO HISTÓRICO

El 18 de septiembre de 1868 se inició en Cádiz la Revolución conocida como "La Gloriosa", que paulatinamente se fue extendiendo a toda la península y puso fin al reinado de Isabel II en medio de un clima de crisis económica, social, política, agraria y de un bloqueo o parálisis de las cámaras. Esta insurrección impulsó un importante cambio en nuestro país, el triunfo del liberalismo democrático que daría lugar a la instauración de un nuevo régimen en nuestro país. En lo que se refiere a la administración local, se centró en mitigar el manifiesto centralismo de la etapa precedente. Se llevó a cabo una profunda descentralización en la organización territorial del Estado, en palabras de Orduña Rebollo[1] se identificó el concepto democracia con el de descentralización.

Las causas de La Revolución, como bien apunta Jover Zamora[2], fueron heterogéneas y de diversa naturaleza, sintetizándolas en una triple crisis: moral, económica y política, a las que Fer-

---

1 Orduña Rebollo, E. (2012) "Orígenes de las diputaciones provinciales: territorio y Administración". El bicentenario de las diputaciones provinciales. (Cádiz 1812), en Fundación Democracia y Gobierno Local. Serie: Claves del Gobierno Local, (14) pp.82-.83.

2 Jover Zamora, J. M. (1970) *La edad contemporánea* en *Introducción a la Historia de España.* Ed. Teide, 7ª edición, Barcelona, pp. 637-639.

nández Segado[3], añade, especialmente la crisis social y agrícola refiriéndose a la difícil situación agraria que atravesaba España, resultante de los procesos de desamortización que habían beneficiado ampliamente a la aristocracia y nueva burguesía, pero habían perjudicado claramente al campesinado. A ello, se unió el incremento demográfico y el aumento de precios de los productos agrícolas debido a las malas cosechas. Circunstancias, todas ellas que contribuyeron a un malestar generalizado de la población, y abonaron el terreno para la Revolución y el destronamiento del régimen isabelino.

La crisis económica en que se hallaba inmerso nuestro país generaba un gran volumen de deuda, desempleo y en definitiva un alto índice de pobreza.

La inestabilidad política instaurada en el reinado de Isabel II era patente. La corrupción y la mala gestión daban lugar a continuos cambios de gobierno y golpes de estado, al mismo tiempo se sucedieron enfrentamientos entre moderados, progresistas y carlistas, que inexorablemente marcaban el camino al fin de su reinado.

En este entorno surgió de forma incontenible, la idea de establecer una limitación al poder del monarca que impulsó la pujanza del movimiento liberal. Nótese que este movimiento no fue el único, que pretendía una limitación del poder monárquico, pues a él se unieron los progresistas, unionistas, demócratas, incluso algunos sectores del ejército, formando una coalición que desembocaría en el derrocamiento y exilio de la reina a Francia.

Consumado el triunfo de la Revolución y en tanto no se reuniesen las Cortes, se instauró un Gobierno Provisional, encargado de implantar el programa democrático revolucionario, que gobernó hasta la promulgación de la nueva Constitución, integrado por

---

3 Fernández Segado, F. (1992) *Las Constituciones Históricas españolas. Un análisis jurídico*, Civitas, Madrid, pp. 267-268.

los tres militares más relevantes del momento. Presidido por el general Francisco Serrano, mientras que la cartera del Ministerio de la Guerra fue depositada en manos del general Juan Prim y Prats, como líder militar, y el contralmirante Topete ocupó la de la Marina, el resto de los ministros serían igualmente de tendencias progresistas y unionistas.

Uno de los cometidos más inminentes de aquel Gobierno fue la preparación de la convocatoria de elecciones a Cortes Constituyentes[4] que, una vez constituidas el 11 de febrero de 1869, habían de nombrar la comisión encargada de elaborar el texto de la nueva Constitución, la de 1869, promulgada finalmente, el 6 de junio.

Tras la proclamación del texto fundamental se instituyó la Regencia provisional presidida por Serrano y auxiliado por Prim en los asuntos políticos.

El 16 de diciembre de 1870, Las Cortes eligieron como rey de España a D. Amadeo de Saboya, cuyo breve reinado de poco más de dos años, finalizó con su abdicación ante dicha cámara en febrero de 1873 y la proclamación de la Primera República Española[5], que subsistió hasta la disolución de las Cortes el 3 de enero de 1874, despejándose el camino para Restauración borbónica en la persona de D. Alfonso XII (1874-1885). A su fallecimiento fue proclamada como reina regente su esposa Dña. María Cristina de Habsburgo-Lorena, (1885-1902) y finalmente, reinaría Alfonso XIII (1902-1923).

Durante este último reinado, una serie de graves acontecimientos empañaron la sociedad española, tales como, la descomposición de los partidos políticos del bipartidismo; la emergencia de partidos obreros, asociaciones sindicales e ideologías políticas separatistas (regionalismos catalán y vasco); la, aún más si cabe, militarización de la política, promocionado por la creación de las Juntas militares en

4 Estableciendo el sufragio universal masculino para mayores de veinticinco años.

5 Bajo este régimen, se elaboró el Proyecto de Constitución Federal de la República española de 1873.

1917; y la, no menos grave lacra del terrorismo, en la que asesinatos de políticos (Cánovas del Castillo en 1897, o el de sendos presidentes del Consejo de Ministros, Canalejas en 1912 y Eduardo Dato en 1921) y atentados contra el propio Alfonso XIII (1906), se hicieron demasiado cotidianos. Un terrorismo, particularmente sangriento que azotará sobre todo Barcelona entre los años 1917 y 1923.

Todo ello propiciará la dictadura del Capitán General Primo de Rivera, enmarcada en la esperanza de un profundo regeneracionismo del país, en la medida en que, responsabilizaba al sistema caciquil imperante dominado por un grupúsculo de políticos profesionales que imponían sus redes clientelares. Ésta será su misión, erradicar dichas prácticas corruptas y regenerar desde la base la España del siglo XX, y para ello, el Ejecutivo de Primo de Rivera crea el llamado Directorio Militar bajo Real Decreto de 15 de septiembre de 1923.

3. TRANSFORMACIONES DE LAS DIPUTACIONES PROVINCIALES EN EL SEXENIO DEMOCRÁTICO

Tras el periodo revolucionario, se inició el denominado sexenio democrático (1868-1874) que representó un intervalo significativo en la historia de España, marcado por importantes cambios políticos y sociales, y, sobre todo, porque determinaba la transición de un régimen monárquico autoritario a un intento de democratización, y a la postre, a una monarquía constitucional más estable. La Revolución septembrina de 1868 impulsada por las fuerzas progresistas y democráticas originó, como no podía ser de otra manera, una serie de cambios políticos como la aspiración descentralizadora, señalada en el propio preámbulo del Decreto de 21 de octubre de 1868[6] del Gobierno Provisional

---

[6] Decreto de 21 de octubre de 1868. Publicado en la Gaceta de Madrid, el 22 de octubre 1868, núm. 300. Accesible en https://www.boe.es/

y en el Manifiesto político[7] de 25 de octubre del mismo año dirigido a la Nación, que también afectó a los Ayuntamientos y a las Diputaciones provinciales[8]. La administración local se abrió a la introducción de ciertas reformas democráticas tanto en su estructura, en la elección de sus miembros y en el propio funcionamiento de estas instituciones provinciales, otorgándole una mayor transparencia.

Asimismo, con el propósito de limitar la intervención del gobierno central de la etapa precedente, se intentó dotar de mayor autonomía a estas corporaciones en la gestión de sus competencias locales. Por otra parte, han de tenerse en cuenta las tensiones surgidas en muchas provincias, derivadas de la propia inestabilidad política experimentada en nuestro país. Sin olvidar, las dificultades económicas a las que hubieron de enfrentarse estos órganos provinciales en el desempeño de sus competencias.

Una de las primeras actuaciones acordadas por el Gobierno Provisional fue otorgar una regulación legal para las Diputaciones provinciales y Ayuntamientos, acorde con los propósitos transformadores esgrimidos en la Revolución y teniendo en cuenta el

gazeta/dias/1868/10/22/pdfs/GMD-1868-296.pdf. [consultado el 2/8/2024].

7 En donde se decía: "Así podrá avanzar España con planta resuelta, porque tampoco pesará ya sobre ella la red de una centralización administrativa, asfixiadora, que ha sido el instrumento artificioso de que se han valido para confundirla y extenuarla, la corrupción y la tiranía. El individuo, el municipio, la provincia y la Nación, podrán desenvolverse independientemente dentro de la órbita que les es propia, sin que la intervención recelosa del Estado coarte sus facultades ni perturbe en lo más mínimo sus manifestaciones. Accesible en https://www.boe.es/gazeta/dias/1868/10/26/pdfs/GMD-1868-300.pdf [consultado el 4 /8/2024].

8 Estas corporaciones provinciales gestadas en nuestro primigenio constitucionalismo, seguían vigentes en 1868, aunque con varios cambios a sus espaldas, y continuaron desempeñando un papel fundamental en la administración provincial.

importante rol ejercido por estas instituciones en la destitución de los gobiernos. A tal efecto, fue promulgado el citado Decreto de 21 de octubre de 1868, firmado por Sagasta como ministro de la Gobernación, en nombre del Gobierno Provisional, por el que se declaraban "obligatorias y en vigor las adjuntas leyes Municipal y Orgánica provincial", elaboradas por los Constituyentes del Bienio progresista (1854-1856) donde se habían sentado las bases de las leyes político-administrativas, con que complementaron y desenvolvieron la gran obra de su Constitución no promulgada[9]. Considerando que dichas leyes eran las que más encajaban en el escenario de la época.

Así, fueron promulgadas sendas leyes sobre organización municipal y provincial que reproducían la Ley Municipal de 1856[10] y el "desenvolvimiento de las bases acordadas por las últimas Cortes constituyentes para la Ley Orgánica Provincial". Pero no solo entró en vigor el proyecto provincial de 1856, sino que se modificó la configuración orgánica de la Diputación, convirtiéndose en un cuerpo de funcionamiento permanente, dotado de competencias exclusivas que abarcaban todo lo concerniente a la "Administración civil y económica, propia y exclusiva de la respectiva provincia", y que incluían su exención del control gubernativo.

La primera de esas dos leyes ya había sido publicada, y la segunda, que centra nuestro interés, inauguraba su vigencia en este periodo y se mantendría hasta su derogación en 1870. No obstante, fueron necesarias ciertas adaptaciones en ellas, en algunos aspectos puntuales no recogidos en las leyes del Bienio progresista, especialmente en las disposiciones transitorias[11] establecidas al final del texto de la Ley Orgánica Provincial,

---

9 Preámbulo del Decreto de 21 de octubre de 1868, p. 3.

10 Ley de Organización y administración municipal. Publicada en la Gaceta de Madrid 6 de julio de 1856. Accesible en https://www.boe.es/gazeta/dias/1856/07/06/pdfs/GMD-1856-1280.pdf [consultado el 2/8/2024].

11 Decreto de 21 de octubre de 1868, p. 14.

donde en su art. transitorio 2, se disponía "Hasta tanto que, constituidas las Diputaciones con arreglo a la ley precedente, puedan nombrar sus Secretarios conforme a las disposiciones de la misma, desempeñarán el cargo de Secretarios los Contadores de fondos provinciales, que quedarán después como Oficiales primeros de las Secretarías encargados del negociado de Contabilidad". Igualmente, y respecto a las elecciones, se establecía en el art. transitorio 3 "Un decreto especial sobre el ejercicio del sufragio determinará la forma en que hayan de ser elegidas y renovadas las Diputaciones". Y, por último, el art. transitorio 4 señalaba "La división de las provincias en distritos para los efectos de la ley precedente se harán por el Gobierno, oyendo a las primeras Diputaciones que se elijan conforme al primer art. transitorio". Y en su art. 6 determinaba la división de la provincia en los distritos electorales, cada uno de ellos integrado por 25.000 habitantes, al que correspondía un diputado, con un mínimo de siete, por lo que, su número variaba en proporción a su población. Reservaba la presidencia de la corporación provincial al Gobernador, con derecho de voto, solamente en caso de empate (arts. 6, 23, y 26[12]). En relación con el sistema electoral, el art. transitorio tercero de la citada norma hacía referencia a una regulación posterior del sufragio, para determinar la elección o renovación de los diputados provinciales, que finalmente quedó plasmada en el Decreto sobre el ejercicio del sufragio universal, dictado el 9 de noviembre de 1868. Lo más relevante de la reforma, como bien señala Posada[13], fue el propósito de implantar el sufragio universal para la elección de todos los cargos populares.

Asimismo, pocos días antes, mediante el Decreto de 13 de octubre de 1868, firmado también por Sagasta, se suprimieron los Consejos provinciales. Y ese mismo día, la Junta Suprema de Gobierno redactaba una circular, proporcionando las instruc-

---

12 Decreto de 21 de octubre de 1868, p. 12.

13 Posada, A. (1982) *Evolución legislativa del régimen local en España,* 1888-1909, Instituto de Estudios de Administración Local, Madrid, p. 274.

ciones necesarias para la implantación del sufragio universal masculino en la celebración de los primeros comicios municipales[14].

Ha de tenerse en cuenta que este Decreto fue publicado antes de la promulgación de la Constitución de 1869, por lo que faltaba la determinación constitucional de las bases administrativas reguladoras de la administración local.

3.1. La Administración Local en la Constitución española de 1869

Los principales logros de este texto fundamental fueron la proclamación de una monarquía democrática, el reconocimiento de un amplio catálogo de libertades y derechos, y fundamentalmente, el establecimiento del sufragio universal masculino, introducido a través del Decreto de 9 de noviembre de 1868[15] que se convirtió en la conquista más preciada de la Revolución. La introducción de la democracia se efectuó, tal como se contenía en el propio preámbulo[16], mediante la convocatoria de unas Cortes Constituyentes, reunidas por sufragio universal.

---

14 Publicado en la Gaceta de Madrid, el 14 de octubre de 1868, núm. 288, pp. 1 y 6. Accesible en https://www.boe.es/gazeta/dias/1868/10/14/pdfs/GMD-1868-288.pdf [consultado el 3/08/2024].

15 Decreto sobre el ejercicio del sufragio universal. Publicado en la Gaceta de Madrid, núm. 315, el 10 de noviembre de 1868. Accesible en https://www.boe.es/gazeta/dias/1868/11/10/pdfs/GMD-1868-315.pdf [consultado el 3/08/2024]

16 Donde se manifestaba "La Nación española, y en su nombre las Cortes Constituyentes elegidas por sufragio universal, deseando afianzar la justicia, la libertad y la seguridad, y proveer al bien de cuantos vivan en España, decretan y sancionan la siguiente constitución" (Preámbulo de la Constitución de 1869). Consultado en https://www.senado.es/web/conocersenado/senadohistoria/senado18341923/Constitucion1869/detalle/index.html?id=18690607_constitucion

La Constitución del 69 dedicó el título VIII a la regulación de las Administraciones provinciales y locales, configurado tan solo por un único artículo, el 99[17], dedicado a las Diputaciones provinciales y Ayuntamientos. En este precepto se hallaban presentes -aunque con escasa concreción- los ideales democráticos y descentralizadores inspiradores de la Revolución ya proclamados en el manifiesto del Gobierno Provisional y en el citado Decreto de 21 de octubre de 1868 y se fijaban, además, los principios rectores de la regulación de estas instituciones.

Comenzaba el mencionado artículo por reconocer que la organización y las atribuciones de las Diputaciones provinciales y Ayuntamientos habían de ser fijadas en sus respectivas leyes, y enunciaba los siguientes principios que las habían de presidir y que a continuación desarrollamos:

Ya en el 1º párrafo del citado precepto, observamos una muestra de la aludida descentralización, al adjudicar el gobierno y administración de sus intereses a las Corporaciones municipales o provinciales. Mas esta loable intención, quedaba en cierta manera limitada en el párrafo 4º al establecer una medida fiscalizadora, a través de la intervención del Rey o las Cortes, en caso de producirse extralimitaciones en sus atribuciones que causaran un perjuicio contra los intereses generales.

En los párrafos 2º y 3º del mismo precepto imponía el principio de publicidad a las sesiones, así como la publicación de sus presupuestos, cuentas y acuerdos importantes de ambas Corporaciones.

Finalmente, en el 5º se refería a una delimitación de facultades en el ámbito tributario para no interferir en el sistema fiscal del Estado.

---

17 Constitución española de 1969. Publicada en la Gaceta de Madrid núm. 158, de 7 de junio de 1869. Accesible en https://www.boe.es/gazeta/dias/1869/06/07/pdfs/GMD-1869-158.pdf [consultado el 3/08/2024].

Además de lo expuesto, el texto constitucional hizo desaparecer el sufragio censitario, estableciendo en su art.16 el derecho de sufragio universal masculino, al disponer que "ningún español que se halle en el pleno goce de sus derechos civiles podrá ser privado del derecho de votar en las elecciones de Senadores, Diputados a Cortes, Diputados provinciales y Concejales".

3.2. La Ley Provincial de 20 de agosto de 1870

En desarrollo del anterior mandato constitucional y para adecuar las instituciones locales a los nuevos principios establecidos en el texto fundamental, surgieron dos leyes, una municipal y otra provincial promulgadas el 20 de agosto de 1870[18], esta última sustituyó a la anterior de octubre de 1868. De efímera vigencia, poco más de siete años, al ser derogada por la promulgación de la Ley de 2 de octubre de 1877. Aun así, en ese corto espacio de tiempo, generó importantes expectativas para las entidades provinciales.

En ella se encuentran presentes, como no podía ser de otra manera, la influencia los ideales liberales y democráticos revolucionarios emanados de la Revolución *La Gloriosa* que desencadenó profundos cambios, plasmados finalmente en la propia Constitución del 69. Ambos ejercieron un gran influjo en la citada Ley.

Diversos autores, entre ellos, Santana Molina y Posada[19] advierten en esta Ley la influencia extranjera de las Diputaciones belgas

---

18 Ley Provincial de 20 de agosto de 1870. Publicada en la Gaceta de Madrid, núm. 233, el 21 de agosto de 1870. Accesible en https://www.boe.es/gazeta/dias/1870/08/21/pdfs/GMD-1870-233.pdf [consultada el 2/08/2024].

19 Santana Molina, M. (1989) *La Diputación provincial en la España decimonónica,* Instituto Nacional de Administración Pública. Colección histo-

que habían sabido materializar el sistema provincial de nuestras provincias forales[20].

En resumen, la Ley de 20 de agosto de 1870 fue una consecuencia directa de los principios y cambios introducidos por la Constitución de 1869. Las dos normas se hallaban vinculadas entre sí por el objetivo de modernizar y democratizar la administración pública en España, promoviendo más participación en ella, y, sobre todo, dotarla de una mayor descentralización.

Esta ley llevó a cabo las más significativas reformas en el ámbito de la administración provincial con relación al periodo anterior, con el propósito de implementar mayor eficiencia y autonomía en el gobierno provincial. Comenzó por establecer el reconocimiento de la provincia como una entidad territorial, definiéndola como la agrupación de todos los términos municipales comprendidos dentro de sus límites[21].

Así, en primer lugar, dio un importante paso en el camino hacia la descentralización de estas entidades con respecto al Estado, en palabras de Orduña Rebollo[22] "alcanzando el nivel de autonomía más alto del siglo XIX". Esta orientación quedó reflejada al ampliar su número de competencias, otorgándoles unas catalo-

---

ria de la administración. Madrid, p. 150. Posada, A. *(1982) Evolución legislativa,* 289.

20 Véase el Diario de sesiones de las Cortes constituyentes 24-5-1870, pág. 8307 se hace referencia a esta cuestión "yo diré á S. S. que no nos hemos Inspirado en la legislación belga, sino más bien en la legislación foral existente en nuestro país. Yo he demostrado á S. SS que lo que se dice en el preámbulo es una verdad; es decir, que con más justicia puede suponerse que la legislación belga se ha inspirado de nuestra legislación foral, que no nosotros hayamos buscado en el extranjero modelos que no necesitamos, teniéndolos aquí".

21 Véanse los arts. 1 y 2 de la Ley Provincial de 20 de agosto de 1870.

22 Orduña Rebollo, E. (2003) *Municipios y Provincias. Historia de la Organización Territorial* Española Federación española de municipios y provincias, Federación española de municipios y provincias, Instituto Nacional de Administración Pública, Centro de estudios Políticos y Constitucionales, Madrid, p.83.

gadas como exclusivas de estas corporaciones provinciales, detalladas en el art. 46 de la Ley de 1870 en donde se refería al "establecimiento y conservación de servicios que tengan por objeto la comodidad de los habitantes de las provincias, y el fomento de sus intereses materiales y morales". También en materia de obras públicas -caminos, canales de navegación y riego- u otras de interés provincial, instituciones de beneficencia e instrucción, así como la administración de los fondos provinciales, lo que a la postre, permitió una gestión autónoma y efectiva de estas atribuciones.

Y en el correlativo art. 47 se reconocía fuerza ejecutiva e inmediata a los acuerdos adoptados por mayoría de votos sobre competencias exclusivas, sin perjuicio de los recursos establecidos en esta Ley.

El resto de actuaciones y acuerdos eran atribuciones delegadas del poder central, supervisadas por el Gobernador, quien podría suspenderlos de forma motivada, ya fuere por razón de incompetencia, por ser un acto constitutivo de delito, o cuando hubiere de resultar perjuicio en los derechos civiles de un tercero (arts. 48 y 49).

Sin embargo, la aludida descentralización, se vio, en cierta manera contenida por la redacción del art. 88 al prescribir unos mecanismos de control, en aras de garantizar su eficiencia. Las Diputaciones y comisiones provinciales actuaron bajo la dependencia del Gobierno, y quedaban sujetas a la responsabilidad administrativa en aquellos asuntos que, según esta Ley o las sucesivas, no les competan exclusivamente. Ejercían sus atribuciones propias con absoluta independencia, sin perjuicio de la inspección del Gobierno, a fin de impedir las infracciones de esta ley, de la Constitución y de las demás generales del Estado. El Ministro de la Gobernación era el único encargado de trasmitir a las Diputaciones y comisiones provinciales las leyes y las disposiciones del Gobierno en la parte que deban ser ejecutadas por estas corporaciones[23].

---

23 Vera Torrecillas, R. (abril 2022). "El difícil encaje de las diputaciones provinciales en el modelo de organización territorial del Estado: Una

Esta Ley proclamaba por primera vez los principios de autonomía y descentralización administrativa, como elementos constitutivos del sistema provincial, pero como bien señala Vera Torrecilla[24] en la práctica no se llegaron a alcanzar por la falta de desarrollo normativo de la Ley y por los recelos gubernamentales en conceder más protagonismo a las corporaciones provinciales.

En segundo lugar, en el Capítulo VIII de la Ley, aparecía claramente definida una autonomía económica a través de distintos preceptos (arts. 78-87) que se referían a las materias presupuestarias y financieras, al aseverar que el presupuesto de la corporación provincial debía ser aprobado por el voto de la mayoría absoluta de la Diputación, era ejecutivo y comenzaba a regir en el siguiente año económico (art. 80).

De este modo, la Ley estableció unas normas claras para la elaboración y aprobación de los presupuestos provinciales. Determinando las partidas presupuestarias, en función de los recursos de estas corporaciones para atender a las diversas necesidades (art. 79). Además, las Diputaciones tenían la potestad de recaudar ciertos impuestos y contribuciones para financiar sus propias actividades.

Y en el art. 81 se determinaba que los gastos asignados en los presupuestos de las Diputaciones, serían costeados con los recursos de las rentas y productos de los bienes de las provincias o de sus establecimientos. Si estos no fueren suficientes, la Diputación efectuaba por el resto, un reparto proporcional entre los pueblos de la provincia.

---

aproximación histórica (1812-1925)". Revista de Estudios de la Administración local REALA, Núm. 17, p. 162. Accesible en https://revistasonline.inap.es/index.php/REALA/issue/view/729/88 [consultado el 28/07/2024].

24 Vera Torrecillas, R. "El difícil encaje de las diputaciones en el modelo de organización", 162-163.

En tercer orden, otro de los aspectos que afianzaba esa descentralización y autonomía era la introducción de un nuevo sistema de elección de los diputados provinciales. Este sistema era más democrático, ya que los electores primarios eran elegidos por los ciudadanos con derecho a voto. Y se elegía por sufragio indirecto a los diputados.

Otra muestra, indicativa de la autonomía de esta entidad provincial, se apreciaba en la asignación de su presidencia al Gobernador cuando asistiera a la celebración sus sesiones pero sin derecho a voto (art. 10). Con lo cual, aquel quedaba relegado dentro de la institución a un cargo meramente honorifico.

La Constitución de 69, aunque no proclamaba un sufragio universal abierto, introdujo un nuevo sistema de elección indirecta de los diputados provinciales, a través de los electores primarios y secundarios, asegurando de esta forma una mayor representatividad. Ello supuso una significativa ampliación del derecho de sufragio para la elección de los diputados provinciales, en comparación con los periodos precedentes. Este derecho de sufragio fue desarrollado en la Ley electoral general de 1870 donde se establecían disposiciones electorales comunes, a diputados a Cortes, Senado, Ayuntamientos y Diputaciones provinciales[25].

La ley de 1870, al introducir un sistema de elección indirecta para los diputados provinciales, trataba de alinear la representación provincial con los principios más amplios de participación establecidos en la Constitución (art. 7).

Disponía la Ley que la división de cada provincia en distritos electorales correspondía al Gobierno, y estos serían tantos como diputados a elegir (arts. 16, 17 y 20). Ahora bien, en la medida de lo posible, cada distrito había de integrar los pueblos de un

---

25 Art. 5 de la Ley Electoral de 20 de agosto de 1870. Publicada en la Gaceta de Madrid, núm. 233, el 21 de agosto de 1870. p. 9. Accesible en https://www.boe.es/gazeta/dias/1870/08/21/pdfs/GMD-1870-233.pdf [consultado el 20/8/2024].

mismo partido judicial. Cada distrito nombraría un solo diputado.

De tal manera que, a tenor de la citada Ley se distinguían en el proceso e electoral distintas fases. Primeramente, aquellos ciudadanos con derecho a voto elegían a los denominados electores primarios. Ha de tenerse en cuenta que el derecho a voto en este periodo se hallaba restringido, a los varones mayores de edad, con cierto nivel de ingresos, conforme a las leyes electorales, en concreto, a la Ley electoral de 1870. Seguidamente, aquellos, se reunían para elegir a los electores secundarios. Y finalmente, estos eran los que hacían la elección de los Diputados provinciales.

Este sistema de elección indirecta tenía como fin asegurar que los diputados provinciales fueran elegidos por representantes más capacitados o influyentes, en lugar de una elección directa por sufragio universal. Procedimiento que aparentemente garantizaría una mayor calidad en la selección de los representantes provinciales, pero contrariamente, podría llegar a limitar la representatividad y favorecer la elección de las élites locales.

La convocatoria de las elecciones ordinarias y extraordinarias, correspondía hacerla al Gobernador de la provincia dentro de los plazos legalmente señalados, esto es, anunciadas en los cinco días siguientes a la adopción del acuerdo electoral, y verificadas en un plazo entre 10 y 20 días desde su convocatoria (art. 35).

A los efectos de regular el procedimiento electoral general en las Diputaciones provinciales se diseñaban las pautas descritas en los arts. 16 a 21 de la Ley Provincial, donde se instaba al Gobierno a la delimitación de la provincia en tantos distritos electorales como diputados provinciales a elegir, que solo podrían ser alterados por ley. Las elecciones eran uninominales y por distritos (arts. 93 y ss). Asimismo, se preveía la convocatoria de elecciones parciales, a instancia del Gobernador, para cubrir las renuncias o vacantes sobrevenidas en las Diputaciones provinciales (arts. 99 y 100).

Tenían la consideración de electores, en virtud del principio de sufragio universal masculino, "los españoles que se hallen en el pleno goce de sus derechos civiles, y los hijos de estos que sean mayores de edad con arreglo a la legislación de Castilla" (art. 1). Ahora bien, del derecho de sufragio activo quedaban excluidos expresamente en estas elecciones un grupo de personas entre los que figuraban: los privados del ejercicio de los derechos políticos en virtud de sentencia, los que en el momento de las elecciones estuviesen procesados por delitos en los que recayera auto de prisión, los sentenciados a penas aflictivas o correccionales, en tanto no hayan cumplido sus condenas y se hallen rehabilitados y aquellos sin medios de subsistencia, socorridos en establecimientos benéficos. Y los mendigos empadronados y los beneficiados por la caridad pública municipal (art. 2).

Se dispuso para los candidatos a Diputados provinciales ciertas condiciones enumeradas en el art. 22 de la Ley provincial. A tal efecto, se requerían las mismas aptitudes que a los diputados a Cortes (art. 1), esto es, que fueran españoles, mayores de edad -veinticinco años- en pleno ejercicio de sus derechos civiles a los que se añadían otros más restrictivos de residencia, al exigirse cuatro años de vecindad consecutiva en el distrito o provincia por la que se presentaba el candidato, u ocho años consecutivos de vecindad dentro de dicha provincia. Restricciones que, en todo caso, buscaban el arraigo del candidato con la entidad provincial, sobre todo, la tenencia de un conocimiento de las necesidades e intereses de la provincia que habían de representar. A la postre, estos condicionantes funcionaron como barrera, al reducir el número de posibles candidatos en la elección de representantes provinciales.

Esta regulación se completaba en otros párrafos del citado precepto, con la enumeración de una extensa lista de causas de exclusión de acceso a dichos cargos. Los Senadores, Diputados á Cortes, Concejales, Alcaides, Tenientes y Regidores, los empleados activos del Estado, de la provincia o sus Municipios, aquellos que tuvieran interés directo indirecto o participen en servicios, contratas o suministros dentro de la provincia, los que desempeñen cargos públicos incompatibles con el Diputado provincial señalados en leyes especiales, los que mantengan disputa administrativa o judicial con la Diputación o sus establecimientos quedaban excluidos para tales cargos (art. 22).

La composición de la Diputación había de hacerse con arreglo a la presente Ley Provincial y a lo dispuesto en la Ley electoral. Su estructura fue ampliada en virtud de aquella Ley, en donde se señalaba que el número de diputados provinciales de cada provincia dependía del tamaño y la población de esta. En general, oscilaba entre 25 y 40 diputados (art. 7) pudiendo ser ampliado si excedía de una determinada cifra de habitantes. Los diputados eran elegidos para un período de cuatro años, siendo renovados por mitad cada dos años.

Una vez constituida la corporación provincial se reunían los diputados electos para elegir de entre ellos, de conformidad con lo establecido en el art. 28, al Presidente de la Diputación, entre los miembros presentes. El candidato debía alcanzar la mayoría de votos. En consecuencia, cada diputado podía presentar su candidatura o proponer a otro. Nos hallamos ante un sistema de elección consensuado entre los representantes provinciales. La figura del presidente de la Diputación en la etapa del sexenio revolucionario quedaba definida como un órgano separado y con menor dependencia del Gobernador civil, si bien, este continuaba ejerciendo importantes competencias (como las detalladas en los arts. 9-12) en calidad de representante del Gobierno en la respectiva provincia.

Ello, significó en palabras de Orduña Rebollo[26] una menor dependencia del Gobernador, que seguía conservando una cuota residual de poder como representante de la provincia, tal como se ha señalado, observada en ciertas atribuciones, tales

---

26 Orduña Rebollo, E. (2012) *Orígenes de las diputaciones provinciales territorio y administración. El bicentenario de las diputaciones provinciales (Cádiz 1812).* Fundación Democracia y Gobierno Local Serie: Claves del Gobierno Local, 14, p. 83.

como en el control de cuentas, la suspensión de la ejecución de determinados acuerdos y la inspección de sus dependencias.

A diferencia de las épocas anteriores[27], los propios diputados provinciales, tenían la facultad de elegir a su propio presidente a través de un proceso de selección interno, vetándose toda participación exterior, en su elección. Este sistema permitía que el presidente fuera elegido por consenso entre los representantes provinciales, quienes, a su vez, eran elegidos por los electores secundarios en representación de la población de la provincia. Esta singularidad contribuía al avance en la democratización de la institución.

Igualmente, el citado precepto, establecía la elección de un Vicepresidente y dos Secretarios, para los que no se señalaba cumplimiento alguno de requisitos profesionales o de titulación, que sí habían sido requeridos en la legislación inmediatamente anterior[28].

La Ley institucionalizó y diseñó entre las autoridades provinciales un nuevo órgano, de carácter permanente, denominado Comisión provincial, mencionada en el art. 5, a la que otorgaba una condición administrativa similar a la del Gobernador y a la de

---

27 Desde la creación de las Diputaciones provinciales, la presidencia fue ocupada por el Jefe Político de la provincia (Art. 325 de la Constitución de 1812) esto es, ostentada por un representante del Gobierno central. En 1863, si bien, se sigue manteniendo la misma regulación, se estableció la posibilidad formulada en el art. 36 de la Ley 25 de septiembre de 1863 de que la institución eligiera su presidente entre sus miembros, en los casos en los que el Gobernador no pudiera acudir a las sesiones. Y fue, el art. 28 de la Ley 20 de agosto de 1870 promulgada en el sexenio democrático, la que acabó otorgando la presidencia, al elegido por los miembros de dicho órgano, relegando al Gobernador provincial en esta cuestión, a la ostentación de un mero cargo honorífico al otorgarle la función de presidir la Diputación, pero sin derecho a voto, cuando acuda a sus reuniones, tal como se enuncia en el art.10.

28 Especialmente, los establecidos en los arts. 37 y sgs. del Título II, dedicado a la Administración provincial, del Decreto de 21 de octubre de 1868.

la corporación provincial[29]. Su composición estaba formada por cinco diputados, elegidos en el seno de la Diputación provincial, tal como se describía en el art. 8. Y en los arts. 58 y siguientes se especificaba que entre sus miembros "no habrá más de uno del mismo partido judicial". Se les asignaba una cantidad dineraria delimitada, a modo de indemnización por los dos años de duración de su cargo y para cubrir el coste de su obligatoria residencia en la capital. La presidencia de la Comisión se dejaba en manos del Gobernador, que solo tenía voto para dirimir el empate después de producirse dos sucesivas votaciones. Asimismo, los integrantes de dicha Comisión elegían entre ellos, al vicepresidente. Mientras que el cargo de secretario recaía en la persona, que también lo fuera de la Diputación (arts. 61-62).

Así pues, este reducido órgano tenía el cometido de otorgar mayor agilidad al funcionamiento de la Diputación, interviniendo por mandato legal en los asuntos de carácter administrativo y de trámite, y reservando el conocimiento y la resolución de los considerados más relevantes para el pleno de la corporación provincial.

Muestra de lo expuesto, es el conjunto de las distintas categorías de funciones atribuidas a esta Comisión provincial, señaladas en los arts. 66 y siguientes, entre ellas: la verificación de la ejecución de los acuerdos adoptados, y tareas preparatorias en los asuntos concernientes a la Diputación provincial. Por otra parte, se le adjudicaban ciertas competencias relacionadas con los municipios, como la resolución de las incidencias de reclutamiento, de las reclamaciones sobre elecciones de concejales y la revisión de los acuerdos de los Ayuntamientos. A mayores, en el art. 68 se le asignaba la resolución de aquellos asuntos urgentes de la Diputación provincial que no admitieran demora, con la consiguiente obligación de dar cuenta de los acuerdos adoptados en la primera sesión celebrada, para someterlos a la confirmación o revocación de aquella. Asumía, la elaboración de propuestas para el nombra-

29 Santana Molina, M. *La Diputación provincial*, 209

miento de empleados de la Diputación, se ocupaba de las cuentas y recaudación de la provincia, de la dirección de los litigios y de instar judicialmente demandas de menor cuantía. Finalmente, debía elaborar una memoria semestral donde había de reflejar todos sus quehaceres.

Otro aspecto novedoso, en donde se apreciaban los intentos de democratización y transparencia, se dejaba sentir en el propio funcionamiento de la Diputación regulado en los arts. 40 y 64 al establecer la celebración de sesiones públicas y la divulgación de su contenido, a través de extractos diarios insertados en el Boletín Oficial. Solo en aquellos casos, muy excepcionales, en que lo aconsejara su naturaleza y con el acuerdo del órgano provincial, podrían celebrarse en secreto. Mas este talante democrático quedaba diluido, probablemente con el propósito de ejercer cierta vigilancia sobre la corporación provincial, a través de las facultades que los arts. 36 y 39 otorgaban al Gobernador de decretar la suspensión de las sesiones en caso de peligro, o la convocatoria de las mismas para prevenir posibles alteraciones en el orden público. Incluso, los acuerdos adoptados por la Diputación podían ser suspendidos por aquel, de forma motivada, en los siguientes supuestos descritos en los arts. 48 y 49: falta de competencia en el asunto, existencia de perjuicio para los derechos de un tercero y en los casos de delincuencia.

Otra originalidad observada expresamente en el art. 56 de la Ley Provincial de 1870 era el reconocimiento de la asociación de Diputaciones para la gestión común de competencias propias, a través de las respectivas Comisiones provinciales. Facultad, que había de dar lugar a las futuras mancomunidades interprovinciales[30].

---

[30] Estaríamos ante un precedente indiscutible del sistema de Mancomunidades interprovinciales. Martín-Retortillo, S. y Argullol, E. (1973) *Descentralización administrativa y organización política,* Madrid, p.172.

Estos preceptos de la Ley denotaban una exigua descentralización en su funcionamiento, aunque en ocasiones se observaba la utilización de las corporaciones provinciales por meros intereses políticos del Gobierno. Lo que creaba cierto malestar en estos órganos provinciales.

En definitiva, los redactores de la Ley de 1870, al impulsar esos significativos cambios en las corporaciones locales tenían en mente unos claros objetivos, su reconocimiento como entidad territorial, la introducción de un derecho de sufragio más directo, el otorgamiento de mayor agilidad en su funcionamiento dotándolas de una mayor autonomía, minimizada en etapas posteriores. Con ello, esbozaron la trayectoria de la futura regulación de las corporaciones provinciales.

3.3. Proyecto de Constitución Federal de 1873

El recorrido histórico en la evolución de la Diputación provincial prosigue con una breve mención dedicada al Proyecto de Constitución Federal de 1873, si bien, nada nuevo aportó a la regulación de estas entidades provinciales. Este Proyecto de tendencia descentralizadora comenzaba enumerando en su art. 1 los Estados que componían la Nación española, omitiendo la mención de las provincias al hacer la división territorial. Este escueto precepto, solo aludía a la facultad atribuida a los Estados de conservar o modificar las provincias en función de sus necesidades territoriales, y añadía en su art. 100 que los Estados regularán "a su arbitrio y bajo sus expensas su organización territorial". Llama la atención el absoluto silencio sobre la regulación de las Diputaciones provinciales, en contraste con el Titulo XIV dedicado enteramente a la regulación de los municipios, a los que su art.106 otorgaba una autonomía administrativa, económica y política. En cambio, en su art. 72 apartado 8º enumeraba como facultad del ejecutivo, el envío de un delegado nacional a cada Estado regional con el fin de "vigilar el cumplimiento de la Constitución y de las leyes, y de los demás decretos y reglamentos federales" figura más afín a una orientación centralista que propiamente federalista[31].

4. LAS DIPUTACIONES PROVINCIALES EN LA ETAPA DE LA RESTAURACIÓN (1874-1923)

Después del sexenio revolucionario y el fracaso de la primera república, se abrió el camino a una nueva etapa política en nuestro país, conocida como la Restauración -término expresivo de la vuelta de la dinastía borbónica expulsada en 1868- y que dio lugar a la proclamación de Alfonso XII -hijo de Isabel II- como rey de España, el 30 de diciembre de 1874. Este amplio periodo, cercano a los cincuenta años, abarca la monarquía del ya citado Alfonso XII, la Regencia de Mª Cristina, el reinado de Alfonso XIII y finalmente, en los últimos años del siglo XIX y las primeras décadas del XX estuvo caracterizado por la desaparición del bipartidismo, generando una crisis en el sistema de turno de partidos establecido[32].

Este prolongado espacio de tiempo estuvo regido por la vigencia de la Constitución de 1876[33], catalogada como un texto fundamental breve, y hasta ahora la más longeva de nuestra historia constitucional. Dedicaba un exiguo título, el X, a la regulación de las corporaciones locales. Y, en concreto, su art. 82, que centra nuestro interés, sostenía que "en cada provincia habrá una Diputación provincial" y proseguía dicho precepto, haciendo una

---

31 Carballeira Rivera. M. T. y Míguez Macho, L. (1997) *A provincia a través da historia,* Santiago de Compostela, Escola Galega de Administración Pública (EGAP), 149.

32 Fernández Segado, F. (1992) *Las constituciones históricas españolas,* 410-414.

33 Promulgada el 30 de junio de 1876.

expresa remisión a la ley ordinaria[34] para la determinación de la elección y composición del ente provincial. Si bien, en su art 84 no dejó pasar la oportunidad de fijar constitucionalmente los principios que, en todo caso, habían de presidir las leyes específicas reguladoras de la organización y las atribuciones de las corporaciones provinciales y ayuntamientos. Por lo que respecta al tema tratado, se refería explícitamente a que la instauración de los órganos provinciales habían de ajustarse a las siguientes directrices: atender al gobierno y dirección de los intereses propios de la provincia; a la publicación de sus presupuestos, cuentas y acuerdos; así como a la intervención regia o de las Cortes, si fuera procedente, con el fin de frenar los casos de extralimitación de funciones de la corporación en perjuicio de los intereses generales, y finalmente, habían de determinar sus facultades en materia tributaria, para prevenir cualquier colisión con los tributos estatales. En este sentido, los constituyentes confirieron plena libertad a los legisladores para adaptar la institución, en beneficio de los principales partidos políticos de la época, aunque eso sí, habían de ajustarse a los principios establecidos. Sin embargo, esta carta magna no representó innovación alguna, simplemente se limitó a reproducir los postulados ya proclamados en el citado art. 99 de la precedente Constitución. Las únicas diferencias observadas entre ambos preceptos constitucionales fueron: que la del 76 no aludía al principio de publicidad de sus sesiones, recogido por su antecesora, y establecía de forma general la publicidad en materia de presupuestos, cuentas y acuerdos, mientras que la del 69, al referirse a la publicidad de los acuerdos, especificaba solamente "los importantes" adoptados por esas corporaciones. Dichos principios constitucionales se fueron consolidando a través de la larga vigencia del texto fundamental.

---

[34] Técnica legislativa que nos parece acertada en un texto constitucional que buscaba la estabilidad y permanencia, reservando la regulación jurídica de los aspectos concretos a las leyes ordinarias.

La Constitución de 1876 guardaba un absoluto silencio sobre la composición y las elecciones de este órgano, que como se verá, fueron materias desarrolladas en las siguientes leyes.

4.1. Ley 16 de diciembre de 1876.

Así, en los primeros años de la Restauración, fue promulgada la Ley de 16 de diciembre de 1876 donde se establecía expresamente la vigencia de la anterior Ley de 1870. Sin embargo, esta fue reformada en algunos aspectos puntuales, aunque en lo esencial, fue continuadora de aquella. Esta Ley otorgada tras la Constitución del 76, fue diseñada para regular las elecciones tanto municipales como provinciales e implementó reformas electorales.

Una de las modificaciones introducidas por ella, hizo que las Diputaciones provinciales volvieran a retomar su doble naturaleza de antaño, por una parte, la de ser una entidad local para la defensa de los intereses de la provincia, y al mismo tiempo, incidía en su sometimiento al gobierno central.

En primer lugar, este texto legal manifestaba desde su inicio, de forma expresa, la vigencia de la Ley Provincial de 1870[35] y a continuación, a lo largo de los diez apartados de su extenso art. 2, plasmaba las reformas que a ella debían hacerse. Incorporó cambios en la distribución de los distritos electorales, determinando la elección de un número de tres diputados provinciales por cada partido judicial, con un mínimo de veinte y un máximo de treinta, en función del número de habitantes[36]. De esta

---

35 Establecida en el art. 2 Disposición Primera de la Ley de 16 de diciembre de 1876. Publicada en la Gaceta de Madrid núm. 352 el 17 de diciembre de 1876. Accesible en https://www.boe.es/gazeta/dias/1876/12/17/pdfs/GMD-1876-352.pdf [Consultada el 12/8/2024].

36 Art. 2 Disposición primera (párrafo segundo) de la Ley de 16 de diciembre de 1876.

forma, la composición de este órgano provincial experimentó una reducción con respecto al periodo anterior.

En segundo orden, sustituyó el sufragio universal masculino instituido en la anterior legislación, por un sufragio censitario en la elección de los diputados provinciales, que afectaba tanto a las personas de los electores[37] como a los electos.

Los requisitos para ser electores de los diputados provinciales, según esta Ley, eran: ser varones, mayores de 25 años, vecinos cabezas de familia con casa abierta y un tiempo mínimo de residencia fija de dos años en el término municipal de la provincia donde ejercieran el derecho a voto, no sujetos a incapacidad, ni condenados con penas de prisión mayor, salvo que hubiesen sido rehabilitados. Además, se les exigía cierto nivel económico[38] acreditado por el pago de determinados impuestos -contribuciones de inmuebles, cultivos, ganadería o subsidios industriales o de comercio- aunque curiosamente, al no requerir la ley una cuantía mínima de tales contribuciones, se estimulaba la participación de los diversos propietarios. Igualmente, se le otorgaba la condición de votantes a los que acrediten su capacidad profesional o académica mediante título oficial.

En lo que concierne a los elegidos, establecía el mismo art. 2 que podían serlo todos los que tuvieran la "aptitud para ser diputados a Cortes", esto es, que los aspirantes cumplieran los tradicionales requisitos[39] de haber adquirido la mayoría de edad

---

37 Véase el art. 1 Disposición primera de la Ley de 16 de diciembre de 1876.

38 Art.1 Disposición primera de la Ley de 16 de diciembre de 1876, en donde de forma imprecisa se mencionaba que los electores debían sujetos tributarios al pago de contribuciones que gravaban la propiedad de los bienes inmuebles, cultivos, ganadería o subsidio industrial o comercial con un año de antelación a la confección de las listas electorales. Al citado precepto se remitía el art. 2 Disposición primera de la mencionada Ley.

39 Establecidos en el art. 2 Disposición primera (párrafo tercero) de la Ley de 16 de diciembre de 1876.

-fijada en la legislación de la época a los veinticinco años-, la ciudadanía española, y la vecindad dentro de la provincia correspondiente en la que se postulaban como candidatos, sin precisar un número concreto de años como antes, requisito que en todo caso, aseguraba que los candidatos tuvieran un conocimiento directo de las preocupaciones y necesidades de la provincia. Sin embargo, incluyó otros, como el cumplimiento de ciertos criterios económicos, tales como, la posesión de propiedades o el pago de una cantidad mínima de impuestos, exigencias que beneficiaban claramente a las clases sociales más acomodadas. Al igual que en épocas anteriores, entre las exclusiones para estos puestos, figuraban, el no tener antecedentes penales, ni hallarse involucrados en procesos judiciales que pudieran descalificarlos para el ejercicio de cargos públicos. Además, se consideraba el desempeño de ciertas profesiones y cargos públicos como incompatibles con la condición de diputado provincial. Como era el caso de los jueces, militares en activo y otros funcionarios públicos. Exclusión, que pretendía evitar cualquier conflicto de intereses.

Estos requisitos nos dan buena cuenta del carácter elitista y excluyente del sistema electoral de la época, pues los requisitos censitarios perjudicaban y excluían a las clases trabajadoras y campesinas, desprovistas de propiedades o siendo éstas de escaso valor. Por lo que, la insuficiencia de ingresos impedía la postulación como candidato. Esto, unido a la obligatoriedad de la residencia en la propia provincia, facilitaba el acceso de las oligarquías locales y desde luego, contribuía a la consolidación del sistema político de la Restauración caracterizado por la alternancia pacífica en el poder de los dos principales partidos, el Liberal y el Conservador. Ambas leyes, la del 70 y la del 76, aunque elaboradas en dos periodos históricos diferentes (Sexenio Democrático y Restauración Borbónica) compartían los mismos requisitos de sexo, edad, nacionalidad, residencia, condiciones legales de electores y elegidos, la única diferencia apreciable entre ellas, radicaba en la inclusión de la nueva exigencia económica. Una vez finalizado el periodo de su mandato de cuatro años podían optar a la reelección de dicho cargo, siempre que así lo acordaran los diputados provinciales.

Esta ley hizo posible que los gobernadores provinciales volviesen a retomar la presidencia de las Diputaciones y de las Comisiones provinciales, esta vez con voz y voto, cuando acudieran a sus sesiones[40]. Determinación que suponía intensificar la vinculación con la administración del Estado y, en consecuencia, un retroceso en la autonomía provincial lograda. A pesar de ello, la propia corporación provincial podía elegir a su presidente y vicepresidente que ejercerían sus cargos, en caso de que los gobernadores no asistieren a las reuniones.

El presidente seguía ejerciendo prácticamente las mismas funciones que antes, disponía de funciones ejecutivas y administrativas significativas, ejecutaba los acuerdos adoptados y se encargaba de coordinar las políticas y proyectos provinciales. Igualmente, en él recaía la tarea de fiscalizar las obras, los servicios públicos y la correcta administración de los recursos.

Por lo que se refiere a la Comisión provincial (art. 2), siguió subsistiendo en la Ley de 1876, en donde se establecía a diferencia de la época anterior, que los miembros de este órgano ejecutivo de la Diputación, no eran elegibles, sino nombrados por el Rey a propuesta de una terna presentada por la Diputación, pudiendo también el monarca suspender y separar a los miembros de dicha Comisión. En esta etapa los vocales recibían una indemnización[41] por el desempeño de su cargo, de cuantía variable entre 3000 y 5000 pesetas, en función de la clasificación de cada provincia. Con ello, se aseguraban ciertos estándares de idoneidad y legitimidad en los candidatos.

---

40 Así lo disponía el art. 2 Disposición octava de la ley 16 de diciembre de 1876. Precepto que dejaba en manos del Gobierno la designación de un sustituto, en casos de ausencia y enfermedad del Gobernador.

41 Véase el art. 2 Disposición 3ª de la Ley de 16 de diciembre de 1876.

Aunque este órgano vio reducidas algunas competencias[42] como las de control sobre Ayuntamientos o la resolución de reclamaciones que le correspondían como órgano superior jerárquico, que fueron atribuidas a la propia Diputación y al Gobernador[43].

Las facultades atribuidas a las comisiones provinciales aparecían reguladas en el art 2 disposición cuarta, donde se contenían las propiamente consultivas, como la elaboración de dictámenes, cuando así lo prescriban las leyes o lo solicitase el Gobernador. En ese mismo precepto se detallaban sus competencias como Tribunales contencioso-administrativos, y resolvían las incidencias de quintas y elecciones de concejales, sus incapacidades o excusas. También actuaban en aquellos casos encomendados a la Diputación que por razones de urgencia o naturaleza no pudieran esperar, a los que obligatoriamente habían de acudir los diputados de la capital de provincia. Correspondiéndole a la propia Diputación en la primera reunión a celebrar la adopción de la resolución definitiva. Las atribuciones descritas guardan muchas similitudes con los Consejos provinciales de la etapa isabelina.

Durante el periodo 1876 a 1882 esta Comisión asumió atribuciones reservadas a los Consejos provinciales. El ejercicio de estas nuevas competencias obligó a la realización de algunas modificaciones con respecto a sus integrantes. Ellos serían nombrados por designación regia y se introdujo el requisito de que, al menos, dos de sus integrantes, fuesen letrados. De esta forma, se exigía una mayor preparación profesional para algunos de sus miembros[44].

---

42 Tal como indicaba el art. 1 Disposición sexta de la Ley 16 de diciembre de 1876.

43 Santana Molina, M. (1989) *Las Diputaciones provinciales,* 162.

44 Art. 2 Disposición tercera de la Ley 16 de diciembre de 1876. Santana Molina, M. *Las Diputaciones provinciales,* 209.

En definitiva, esta Ley de 1876, mantuvo una buena parte de régimen jurídico provincial de 1870, limitándose a reformar aspectos puntuales de las leyes locales.

4.2. Ley Provincial de 2 de octubre de 1877

Aquellas reformas introducidas en 1876 a la Ley de 1870 no contaron con el beneplácito de los partidos políticos y fueron censuradas por estar orientadas básicamente a la consecución de tres propósitos: la reducción de su composición, la limitación del derecho de sufragio, y una mayor centralización. A ello, había que añadir la vigencia de buena parte del articulado de estas últimas leyes, lo que en ocasiones generaba dudas y contradicciones. Ante tales circunstancias, los legisladores decidieron redactar un nuevo proyecto normativo que refundiera ambas leyes, dando lugar a la promulgación de la Ley 2 de octubre de 1877[45] de apenas cinco años de vigencia. Esta Ley obedeció exclusivamente a criterios partidistas e intentó atajar los problemas que arrastraban las Diputaciones provinciales de finales del siglo XIX en las que predominaba un funcionamiento caciquil.

El sistema electoral fue muy similar al señalado en la Ley de 1876. De modo que, la Diputación estaba constituida por un mínimo de 20 y un máximo de 30 diputados. Se seguían eligiendo tres diputados por cada partido judicial. Cada provincia se hallaba dividida en el mismo número de distritos electorales, como diputados a elegir, y en cada uno de ellos, se escogía a un diputado[46] sentando claramente un sistema uninominal.

---

45 Ley Provincial de 2 de octubre de 1877. Publicada en la Gaceta de Madrid, núm. 277, el 4 de octubre de 1877. Accesible en https://www.boe.es/gazeta/dias/1877/10/04/pdfs/GMD-1877-277.pdf [consultada el 3/08/2024].

46 Arts. 7. 2 y 17 de la Ley 2 de octubre de 1877.

Se siguió manteniendo para los electores el sufragio censitario y los mismos requisitos exigidos para los votantes a diputados a Cortes. Disponiendo la Ley electoral que dichos electores fueran contribuyentes dentro o fuera del mismo distrito, pagando una cuota mínima al Tesoro de "25 pesetas anuales por contribución territorial o 50 por subsidio industrial"[47]. En cambio, los aspirantes al cargo de diputados provinciales quedaban dispensados del correspondiente condicionante censitario, siempre que residieran en poblaciones de más de veinticinco mil habitantes[48]. Pero, sí se exigía el requisito de la vecindad dentro de la provincia, sin especificar un número concreto de años[49].

En los últimos años del siglo XIX siguió persistiendo la Comisión provincial en parecidos términos a la regulación de 1876. A saber, integrada por cinco miembros, reservándose al Rey el nombramiento de sus vocales y su vicepresidente entre los propuestos por estas corporaciones[50]. Órgano que actuó como cuerpo consultivo y como Tribunal contencioso-administrativo. Asumiendo la resolución de las incidencias de quintas y de aquellos negocios urgentes de la Diputación que no admitieran demora[51], aunque con una reducción de sus competencias con respecto a la Ley anterior[52]debido a los conflictos ocasionados a las propias Diputaciones, Gobernadores y Ayuntamientos.

47 Art. 11 de la Ley electoral de 20 de julio de 1877. Art. 19 de la Ley Provincial de 2 de octubre de 1877, que guarda relación con el art. 4 de la Ley electoral de 20 de julio de 1877. Publicada en la Gaceta de Madrid, núm. 217 el 5 de agosto de 1877 accesible en https://www.boe.es/gazeta/dias/1877/08/05/pdfs/GMD-1877-217.pdf [consultado 6/8/2024].

48 Véase el art. 4.3 de la Ley Electoral de 20 de julio de 1877.

49 Véase el art. 19 de la Ley 2 de octubre de 1877.

50 Véanse el arts. 8 y 57 de la Ley 2 de octubre de 1877.

51 Véase el art. 66 de la Ley 2 de octubre de 1877. Estas competencias contencioso administrativas le habían sido asignada por el Real decreto 20 de enero de 1875.

52 Compárense el art. 2 disposición tercera de la Ley 17 de diciembre de 1876 y el art. 66 de la Ley 2 de octubre de 1877.

Esta Ley atribuía a la Diputación la elección de su presidente, vicepresidente y dos secretarios[53], pero, al igual que la anterior, posicionaba al Gobernador civil de la provincia -nombrado por el Gobierno- como la primera autoridad administrativa-[54] y le asignaba importantes funciones detalladas en su capítulo II, que iban desde el desempeño de la presidencia de la Diputación con voto, cuando asista a sus sesiones y a las de la Comisión provincial, la autorización de las actas de la Diputación, la ejecución de sus acuerdos, la representación de la provincia en los asuntos judiciales, hasta el desempeño de tareas de inspección de las dependencias provinciales[55]. Adicionalmente, debemos mencionar otra facultad, prevista también en la anterior ley de 1876 asumida por el Gobierno, la de nombrar subgobernadores, de acuerdo con lo previsto en el Real Decreto de 31 de agosto de 1875[56]. De modo que, esta legislación se distinguió igualmente por la implantación de criterios centralizadores.

4.3. Ley Provincial de 29 de agosto de 1882

Esta nueva Ley suscrita por Venancio González, ministro de la Gobernación, vino a sustituir a la Ley de dos de octubre de 1877, y estuvo vigente hasta el Estatuto Provincial de 1925. Inspirada en la Ley de 1870, *a priori*, podría significar la reposición de la descentralización, que finalmente resultó ser imperceptible, al seguir anclada en una subordinación al poder central. Además, fue adaptada a la Ley electoral de 28 de diciembre de 1878, en donde

---

53 Art. 25 de la Ley 2 de octubre de 1877. Llama la atención que en el texto de la Ley no se detallen cuáles habían de ser sus funciones, como sí se hace en cambio, con respecto a la figura del Gobernador provincial.

54 arts. 5 y 9.1 de la Ley 2 de octubre de 1877.

55 Señaladas en los arts. 9 y sig. de la Ley 2 de octubre de 1877. Orduña Rebollo, E. *Orígenes de las diputaciones provinciales,* 86.

56 Obsérvese la transcripción de la redacción del art. 2 Disposición primera (párrafo tercero) de la Ley 16 de diciembre de 1876, en el art. 14 de la Ley 2 de octubre de 1877.

se instituyó un sistema electoral muy cercano al sufragio universal masculino.

De manera análoga a la anterior, esta norma adjudicaba la administración de las provincias al Gobernador, a la Diputación Provincial y a la Comisión[57]. Asignándole a cada uno de ellos, sus correspondientes funciones detalladas respectivamente en los capítulos IV, VI y VIII.

El gobierno de las provincias, nuevamente recaía en el Gobernador como representante del Gobierno, cuyo nombramiento y separación se formalizaban por Real decreto (arts. 14 y 15). Además, de las atribuciones delegadas por el Gobierno[58] y las conferidas por las leyes, en su calidad de jefe de la administración provincial, le correspondía presidir, con voto, la Diputación y la Comisión cuando asista a sus sesiones, así como comunicar, ejecutar los acuerdos adoptados, inspeccionar las dependencias de la provincia, y suspender los acuerdos adoptados por la Diputación y la Comisión, si procediera según las leyes, con la obligación de informar razonadamente al Gobierno en el plazo de cuarenta y ocho horas siguientes a la suspensión, y comunicándolo igualmente a la Diputación (art. 28). Aspectos, que como se puede observar, apenas sufrieron variación con respecto a la legislación anterior.

Por el contrario, sí se apreciaba un cambio, en cuanto a la composición de la Diputación con relación a la regulación precedente. Se establecía como regla general, que el número de diputados provinciales dentro de cada provincia, habría de ser un total de cuatro por cada distrito, compuesto de dos partidos judiciales limítrofes. Debiendo cada elector votar tres candidatos. Otros pormenores se contemplaban para los supuestos en que

---

[57] Art. 5 de la Ley de 29 de agosto de 1882. Publicada en la Gaceta de Madrid, núm. 244, el 1 de septiembre de 1882, accesible en https://www.boe.es/datos/pdfs/BOE//1882/244/A00657-00661.pdf [consultada el 12/08/2024].

[58] Descritas en los arts. 19 a 26 de la Ley de 29 de agosto de 1882.

la provincia contara con más de 5 partidos judiciales, en los que se formaban cinco agrupaciones electorales constituyéndose distritos por si solos los partidos judiciales de mayor población. En cambio, si aquellos fueran iguales o inferiores a cinco, cada uno de ellos formará distrito por sí solo y la elección recaerá sobre cuatro diputados (arts. 8-11). Este sistema plurinominal, y la gran extensión de los distritos probablemente, obedecían al intento de atajar el caciquismo imperante en estas corporaciones locales.

Una de las modificaciones más significativas con respecto a los anteriores textos legales que regulaban esta cuestión recayó sobre el sistema electoral, implantando un derecho de sufragio más amplio, dejando atrás algunos requisitos restrictivos del derecho de sufragio. Así pues, disponían del derecho a votar a los diputados provinciales, y ser inscritos como electores en el censo electoral del distrito de su domicilio "todos los varones, españoles, mayores de edad que acrediten saber leer y escribir" (art. 33). No obstante, se ampliaba ese derecho a los que, siendo analfabetos, cumpliesen alguna de estas condiciones: ser contribuyentes dentro o fuera del distrito, condición acreditada con el pago de una cuota de la contribución de inmuebles, cultivo o ganadería en el año anterior o con el abono de dos años del subsidio industrial o comercial. O bien, ser "licenciado", sin haber incurrido en calificación desfavorable en el Ejército o la Marina de guerra (art. 34). En cambio, quedaban excluidos expresamente del derecho de voto, los que, estando instruidos en la lectura y escritura, no dispusieran de medios de subsistencia y recibiesen asistencia en establecimientos de la beneficencia pública o privada, o los censados como mendigos. Aun así, de lo expuesto, se evidencia en esta regulación una mejora en el derecho de sufragio directo y secreto.

Para ser elegidos miembros de la Diputación, los requisitos eran prácticamente los mismos que en la etapa anterior, expresándose ahora, que deberían tener las aptitudes para ser diputados a Cortes, ser naturales de la provincia o tener un tiempo de vecindad continuada de cuatro años en aquella[59], plazo adicional que, representaba un cambio, al no estar contemplado en las Leyes del 76 y 77. Sin embargo, se obviaba cualquier requisito económico, algo que entrañaba ciertas dificultades, ya que el cargo era gratuito, y en consecuencia, el candidato había de tener cierta solvencia económica para poder sufragar los costes de su permanencia en la sede de la Diputación, y se corría el riesgo de llegar a comprometer su independencia con el sometimiento a las directrices de ciertas personas o grupos. En definitiva, quienes realmente tenían acceso a los cargos provinciales seguían siendo los que detentaran cierto poder económico[60].

En lo tocante a las incompatibilidades, incapacidades e inhabilitaciones para el acceso al cargo de diputado, señalaba la Ley (arts. 36-39), entre las primeras, una relación de cargos como el diputado en Cortes, alcalde, teniente alcalde, concejal, empleos activos al servicio del estado, provincia o ayuntamiento. A todos ellos se le impedía ser miembros de la Diputación, con una excepción, se les otorgaba la compatibilidad expresamente a "los Catedráticos de Universidad o Escuelas superiores o Institutos", siempre que no fuesen remunerados con fondos de la provincia. Entre las segundas, mencionaba esta norma, ciertos supuestos como el de los contratistas, fiadores de obras, suministros y servicios sufragados con fondos provinciales, los administradores de ellas, los recaudadores de contribuciones provinciales, los que mantengan disputa administrativa o judicial con la corporación provincial o con sujetos dependientes de ella, los deudores del Estado o de las provincias y los que por deudas de contratos se encuentren en fase de apremio o ejecución. Finalmente, se

---

59 Señalados en el art. 35 Ley de 29 de agosto de 1882; art. 7 de la Ley electoral de 1878. Publicada en la Gaceta de Madrid, núm. 364, el 30 de diciembre de 1878. Accesible en https://www.boe.es/datos/pdfs/BOE//1878/364/A00885-00890.pdf. Y art. 29 de la Constitución de 1876.

60 Santana Molina, M. (1989) *Las Diputaciones provinciales*, 229.

incluía entre las terceras, una situación de carácter legal, impidiendo el acceso a los que se hallasen inhabilitados por sentencia judicial. Regulación encaminada a la salvaguarda de la independencia de los diputados y para evitar posibles conflictos de intereses.

Dedicaba el capítulo VI a la regulación del conjunto de competencias que correspondían a las Diputaciones. Sobre este particular, se les siguió atribuyendo a estas corporaciones "la administración exclusiva de los intereses peculiares de la provincia con sujeción a las leyes" (art. 74). Le fueron traspasadas ciertas competencias como superiores jerárquicos de los Ayuntamientos, asumidas anteriormente por el Gobernador, en cuestiones como la revisión de acuerdos, y la función inspectora en la comprobación de las cuentas y servicios municipales (art. 75). Aparte de estas funciones tutelares, asumió ciertos servicios encomendados por el poder central, al que se encontraba igualmente subordinada. En todo caso, se hacía constar expresamente que solo podían ejercer las atribuciones señaladas por las leyes (arts. 73 y ss). Esta Ley provincial de 1882 consolidó el control del Gobernador sobre la provincia (art. 14) y sobre la Diputación, al ser presidida por él cuando asista a sus sesiones (art. 28).

La Comisión provincial siguió subsistiendo con esta norma, siendo expresamente reconocida en su art. 5, y estableció su sede en la capital de la provincia. Mas, fue objeto de una reorganización en su composición, pues de aquí en adelante, se integraría por tantos diputados como distritos formaran la provincia, lo cual favorecería una amplia representación en este órgano, dando entrada a los diputados de todas las circunscripciones, incluyendo a los residentes fuera la capital, con el fin de que defendieran sus intereses. Su presidente, tal como sucedía en la presidencia de la Diputación, era el Gobernador de la provincia. Contaba con un Vicepresidente elegido anualmente por la Corporación provincial entre los miembros de la Comisión (art. 12). Ejercía "la representación ejecutiva y permanente de la Diputación" con sus correspondientes atribuciones claramente definidas en la Ley.

Este órgano recuperó sus funciones en tres ámbitos: como cuerpo administrativo, al ocuparse de la preparación de los asuntos de la Diputación, de la ejecución de sus acuerdos y de resolver interinamente los asuntos de la corporación en caso de urgencia. Como órgano superior jerárquico de los Ayuntamientos, asumió la resolución de las incidencias de quintas y las reclamaciones sobre elecciones municipales. Y, siguió ejerciendo sus funciones como cuerpo consultivo emitiendo dictámenes solicitados por el Gobernador y Gobierno (arts. 98-102). Si bien, cabe señalar, con respecto a la Ley de 1877[61], la pérdida de sus atribuciones como Tribunal contencioso-administrativo, que fueron traspasadas a los tribunales correspondientes, quizás, debido al afán de separar estas, de las funciones propiamente administrativas.

Los redactores de esta Ley provincial de 1882 tenían el propósito de modificar la regulación de estas corporaciones locales y aunque se advertía en ellas la apertura a una mayor representatividad y participación, por otro lado, consolidaba el control del Gobernador sobre la Diputación y la Comisión provincial, al hallarse presididas por él cuando asista a sus sesiones. Lo que a la postre, revelaba que las entidades provinciales seguían bajo la supervisión del poder central, que podía inspeccionar sus cuentas, verificar el cumplimiento de las leyes, y adoptar la suspensión de sus acuerdos. A lo expuesto, se unía la posibilidad atribuida al Gobierno de nombrar "Delegados especiales" provistos de autoridad gubernativa, en casos de orden público o sucesos extraordinarios en poblaciones que no fuesen capitales de provincia[62]. Este centralismo era censurado por parte de algunas corporaciones locales que se manifestaban en favor de una mayor autonomía en lo concerniente a sus atribuciones.

---

[61] Contemplaba expresamente la competencia como Tribunal económico- administrativo en el art. 66 de la Ley 2 de octubre de 1882.

[62] Arts. 28.4, 28.5 y 18 de la Ley de 29 de agosto de 1882.

5. PROYECTOS DE REFORMA DE LA ADMINISTRACIÓN LOCAL

En las dos últimas décadas del siglo XIX y los primeros años del XX, a pesar de la promulgación de las leyes provinciales analizadas anteriormente que evidenciaban ciertos logros, en especial, una mayor participación de las minorías y una ampliación del sufragio, inevitablemente resultaba patente la problemática de la corrupción electoral generalizada, percibida en la utilización de unos censos desactualizados, y en la perpetuación de fraudes electorales. A ello, había que añadir las dificultades surgidas por la reaparición de los nacionalismos históricos -especialmente a iniciativa de Cataluña, seguida por el País Vasco- que dieron lugar a la reivindicación del regionalismo, inspirado en los principios de descentralización, autonomía y una mayor participación ciudadana en los órganos provinciales, para contrarrestar el acusado y criticado centralismo, implantado en la legislación provincial de la Restauración.

Las aludidas razones, originaron numerosos intentos de reformar esta normativa por parte de los sucesivos titulares que ocuparon la cartera del Ministerio de la Gobernación.

5.1. Proyectos de Reforma Decimonónicos

En este contexto, y bajo la vigencia de la Ley de 1882, fueron varias las tentativas de reformar la legislación provincial en las últimas décadas del siglo XIX, por parte de los gobiernos españoles, tanto liberales como conservadores, y aunque no llegaron a fructificar[63], al quedar relegadas a proyectos o a meras intenciones, marcaron el camino a seguir en la regulación de las instituciones

---

[63] Estos Proyectos de reforma de la legislación provincial no llegaron a convertirse en leyes, unas veces por no concluir su tramitación parlamentaria, al no contar con el apoyo de los grupos políticos gobernantes, y otras, por las deficiencias y contradicciones que contenían.

provinciales, por lo que, al menos los más significativos, merecen una breve mención.

Iniciamos este recorrido con el Proyecto de Ley de 5 de enero de 1884 presentado por Segismundo Moret a las Cortes, en calidad de ministro de la Gobernación del Gobierno liberal, que proponía una reforma de los capítulos III y IV de la reciente Ley Provincial de 1882 dedicados respectivamente a la regulación del Gobierno de las provincias y a las atribuciones y deberes de los Gobernadores, reduciendo su número, tratando de ensalzar la imagen de estos. Se distinguía igualmente, por disponer la división del país en quince regiones, y la instauración de los Gobiernos civiles regionales que nombrarían un delegado en cada provincia[64], como representante del Gobernador, lo que suponía un incremento en los gastos de la administración. Y por otro lado, como bien indica Orduña Rebollo[65] representaba una mayor injerencia del Gobierno central en la Administración provincial.

El propósito de elaborar una regulación provincial no se detuvo, si no que prosiguió, en el mismo año, con la preparación de otro Proyecto de Ley sobre el Gobierno y la Administración Local, presentado al Congreso de los Diputados el 27 de diciembre de 1884, por el ministro de la Gobernación Romero Robledo, integrante del Gobierno conservador. Se caracterizaba por refundir en un solo texto, las anteriores Leyes orgánicas de 1877 y 1882. En él se proponía una reestructuración de la composición de las Diputaciones, ya que, junto a los miembros de elección directa, según lo previsto en la Ley Electoral, se le daba entrada a los presidentes de las Juntas regionales, se incorporaba también a los

---

64 Véanse los arts. 14 y 15 del Proyecto de Ley de Reforma de la Ley Provincial vigente, de 5 de enero de 1884, Publicado en la Gaceta de Madrid núm. 8 el 8 de enero de 1884. Accesible en https://www.boe.es/gazeta/dias/1884/01/08/pdfs/GMD-1884-8.pdf [consultado el 10/08/2024]. Santana Molina, M. (1989) *La Diputación provincial en España*, 176.

65 Orduña Rebollo, E. y Cosculluela Montaner, L. (2008) *Historia de la Legislación de Régimen Local, (Siglos XVIII a XX)* Iustel, Madrid, 161.

Diputados y Senadores a Cortes de la provincia, por último, accedían las personas, que en virtud de los méritos realizados en beneficio de la provincia fueran designadas como hijos predilectos[66]. Asimismo, incorporaba nuevos requisitos a los aspirantes a formar parte de la Comisión Provincial, ellos debían ser letrados, de más de 30 años de edad y haber desempeñado ciertos cargos o profesiones[67].

Llama la atención que en él se hacía un reconocimiento de las regiones y una alusión a las Juntas regionales como órganos de aquellas. Repercutiendo en una disminución de las competencias de las corporaciones provinciales en favor de las regiones.

Dichos Proyectos se limitaban a plantear la realización de modificaciones parciales a las leyes establecidas, básicamente con el fin de suplir alguna omisión o hacer aclaraciones de ciertos preceptos.

Un año y medio después, el 12 de julio de 1886, fue Venancio González, el entonces ministro de la Gobernación durante el periodo liberal, quien nuevamente aprovechó la ocasión para presentar a las Cortes otra modificación de la Ley de 1882, que tampoco prosperó.

En medio de esos propósitos reformadores, y ya iniciada la década de los noventa del siglo XIX, se promulgó la Ley electoral de 26 de junio de 1890 que estableció el sufragio universal masculino en las elecciones de diputados a Cortes, aplicable también a las elecciones de las Diputaciones Provinciales y Ayuntamientos. Disponiendo, además, que el Gobierno "dictará las disposiciones

---

66 Art. 195 del Proyecto de Ley sobre gobierno y administración local presentado el 25 de diciembre de 1884 al Congreso de los Diputados por el Ministro de la Gobernación Don Francisco Romero y Robled*o*. Accesible en https://revistasonline.inap.es/index.php/DA/article/view/4232/4286 [consultado el 12/08/2024].

67 Enumerados en el art. 227 del Proyecto de Ley sobre gobierno y administración local presentado el 25 de diciembre de 1884.

necesarias para el cumplimiento de esta ley y su adaptación a las elecciones de concejales y diputados provinciales”[68].

En consecuencia, surgió el Real decreto de 5 de noviembre de 1890, adaptado a la mencionada ley, especificando los requisitos para los electores y los elegidos como diputados provinciales. Así, para los primeros señalaba: ser varones, mayores de 25 años, en pleno goce de sus derechos civiles a los que exigía dos años de residencia en el municipio[69]. Para los segundos, seguía manteniendo los mismos condicionantes que para ser diputados a Cortes, esto es, “todos los españoles, varones, de estado seglar, mayores de veinticinco años, que gocen de todos derechos civiles”. Requiriéndose, además, que fueran naturales de la provincia o lleven cuatro años consecutivos de vecindad dentro de ella[70].

Pero, el planteamiento de mayor envergadura y rigor de esta etapa fue el elaborado, bajo el Gobierno conservador de Cánovas. El Ministro de la Gobernación Francisco Silvela, solicitó un informe sobre la reforma de la administración local a su subsecretario, Sánchez de Toca en 1891, quien diseñó dos proyectos: la Ley de Gobierno y Administración Local y otro, relativo a las Bases para la Reforma de la Ley Municipal, en donde se propugnaban ciertas orientaciones innovadoras con el fin de modernizar el régimen local. El primero, se distinguía por su propósito descentralizador

---

68 Art. adicional primero y cuarto de la Ley electoral de 26 de junio de 1890. Publicada en la Gaceta de Madrid, núm. 180 el día 29 de junio de 1890 accesible en https://www.congreso.es/docu/PHist/docs/reglam/LE_1890_06_26.pdf [consultado el 12/08/2024].

69 Art 1 de la Ley electoral de 26 de junio de 1890 y art. 1 del Real decreto de 5 de noviembre de 1890. Publicado en la Gaceta de Madrid el 8 de noviembre de 1890, núm. 312. Accesible en https://www.boe.es/gazeta/dias/1890/11/08/pdfs/GMD-1890-312.pdf [consultado 16/9/2024].
Martínez Azorín G. (1896) *Manual de elecciones provinciales y municipales,* Enrique Egea impresor. La Unión, Murcia, 15-19.
Accesible en https://bvpb.mcu.es/es/catalogo_imagenes/grupo.do?path=163158 [consultado el 18/09/2024].

70 Art. 3 del Real decreto de 5 de noviembre de 1890.

y por institucionalizar el espacio regional -sin cabida en la Constitución de 1876, que solo contemplaba la provincia y el municipio-. Contenía una reiterada mención a las regiones, trece en total, -integradas por agrupaciones de provincias-[71] que asumirían algunas competencias de las Diputaciones provinciales y cuya administración quedaba encomendada al Gobernador regional -cargo de jerarquía superior al de los Gobernadores provinciales- y su órgano de gobierno sería el Consejo Regional. De esta manera, la provincia desempeñaba un papel secundario. Por otra parte, los diputados eran elegidos de forma indirecta por compromisarios designados por los Ayuntamientos, en consecuencia, se producía un alejamiento del sufragio universal y directo.

Pero lamentablemente, razones políticas[72] impidieron su debate en el Congreso. Si bien, su mérito radicó, como bien indica Orduña Rebollo[73] en haber sido el de mejor calidad técnica de todos los intentos reformadores del régimen local, hasta la creación de los proyectos de reforma de Maura.

En 1893 con la vuelta de Venancio González al Ministerio de la Gobernación, fue redactado a iniciativa de los liberales, un Proyecto de Ley de Bases, de marcada tendencia centralizadora, en donde se vuelve a impulsar la idea, ya aludida, de refundir las Leyes de 1877 y 1882, teniendo en cuenta la jurisprudencia y reproduciendo los artículos más convenientes de dichas leyes. Tratando de solucionar las necesidades económicas de las corporaciones provinciales. Y aunque llegó a contar con la aprobación del Senado, no consiguió concluir su tramitación legislativa.

Los dos últimos proyectos de ley sobre la reforma de la legislación provincial gestados antes de finalizar el siglo XIX fueron elaborados en 1899. El primero, en el mes de octubre, a propuesta de Francisco Silvela, como presidente del Consejo de Minis-

---

71 Santana Molina, M. (1989) M. *La Diputación provincial en la España,* 179.

72 Diversos conflictos internos provocaron la dimisión del conservador Silvela como ministro de la Gobernación.

73 Orduña Rebollo, E. (2003) *Municipios y provincias,* 498 y 499.

tros que impulsó la reforma de la administración local, dotándola de una mayor autonomía, concediéndoles a las Diputaciones, y Ayuntamientos la condición de personas jurídicas, con la correspondiente capacidad para adquirir enajenar o poseer bienes[74].

El segundo, fue presentado a las Cortes en el mes de diciembre del mismo año, por el Ministro de la Gobernación, Eduardo Dato, en donde planteaba que las Diputaciones fueran elegidas por sufragio indirecto, teniendo en cuenta los municipios elegidos por ese sistema[75]. En cualquier caso, se trató de un proyecto de reducido contenido, limitándose al tratamiento de aspectos muy puntuales como la unificación presupuestaria.

Aunque, ambos proyectos adoptaron un perceptible criterio descentralizador, resultaron infructuosos, al no llegar al final de su tramitación parlamentaria.

A la vista de estos intentos, quedaba patente el propósito gubernamental, de todo punto loable, de reformar ciertos aspectos de la normativa provincial que pusieran fin a las frecuentes corruptelas establecidas. En ellos, también quedaron reflejados las tentativas de adaptación de las instituciones provinciales de la España de la Restauración a los nuevos tiempos, llevadas a cabo tanto desde posiciones liberales como conservadoras, marcadas por los cambios sociales, políticos y económicos del momento.

Todos ellos dejaron su huella y contribuyeron a sentar las bases de las futuras reformas a emprender en el ámbito local. De suerte que, los líderes políticos que los impulsaron expresaron su compromiso con la regeneración y modernización territorial de nuestro país, aunque se encontraron con obstáculos insalvables: las limitaciones políticas y las resistencias al cambio, que, en última instancia, impidieron el éxito de sus iniciativas. Las

---

[74] Tusell Gómez, J. y Chacón Ortiz, D. (1973) *La reforma de la Administración Local en España, 1900-1936*, Instituto de Estudios y Publicaciones, Madrid, 69-71.

[75] Santana Molina, M. (1989) *La Diputación provincial en la España*, 178.

habituales prácticas caciquiles fueron erosionando poco a poco la imagen pública de las Diputaciones Provinciales, llegando a ser calificadas despectivamente como "la sala de reunión de los cacicazgos"[76].

Además de los proyectos realizados a instancia gubernamental, se hicieron otras aportaciones por parte de la doctrina española que se sumaron a las oficiales, contribuyendo igualmente a sentar las directrices de reforma de la administración local. En este sentido, hemos de citar el proyecto elaborado por Elías Romera, quien a finales del siglo XIX, elaboró una obra, donde realizaba un estudio detallado sobre los problemas que aquejaban a las administraciones locales en España, titulada La administración local en España[77]. En ella, se abordaban, especialmente, los más acuciantes en el ámbito rural. También se apuntaban ciertas dificultades derivadas de la falta de supervisión efectiva y de la connivencia entre políticos y empresarios locales. A la vez, sugería ciertas propuestas de reforma, con el fin de transformar las administraciones y convertirlas en instituciones más eficientes, transparentes y capaces de atender las necesidades de los ciudadanos de la época.

Asimismo, se intentaba en esta obra, asegurar la independencia de las corporaciones locales, y al mismo tiempo definía "sus naturales derechos para su propio desarrollo"[78]. Por lo que se refiere a las Diputaciones provinciales, este autor se manifestaba partidario de la separación de los intereses generales del Estado, de los referentes a la Región, a la Provincia, y de los especiales

---

76 González Casanova, J. A., (1986) *Las Diputaciones provinciales en España. Historia política de las Diputaciones en España desde 1812 hasta 1985,* Madrid, Mancomunidad General de Diputaciones de Régimen Común, 50.

77 Romera, E. (1896) *La administración local. Reconocidas causa de su lamentable estado y remedios heroicos que precisa,* Ministerio de Cultura, Almazán, p. VII. Accesible en https://bvpb.mcu.es/es/catalogo_imagenes/grupo.do?path=152391 Consultado el 19/8/2024.

78 Romera, E. *La administración local,* 263.

del Municipio. Para que cada entidad asumiera sus propias obligaciones y no se produjesen invasiones en las órbitas ajenas. En el capítulo XII de la citada obra, se planteaba un sistema electoral indirecto y a su vez restrictivo. De esta manera, para el ejercicio del derecho de sufragio activo en la elección de los diputados, eran electores "los exconcejales, los vocales de las Juntas de gremios, de los sindicatos de obreros y todos los que posean título de facultad o de enseñanza superior o profesional ... siempre que no cobren sueldo del Estado, la Región, la Provincia o Municipio"[79]. Los candidatos al cargo de diputados provinciales debían hallarse en alguna de las siguientes situaciones: haber sido concejal durante todo el mandato en un Ayuntamiento del distrito con certificado de residencia favorable; diputados provinciales con título universitario o similar y diez años de ejercicio en el propio distrito; presidentes de los gremios y sindicatos de obreros. No haber sido condenado por delito y no hallarse en las excepciones previstas para los concejales. Estos condicionantes, propuestos para los electos, reflejaban la exigencia de una experiencia en la administración local o en agrupaciones corporativas. Según la disertación del autor del proyecto, tales limitaciones iban encaminadas a evitar una monopolización del oficio de diputado por parte de los vecinos de la capital. Y añadía la cualidad de que debían ser hombres de bien y de reconocida competencia.

Otra de las formulaciones expuestas en su propuesta fue la conveniencia de reducir el número de miembros de la Diputación, fijándolo en dieciocho vocales, quedando la Comisión provincial conformada tan solo por tres miembros, elegidos de entre los anteriores, denominados por el propio Romera como "tribunal trino", justificando la reducción de esta última en el "excesivo coste de sus indemnizaciones[80].

---

[79] Romera, E. *La administración local,* 264.

[80] Romera, E. *La administración local,* 265.

Igualmente, abogaba por el reconocimiento de la autonomía de las corporaciones provinciales, expresada en sus propias palabras, al considerar que debían quedar "libres de injerencia y de la intromisión de los Gobernadores" y las reconocía como "superiores jerárquicos de los ayuntamientos".

No le falta razón a Orduña Rebollo[81] al destacar que el proyecto articulado de Romera, se trataba de un estudio con amargos y angustiosos matices sobre los problemas rurales, que reflejaban el caciquismo y la corrupción de los municipios castellanos, tiñendo la obra de una inspiración pesimista, consecuencia probablemente de su experiencia en el ámbito rural, desde su perspectiva de diputado provincial y del ambiente intelectual que se respiraba en la España de finales del siglo XIX.

En este contexto histórico, apunta Vera Torrecillas, comienzan a surgir movimientos de base regionalista que trataban de ofrecer una alternativa al fracaso experimentado por los diversos proyectos provinciales y suponían un choque frontal con el sistema caciquil de la Restauración. En este sentido, es de destacar el surgimiento del proyecto político catalanista que desde el primer momento se manifestó partidario de la supresión de la división territorial basada en provincias y en consecuencia de las Diputaciones provinciales, aunque luego se serviría de ellas, y de la legislación provincial, para crear la Mancomunidad de Diputaciones como mecanismo para obtener un reconocimiento jurídico en el marco de la propia normativa vigente[82].

---

81 Orduña Rebollo, E. (2003) *Municipios y provincias,* 504.

82 Vera Torrecillas, R. (2022) "El difícil encaje de las Diputaciones provinciales", 165-166. González Casanova, J. A. (1986) *Las Diputaciones provinciales en España, Historia de las Diputaciones 1812-1985. Mancomunidad General de Diputaciones de Régimen Común.* 60.

5.2. Proyectos de Reforma del Siglo XX

En los albores de la nueva centuria, y bajo el reinado de Alfonso XIII, subsistió la preocupación por la reforma del régimen local, sucediéndose nuevos proyectos de ley con el fin de enmendar la legislación local, de los que se pueden destacar, entre otros, el de Bases de la Reforma Municipal, de Segismundo Moret del año 1902 prescindiendo de la normativa provincial, que, tras su fracaso, dio paso a los Proyectos de Don Antonio Maura elaborados en los años 1903 y 1907, en unos momentos de cierta tensión motivada por el debate sobre las aspiraciones regionalistas de autogobierno catalanistas. El contenido de estos proyectos de reforma, ponía nuevamente de manifiesto el carácter de provisionalidad, en el que se hallaba la legislación local vigente en la época de la Restauración.

El día 26 de mayo de 1903, Maura, ocupando la cartera de la Gobernación del Gobierno conservador de Silvela, presentó ante el Senado un Proyecto de Ley de Bases para la Reforma de la Administración Local, partiendo de propuestas precedentes, en especial, de la idea de unificar en un único texto la normativa de los municipios y provincias y combatir el caciquismo reinante, ligado permanentemente a la administración local. Mantuvo su organización sin grandes cambios. Definió la Diputación como un órgano de representación provincial con funciones puramente administrativas. La elección de los miembros de la Diputación provincial se hacía por sufragio indirecto y voto limitado, siendo el número de diputados mucho más reducido. Su presidente, nombrado por la propia Corporación, lo era también de la Comisión Provincial integrada por dos diputados nombrados por turno anual entre los diputados, y a la que le correspondían la mayoría de las funciones ejecutivas de la corporación, dejando para el pleno, el tratamiento de aquellas más secundarias. (Base 18 y 23 del Proyecto).

El Proyecto contemplaba la elección de los miembros de las Diputaciones provinciales de forma indirecta. Los concejales municipales, quienes a su vez eran elegidos por los ciudadanos en elecciones locales, serían los encargados de elegir a los diputados provinciales. Esto pretendía limitar la influencia de los caciques en las elecciones provinciales.

Las propuestas contenidas en este Proyecto, fueron traspasadas y desarrolladas en el siguiente, de 3 de julio de 1907 denominado Proyecto de Ley sobre Régimen de la Administración Local. Promovido también por Maura, en calidad de Presidente del Consejo de Ministros. Intentaba llevar a cabo una particular r*evolución desde arriba*[83] y una regeneración de la política[84]. Se proponía, junto a su Ministro de la Gobernación Juan de la Cierva, acabar con el caciquismo y sus efectos dentro de la provincia y de los municipios. Pero, lo cierto es que fue mejorado, al ser complementado con algunas consideraciones procedentes de otros partidos políticos (republicanos, liberales, catalanes y carlistas)[85]. Convirtiéndolo en una ambiciosa propuesta y de gran originalidad, que le facilitó su aprobación en el Congreso de los Diputados el 13 de febrero de 1909. En cambio, contó con dificultades en el Senado, donde el debate del texto fue demorado y finalmente, se impidió su aprobación al producirse los graves disturbios conocidos como la "Semana Trágica de Barcelona", a finales de julio de 1809, que desencadenaron la caída del Gobierno de Maura, arrastrando también al ocaso, su Proyecto.

---

83 Expresión acuñada por el propio Maura, basada en su idea de que la reforma del régimen político de la Restauración, había de llevarse a cabo desde las instituciones y por iniciativa del Gobierno. Su propósito era poner fin al sistema caciquil y captar el apoyo popular a la monarquía de Alfonso XIII.

84 Fernández Segado, F. (1992) *Las Constituciones históricas,* 393.

85 Tusell, J. (1988). *La reforma de la Administración local en España (fines del siglo XIX a 1936)* (2.ª edición, colaboración de Diego Chacón Ortiz). Instituto Nacional de Administración Pública (INAP). 126.

En él se unificaba el tratamiento de la Administración municipal y provincial, de forma sistemática[86]. Entre sus principales novedades se hallaban la composición de la Diputación, constituida ahora por siete miembros titulares y otros tantos suplentes[87], que debían ser renovados cada cinco años. Mantuvo la figura del Gobernador provincial al frente de la provincia y en representación de la Administración central, mientras que la Diputación administraba los intereses privativos de las provincias. Le adjudicaba a su Presidente la representación de la corporación, y ésta representaba a la provincia. (arts. 273-275).

Disponía el art. 276 que la Diputación estaba integrada por los diputados elegidos por todos los Ayuntamientos de la provincia, concurriendo en ellos las mismas incompatibilidades para el cargo contempladas en el art. 288. Por lo que, el voto corporativo de los Ayuntamientos tenía el carácter de sufragio indirecto, como emitido por los Concejales[88].

86 Bassols Coma, M. (2014) *Génesis del planteamiento de las mancomunidades provinciales en el marco del Proyecto de Ley de Administración Local (1907-1909)* en *Las mancomunidades provinciales entre la descentralización y el regionalismo. La Mancomunidad catalana (1914-1925.)* Fundación Democracia y Gobierno Local. Serie: Claves del Gobierno Local, 15. 35. El texto del proyecto constaba de un total de 400 arts. distribuidos en dos libros, el I dedicado a la Administración Municipal (arts. 1 a 270) y el II, destinado a la regulación de la Administración Provincial (arts. 271 a 400). Accesible en https://repositorio.gobiernolocal.es/xmlui/bitstream/handle/10873/1803/claves15_07_capitulo_2.pdf?sequence=1&isAllowed= [consultado el 13/9/2024].

87 Art. 295 del Proyecto de 1907. Nótese que el número de miembros coincidía con lo establecido en la Constitución de 1812.

88 Ruiz del Castillo, (1954) Maura y la reforma local. Discurso pronunciado en sesión necrológica celebrada por la Real Academia de Ciencias Morales y Políticas. RVEL núm.73, 68. Accesible en https://revistasonline.inap.es/index.php/REALA/article/download/6584/6633 [consultado el 20/09/2024].

La Comisión Provincial quedaba integrada del mismo modo anterior, esto es, por su presidente y de forma general, por dos diputados y en algunos casos hasta cuatro. Esta mantenía sus atribuciones ejecutivas, quedando el resto de competencias para el Pleno de la Diputación[89].

Una innovación del Proyecto de 1907 fue la creación de una nueva entidad denominada las Mancomunidades provinciales -similares a las Mancomunidades municipales- constituidas por asociaciones provinciales para la realización de determinados fines, servicios u obras públicas, atribuidos a la Diputación, siempre que contaran con la debida autorización del Gobierno[90]. Ello suponía un gesto claro en torno a la consecución de la descentralización administrativa, y era una posible solución a las demandas catalanas de autonomía ofrecida por los sucesivos Gobiernos de la Restauración. Sin embargo, a pesar de la introducción de esa nueva entidad, el Proyecto se encontró con la oposición del movimiento regionalista catalán que lo tildaba de insuficiente, al no satisfacer sus aspiraciones regionalistas.

Asimismo, cabe señalar, la aprobación de la Ley electoral por las Cortes en el 8 de agosto de 1907, durante el "gobierno largo" de Antonio Maura que reformó la anterior Ley electoral de 1890 y estuvo vigente durante el resto del periodo constitucional del reinado de Alfonso XIII.

El esfuerzo de este político por regenerar la organización y el funcionamiento de las Diputaciones, tampoco llegó a prosperar,

---

89 Carballeira Rivera. M. T. y Míguez Macho, L. (1997) *A provincia,* 201.

90 Véase la Disposición adicional 3.ª del Proyecto de Maura de 1907, en donde se contenía una norma destinada a tener una importante repercusión en el debate parlamentario de la Ley, al decir que "podrán solicitar y con beneplácito del Gobierno obtener, por vía de concesión o de contrato, siempre dentro de la observancia de las leyes vigentes para cada materia, los servicios o las obras públicas que interesen a la región, la comarca o el territorio respectivos, aunque tales servicios o tales obras no estén comprendidos en la competencia exclusiva que se asigna a las corporaciones locales".

pero no fue en vano, pues sus ideas fueron proyectadas en la legislación posterior.

Tras la destitución de Maura, se produjo el nombramiento de Moret como nuevo Presidente del Gobierno, y a la vez ministro de la Gobernación, quien promulgó el Real decreto de 15 de noviembre de 1909, bajo la llamativa rúbrica *Descentralización administrativa y restablecimiento de la integridad de la Ley Municipal.* Centrado únicamente en ese ámbito y excluyendo el provincial.

Bajo el nuevo Gobierno de Dato, y a través del Real decreto de 18 de diciembre de 1913, de tan solo dos artículos, se preveía la posibilidad general de constituir diversas provincias en mancomunidad, de forma voluntaria, temporal o indefinida, eso sí, condicionadas al cumplimiento de unos estrictos requisitos contemplados en su art. 1, sin perjuicio de que el Gobierno pudiera decidir, incluso, su disolución.

A pesar de que ninguno de los Proyectos elaborados desde 1882 hasta la primera década del siglo XX cristalizaron en una ley definitiva. Ellos, nos proporcionaron una útil información sobre el laborioso y complicado proceso de reforma de la regulación provincial y se convirtieron en la fuente de inspiración de los Estatutos Municipal y Provincial de Calvo Sotelo.

A lo largo del periodo tratado, se ha podido comprobar la existencia de un encendido debate sobre la reforma de las instituciones provinciales que originó una variada legislación, distintos proyectos de ley y propuestas doctrinales, tanto parciales como generales, promovidos por los políticos más importantes de la época. En ellos, se fueron turnando los principios de dependencia, jerarquización y centralismo en algunos periodos, con los de autonomía, y descentralización en otros. Este desarrollo legislativo fue el fiel reflejo de los vaivenes de la política española de finales del siglo XIX y primeras décadas del XX.

El debate sobre la reforma de las Diputaciones provinciales estuvo marcado por el conflicto entre los partidarios del centralismo y los de la descentralización. Los primeros, buscaban fortalecer el poder del Estado central para garantizar la unidad y estabilidad del país, mientras que los segundos, defendían la autonomía local, como un medio para preservar las particularidades regionales y fomentar la participación democrática.

Las corporaciones provinciales de la Restauración, gozaron de mayor o menor autonomía en la gestión de los asuntos provinciales, en función del color político del Gobierno de turno. Igualmente, la composición de las mismas, así como el carácter electivo de sus miembros, experimentó variaciones realizadas por los distintos gobiernos.

A partir de 1917, se inicia la última etapa de La Restauración, caracterizada por la sucesión de varios acontecimientos políticos -el terrorismo, la difícil alternancia en el poder de liberales y conservadores, la Guerra de Marruecos, las ofensivas regionalistas por parte de catalanes y vascos- que generaron diversos conflictos sociales y una crisis económica, desencadenantes de una gran inestabilidad que hacía vislumbrar el declive de aquel régimen político, extinguido seis años después, con el golpe de Estado llevado a cabo por el General Primo de Rivera, el 13 de septiembre de 1923, confiriéndole la presidencia del Directorio Militar por medio de un Real decreto[91] . Se atribuyó la labor de dirigir y promover la regeneración del país. Dos días más tarde, a través del Real decreto publicado el 15 de septiembre de 1923 se disponía el cese de todos los Gobernadores civiles de España, encomendando sus funciones a los Gobernadores militares.

Esta nueva situación política tuvo efectos inmediatos en el ámbito de la Administración provincial, plasmados pocos meses después, en la promulgación de otro Real decreto, de 12 de enero de 1924, por el que se ordenaba la disolución de todas las Di-

---

91 Real decreto de 15 de septiembre de 1923. Publicado el 16 de septiembre en la Gaceta de Madrid, núm. 259. Accesible en https://www.boe.es/gazeta/dias/1923/09/16/pdfs/GMD-1923-259.pdf [consultado el 16/9/2024].

putaciones provinciales de España constituidas en ese momento, excepto las de Álava Guipúzcoa, Vizcaya y la de Navarra. Y a los efectos de conocer de primera mano la problemática de estos entes provinciales, se les requería a las nuevas corporaciones locales, la presentación de una breve memoria ante el Ministerio de la Gobernación en el plazo de 15 días prorrogables a 30, en donde se hicieran constar los defectos y anomalías observados en su funcionamiento y las soluciones para corregirlos[92].

6. EL ESTATUTO PROVINCIAL DE 1925

Como ya se ha indicado, la mayor parte de los proyectos finiseculares y de comienzos del siglo XX, se convirtieron en la fuente de inspiración del Estatuto Provincial de 1925. Y es que, apenas doce días después de instaurarse la dictadura, a finales de septiembre de 1923, ya se entrevistaban Primo de Rivera y Calvo Sotelo, y como telón de fondo, la necesidad de dicha reforma. Gil Robles, Jordana de Pozas y el propio José Calvo Sotelo, todos ellos jóvenes colaboradores procedentes de las filas mauristas, elaboraron en apenas dos años, el Estatuto municipal de 1924, y el que nos atañe, el provincial, aprobado el 20 de marzo de 1925[93].

Antes de adentrarnos en la lógica del sistema electoral, conviene tener en cuenta que este Estatuto provincial incorpora una serie de novedades respecto de legislaciones anteriores. En sus extensos 310 artículos, más las correspondientes disposiciones finales y transitorias, estructurado en tres libros dedicados a la

---

92 Arts. 1 y 5 del Real decreto de 12 de enero de 1924. Publicado el 13 de enero de 1924 en la Gaceta de Madrid núm. 13. Accesible en https://www.boe.es/gazeta/dias/1924/01/13/pdfs/GMD-1924-13.pdf [consultado el 16/9/2024].

93 Publicado el 21 de marzo en la Gaceta de Madrid, núm. 80. Accesible en https://www.boe.es/gazeta/dias/1925/080/A01446-01483.pdf [consultado el 17/11/2024].

organización provincial, a la hacienda provincial, y a la Región, encontramos las siguientes novedades:

- La provincia se configura por vez primera como una administración local. El artículo 1 establece que para la administración y régimen de los fines del Estado, y en su caso de los de carácter local que no sean propiamente municipales, el territorio de la Nación española se divide en provincias, cada una de las cuáles constituye una circunscripción administrativa de carácter intermedio entre el Estado y los Municipios[94].
- La carta intermunicipal o régimen de mancomunidad de municipios[95].
- La mancomunidad de diputaciones provinciales para la prestación de servicios públicos interprovinciales.

Centrándonos en los que nos ocupa, el sistema electoral articulado por el Estatuto provincial de 1925, encontramos una primera nota diferenciadora de legislaciones anteriores e identificativa del nuevo sistema, que como luego se verá, y aunque con variaciones, se transfirió a períodos posteriores. Nos referimos a la composición de las diputaciones provinciales, las cuáles, se compondrán de diputados provinciales directos y diputados corporativos, tanto en su modalidad de titulares como posibles suplentes por bajas de los anteriores.

---

94 Así lo ha querido ver Parejo Alfonso, para quien con el Estatuto provincial de 1925, "se llega así a un verdadero hito en la evolución institucional de la Provincia", ya que este Estatuto, "incardina definitivamente la Provincia en la Administración Local pero distinguiéndola netamente del Municipio". Parejo Alfonso, L. (1991) "La provincia como entidad local determinada por la agrupación de municipios: fines básicos y competencias mínimas", en R. Gómez-Ferrer Morant, *La provincia en el sistema constitucional,* ed. Civitas, Madrid, 84

95 Aroca García, R. (1927-1928), "Régimen de carta municipal", en *Revista de Ciencias jurídicas y sociales,* nº 10 y 11, Madrid, pp. 591-651 y 5-64, 264-310, 391-445.

El sistema electoral habilitado para los diputados directos, a su vez, miembros todos de la Comisión provincial, concebía a la provincia como circunscripción única, la cual quedaba dividida en los mismos distritos y colegios que se hubieran fijado para las elecciones municipales, criterio este que ya había sido incluido en el proyecto de Antonio Maura[96].

El número de diputados directos se va reduciendo progresivamente, tal y como indica el artículo 57. Así, desde un mínimo de cinco para provincias como Álava, a un número máximo de nueve para Barcelona o Madrid. Esta significativa reducción del número de diputados directos tiene una razón, y no es otra que la de intentar reducir el número de miembros de las diputaciones, que en alguna provincia llegaba a cuarenta y cuatro. El objetivo del Estatuto, y por ende del Ejecutivo del Directorio, era que, entre los diputados directos y corporativos no hubiera más de dieciocho, pero tampoco menos de diez[97], fijándose para todos un mandato de seis años (art. 53).

---

96 Esto significa, a juicio del legislador que, "los distritos, al desintegrar la representación, si no de derecho sí al menos de hecho, ofrecían mullido cauce a la oligarquía, tan impotente ante las grandes circunscripciones, como poderosa ante los modestos partidos rurales". Preámbulo del Estatuto Provincial de 1925. Seguimos Tussel, J. (1973), La reforma de la Administración local, *op. cit.*

97 El propio Estatuto es el encargado de identificar el criterio reductor del número de diputados: "tomar como base el número actual, haciendo sobre él una resta equivalente casi a su división por dos". Efectivamente, el Ejecutivo establecía en el Estatuto que como el número de diputados "hasta ahora guardaba proporción con el de partidos judiciales. Se pensó en relacionarlo con el de habitantes o con el de Ayuntamientos, pero bien pronto se advirtió la imposibilidad de adoptar ninguna de esas bases: la de habitantes, so pena de forzar extremadamente el mínimo y el máximo de Diputados que acabamos de indicar, no remediaba la desigualdad; la de Ayuntamientos daba lugar a que ciertas provincias de tercer orden tuviesen más Diputados que otras de primero, y por tanto adolecía de igual defecto". Y así, la solución adoptada de dividir por dos del número de diputados que se encontraba establecido. Preámbulo del Estatuto Provincial de 1925.

El procedimiento electoral que se sigue para la elección de los diputados directos es el mismo que el habilitado por el Estatuto municipal para los concejales, del recién aprobado Estatuto municipal de 1924, con algunas matizaciones (art. 56). No obstante, se aplicaría el sufragio universal, lo que implicaría, siguiendo el tenor del preámbulo del Estatuto que "la mujer será electora y elegible, y que se aplicará el sistema de representación proporcional", tal y como así lo acreditaría también el art. 51 del Estatuto municipal que indica que “tendrán el mismo derecho de sufragio las mujeres cabezas de familia”.

El segundo grupo de diputados provinciales que habilita el Estatuto, además de los directos, son los llamados diputados provinciales corporativos, que vienen regulados en los artículos 58 y siguientes. Su número es igual al de los directos, y su designación será hecha por los Ayuntamientos de la provincia, de tal manera que sólo podrían ser diputados corporativos, los que previamente hayan sido designados concejales de los distintos Ayuntamientos (art. 58). Verifíquese que, frente al sistema de elección directa de los anteriores diputados, llamados directos, estos, los corporativos se eligen mediante un doble sufragio, pues su condición pasiva para ser diputados corporativos es haber sido previamente nombrados concejales; sistema este que, como veremos, se asemeja más al que actualmente recoge la Ley Orgánica que regula el sistema electoral que nos dimos en 1985. La razón de la institucionalización de este sistema de diputados corporativos y representantes de los ayuntamientos, viene expuesta por el propio legislador en el preámbulo del Estatuto: "en la Diputación no puede faltar una representación corporativa, máxime después de haberla establecido en la esfera municipal (...). Si los Municipios son depositarios de la soberanía provincial, las Diputaciones deberían componerse únicamente de mandatarios de los Ayuntamientos”. Ahora bien, "la representación corporativa, en fin, no persigue designio antidemocrático ni surge de clases sociales o intereses privados, sino de otras corporaciones de índole local democráticamente engendradas".

Y como en legislaciones anteriores, la democratización también se incorpora en la elección de la presidencia de la Diputación, el cual era elegido en la primera sesión constitutiva de la Diputación provincial. Para ello, indica el artículo 85, que se designará una mesa interina, compuesta por tres miembros, tanto de los diputados directos (el de mayor edad que ejercerá la presidencia de la mesa, y el de menor edad) como de los corporativos (el de menor edad). Acto seguido, y dirigido el proceso de elección a la Presidencia por esta mesa, se procede a la votación, la cual será secreta, necesitando los candidatos que optaran a la misma, la mayoría absoluta de los votos en primera vuelta. De no conseguirse, se procederá a una segunda vuelta, con los dos candidatos que mayor número de votos hubieran recibido en la primera, necesitándose ahora la mayoría relativa, y en caso de empate, será nombrado presidente el de mayor edad.

7. REFERENCIAS BIBLIOGRÁFICAS

Aroca García, R. (1927-1928), "Régimen de carta municipal", en *Revista de Ciencias jurídicas y sociales,* nº 10 y 11, Madrid, pp. 591-651 y 5-64, 264-310, 391-445.

Carballeira Rivera. M. T., Míguez Macho, L. (1997) *A provincia a través da historia,* Santiago de Compostela. Escola Galega de Administración Pública (EGAP).

Chamocho Cantudo, M.A. (2013), "Diputación provincial y Restauración. Pragmatismo y transacción en el Gobierno provincial (1876-1923)", en *Modelos históricos de Diputaciones provinciales. Estudios conmemorativos del bicentenario de la Diputación Provincial de Jaén (1813-2013),* ed. Diputación de Jaén, Jaén, pp. 269-314.

Fernández Segado, F. (1992) *Las Constituciones Históricas españolas. Un análisis jurídico*". Civitas. Madrid.

González Casanova, J. A., (1986) *Las Diputaciones provinciales en España. Historia política de las Diputaciones en España desde 1812 hasta 1985,* Mancomunidad General de Diputaciones de Régimen Común, Madrid.

Jover Zamora, J. M. (1970) *La edad contemporánea en Introducción a la Historia de España.* Ed. Teide, 7ª edición. Barcelona.

Martín-Retortillo, S. y Argullol, E (1973) *Descentralización administrativa y organización política,* Madrid.

Martínez Azorín G. (1896) *Manual de elecciones provinciales y municipales,* Enrique Egea impresor, La Unión, Murcia.

Orduña Rebollo, E. (2012) "Orígenes de las diputaciones provinciales: territorio y Administración". El bicentenario de las diputaciones provinciales. (Cádiz 1812)" *en* Fundación Democracia y Gobierno Local. Serie: Claves del Gobierno Local (14).

(2003) *Municipios y Provincias. Historia de la Organización Territorial Española.* Federación española de municipios y provincias. Historia de la Organización Territorial Española. Federación española de municipios y provincias, Instituto Nacional de Administración Pública, Centro de estudios Políticos y Constitucionales, Madrid.

Orduña Rebollo, E. y Cosculluela Montaner, L. (2008) *Historia de la Legislación de Régimen Local, (Siglos XVIII a XX)* Iustel, Madrid.

Palacio Atard, V. (1978) *La España del siglo XIX, 1808-1898.* Espasa-Calpe, Madrid.

Parejo Alfonso, L. (1991) "La provincia como entidad local determinada por la agrupación de municipios: fines básicos y competencias mínimas", en R. Gómez-Ferrer Morant, *La provincia en el sistema constitucional,* ed. Civitas, Madrid.

Pérez Juan, J.A. (2013), "La Diputación provincial de la Revolución y la I República (1868-1974)", en *Modelos históricos de Diputaciones provinciales. Estudios conmemorativos del bicentenario de la Diputación Provincial de Jaén (1813-2013),* ed. Diputación de Jaén, Jaén, pp. 243-267.

Posada, A. (1982*) Evolución legislativa del régimen local en España,* 1888-1909, Instituto de Estudios de Administración Local, Madrid,

Romera, E. (1896) *La administración local. Reconocidas causa de su lamentable estado y remedios heroicos que precisa.* Ministerio de Cultura, Almazán.

Ruiz del Castillo, (1954) "Maura y la reforma local". Discurso pronunciado en sesión necrológica celebrada por la Real Academia de Ciencias Morales y Políticas. RVEL núm.73.

Santana Molina, M. (1989) *La Diputación provincial en la España decimonónica,* Instituto Nacional de Administración Pública. Colección historia de la administración, Madrid.

Sánchez Agesta, L. (1974) *Historia del Constitucionalismo español.* Instituto de Estudios políticos, Madrid.

Tusell, J. (1988). *La reforma de la Administración local en España (fines del siglo XIX a 1936)* (2.ª edición, colaboración de Diego Chacón Ortiz). Instituto Nacional de Administración Pública (INAP).

Vera Torrecillas, R. (abril 2022). "El difícil encaje de las diputaciones provinciales en el modelo de organización territorial del Estado: Una aproximación histórica (1812-1925)". Revista de Estudios de la Administración local REALA, Núm. 17.

Capítulo 4

Democracia orgánica y diputaciones provinciales en el estado franquista (1936-1975)

DR. ENRIQUE ORDUÑA PRADA
Profesor de Derecho Constitucional
Universidad Complutense de Madrid
ORCID: 0000-0003-4022-2786

---

1 Este texto debe mucho a la profesionalidad, rigor y vocación de servicio de Carmen Castaño Muñoz y Mª Ángeles Navarro Aguado, del servicio de biblioteca de la subdirección general de recursos, publicaciones y documentación, del Ministerio de Política Territorial y Memoria Democrática, quede constancia en estas breves líneas mi sincero agradecimiento hacia ambas. Reconocimiento que se extiende a Jesús Colás Tenas, secretario general de la Excma. Diputación Provincial de Zaragoza, pues su mediación fue determinante para acceder a las actas de la corporación provincial.

EN EL TARDOFRANQUISMO. 6. DESIGNACIÓN DEL PRESIDENTE DE LA DIPUTACIÓN. 7. REFERENCIAS BIBLIOGRÁFICAS.

1. INTRODUCCIÓN: DE LAS COMISIONES GESTORAS PROVINCIALES DE LA SEGUNDA REPÚBLICA A LAS ELECCIONES ORGÁNICAS DE DIPUTADOS PROVINCIALES

El capítulo anterior ha concluido con una somera referencia al modelo de elección de los diputados provinciales contemplado en el Estatuto provincial de 1925 basado, recordemos, en un sistema que conjugaba la coexistencia de diputados directos elegidos por sufragio universal mediante un sistema proporcional con diputados corporativos designados por los ayuntamientos de la provincia.[2] La aplicación de este modelo mixto no llegó a verificarse

---

2 La exposición de motivos del Estatuto se pronunciaba sobre este asunto en los siguientes términos: «se sienta el principio de que los Diputados que formen la Comisión provincial, y que se llaman directos, sean elegidos por sufragio universal. Pero a juicio del Gobierno, en la Diputación no puede faltar una representación corporativa, máxime después de haberla establecido en la esfera municipal. Y de ahí la que regula este Estatuto, que difiere, sin embargo, de la admitida en el municipal, porque los Diputados corporativos serán designados, no por Asociaciones, sino por los Ayuntamientos. En realidad, el porqué de esta innovación fué ya esbozado al definir lo que entendemos por provincia. Quizá podría decirse, y no faltará quién así lo piense, que si los Municipios son depositarios de la soberanía provincial, las Diputaciones deberían componerse únicamente de mandatarios de los Ayuntamientos. pero esto sería ir demasiado lejos, aunque no hay por qué rechazar la hipótesis, perfectamente realizable en régimen de Carta intermunicipal. Es evidente, en efecto, que Municipio y Ayuntamiento son cosas distintas; y puede entenderse que el primero irá a la Diputación por medio de los Diputados directos, ya que el Municipio es suma de ciudadanos, y

en la práctica puesto que antes de celebrarse los correspondientes comicios se proclamó la segunda república y el gobierno provisional procedió a invalidar los efectos jurídicos de la obra legislativa primoriverista, entre la que se encontraba el Estatuto de 1925.

En el tema que nos ocupa, el Decreto de 21 de abril de 1931 dispuso con carácter transitorio que el gobernador civil de cada provincia nombrase una comisión gestora que se hiciese cargo interinamente del gobierno y administración de la respectiva diputación provincial. La comisión gestora se preveía que estuviese formada por tantos diputados como distritos provinciales, y en representación de éstos, designados libremente por el gobernador civil de entre los concejales de cada uno de dichos distritos (artículo 2).[3] Las deficiencias de estas sucintas reglas se pusieron de relieve inmediatamente, obligando al gobierno provisional a adoptar un nuevo Decreto el siguiente 2 de mayo de 1931 con la finalidad de ampliar el número de representantes correspondientes al distrito de la capital.[4] El motivo de tan pronta reforma, justificaba la parte expositiva del Decreto, se cifraba en el gran volumen de los asuntos que habían de despachar algunas comisiones gestoras que exigían un trabajo ininterrumpido del que no podían hallarse constantemente pendientes todos los diputados provinciales de distritos distintos al de la capital de la provincia. En consecuencia, el Decreto autorizaba al gobernador civil a aumentar, previa petición de la comisión gestora de la diputación, el número de diputados provinciales en representación del distrito

---

que el segundo en cambio irá por medio de los corporativos, que serán individuos salidos de su seno.»

3 La competencia de la comisión gestora se limitaba a las materias y asuntos contemplados en los apartados 3º, 4º, 5º y 6º que el artículo 98 de la Ley provincial de 29 de agosto de 1882 asignaba a la comisión provincial en el ámbito de las funciones atribuidas por el artículo 74 a las diputaciones. El régimen especial para las diputaciones de Vizcaya, Guipúzcoa, Álava y Navarra se mantenía y en Cataluña, por la restauración de la Generalidad al proclamarse la república, desaparecieron las cuatro diputaciones, *vid. Gaceta de Madrid*, núm. 112, de 22 de abril de 1931, pp. 264-265.

4 *Vid. Gaceta de Madrid*, núm. 123, de 3 de mayo de 1931, p. 497.

de la capital. No obstante, para el caso de que el gobernador civil no estimase oportuno aumentar ese número, basándose en el modelo de representación corporativa del Estatuto provincial, se preveía que dicha autoridad requiriese a las Juntas del Colegio de Abogados y de la Cámara de Comercio para que cada una de ellas propusiese a uno de sus miembros para el cargo de diputado provincial.

La Constitución de 9 de diciembre de 1931 se decantó por el hecho regional en detrimento del régimen provincial. La proclamación de la fórmula territorial del Estado en su artículo 1.3 afirmando que la República constituye un Estado integral, compatible con la autonomía de municipios y regiones, omitiendo expresamente a la provincia así lo confirma. Del articulado de la Constitución se desprende el menosprecio hacia la provincia y a su órgano de gobierno, la diputación provincial, en favor de los municipios y de las regiones. De este modo, su Título I, encargado de establecer la estructura territorial de España, confirma la despreocupación de la identidad provincial para ampliarla a una base mayor, regional. Así, el Estado español estará integrado por municipios mancomunados en provincias y por las regiones que se constituyan en régimen de autonomía (artículo 8), con régimen de autonomía para los municipios en las materias de su competencia (artículo 9), no haciendo referencia a las provincias. Y todo ello a pesar de que el artículo 10, dedicado a la provincia, fuese titulado como «la venganza de la provincia» por Nicolás Pérez Serrano, al llamar la atención sobre el hecho de que en noventa y nueve años hubiese adquirido realidad indudable y servido de núcleo para todas las jerarquías administrativas y llegado el momento de reorganizar la estructura político-territorial se resistiese a desaparecer.[5]

---

5 Pérez Serrano, N (1932), *La Constitución Española (9 diciembre 1931), Antecedentes. Texto. Comentarios,* Editorial Revista de Derecho Privado, p. 87.

En lo que ahora importa, a pesar de que en el debate constituyente se propuso la necesidad de elegir por sufragio universal el órgano gestor de la provincia,[6] la redacción definitiva del artículo 10 desconstitucionaliza el sistema de elección al remitir a una ley ordinaria «la manera de elegir el órgano gestor de sus fines político-administrativos», a diferencia de lo que sucedía con los ayuntamientos que eran elegidos por sufragio universal, igual, directo y secreto salvo que funcionasen en régimen de concejo abierto.

Transcurridos tres años de la institucionalización de las comisiones gestoras, mediante Decreto de 4 de enero de 1934[7], se procedió a su reorganización dado que, se argumentaba en su preámbulo, la continuación indefinida de las mismas personas al frente de la administración provincial constituiría una vinculación contraria a la transitoriedad del sistema expuesta a dañosas consecuencias. El gobernador civil fue de nuevo el encargado, y bajo el procedimiento más arriba descrito, de renovar las comisiones gestoras, las cuales debían quedar constituidas el primero de febrero de 1934. El sistema electoral era el mismo y los diputados miembros de las comisiones gestoras de 1931 podían ser reelegibles.

Al comenzar la guerra civil en las provincias radicadas en la zona republicana surgieron organismos compuestos por formaciones políticas adictas a la república que se atribuyeron funciones provinciales y que no fueron disueltos hasta que el gobierno instalado en Valencia aprobó el Decreto de 23 de diciembre de 1936 y se sustituyeron por Comisiones provinciales integradas por representantes de las formaciones políticas y sindicales leales al bando republicano. Este modelo de Comisiones provinciales fue desplazado, según progresaba el avance de las tropas de Franco, por el modelo de designación de comisiones gestoras adoptado por las autoridades del gobierno de Burgos, hasta que al finalizar la guerra civil se instauró un

6 *Ibidem.* p. 88.

7 *Vid. Gaceta de Madrid* núm. 6, de 6 de enero de 1934, pp. 302-303.

sistema político autoritario, rígidamente unitario, centralista y jerarquizado. El nuevo «Estado *militante*», contrapuesto al pretendido Estado neutro del siglo XIX, reforzó la tendencia realizadora de los principios de unidad y totalitario, poniendo a su disposición el aparato político coactivo y cultural.[8] Entre otras características, importa ahora destacar que en la ideología del nuevo Estado se desterró la elección como sistema de organización política, rechazando la naturaleza de derecho público subjetivo del derecho de sufragio al concebirse éste, sin más, como «un medio de organización política, cuya valoración y oportunidad compete apreciar al Gobierno».[9] En consecuencia, el modelo representativo inorgánico y la forma de designación mediante sufragio universal quedaron preteridos en el régimen franquista. Específicamente, en lo que atañe a la elección de diputados provinciales, baste recordar en este momento que en la Ley de 29 de agosto de 1882, que extendió su vigencia a lo largo de las cinco décadas siguientes, todos los diputados tenían el mismo origen (sufragio universal) y la misma representación;[10] sistema que se alteró parcialmente en el inaplicado Estatuto provincial de 1925, puesto que, como ya se ha señalado, junto a los diputados directos elegidos por sufragio universal mediante un sistema proporcional, se preveía la existencia de diputados corporativos designados por los ayuntamientos de la provincia.

El principio totalitario sobre el que se sustentaba el régimen, en el específico ámbito que ahora nos ocupa, se tradujo a partir de julio de 1936 en la designación por la autoridad competente

---

8 Cfr. Jordana de Pozas, L (1941), "El principio de unidad y sus consecuencias políticas y administrativas", *Revista de Estudios Políticos,* p. 622. Asimismo, *vid.* Del Valle, L (1940), *El Estado Nacionalista, Totalitario, Autoritario,* Editorial Atheneum, *in totum.*

9 Royo Villanova, A (1942), *Elementos de Derecho Administrativo,* 17ª ed., Librería Santarén, p. 249.

10 Los electores de la provincia agrupados en distritos electorales cada uno de los cuales resultaba de la agrupación de dos partidos judiciales, y enviaba cuatro diputados a la corporación provincial.

de los miembros de las comisiones gestoras de las diputaciones provinciales –presidente y diputados provinciales-; sistema de designación gubernativo que perduró hasta que en marzo de 1949 se celebraron las primeras elecciones orgánicas de diputados provinciales,[11] mientras que en el caso del presidente de la corporación provincial se prolongó hasta febrero de 1976, fecha en la que se celebraron por primera y única vez comicios orgánicos para elegir al órgano monocrático provincial.

La instauración a partir de 1942 de un modelo de democracia orgánica en todos los niveles de representación política, comenzando por las Cortes, pasando por el municipio y concluyendo en la provincia, consagrado en las Leyes Fundamentales no es fruto de la causalidad o del azar. Es sobre todo el resultado de un proceso de decantación de nuestro pensamiento político y filosófico en el que intervinieron una parte importante de sus cultivadores, que arranca en el último cuarto del siglo XIX con el organicismo Krausista y se desarrolla a lo largo del primer tercio del siglo XX con diferentes propuestas doctrinales y proyectos legales en torno al Estado corporativo, la democracia orgánica y la representación corporativa local.[12] Proceso en el que, finalmente, se concibió a la democracia orgánica como «una democracia sin partidos políticos o de formas jurídicas basadas en organizaciones corporativas, con tesis hoy consideradas autoritarias y vinculadas en ocasiones a tradiciones religiosas, sin

---

11 Nieto, A, (1973), "La organización local vigente: uniformismo y variedad", en Martín-Retortillo (dir.), *Descentralización administrativa y organización política,* II, Alfaguara, 44-45.

12 De los que son manifestación, entre otros, los proyectos de leyes de régimen local de Moret de 1901, los de Maura de 1903 y 1907, el de Romanones de 1906 y el de Canalejas de 1912, con diferentes propuestas de representación orgánica en ayuntamientos y diputaciones, sobre ello, véase Fernández de la Mora, G (1985), "La democracia orgánica en el municipio español", *Anales de la Real Academia de Ciencias Morales y Políticas. I,* Boletín Oficial del Estado, pp. 92-99.

elecciones pluripartidistas y devenida en algunos momentos con prácticas tecnocráticas».[13]

En las páginas que siguen a continuación nos proponemos analizar los sistemas de designación y de elección orgánica de los diputados provinciales y presidentes de diputaciones en el régimen franquista desde una perspectiva metodológica que parte de un triple planteamiento: normativo, doctrinal e institucional,[14] deteniéndonos, en consecuencia, en las normas de relevancia constitucional, legal y ejecutiva (aspecto normativo), las posiciones jurídicas y políticas que se vertieron a propósito del modelo corporativo de elección de las diputaciones provinciales (aspecto doctrinal) y la aplicación práctica de las previsiones legales y reglamentarias (aspecto institucional). Esta premisa metodológica se conjuga necesariamente con un criterio temporal, puesto que el régimen franquista, al margen de la inamovilidad e indudable acumulación de poderes de la jefatura del Estado, registró transformaciones básicas en su estructura, configurándose como un «régimen flexible», como pusieron de relieve la reforma de la Ley de Sucesión a la Jefatura del Estado y la Ley Orgánica del Estado de 1967, que introdujeron innovaciones y transformaciones insospechadas con anterioridad a su formulación y aprobación.[15] Esta circunstancia permite identificar cuatro etapas por las que discurrió el régimen franquista y que introducen un criterio cronológico indispensable en la sistematización de la exposición que desarrollamos:[16] i) el primer perío-

---

13 Cfr. Fernández Riquelme, S., (2021), *El sueño de la democracia orgánica. Historia del corporativismo en España (1877-1977),* SND Editores, *in totum.* La cita reproducida en el texto en p. 17.

14 En este sentido, Varela Suanzes-Carpegna, Joaquín, (2008), "Algunas reflexiones metodológicas sobre la Historia Constitucional", *Teoría y Realidad Constitucional,* (21), pp. 411-425.

15 Cfr. Martínez Cuadrado, M (1974), "Representación. Elecciones. Referéndum", en Fraga Iribarne, M; Velarde Fuertes, J; del Campo Urbano, S (dirs.), *La España de los años 70. III. El Estado y la Política,* Moneda y Crédito, p. 1377.

16 *Ibidem.,* pp. 1378-1383.

do, que abarca desde la guerra hasta las Leyes Fundamentales de 1947, delimitando en su seno dos fases: la primera, correspondiente al totalitarismo de la guerra e inmediata postguerra, desde el 18 de julio de 1936 al 17 de julio de 1942, y la segunda, la fase de reordenación y revisión estatal iniciada con la Ley de Cortes; ii) el segundo período, que comprende desde las Leyes Fundamentales de 1947 a la Ley de Principios del Movimiento Nacional de 1958; iii) el tercer periodo, que abarca desde la ley de Principios del Movimiento Nacional de 1958 a la Ley Orgánica del Estado y la proclamación de sucesor en la Jefatura del Estado de 22 de julio de 1969; y, finalmente, iv), el cuarto período que comprende desde 1969 a 1975.

De acuerdo con ello, la exposición se sistematiza en cinco partes diferenciadas. En la primera, correspondiente con el período de guerra civil e inmediata postguerra, abordaremos la forma de designación de los miembros de las comisiones gestoras de las diputaciones provinciales, así como el modelo de designación de diputados provinciales en la primera propuesta de reforma de la legislación de régimen local de la época, el proyecto de Código de Gobierno y Administración Local de 1941 (2); en la segunda parte, coincidente con la fase de reordenación y revisión estatal, centraremos nuestra atención en la configuración legal del sistema de sufragio orgánico plasmada en la Ley de Bases de régimen Local de 17 de julio de 1945 (desde ahora, LBRL) (3); en la tercera parte, al hilo de la exégesis normativa y su aplicación práctica en distintas diputaciones provinciales, nos detendremos en el proceso de elección de diputados provinciales instaurado por vez primera en 1949 y, señaladamente, en sus aspectos estructurales: derecho de sufragio pasivo, convocatoria de elecciones, derecho de sufragio activo, procedimiento de elección, garantías y recursos (4); en la cuarta parte, coincidente con la etapa del tardofranquismo, abordaremos el tema en la Ley 41/1975, de 19 de noviembre, por la que se aprueban las Bases del Estatuto de Régimen Local, de efímera vigencia práctica pero que introdujo novedades de calado en el tema que nos ocupa (5); finalmente, en la quinta parte nos ocuparemos del análisis singularizado de la designación y elección de la figura del presidente de la diputación a lo largo del período de referencia (6).

2. LA DESIGNACIÓN DE DIPUTADOS PROVINCIALES EN LA FASE DEL TOTALITARISMO DE GUERRA Y LA INMEDIATA POSTGUERRA

La consecuencia primordial del estado de guerra fue la centralización del poder en un jefe militar que disponía de «un espacio libre para la realización técnica de las operaciones militares sin sujeción a traba alguna», adoptando «por sí mismo cuantas medidas exigen las circunstancias para vencer al adversario», de modo tal que la victoria se configuraba como el único criterio encargado de definir el ámbito de ejercicio del poder por ese mando.[17] Esta premisa teórica cristalizó en el Decreto de la presidencia de la Junta de Defensa Nacional, núm. 138 de 29 de septiembre de 1936, nombrando jefe del Gobierno del Estado Español al general de división Francisco Franco, que asumía todos los poderes del nuevo Estado, con el objeto, según declaración expresa de su preámbulo, de «concentrar en un solo poder todos aquellos que han de conducir a la victoria final», al que se sumaba una segunda finalidad, más dilatada en el tiempo, consistente en «el establecimiento, consolidación y desarrollo del nuevo Estado».[18] De este modo, la nueva instancia de poder, aunque formalmente limitada, poseía una competencia ilimitada al quedar autorizada a adoptar cuantas medidas fuesen necesarias para alcanzar los objetivos de ganar la guerra y establecer, consolidar y desarrollar un Estado nuevo.[19]

---

17 Cfr. Conde, F.J. (1945), *Representación política y régimen español. Ensayo político,* Ediciones de la Subsecretaria de Educación Popular, p. 110.

18 *Boletín Oficial de la Junta de Defensa Nacional de España,* núm. 32, de 30 de septiembre de 1936.

19 Conde, F. J. (1945), *Representación política y régimen español, op. cit.,* p. 113.

El devenir de las diputaciones provinciales en el primer franquismo, en consecuencia, se caracteriza por dos circunstancias: la primera, la situación de anormalidad institucional derivada del hecho de que el gobierno y la administración provincial estuviesen atribuidos a comisiones gestoras bajo la presidencia del gobernador civil; modelo institucional que se prolongó hasta marzo de 1949, fecha en la que se celebraron las primeras elecciones a diputaciones provinciales bajo el sistema de democracia orgánica instaurado por la LBRL. Mientras que la segunda circunstancia estriba en los esfuerzos gubernamentales dirigidos a elaborar un nuevo marco jurídico de la Administración local no sólo acorde con los postulados del nuevo Estado, sino también encaminado a resolver los problemas de seguridad jurídica derivados de una amalgama de normas de vigencia incierta.[20] Veamos con algo más de detalle ambas circunstancias.

2.1. La designación de los miembros de las Comisiones Gestoras

El Decreto de 21 de abril de 1931, como se ha expuesto anteriormente, dispuso con carácter transitorio que el gobernador civil de cada provincia nombraría una comisión gestora que se

---

20 Ruiz del Castillo advertía en 1945 que el nuevo Estado se había mostrado consciente desde sus primeros pasos de «la necesidad de dar a esta regulación [de régimen local] -de tan alto interés político, por otra parte- una sistematización que condensara y aclarase a la vez las vigencias legales», en "Las Bases de Régimen Local", *Revista de Estudios de la Vida Local* (22), p. 567. Al concluir la guerra civil el régimen local, en lo que atañe a la provincia y la diputación provincial, estaba regido por la Ley provincial de 29 de agosto de 1882, vigente en todo lo que no fuese la parte de régimen jurídico y de funcionarios; parcialmente por el Estatuto provincial de 1925; por los Reglamentos de obras y servicios, de funcionarios, de sanidad, provinciales que afectaban en su aplicación a los artículos de la Ley de 1882, no a los del Estatuto de 1925; por el Decreto-ley de 21 de abril de 1931 sobre designación de comisiones gestoras y las normas que sobre la materia se dictaron por el gobierno de Burgos en 1936 y 1937, sobre las que volveremos más adelante.

haría cargo interinamente del gobierno y administración de la respectiva diputación provincial. Como sabemos, esta situación de transitoriedad se prolongó durante todo el período republicano, de modo que al declararse el estado de guerra en julio de 1936, como consecuencia de la ilegalización de partidos políticos y agrupaciones político–sociales integrantes del Frente Popular y de cualesquiera otras opuestas al Movimiento Nacional, en el territorio en el que había triunfado la sublevación las autoridades militares procedieron a la destitución de alcaldes y presidentes de gestoras de las diputaciones provinciales y a la designación de nuevos miembros afines a la causa política.

La figura clave del entramado institucional al que se encomendó esa tarea en el período bélico fue el gobernador general, cargo creado por el artículo 3 de la Ley de 1 de octubre de 1936,[21] al que se atribuyó la inspección de las provincias ocupadas y cuanto se refería a la organización de la vida ciudadana en estrecha relación con las autoridades de aquéllas y con la recién creada Junta Técnica del Estado. Su desarrollo inmediato se llevó a cabo mediante unas Instrucciones para el desenvolvimiento de los cometidos asignados en el artículo tercero de la Ley de 1.° de octubre último, de 5 de octubre de 1936. En lo que ahora interesa, su instrucción quinta disponía la revisión por el gobernador general de la constitución de las comisiones gestoras provinciales, esbozando un modelo embrionario de representación corporativa dado que debía procurarse conformarlas, se especificaba, con destacados miembros de las cámaras agrícolas, de comercio e industria y navegación, así como con elementos «de notoria solvencia moral», carentes de significación política o, en último extremo, de tendencias afines a la causa nacional y, finalmente, con las personas que se estimasen indispensables para la gestión administrativa e, igualmente, de solvencia moral notoria.[22]

---

21 *BOE* Burgos, núm. 1, de 2 de octubre de 1936, pp. 1-2.

22 La Instrucción Quinta concluía señalando que el «Gobernador General impondrá en forma terminante a los Gobernadores civiles de las

Estas previsiones fueron completándose según avanzaba la contienda y se incorporaban nuevos territorios a la zona nacional.[23] El general Luis Valdés Cavanilles, a la sazón gobernador general, dictó la Orden de 30 de octubre de 1937 con el objeto de designar a las personas que hubiesen de cubrir las vacantes existentes y realizar la revisión de la constitución de las comisiones gestoras de ayuntamientos y diputaciones provinciales en los casos que procediese.[24] La característica de esta Orden, partiendo de la premisa de la necesidad de llevar un control «exacto» sobre la administración local, se cifra en que los ayuntamientos y diputaciones provinciales debían gobernarse por personas no sólo afectas al Movimiento Nacional «sino que sintiéndole hondamente aporten al mismo en todos sus aspectos e intensidad lo que él requiere».

Para lograr este objetivo, el proceso de designación de los miembros de las comisiones gestoras de las diputaciones provinciales comenzaba con la remisión, por el respectivo gobernador civil, al gobierno general de las propuestas de las personas que hubiesen de cubrir las vacantes. Las propuestas se acompañaban del juicio que los candidatos les mereciesen a

---

provincias el desempeño personal de las distintas funciones que el Estatuto provincial les asigna, prohibiéndoles que hagan uso de la facultad de delegar en los Presidentes de las Diputaciones, con el fin de que las orientaciones, actividades, trabajos e inversiones de fondos puedan ser fiscalizadas e intervenidas por los dichos Gobernadores, bajo su más estrecha responsabilidad», *vid. BOE* Burgos, núm. 2, de 6 de octubre de 1936, pp. 7-8.

23 Véase el Decreto-Ley de 16 de febrero de 1937, por el que se organiza la vida civil, se determinan las facultades de las autoridades militares y civiles y la relación entre ellas (*BOE* Burgos, núm. 122, de 19 de febrero de 1937), cuyos artículos primero y segundo aluden a la facultad de la autoridad militar del nombramiento interino de autoridades civiles, respectivamente, en ciudades, pueblos y provincias de «zonas de contacto con el enemigo», así como en provincias o plazas en que hubiese quedado asegurada la ocupación o hubiesen dejado de ser vanguardia del ejército.

24 *BOE* Burgos, núm. 379, de 3 de noviembre de 1937, pp. 4156-4157.

los gobernadores civiles, formado con el suyo personal y el asesoramiento del jefe del puesto de la Guardia Civil, el jefe local de FET y de las JONS del pueblo y el jefe provincial de la misma organización, así como el de otras personas que por su independencia pudiesen ofrecer garantía en el asesoramiento (Instrucción Primera). A continuación, se fijaba el número de representantes de las corporaciones provinciales radicadas en zona nacional (Instrucción Quinta),[25] precisándose que la formulación de propuestas habría de tomar en consideración dos circunstancias. Por una parte, debían tenerse en cuenta las previsiones que sobre el particular contemplaba la Instrucción Quinta de 3 de octubre de 1936 mencionada anteriormente, clarificando que «las propuestas nunca podrán recaer sobre personas que hayan pertenecido a organizaciones políticas integradas en el frente popular, respondiendo V. E. personalmente de que no concurra en ninguna de las propuestas esta circunstancia». Y, por otra parte, incidiendo en el aspecto ideológico de las personas propuestas, el segundo párrafo de la Instrucción Quinta de la Orden del gobernador general aludía expresamente a que las propuestas debían «tener muy en cuenta» lo dispuesto en el párrafo último del artículo 2.° del Decreto 255 de 19 de abril de 1937 de unificación de Falange y el Tradicionalismo,[26] «para ir dando realidad a los anhelos

---

25 La distribución era la siguiente: Álava, cinco; Ávila, seis. Badajoz, ocho; Baleares, siete; Burgos, siete; Cáceres, siete; Cádiz, siete; Córdoba, nueve; La Coruña, siete; Granada, ocho; Guipúzcoa, nueve; Huelva, seis; Huesca, seis; Logroño, seis; León, seis; Lugo, siete; Málaga, ocho; Orense, siete; Oviedo, ocho; Palencia, seis; Pontevedra, siete; Salamanca, seis; Santander, siete; Segovia, seis; Sevilla, siete; Soria, seis; Teruel, seis; Toledo, siete; Valladolid, siete; Vizcaya, seis; Zamora, seis; y, finalmente, Zaragoza, siete.

26 A tenor del cual «Mientras se realicen los trabajos encaminados a la organización definitiva del Nuevo Estado Totalitario, se irá dando realidad a los anhelos nacionales de que participen en los organismos y servicios del Estado los componentes de Falange Española Tradicionalista y de las JONS para que les impriman ritmo nuevo», *BOE* Burgos, núm. 182, de 20 de abril de 1937, pp. 1033-1034.

nacionales de que participen en los organismos y servicios del Estado los componentes de F.E.T. de las J.O.N.S.».

La vigencia de este sistema, inicialmente transitorio y pensado para tiempos de guerra, se prolongó más de una década después del fin de la contienda, aplicándose con normalidad hasta que en marzo de 1949 se celebraron las primeras elecciones de diputados provinciales en aplicación del modelo de democracia orgánica contemplado en la LBRL.

2.2. El sistema de designación de diputados provinciales en el proyecto de Código de Gobierno y Administración Local de 1941

La reforma del régimen local se trataba de un asunto de la mayor trascendencia política, que se convirtió en una prioridad ya en los primeros meses de la guerra civil.[27] No faltaron, en consecuencia, propuestas más o menos acabadas de las formaciones políticas para adaptar la vida local a la configuración del nuevo Estado. A pesar de su nulo recorrido efectivo, pues Franco ni tan siquiera acusó recibo de su recepción, merece la pena recordar que pocas semanas antes de concluir la contienda, el 10 de marzo de 1939, Manuel Fal Conde, Jefe Delegado de la Comunión Tradicionalista, remitió al jefe del Estado un amplio estudio político sobre los ideales tradicionalistas, cuyo anexo segundo, rubricado «Bosquejo de la futura organización política española inspirada en los principios tradicionales», que dejaba entrever la directa influencia del libro *El Estado Nuevo* de Víctor Pradera, operaba como una suerte de plan

---

27 Como precisa Jordana de Pozas, "[d]esde los primeros meses del Alzamiento fué propósito del Gobierno llevar a cabo «una reforma trascendental, profunda y extensa del régimen y administración de las entidades locales»". Cfr. "Tendencias europeas actuales del Régimen local", en *Estudios de Administración General y Local,* Instituto de Estudios de Administración Local, p. 564. Se trata de su discurso de ingreso en la Real Academia de Jurisprudencia y Legislación, leído el 19 de enero de 1948.

de conjunto del sistema político, en el que se proponía, entre otras cuestiones organizativas, la desaparición de la división y régimen de las provincias y su sustitución por una división regional, concibiendo al municipio como sociedad natural infrasoberana cuya autarquía debía reconocer el Estado quedando integrado por representantes elegidos exclusivamente por cabezas de familia y por organismos corporativos profesionales y culturales de cada localidad, según sufragio orgánico y en la proporción debida.[28]

En este proceso de reforma del régimen local representó un singular papel Serrano Suñer como impulsor y muñidor de diferentes iniciativas. La primera de ellas coincidió con el fracaso de la ofensiva del ejército republicano y el fin de la batalla del Ebro, fecha en la que el entonces Ministro del Interior patrocinó la creación de una comisión bajo su presidencia, mediante Orden de 4 de noviembre de 1938, encargada de la redacción de una ley de gobierno y administración local comprensiva del régimen municipal y provincial y de las funciones delegadas por el Gobierno en ambas circunscripciones con carácter general

---

28 El documento estaba estructurado en una Exposición dirigida a Franco y tres anexos referentes, respectivamente, al criterio tradicionalista sobre el partido político único, al bosquejo sobre la futura organización política española inspirada en los principios tradicionalistas y, por último, a la sucesión dinástica en la monarquía española. Se ha manejado el texto recogido en Santa Cruz, M de, (1979), *Apuntes y documentos para la historia del tradicionalismo español 1939-1966. Tomo 1 1939*, Gráficas Gonther, Madrid, pp. 18-100. Las referencias mencionadas en páginas 67 a 70. El volumen de Víctor Pradera, publicado inmediatamente antes del inicio de la guerra civil, en 1935, y que conoció dos ediciones más, en 1937 y 1941, sobre la premisa de que la "Política" se refiere al gobierno del hombre en su vida de relación, se divide en tres partes referentes, respectivamente, al hombre, a su vida de relación o sociedad y, finalmente, al gobierno de las sociedades en la que desarrolla con detalle su planteamiento organicista en el ámbito institucional, véase Pradera V. (1937), *El Estado Nuevo*, 2ª ed., Editorial Española, pp. 201-398.

(artículo 1).[29] Según atestigua uno de sus miembros, únicamente se celebraron dos sesiones y sus «Ponencias trabajaron con empuje y ambición, redactando varios anteproyectos que abordaban la reforma con mucha mayor amplitud de la que después ha prevalecido».[30]

A la vista de los antecedentes, ordenados y clasificados, de esta comisión y sin llevarse a cabo su disolución formal, en agosto de 1939 Antonio Iturmendi, recién nombrado Director General de Administración Local, recibió el encargo de elaborar un proyecto de Código de Gobierno y Administración Local.[31] La reforma del régimen local obedecía, a juicio de Iturmendi, a dos clases de motivos: de una parte, los relacionados con el urbanismo y el municipalismo y, de otra parte, el que denominaba "imperativo

---

29 Formaban parte de la Comisión, a tenor de su artículo 2, Joaquín Benjumea y Burín, Jefe del Servicio Nacional de Regiones Devastadas y Reparaciones y Alcalde de Sevilla; Gabriel del Valle Yanguas, Jefe del Servicio Nacional de Rentas Públicas; Luis Jordana de Pozas, catedrático de Derecho Administrativo; Pedro Gamero del Castillo, Oficial Letrado del Consejo de Estado; Carlos García Oviedo, catedrático de Derecho Administrativo; Sabino Álvarez Gendín, catedrático de Derecho Administrativo y Secretario de Administración Local de primera categoría; Miguel Allué Salvador, Presidente de la Diputación provincial de Zaragoza; Alfonso de Hoyos Sánchez, Abogado del Estado y Oficial Letrado del Consejo de Estado; Augusto Morales Díaz, .Abogado del Estado; Manuel Martínez de Tena, Abogado del Estado; Eladio Martín Mateo, Alcalde de Palencia; y Dionisio Negueruela Caballero, Secretario de la Diputación provincial de Valladolid, *vid. BOE*, núm. 128, de 5 de noviembre de 1938, pp. 2223-2224. Posteriormente, se adscribieron a la Comisión redactora Francisco Sepúlveda Sunyé, Abogado del Estado, asesor jurídico del Ministerio de la Gobernación; y Rafael Palop Ruiz, Interventor de fondos de la Administración local, *vid.* Orden de 29 de noviembre de 1938, *BOE*, núm. 153, de 30 de noviembre de 1938, p. 2654.

30 Cfr. Jordana de Pozas, L (1961), "Tendencias europeas actuales del Régimen local", *op. cit.* p. 564.

31 Ruiz del Castillo, C, (1961), "La Vida Local", en *El Nuevo Estado Español. Veinticinco años de Movimiento Nacional. 1936-1961,* Instituto de Estudios Políticos, p. 313.

político" que no era otro que el principio de unidad, de modo que el Estado debía renovar la vida local española en cuanto a su funcionamiento y organización «estableciendo un protectorado sobre la vida local que garantice el cumplimiento de sus obligaciones y que defienda sus propios derechos» por razones de orden político derivadas del precitado principio de unidad.[32]

El texto fue presentado al Gobierno en el otoño de 1940,[33] inmediatamente antes de que Serrano abandonase el Ministerio de la Gobernación, cuya cartera asumió el propio Franco, encargando de su despacho al subsecretario, José Lorente Sanz, hasta que en mayo de 1941 fueron nombrados Valentín Galarza como Ministro de la Gobernación y el mencionado Iturmendi como subsecretario del departamento. Esta crisis política y el desplazamiento de Serrano Suñer al Ministerio de Asuntos Exteriores, excluyéndolo de un ámbito de poder tan importante como el de Gobernación, coincidió con un cambio en la prioridad de la tramitación del proyecto de Código. No obstante, consciente de la trascendental importancia política de realizar la reforma del régimen local,[34] Serrano Suñer intentó reactivar su tramitación y en su condición de Ministro Presidente de la Junta Política

---

32 Tal y como desarrolló en la conferencia que pronunció el 17 de julio de 1940 con ocasión de una exposición organizada por la Dirección General de Regiones Devastadas, del Ministerio de la Gobernación, coincidente con la promulgación de la Ley de 13 de julio de 1940 por la que se establece un régimen municipal transitorio para los municipios adoptados por el Jefe del Estado, vid. (1940) "Conferencia del sr. Iturmendi Bañales", *Revista de Gobierno y Administración Local,* (3), pp. 10-16.

33 Bermejo Gironés, J.I., (1941), "Ante el proyecto de Código de Gobierno y Administración Municipal", *Revista de Gobierno y Administración Local* (17), p. 26.

34 Según proclamó en el discurso que pronunció en la precitada exposición de la Dirección General de Regiones Devastadas en julio de 1940, "[q]ueremos que rápidamente esté consumada la obra que ahora nos encomienda el Gobierno. Nos urge extraordinariamente normalizar y vitalizar la vida local española, base y fundamento de la vida del Estado, sin lo cual la vida misma del Estado no sería posible», cfr., (1940) "Dis-

de FET y de las JONS reunió el 19 de julio de 1941 el Consejo Nacional del Movimiento nombrando la Ponencia encargada de emitir el correspondiente dictamen sobre el proyecto de Código de Gobierno y Administración Local. El pleno del Consejo Nacional no llegó a debatir el dictamen de la Ponencia, sin perjuicio de lo cual el *Boletín Oficial del Estado* dio a la estampa una versión del mismo en 1941, previendo su disposición final que entraría en vigor el 1 del mes de octubre próximo inmediato.[35] La inminencia de la aprobación del Código parecía tan evidente que el mismo Derecho positivo lo invocaba como referencia en materia de personal para la creación de nuevas plazas en las corporaciones provinciales.[36]

---

curso del sr. Serrano Suñer", *Revista de Gobierno y Administración Local*, (3), p. 16.

35 *Ministerio de la Gobernación. Proyecto de Código de Gobierno y Administración Local*, Imp. del B.O.E., 1941, 277 pp. En el Archivo General de Alcalá se conservan dos versiones del proyecto de Código, una fechada en 1940, encuadernada en cinco fascículos correspondiendo el tercero al "Libro II. Entidades Provinciales. Administración Provincial. Hacienda Provincial", AGA 44/02946 (08)025; y otra editada en 1941 por el Ministerio de la Gobernación en dos tomos, con correcciones y tachaduras diversas, destacando las relacionadas con su entrada en vigor pues en el texto mecanografiado todas las referencias al mes de junio como fecha de entrada en vigor del Código figuran tachadas a lápiz sustituyéndose por la mención al mes de octubre que consta en la versión publicada por el BOE, AGA 44/02947 (08)025. En la materia que ahora nos ocupa, además de las lógicas variaciones en la numeración de los artículos y de diferentes correcciones técnicas y de estilo, aunque escasas, hay algunas variaciones significativas entre ambas versiones como tendremos ocasión de advertir a continuación.

36 Véase la Orden Circular de 15 de noviembre de 1941, del Ministro Galarza, por la que se dan normas a las corporaciones locales para la confección de los presupuestos ordinarios para 1942, cuyo apartado 6º, en materia de personal, señalaba que las comisiones gestoras de las diputaciones provinciales «en tanto no se promulgue el nuevo Código de Gobierno y Administración Local no podrán crear nuevas plazas ni proceder a su provisión, sea con carácter interino o en propiedad. En caso estrictamente necesario, formularán la propuesta correspondiente a la

El proyecto de Código elaborado por Iturmendi era un texto extenso, con 1.127 artículos, de tendencia «francamente autoritaria» que diseñaba un modelo institucional de corporaciones municipales y provinciales compuestas por miembros natos o nombrados gubernativamente; llevándose a término el robustecimiento de las facultades de los alcaldes, gobernadores y presidentes, asimismo nombrados por el Gobierno o sus delegados; con una mayor intervención de la Administración del Estado, que había de ejercer un «protectorado» sobre la local a través del Ministerio y la Dirección General del ramo y los Gobernadores civiles.[37] En suma, como precisó la doctrina del momento, el espíritu unitario del nuevo Estado tenía que manifestarse necesariamente en una mayor intervención del Gobierno en la Administración local, dando por evidente que «en el futuro Código de Gobierno local se amplíe la tutela del Estado, de manera que no examine la mera legalidad de los actos, sino que compruebe también la conformidad de los mismos con los fines de la política general del Estado. Es decir, que la tutela del Estado ha de ser no sólo jurídica, sino política», sin perjuicio de que su ejercicio, se argüía, debía ser prudente y moderado.[38]

Como expresión del principio totalitario, según se ha apuntado, se diseñaba un modelo de designación gubernativa de autoridades y cargos locales acorde con la impronta política de la inmediata postguerra que rechazaba de plano la elección por sufragio universal. En los términos expresados por Javier Conde al desarrollar su teoría del caudillaje, la representación corres-

---

Dirección General de Administración Local, sin cuya autorización no podrá ser creada ninguna nueva plaza en los Presupuestos ordinarios para el próximo 1942», *BOE* núm. 333, de 29 de noviembre de 1941, pp. 9302-9304.

37 Cfr. Jordana de Pozas, L (1961), "Tendencias europeas actuales del Régimen local", *op. cit.* p. 565.

38 Cfr. Royo Villanova, A (1942), *Elementos de Derecho Administrativo, op. cit.*, pp. 252-253.

pondía al mando supremo siendo las demás instancias representativas obra suya. Así, cuando el mando y la *auctoritas* concurrían centradas en un mismo punto, como era el caso, el modo de producción de instancias representativas derivadas no podía ser el «sufragio», sino la «designación», de ahí que concluyese que la designación por el mando supremo creaba instancias representativas derivadas, pues éste era el único representante originario, el actualizador de la unidad política del pueblo español,[39] en suma, fuente de legitimación de las instancias derivadas y legitimado él mismo.

En lo que ahora interesa, basta reseñar que el proyecto de Código, tras proclamar que los municipios y la agrupación de los mismos en provincias formaban la estructura político-administrativa local de la Nación española (artículo 1), hacía un guiño a la doctrina italiana del momento al prever que el Estado «reconoce y ampara la existencia y personalidad de las autarquías locales, dentro de la debida subordinación jerárquica a su superior Poder» (artículo 2).[40] Definida la estructura territorial del Estado y su garantía en los términos expresados, en los artículos 7 a 9 se abordaban algunas reglas que pueden enmarcarse en el seno del estatuto jurídico de los cargos provinciales: su ejercicio se configuraba como un honor y un deber de carácter obligatorio, no admitiéndose otras excusas para su ejercicio que las expresamente previstas en el propio Código (artículo 7);[41] se delimitaba el espectro subjetivo de quienes podían ejercer tales cargos, pues

---

39 Cfr. Conde, F.J (1945), *Representación política y régimen español, op. cit.*, pp. 125-126.

40 Como recordaba Royo Villanova, la doctrina italiana se había decantado por el término de autarquía en lugar de autonomía para designar la moderna descentralización local, vocablo que, a su juicio, resultaba acertado, pues adquiría de nuevo el sentido originario que tuvo con Aristóteles, «el de capacidad suficiente para bastarse a sí mismo», en *Elementos de Derecho Administrativo, op. cit.*, p. 250.

41 A lo que completaba, en el párrafo segundo del artículo 7, el siguiente fervorín: «[e]l Estado considera como un mérito estimable, exponente de calidades patrióticas y merecedor de distinción, la prestación de ser-

quedaban reservados a los que, además de cumplir las condiciones que para cada caso se requiriesen, cumpliesen una serie de requisitos generales de naturaleza dispar;[42] finalmente, en cuanto a la duración del mandato, se preveía que el término legal de ejercicio del cargo se consideraría prorrogado hasta que tomasen posesión los sucesores de los ejercientes, salvo que gubernativamente se dispusiese lo contrario (artículo 9).

Desde la perspectiva institucional, el gobierno y administración de las provincias correspondían al gobernador civil, al presidente de la diputación y a la diputación provincial (artículo 570). Los gobernadores civiles eran designados por el jefe del Estado a propuesta del Ministro de la Gobernación (artículo 574) y les correspondía, en su veste local, la presidencia de las diputaciones cuando asistiesen a sus sesiones (artículo 584). El presidente de la diputación representaba a la provincia, en cuanto persona moral de Derecho público, correspondiéndole presidir sus sesiones cuando no asistiese el gobernador civil, ejecutar sus acuerdos y ejercer todas aquellas funciones de competencia provincial no atribuidas a la diputación (artículo 594).[43] Se trataba de un cargo gratuito, honorífico y obligatorio, sin perjuicio de lo cual tenía derecho a disfrutar de gastos de representación mensuales en cuantía determinada con relación al

---

vicios de la naturaleza expresada, con la dignidad, celo y sentido de la responsabilidad que exige la administración de los intereses públicos».

42 En concreto, el artículo 8 enumeraba los siguientes: ser ciudadanos del Estado español, que hubiesen cumplido los deberes a que viniesen obligados para con la Patria, estuviesen en el ejercicio de los derechos civiles, acreditasen buena conducta moral y políticosocial, fuesen mayores de edad, salvo que expresamente se señalase otra, y supiesen leer y escribir.

43 En la versión del proyecto de Código de 1940 se empleaba la denominación de "Presidente Gestor" que desaparece en la de 1941. Sobre su alcance volveremos más adelante cuando nos detengamos en la figura del "Presidente-Gerente" introducida por la Base 44ª de la LBRL (*infra* 6).

último presupuesto liquidado.[44] Se preveía que su designación correspondiese al Ministro de la Gobernación a propuesta de una terna de la diputación provincial, informada por el gobernador civil, pudiendo ser o no diputados provinciales, exigiéndose, no obstante, que fuesen naturales o vecinos de algún municipio de la provincia (artículo 596). Su mandato era de cuatro años, pudiendo ser reelegido (artículo 597).

La diputación provincial compartía con su presidente la representación, gestión y administración de los intereses de la provincia en los términos establecidos en el propio Código (artículo 601). Estaba compuesta por el presidente, el vicepresidente y los diputados provinciales. El Código prefiguraba la composición de las diputaciones al disponer que en todas ellas habría nueve diputados, propuestos en función de la siguiente escala y tipo de entidad: tres a propuesta de los municipios de la provincia en representación de los grandes, medianos y pequeños municipios;[45] dos a propuesta del delegado provincial de sindicatos, oídos los jefes provinciales de sindicatos; dos a propuesta de las corporaciones y asociaciones constituidas para fines económicos o de cultura existentes en la provincia con cinco años, al menos, de

---

44 El artículo 595 del proyecto de 1941 establecía la siguiente graduación en función de la cuantía del último presupuesto liquidado: hasta 4.000.000 de pesetas, 10.000 pesetas; superior a 4.000.000 de pesetas e inferior a 8.000.000 de pesetas, 12.000 pesetas; superior a 8.000.000 de pesetas e inferior a 12.000.000, 15.000 pesetas; y de más de 12.000.000 de pesetas, 20.000 pesetas. En la versión del proyecto de Código de 1940 si bien el criterio de comparación también era el último presupuesto liquidado, las cuantías eran distintas y únicamente había tres tramos, así, la escala del entonces artículo 580 era la siguiente: hasta 4.000.000 de pesetas, 12.000 pesetas; superior a 4.000.000 e inferior a 8.000.000, 15.000 pesetas; y superior a 8.000.000, 20.000 pesetas.

45 En el caso de los municipios capital de provincia cuya población fuese igual o superior a las dos terceras partes de la de los demás municipios propondrían un diputado independientemente de los que correspondiese proponer a los restantes municipios.

inscripción previa en el registro del censo corporativo;[46] uno a propuesta de las asociaciones e instituciones benéficas y benéfico-docentes de la provincia que cumpliesen fines de utilidad pública, fuesen de fundación particular y no estuviesen administradas por el Estado o por las corporaciones locales; y, finalmente, uno a propuesta de los colegios de profesionales, facultativos o de Escuela Superior o Especial radicadas en la provincia (artículo 603).[47]

Las reglas del procedimiento de designación eran escuetas. Las propuestas para cada cargo de diputado provincial debían formularse en terna, siendo informadas por los gobernadores civiles oyendo el parecer de las jefaturas provinciales de FET y de las JONS. El Ministro de la Gobernación era el competente para designar a los diputados provinciales, titulares y suplentes,

---

46 Quedaban expresamente excluidas de tener representación en las diputaciones provinciales los establecimientos de enseñanza y las asociaciones que persiguiesen fines exclusivamente religiosos o benéficos, los casinos o círculos de recreo, y las compañías, sociedades o asociaciones que tuviesen por objeto el lucro o la ganancia.

47 En el artículo 588 del proyecto de Código de 1940 el número de diputados provinciales, titulares y suplentes, a designar era de 14, distribuyéndose de la siguiente manera: 6 a propuesta de los delegados de los municipios de la provincia; 2 a propuesta de la respectiva Jefatura Provincial del Movimiento, que desaparecen en la versión de 1941; 2 a propuesta de las entidades sindicales de la provincia; 1 a propuesta de los delegados designados por los órganos de representación o de gestión de las entidades que ejerciesen, por disposición del Poder Público, representación profesional económica independiente de la sindical; 1 a propuesta de los delegados designados por los administradores o representantes de las instituciones asistenciales, Asociaciones benéficas de la provincia que cumplan fines de utilidad pública y no estuviesen administradas por el Estado o las Corporaciones locales; 1 designado a propuesta de los delegados de los órganos rectores de las asociaciones o centros de cultura intelectual de la provincia no dedicados exclusivamente a la enseñanza; 1 a propuesta de los delegados de los colegios profesionales facultativos o de escuela superior o especial existentes en la provincia.

de entre las personas que le hubiesen propuesto en la terna correspondiente.[48] En el caso de que por razones éticas o políticas no fuese admisible ninguno de los representantes propuestos, tras motivar su recusación, se requeriría a las entidades concernidas a que presentasen nueva propuesta que, de ser desestimada por tales motivos, daba lugar a la pérdida del derecho de propuesta y a la designación directa de diputados por el Ministro de la Gobernación (artículo 605).

Sólo podían ser diputados los que, además de tener las condiciones generales que el Código exigía en su artículo 8 antes mencionado, fuesen naturales o vecinos de algún municipio de la provincia y perteneciesen a alguna de las entidades jurídicas públicas o privadas que les propusiesen (artículo 607). Finalmente, en cuanto a sus derechos económicos, tanto el presidente como los diputados podían percibir dietas por asistencia a las sesiones de cuarenta o treinta pesetas, según que el presupuesto corporativo fuese o no superior de 6.000.000 de pesetas anuales, no pudiendo exceder el número de dietas de dos al mes. Además, los que tuviesen residencia fija en la provincia, fuera de la capital, se preveía que cobrasen una cantidad supletoria por viático (artículo 609).[49]

Llegado el 1 de octubre de 1941 sin que el Código de Gobierno y Administración Local hubiese sido publicado en el *Boletín*

---

48 Como precisaba Gascón y Marín al desarrollar los modelos teóricos de órganos de administración provincial y su composición, en lo atinente a su forma de designación había que partir del régimen político existente en el Estado: en el régimen demoliberal la elección era el procedimiento, mientras que en el régimen autoritario el criterio lógico para la designación era el nombramiento autoritario, *vid.* Gascón y Marín, J. (1942), *Administración provincial española. Sus problemas*, pp. 168-169.

49 En la versión del proyecto de Código de 1940 la redacción de este precepto, entonces el artículo 594, era sustancialmente idéntica a la de 1941, salvo que en aquélla se preveía que la cuantía sería única de cuarenta pesetas.

Oficial del Estado se abrió un nuevo panorama en el que las prioridades legislativas de Franco abandonaron el régimen local y viraron al aspecto orgánico-institucional del Estado: entraba en juego la creación de las Cortes y la implantación de un modelo de democracia orgánica con directa implicación en la elección de diputados provinciales como veremos a continuación.

3. SUFRAGIO ORGÁNICO EN LA FASE DE REORDENACIÓN Y REVISIÓN ESTATAL

La Ley de creación de las Cortes Españolas de 17 de julio de 1942 marca un giro significativo del régimen declinando la hegemonía formal del partido único para centrarse en la remodelación del Estado.[50] Las reformas políticas y administrativas desarrolladas en el trienio 1942-1945 –Ley de Referéndum, Reglamento provisional de las Cortes, Fuero de los Españoles, Ley de Bases de Régimen Local y Ley de Sucesión a la jefatura del Estado-, fundamentaron la legitimidad del nuevo Estado sobre la concepción del individuo según el corporativismo social católico,[51] introduciendo formalmente un modelo de democracia orgánica en España. En el ámbito que ahora nos ocupa, frente al sistema de designación gubernativa de los miembros de las comisiones gestoras de las diputaciones provinciales se consideró que con el modelo de democracia orgánica el cargo de diputado provincial se ejercería con mayor autoridad por el origen de la representación, e incluso con mayor independencia

---

50 Martínez Cuadrado, M (1974), "Representación. Elecciones. Referéndum", *op. cit.*, p. 1379.

51 Cfr. Sevillano Calero, F (2002), "El nuevo Estado y la ilusión de la «democracia orgánica». El referéndum de 1947 y las elecciones municipales de 1948 en España", *Historia Contemporánea*, (24), Universidad del País Vasco–Euskal Herriko Unibertsitatea, [https://ojs.ehu.eus/index.php/HC/article/view/5978/5658], pp. 357-358.

al situar a los diputados en una posición idónea para manifestar claramente su opinión.[52]

Ahora bien, que se atemperase el principio totalitario no significa que se abandonase por completo, puesto que la autoridad gubernativa siguió desempeñando un importante papel tanto en el desarrollo de los comicios provinciales, a través de su intervención en la designación de los compromisarios que habrían de votar a los diputados provinciales, como en la designación de los presidentes de diputación.

3.1. El modelo de elección orgánica de diputados provinciales en la Ley de Bases de 17 de julio de 1945

Las Cortes, «órgano superior» de participación del pueblo español en las tareas del Estado, según proclamaba el artículo 1 de la Ley de 17 de julio de 1942, por su composición integraban en el Estado la organización del partido único, la organización administrativa (provincias y municipios),[53] la organización económica (sindicatos) y la organización de las profesiones intelectuales. De ahí que se llamase la atención sobre el reconocimiento de la realidad orgánica de la vida local a través de su incorporación plena a la vida pública y su participación en el funcionamiento del Poder,

---

52 En este sentido, véanse las intervenciones del Marqués de la Valdavia, presidente de la Diputación de Madrid, y del Marqués de Vivel, vicepresidente de dicha corporación, en la sesión extraordinaria de 21 de abril de 1949 en la que se constituyó la primera Diputación con arreglo al sistema de democracia orgánica contemplado en la Base 38ª de la LBRL, en *Libro de Actas de la Diputación Provincial de Madrid,* Archivo Regional de la Comunidad de Madrid, 903430-5, fols. 237-239.

53 La representación territorial en las Cortes se abordaba en el artículo 2.e) de la Ley de 17 de julio de 1942 incluyendo entre los procuradores natos a los alcaldes de las cincuenta capitales de provincia y a los de Ceuta y Melilla y entre los procuradores electivos a un representante de los municipios de cada provincia designados a través de la diputación provincial respectiva.

dado que las corporaciones locales, en cuanto tal, participaban en la vida política mediante su propia representación.[54] El corolario de ello, atendiendo a que el artículo 10.1.h) de la Ley de Cortes preveía que éstas conocerían de los actos o Leyes que tuviesen por objeto, entre otras materias, la relativa a «las bases del régimen local», consistía en que las corporaciones locales colaboraban en la formación de su propio Estatuto al formar parte de las Cortes que tenían asignada dicha tarea normativa.[55]

En cumplimiento del mandato legal el Ministro de la Gobernación, a la sazón Blas Pérez González, presentó a finales de diciembre de 1944 un anteproyecto de ley de régimen local que fue remitido a las Cortes en mayo del año siguiente, siendo promulgado, tras las correspondientes discusiones en el seno de la Comisión de Gobernación y del Pleno, el 17 de julio de 1945 como Ley de Bases de Régimen Local. En ella se abordan los principios estructurales del régimen provincial que fueron desarrollados en la sucesivas Leyes de 1950, 1953 y 1955, entre los que, aún de modo telegráfico, basta mencionar los siguientes: i) en cuanto a la naturaleza de la provincia, a pesar de no contener una definición expresa de la misma,[56] la doctrina del momento defendió que el texto legal la concebía en una triple función, como «área política del Gobierno central; conjunto de Municipios de una circunscripción; núcleo intermedio entre los Municipios y el Estado para que el auxilio de éste llegue a aquéllos»[57]; ii) respecto a la naturaleza de la diputación provincial, la Ley la configuró como corporación pública de fines económico-administrativos (Base 1ª), remarcando su condición de entidad local

54 Cfr. Ruiz del Castillo, C (1944) "Estructura y función de las entidades locales", *Revista de Estudios Políticos* (15-16), p. 446.

55 Así, Ruiz del Castillo, C (1942), "Las Cortes y la vida local", *Revista de Estudios de la Vida Local,* (4) 12.

56 Gascón y Marín, J, (1945), "Nueva Organización Provincial", *Revista de Estudios de la Vida Local,* (22), p. 582.

57 Ruiz del Castillo, C, (1945), "Las Bases de Régimen Local", *op. cit.* p. 571.

territorial legal,[58] frente al municipio, entidad local territorial natural; iii) en lo que atañe a la perspectiva orgánica, el gobernador civil era el presidente nato de la diputación, disponiendo de voto cuando acudiese a sus sesiones, estando asistido por la misma en el ejercicio de sus funciones (Base 37ª); iv) la diputación quedaba integrada por el presidente y los diputados provinciales, siendo el primero nombrado y separado por el Ministro de la Gobernación (Base 39ª); y, finalmente, v) los diputados eran elegidos mediante un sistema de representación corporativa por compromisarios, distinguiendo entre diputados de extracción municipal y de extracción de entidades económicas, culturales y profesionales (Base 38ª).

La defensa política del texto en su presentación ante el pleno de las Cortes corrió por cuenta del propio Pérez González y de Sabino Álvarez Gendín, que a su condición de catedrático de Derecho Administrativo sumaba su labor como procurador en Cortes y presidente de la Comisión de Gobernación, a los que se sumó la tarea exegética del catedrático de Derecho Político Carlos Ruiz del Castillo, que desempeñaba la dirección del Instituto de Estudios de Administración Local. A juicio del Ministro de la Gobernación la «idea política» perseguida por el proyecto legal se cifraba en alcanzar dos objetivos: por un lado, canalizar a través de las entidades locales la participación de los españoles en las tareas del Estado, en su calidad de instrumentos al servicio de la Nación y, por otro lado, reconstruir sobre principios tradicionales «las condiciones de vida del pueblo español, proporcionándole un nivel medio de cultura y de condiciones materiales

58 Como expuso en su momento Garrido Falla, el nacimiento de entidades territoriales legales se debe «exclusivamente a una necesidad de la Administración del Estado», como sucede con la división provincial que no tiene más fundamento histórico positivo que la división de 1833, *vid.* Garrido Falla, F., (1947), "Sobre el concepto de Administración Local", *Revista de Estadios de la Vida Local*, (31), p 41.

de existencia, con arreglo a las exigencias del progreso humano en el presente momento histórico.»[59]

Llegado el momento de desarrollar las novedades relacionadas con el sistema de elección y composición de las entidades locales, la intervención del señor Pérez González giró sobre tres cuestiones de naturaleza y alcance dispar. Comenzó, en primer lugar, rechazando rotundamente el sistema de sufragio universal y los partidos políticos, poniendo de relieve cómo el proyecto se decantaba por un modelo de representación orgánica en el que se caracterizaba a los ayuntamientos y diputaciones como corporaciones públicas de naturaleza administrativa (Base 1ª). De esta premisa se desprendía, a su juicio, que se trataba de entidades no políticas, «a las que se prohíbe hacer política». Se trata de una afirmación algo confusa con la que se pretendía poner punto y final a un debate que había ocupado al legislador de régimen local desde el siglo anterior,[60] relacionado con el reparto de funciones de gobierno y administración entre los órganos provinciales: la acción política a desarrollar en todo el territorio correspondía a los delegados del Poder central, que representaban la unidad política del Estado (en el caso de la LBRL, los gobernadores civiles) y las funciones de administración, relacionadas con la técnica y los servicios, que se atribuía a la diputación provincial.[61] A continuación, advirtió sobre el hecho de que el sistema electivo orgánico habría de verificarse a través de la familia, el municipio y el sindicato, «como bases naturales, íntimas y auténticas en que se basa el Estado», en coherencia con el artículo 10 del Fuero de los Españoles,

---

59 *Vid. Boletín Oficial de las Cortes Españolas*, núm. 112, de 14 de julio de 1945, pp. 2340-2341.

60 La prohibición dirigida a ayuntamientos y diputaciones provinciales de deliberar, adoptar o formular exposiciones políticas, como elemento extraño a su naturaleza económico-administrativa, aparece ya, bajo la inspiración del moderantismo decimonónico, en las Leyes de 1835, 1840, 1845, en el proyecto de Ley de ayuntamientos de Posada herrera de 1862 y con matices en las leyes de 1870 y 1877.

61 Como había propuesto Gascón y Marín en 1942, en *Administración provincial española. Sus problemas, op. cit.*, pp. 306-307.

de 17 de julio de 1945.[62] Y, finalmente, puso de manifiesto que el procedimiento a seguir en la elección habría de realizarse en una posterior reglamentación,[63] como veremos con más detalle más adelante (*vid. infra* 4.1).

Tal y como advirtió la doctrina, desde un planteamiento teórico, al sentar las bases de lo que debía ser el régimen futuro de la vida provincial habría de optarse por uno de estos dos sistemas respecto de la composición del organismo provincial: podía constituirse bien por delegados del ayuntamiento o bien por delegados de corporaciones que cumpliesen en el territorio provincial fines de carácter social en los órdenes de la enseñanza, la beneficencia y el ramo económico. Pero también era posible acudir a un sistema mixto en el que las diputaciones se constituyesen con «representaciones de esos elementos netamente corporativos, sociales y con representaciones de esos elementos corporativos, político-administrativos y representantes de los Ayuntamientos».[64] Ante esta disyuntiva el legislador de 1945 se decantó por el segundo de los sistemas mencionados, pues la Base 38ª preveía, tal y como ya se ha adelantado, que los diputados provinciales se dividiesen en dos grupos: de representación municipal y de representación corporativa. El primero de ellos lo integraban los representantes de los ayuntamientos, elegidos por compromisarios de los mismos por cada partido judicial; su número era igual al de los partidos judiciales existentes, previéndose que, en los municipios cabeza de partido judicial que a la vez fuesen capitales de provincia y con

---

62 Que consagraba el derecho de todos los españoles a participar en las funciones públicas de carácter representativo a través de la familia, el municipio y el sindicato.

63 *Boletín Oficial de las Cortes Españolas*, núm. 112, de 14 de julio de 1945, pp. 2342-2343.

64 Cfr. Gascón y Marín, J (1942), *Administración provincial española. Sus problemas,* 134-135; Simón Tobalina, J. L. de., (1954), "La representación corporativa en las elecciones de Diputados provinciales", *Cisneros. Crónica provincial,* Año IV (8), Excma. Diputación Provincial de Madrid, p. 21.

población superior a 100.000 habitantes,[65] su número se elevase en un diputado más por cada 500.000 habitantes o fracciones de 500.000.[66]

El segundo grupo estaba compuesto por los diputados que debían elegir las entidades económicas, culturales o profesionales. Su número no podía exceder de la mitad del de representantes de partidos judiciales de entre una lista de candidatos propuesta por el gobernador civil, en número triple, por lo menos, del de las vacantes que hubiesen de ser cubiertas. A pesar de la omisión del texto legal sobre el sistema electoral, resultaba obvio que no podía ser otro que el de la elección de segundo grado o por compromisarios designados por las corporaciones o entidades a las que se reconociese el derecho de voto mediante su inclusión en el registro especial que habría de confeccionarse.[67]

Junto a estas someras reglas de procedimiento de designación, la Base 38ª mencionaba tres aspectos que formaban parte del estatuto jurídico de los diputados. Por una parte, las causas de incompatibilidad eran las mismas que las previstas para los concejales

---

65 Se trataba de los municipios de Madrid, Barcelona, Valencia, Sevilla, Málaga, Zaragoza, Bilbao, Murcia, Córdoba, Granada y Las Palmas, *vid.* Marqués Carbó, L., *El Derecho Local Español,* Tomo II. Primera Parte, Informaciones Municipales, p. 92.

66 Esta redacción obedece a una modificación de la norma proyectada realizada en el seno de la Comisión de Gobernación de las Cortes a petición del sr. Alcocer y Rivacoba, alcalde de Madrid y procurador en Cortes, con la finalidad de ampliar la representación de las capitales de provincia de más de 100.000 habitantes en las diputaciones provinciales, véase la intervención del sr. Álvarez Gendín en nombre de la Comisión en el *Boletín Oficial de las Cortes Españolas,* núm. 112, de 14 de julio de 1945, p. 2334.

67 Fernández Hernando, J (1948), "Formas de designación de los miembros de las Corporaciones en la nueva Ley de Régimen Local", *Revista de Estudios de la Vida Local,* (41) 647.

en la Base 9ª.[68] Por otra parte, se preveía que los diputados de representación municipal cesarían de aquel cargo cuando perdiesen la condición de alcalde o concejal con que fueron designados. Y, por último, se fijaba la obligación de renovar las diputaciones provinciales por mitad cada tres años.

4. ELECCIONES ORGÁNICAS DE DIPUTADOS PROVINCIALES

4.1. Elecciones orgánicas y determinación del marco jurídico

La celebración en el otoño de 1948 de las elecciones municipales según el modelo de representación orgánica contemplado en la LBRL dejó expedito el camino para realizar las elecciones en las diputaciones provinciales según los designios de la misma Ley cuatro años después de su entrada en vigor. No obstante, la convocatoria de las primeras elecciones provinciales mediante Decreto de 11 de febrero de 1949 para el siguiente 20 de marzo puso de relieve tanto la obsolescencia

---

68 Que enumeraba como causas de incompatibilidad para ser concejal las siguientes: los funcionarios en activo de la respectiva entidad o empleados de servicios municipalizados; los deudores directos o subsidiarios a fondos municipales, provinciales o del Estado, contra quienes se hubiere expedido mandamiento de apremio; los que estuviesen interesados en contratos o suministros con cargo a fondos públicos dentro del término municipal; los que tuviesen entablada contienda judicial o administrativa con el ayuntamiento o con establecimientos dependientes del mismo, así como los abogados y procuradores que los representasen en litigio; los industriales, socios colectivos, gerentes, directores, consejeros o empleados de sociedades y empresas que produjesen o suministrasen artículos municipalizados o prestasen servicios análogos a los municipales y los que desempeñasen cargos semejantes en empresas concesionarias de servicios municipales; y, por último, los condenados a privación o restricción de libertad o inhabilitación para cargos públicos.

de alguno de los elementos del procedimiento de elección diseñado en la Base 38ª de la Ley de 17 de julio de 1945, como la ausencia de un marco normativo estable y preciso ante la falta de desarrollo de dicha Base, que comprometía la efectividad de la convocatoria electoral.

El primer óbice apuntado motivó la aprobación del Decreto-ley de 18 de febrero de 1949 con el objeto de modificar la reiterada Base 38ª. Según reseñaba la sucinta justificación que lo acompañaba, la aplicación estricta de la misma daba lugar en algunas provincias con escaso número de partidos judiciales a que las corporaciones provinciales tuviesen que constituirse con menos miembros de los indispensables para regir los diferentes servicios que tenían encomendados, por lo que ante la inminente celebración de las elecciones debía procederse a su modificación. En concreto, se añadió un nuevo párrafo que preveía que en las provincias con menos de seis partidos judiciales y población total superior a 300.000 habitantes se elegían doble número de diputados representantes de los ayuntamientos de los que les hubiesen correspondido aplicando la regla general,[69] que era el supuesto en que se encontraba la provincia de Guipúzcoa.[70]

La solución del segundo óbice resultó algo más compleja, dilatándose en el tiempo, puesto que hasta los comicios de renovación parcial de diputados provinciales de 1955 existió un sistema normativo disperso y fragmentario que dotaba de un alto grado de complejidad a un proceso de elección de por sí intrincado. Las elecciones de 20 de marzo de 1949 se realizaron sobre la base de una panoplia de normas de distinto rango que comprendían las escuetas reglas sobre procedimiento de la Base 38ª LBRL, las detalladas reglas procedimentales del Decreto de

---

69 *Vid.* el Decreto-ley de 18 de febrero de 1949 por el que se modifica la Base 38 de la ley de 17 de julio de 1945, *BOE* núm. 53, de 22 de febrero, p. 878.

70 *Vid.* Marqués Carbó, L., *Derecho Local Español, op. cit.* p. 92.

4 de febrero de 1949 sobre normas para la celebración de las elecciones provinciales,[71] resultando, finalmente, de aplicación supletoria las previsiones de la Ley Electoral de 8 de agosto de 1907 en cuanto hiciesen referencia a la elección de diputados provinciales y no se opusiesen al contenido de la Base 38ª. Con posterioridad, el contenido del Decreto de 4 de febrero de 1949 paso a formar parte prácticamente en su totalidad de los artículos 227 a 236 de la Ley de Régimen Local de 16 de diciembre de 1950 (desde ahora, LRL), de manera que las siguientes elecciones provinciales celebradas el 23 de marzo de 1952 se realizaron al amparo de la LBRL, la LRL, de las normas específicas de procedimiento contempladas en el Decreto de 8 de febrero de 1952[72] y de la Ley Electoral de 8 de agosto de 1907. Finalmente, a partir de los comicios de 1958 el sistema de fuentes se clarificó al regularse el procedimiento de elección por la Base 38ª LBRL, los artículos 226 a 234 TRRL, y 142 a 161 del Decreto de 17 de mayo de 1952, por el que se aprueba el Reglamento de organización, funcionamiento y régimen jurídico de las Corporaciones locales (en adelante, ROF).

Con vistas a las elecciones provinciales de 1964 se llevó a cabo una nueva modificación de la base 38ª de la Ley de 17 de julio de 1945, así como de los artículos 226 a 236 del TRRL, dado que, si bien el modelo de régimen local respondía desde la perspectiva política por entero a los principios fundamentales del Movimiento, desde el punto de vista técnico su carácter flexible, derivado de su revisión quinquenal preceptiva, permitió una adaptación constante a las nuevas necesidades mediante «las modificaciones aconsejadas por la experiencia y los deseos de la opinión pública».[73] Respecto de la primera,

---

[71] *BOE* núm. 49, de 18 de febrero de 1949, pp. 813-815.

[72] *BOE* núm. 44, de 13 de febrero de 1952, pp. 673-675 y corrección de errores en *BOE* núm. 46, de 15 de febrero de 1952, p. 706.

[73] Cfr. Jordana de Pozas, L (1961), "La Administración Pública", en *El Nuevo Estado Español. Veinticinco años de Movimiento Nacional. 1936-1961,* Instituto de Estudios Políticos, p. 270.

mediante la Ley 167/1963, de 2 de diciembre,[74] se modificó lo atinente al grupo de representación corporativa para incluir, junto con los representantes de corporaciones y entidades económicas, culturales y profesionales a la Organización Sindical, reforzándose con ello la presencia de esta organización en la institución provincial dado que, a los diputados del grupo municipal que podían tener esa procedencia sindical, se sumaban a partir de entonces los que fuesen designados por la propia Organización Sindical. Asimismo, se introdujo la novedad de que los representantes corporativos corresponderían por mitades al grupo de procedencia sindical y al grupo de entidades y corporaciones económicas, culturales y profesionales.

La reforma de la Base 38ª motivó la modificación de los preceptos del TRRL que la desarrollaban para adaptarlos a la nueva regulación de los diputados provinciales del grupo corporativo. El proceso se llevó a cabo mediante el Decreto 406/1964, de 22 de febrero,[75] limitándose estrictamente a los aspectos que habían sido objeto de modificación, manteniéndose en todo lo demás el texto articulado primitivo. El propio Decreto 406/1964 habilitaba al Ministerio de la Gobernación para dictar las disposiciones precisas para aplicar la nueva regulación, así como la elaboración de las propuestas de modificación del ROF que se estimasen pertinentes, sin perjuicio, se precisaba, de que tal desarrollo reglamentario pudiese hacerse con «carácter provisional» en el Decreto de convocatoria de las próximas elecciones provinciales. De este modo,

---

74 *Vid.* la Ley 167/1963, de 2 de diciembre, sobre reforma de la base 38 de la Ley de Bases de Régimen Local de 17 de julio de 1945, en orden a la representación sindical en las Diputaciones provinciales, *BOE* núm. 291, de 5 de diciembre, p. 16994.

75 *Vid.* el Decreto 406/1964, de 22 de febrero, por el que se aprueba nuevo texto articulado de la sección tercera del capítulo segundo del título primero del libro segundo de la ley de Régimen Local, de acuerdo con la nueva redacción dada por la Ley de dos de diciembre de mil novecientos sesenta y tres a la base treinta y ocho de las de Régimen Local de diecisiete de julio de mil novecientos cuarenta y cinco, *BOE* núm. 50, de 27 de febrero, pp. 2671-2673.

con cierto desapego por la técnica normativa, en un decreto con numeración anterior, el Decreto 405/1964, de 22 de febrero, por el que se convocan elecciones provinciales, se establecían algunas reglas procedimentales específicas a cuya elaboración habilitaba una norma posterior, relacionadas con la elección de diputados provinciales por la Organización Sindical como veremos con más detalle *infra* (*vid.* 4.4).

La representación sindical, como no podía ser menos, fue bien recibida en las corporaciones provinciales, pues a través de ella, advirtió el presidente de la Diputación de Madrid, señor Ossorio Álvarez, las representaciones de la propiedad y del trabajo se armonizaban «en feliz encuentro» para el bien común, el progreso de la nación y sin que concurriesen ninguno de los inconvenientes de la historia inmediatamente precedente dónde «la excitación, la pasión y la animosidad» conducían a la confusión, a situaciones lamentables que perturbaban notablemente la vida de la nación.[76]

4.2. Derecho de sufragio pasivo

El artículo noveno del Decreto de 4 de febrero de 1949, cuyo contenido reprodujo el artículo 233 TRRL, establecía que todos los españoles, mayores de veintitrés años, varones o mujeres, que supiesen leer y escribir eran elegibles para el cargo de diputado provincial. A este supuesto general de elegibilidad, dado el principio de representación orgánica que informaba todo el sistema, se añadieron condiciones particulares referidas a cada tipo representativo (municipal, corporativo y sindical). En el caso de la elección de diputados de representación municipal debían estar desempeñando en la fecha de publicación de la convoca-

---

76 Intervención del sr. Álvarez Ossorio, marqués de la Valdavia, en la sesión extraordinaria de 2 de abril de 1964, constitutiva de la corporación provincial tras la renovación parcial de diputados provinciales, *Libro de Actas de la Diputación Provincial de Madrid*, AGCM 903498-2, fol. 169 vto.

toria electoral el cargo de alcalde o concejal en cualquiera de los ayuntamientos del partido judicial correspondiente; mientras que en el supuesto de representación corporativa debían pertenecer como miembro activo, en igual fecha, a cualquiera de las corporaciones o entidades que concurriesen a la elección; finalmente, tras las reformas de la Base 38ª y del TRRL llevadas a cabo en 1963-1964, en el caso de la representación sindical debían hallarse afiliados en la fecha de la publicación del Decreto de convocatoria electoral a la Organización Sindical mediante adscripción directa a una de sus entidades radicadas en la provincia.

A pesar de que la titularidad del derecho de sufragio pasivo se extendió desde el primer momento a mujeres y varones, la efectiva presencia de aquéllas en las diputaciones provinciales no puede calificarse más que de anecdótica. A la altura de 1958, tras la celebración de cuatro comicios de renovación de diputados provinciales, no se conocía corporación provincial alguna en que hubiese sido elegida ninguna diputada provincial.[77] En el caso de la Diputación Provincial de Madrid habrá que esperar hasta los comicios de 1967 para que la previsión legal se convirtiese en realidad, puesto que en esa fecha resultó elegida por el grupo de representación municipal doña Oliva Torré Lambea, concejal del Ayuntamiento de Madrid desde 1963, y que formó parte de las Comisiones de Ayuda Familiar a Funcionarios, de Ciudad Docente y de Educación, Cultura, Deportes y Turismo, así como de diversos organismos en representación de la corporación provincial hasta la renovación de 1971.[78] Esta situación se reprodujo en otras cor-

---

77 Marqués Carbó, L. (1958), *El Derecho Local Español, op.cit.*, p. 97.

78 En el seno de la Diputación formó parte del Patronato del Centro Coordinador de Bibliotecas y de la Junta Rectora del Colegio de San Fernando; mientras que fue representante de la corporación provincial en el Consejo Provincial de la Juventud y en la Junta Provincial de Construcciones Escolares de Madrid. Valga reseñar que, de las sesiones constitutivas de la diputación celebrada tras la renovación parcial de diputados, la de 1 de abril de 1967 en la que juró su cargo es la única a la que asistieron el Ministro de la Gobernación, Camilo Alonso Vega, el

poraciones provinciales, como la de Zaragoza, dado que hasta la renovación parcial de 1974, ya en las postrimerías del régimen, no se eligieron dos diputadas provinciales: las señoras Salvo Salanova, alcalde de Sos del rey Católico, y Carrillo Pardos, del grupo de representación corporativa.[79]

Con relación a las causas de incapacidad, incompatibilidad, excusa o pérdida del cargo de diputado provincial, desde el Decreto de 4 de febrero de 1949 y en la posterior legislación de régimen local, fueron las mismas tanto para concejales como para diputados provinciales, resultando tributarias de las establecidas en la Ley Electoral de 1907.[80] Por lo que atañe a las causas de incapacidad, el artículo 32 ROF, por remisión de su artículo 148, enumeraba siete supuestos que abarcaban aspectos dispares relacionados con circunstancias de índole subjetiva.[81] Respecto de

---

Director General de Administración Local, José Luis Moris Marrodan, y el Alcalde de Madrid, Carlos Arias Navarro; *vid. Sesión Extraordinaria de 1 de abril de 1967. Libro de Actas de la Diputación Provincial de Madrid,* Archivo Regional de la Comunidad de Madrid, 903498-4 fols. 20 a 22.

79 La primera fue designada vocal de las Comisiones de Obras Públicas y Paro Obrero y de Beneficencia y Obras Sociales; mientras que la segunda fue designada vocal de las Comisiones de Cooperación y de Educación, Deportes y Turismo, a lo que añadía la delegación de la presidencia en la Junta Provincial de Protección Escolar, véase Sesión extraordinaria del día 1 de abril de 1974, *Libro de Actas de la Diputación de Zaragoza,* fols. 71-77.

80 Ruiz del Castillo, C, (1948), "Garantías electorales", *Revista de Estudios de la Vida Local* (41), p. 668.

81 Entre ellas no saber leer y escribir; los condenados por sentencia firme a privación o restricción de libertad o a inhabilitación para cargos públicos; los deudores directos o subsidiarios a fondos municipales, provinciales o del Estado, contra quienes se hubiere expedido mandamiento de apremio por resolución firme; los concursados o quebrados, a menos que hubiesen acreditado su rehabilitación legal y el cumplimiento de todas sus obligaciones; los acogidos en establecimientos de beneficencia o que viviesen de la caridad pública; los vecinos cabezas de familia, varones o mujeres, que hubiesen perdido la patria potestad por decisión de la autoridad competente; y, por último, los funcionarios

las incompatibilidades, el artículo 33 ROF enumeraba como tales diferentes supuestos que tenían como nexo común el hecho de que el incompatible mantenía una relación, litigiosa o de servicio, con la corporación provincial.[82] En el caso de las excusas para el desempeño del cargo de diputado provincial, abarcaban tanto supuestos de orden físico (los mayores de sesenta y cinco años y los impedidos físicamente), de sexo (las mujeres), como, por último, de estatus personal (los funcionarios en ejercicio de las carreras judicial o fiscal, los militares en activo, cualquiera que fuese su graduación, y los eclesiásticos pertenecientes al clero secular o regular).

A las causas de incapacidad, incompatibilidad y excusa, cuya comprobación en la práctica se llevaba a cabo en la sesión constitutiva de la diputación provincial respectiva tras la comprobación de las credenciales de los diputados electos e inmediatamente después de que prestaban juramento como diputado provincial, se unían los supuestos excepcionales de pérdida de la condición de diputado provincial.[83]

---

en activo del respectivo ayuntamiento o diputación y los empleados de servicios municipalizados y provincializados.

82 Eran incompatibles para ejercer la función de diputado provincial los que estuvieren interesados en contratos o suministros con cargo a fondos públicos dentro del término provincial; los que, como actores o demandados, tuviesen entablada contienda judicial o administrativa con la diputación o con establecimientos dependientes de la misma, extensiva a los abogados y procuradores que los dirigiesen o representasen en el litigio; y, finalmente, los industriales, socios colectivos, gerentes, directores, consejeros o empleados de Seriedades o Empresas que produjeren o suministraren artículos provincializados o prestasen servicios análogos, y los que desempeñasen cargos semejantes en empresas concesionarias de servicios municipales.

83 Entre ellos figuraba el cambio de vecindad o nacionalidad; la falta de asistencia, sin causa justificada, a seis sesiones consecutivas o a diez no consecutivas en el término de doce meses, acreditadas con certificación del Secretario en relación con el Libro de Actas; el nombramiento por la Corporación de empleado con sueldo o cualquier otra remuneración a favor de un pariente dentro del cuarto grado de consanguinidad

Resta por señalar que el cargo de diputado provincial era obligatorio y gratuito, según proclamaba el artículo 10 del Decreto de 4 de febrero de 1949. Aunque esta misma regla pasó al artículo 234 TRRL, su desarrollo reglamentario la atenúo moderadamente al prever el artículo 147 ROF la posibilidad de percibir dietas por asistencias a las sesiones, así como el cobro de indemnizaciones por desplazamiento y alojamiento de los diputados residentes fuera de la capital.

4.3. Mandato corporativo y convocatoria de las elecciones

El mandato de los diputados provinciales era de seis años, renovándose las diputaciones por mitad cada tres años. Estas renovaciones trianuales afectaban en idéntica proporción a los diputados representantes de los ayuntamientos y a los que ostentaban la representación de las entidades y corporaciones económicas, culturales y profesionales, y, a partir de 1964, de la Organización Sindical.

La determinación de las vacantes a renovar resultaba, pues, determinante del proceso electoral. En el caso de la primera renovación parcial trianual de la Diputación de Madrid se celebró sesión extraordinaria del pleno el mismo día de las elecciones, 23 de marzo de 1952, con la finalidad de declarar las vacantes de cada grupo que debían renovarse en los términos del Decreto de convocatoria.[84] En el caso de la representación municipal, que tenía que renovarse en su mitad (seis diputados), se produjeron dos vacantes por pérdida de la condición de concejales del Ayuntamiento de Madrid de los señores López Quesada y Álvarez,[85]

---

o segundo de afinidad del diputado, salvo que se hubiese realizado en virtud de oposición; y, finalmente, la pérdida de la condición representativa que sirvió de base para la elección.

84 *Libro de Actas de la Diputación Provincial de Madrid*, Archivo Regional de la Comunidad de Madrid, 903464-1, fols. 66 a 68.

85 Supuesto contemplado en la letra b) de la disposición transitoria primera del Decreto de 8 de febrero de 1952 a tenor del cual se considera-

a los que se sumaron cuatro diputados más a los que se aplicó el criterio de mayor y menor edad alternativamente previsto en la disposición transitoria segunda del Decreto de convocatoria. E iguales reglas se aplicaron para la identificación de los tres diputados del grupo de representación corporativa que tenían que renovarse.[86]

Las elecciones provinciales se convocaban mediante Decreto del jefe del Estado refrendado por el Ministro de la Gobernación, que contenía la fecha de celebración, recayendo ésta obligatoriamente en domingo. Entre la publicación de la convocatoria en el *Boletín Oficial del Estado* y la celebración de las elecciones habían de mediar por lo menos treinta días. La práctica de los procesos electorales de renovación parcial de las diputaciones provinciales realizados desde 1949 a 1976 revela que era habitual que su convocatoria se realizase en el mes de febrero del año correspondiente, celebrándose la elección en el siguiente mes de marzo.[87] Esta

---

ban vacantes a los efectos de la elección convocada las producidas por los diputados que, representando a corporaciones locales, hubieran perdido la condición de concejal en la renovación de los mismos verificada en los comicios convocados con arreglo al Decreto de 9 de octubre de 1951.

86 Las vacantes declaradas de diputados provinciales de representación municipal fueron las siguientes: Lucas del Campo López (Partido Judicial de Alcalá de Henares), Juan Vergara Butragueño (Partido Judicial de Getafe), Eusebio Solórzano García (Partido Judicial de San Lorenzo del Escorial), Manuel Sanz Huerta (Partido Judicial de Torrelaguna), a los que se sumaron los dos diputados designados en representación del Ayuntamiento de Madrid mencionados. En el caso de la representación corporativa las vacantes a renovar correspondieron a los cargos desempeñados por Francisco Casares Sánchez, José María Martínez Agulló y Francisco González, véase *Libro de Actas de la Diputación Provincial de Madrid*, Archivo Regional de la Comunidad de Madrid, 903464-1, fol. 67.

87 Las elecciones convocadas por Decreto de 11 de febrero de 1949 se celebraron el 20 de marzo; las convocadas por Decreto de 8 de febrero de 1952 lo fueron el 23 de marzo; las convocadas por Decreto 11 de febrero de 1955 se celebraron el 20 de marzo; las convocadas

planificación cronológica tenía como consecuencia que la sesión constitutiva de la nueva corporación, en la que debían prestar juramento de su cargo los nuevos diputados provinciales y adoptarse los acuerdos previstos en el artículo 236 TRRL, coincidiese o se aproximase lo más posible al 1 de abril, fecha con una evidente carga emotiva al conmemorarse el fin de la guerra civil.[88] Esta circunstancia se aprovechó por las autoridades para realizar emocionados recuerdos a los caídos en la guerra civil, entusiastas adhesiones inquebrantables al jefe del Estado y barrocas hagiografías a propósito de sus cualidades personales, militares, económicas, políticas, etc.[89]

---

por Decreto de 21 de febrero de 1958 lo fueron el 30 de marzo; las convocadas por Decreto 244/1961, de 16 de febrero tuvieron lugar el 26 de marzo; las convocadas por Decreto 405/1964, de 22 de febrero se celebraron el 29 de marzo; los comicios convocados mediante Decreto 301/1967 de 16 de febrero se llevaron a término el 26 de marzo; las elecciones convocadas por Decreto 307/1971, de 20 de febrero, tuvieron lugar el 28 de marzo; las elecciones provinciales complementarias de las anteriores, convocadas mediante Decreto 571/1972, de 23 de marzo, se celebraron el 14 de mayo; las elecciones convocadas por Decreto 178/1974, de 11 de enero, se llevaron a efecto el 10 de marzo; las elecciones provinciales complementarias de las anteriores, convocadas, respectivamente por Decreto 34/1975, de 10 de enero y por Decreto 1809/1975, de 10 de julio, se celebraron el 23 de febrero y el 7 de septiembre; y, por último, las elecciones convocadas mediante Decreto 275/1976, de 20 de febrero, se celebraron el 28 de marzo.

88 Las sesiones constitutivas de las nuevas corporaciones surgidas tras la renovación parcial correspondiente se celebraron el 24 de abril de 1949, el 2 de abril de 1952, el 2 de abril de 1955, el 1 de abril de 1958, el 1 de abril de 1961, el 2 de abril de 1964, el 1 de abril de 1967, el 1 de abril de 1971, el 21 de mayo de 1972, el 1 de abril de 1974 y, finalmente, el 1 de abril de 1976.

89 A mero título de ejemplo, las palabras del Marqués de la Valdavia, presidente de la Diputación de Madrid, en la sesión constitutiva de 2 de abril de 1955 en las que relaciona la fecha de celebración de la sesión con la liberación y el genio militar de Franco, *Libro de Actas de la Diputación de Madrid,* Archivo Regional de la Comunidad de Madrid, 903464-2, fol. 142; mención especial merece la intervención del señor Ossorio

4.4. Derecho de sufragio activo: la designación de compromisarios por ayuntamientos y corporaciones

La clave de bóveda de la elección orgánica de diputados provinciales se asentaba sobre los compromisarios designados por cada corporación y en el papel desempeñado por el gobernador civil en el procedimiento electoral. Tal y como se preveía en el artículo 230 TRRL, la elección de los diputados provinciales y consejeros de cabildos insulares cualquiera que fuese el grupo al que perteneciesen se efectuaba mediante compromisarios designados por cada uno de los ayuntamientos y corporaciones que debían estar representados en la diputación. Advirtiéndose que el número de diputados del grupo de representación corporativa no podía exceder de la mitad del primero, con lo que más de dos tercios de los diputados provinciales ostentaban la condición de alcalde y concejal.

En el caso de los compromisarios de representación municipal, el domingo anterior al fijado por el decreto de convocatoria para la celebración de las elecciones, los ayuntamientos integrantes de cada partido judicial celebraban sesión extraordinaria para designar entre los corporativos que se hallasen en el legal ejercicio del cargo, el compromisario o compromisarios que hubiesen de participar en la elección de diputados provin-

---

Álvarez, presidente de la Diputación de Madrid en la sesión constitutiva de la corporación de 2 de abril de 1964, enmarcada en el seno de las celebraciones por el vigésimo quinto aniversario del fin de la guerra civil, en la que, tras formular la expresa adhesión al Caudillo, formuló un emotivo recuerdo a los que murieron «ofreciendo su sangre y su existencia» «por nuestros ideales», *Libro de Actas de la Diputación de Madrid,* Archivo Regional de la Comunidad de Madrid, 903498-2, fol. 169; y, finalmente, ya en las postrimerías del régimen, la expresa referencia del gobernador civil de Zaragoza, señor Trillo-Figueroa y Vázquez, a la coincidencia de la fecha de constitución de la corporación y del fin de la guerra civil en la sesión constitutiva de 1 de abril de 1974 de la Diputación Provincial de Zaragoza, *Libro de Actas de la Diputación Provincial de Zaragoza,* fol. 78.

ciales correspondientes al partido judicial a que perteneciese el municipio.

Los ayuntamientos, con carácter general,[90] nombraban un solo compromisario salvo en tres supuestos específicos: i) los municipios con población superior a 100.000 habitantes, que designaban nueve compromisarios; ii) en los municipios de población inferior a 100.000 habitantes que constituyesen por sí solo partido judicial, la cifra era de seis compromisarios; y, finalmente, iii) cuando los municipios que comprendían el partido judicial fuese menos de seis, el ayuntamiento cabeza de partido nombraba los compromisarios precisos hasta completar, con los de los restantes ayuntamientos, dicho número.

La elección de compromisarios era secreta, mediante papeleta, siendo proclamados como tales los alcaldes o concejales que hubiesen obtenido mayor número de votos, decidiéndose los empates a favor del de más edad. Efectuada la proclamación de compromisarios se les proveía de la correspondiente credencial justificativa de su nombramiento, remitiéndose al gobernador civil información de lo actuado, puesto que, por una parte, había que darle cuenta de la elección de los compromisarios en el plazo improrrogable de cuarenta y ocho horas y, por otra parte, en igual plazo, el alcalde debía remitirle certificación triplicada de los miembros que de hecho constituían la corporación en la fecha de publicación del decreto de convocatoria electoral,

---

90 Los cabildos insulares de Canarias y la Diputación Foral de Navarra contaban con reglas específicas. En el primer caso, la elección del primer grupo de representación municipal se verificaba por la totalidad de compromisarios representantes de las respectivas Islas. La previsión del artículo 228.1 TRRL relativa a la designación de un compromisario más por cada 500.000 habitantes o fracción en el caso de capitales de provincia con población superior a 100.000 habitantes, se aplicaba cuando procediese para llegar al número de consejeros de cada cabildo insular previsto en precitado artículo 228.5 TRRL. La Diputación Foral de Navarra, por su parte, se integraba por diputados exclusivamente de representación municipal –artículo 228.4 TRRL-.

indicando los cargos, nombres y apellidos y fechas de nacimiento y tomas de posesión de cada uno de ellos, haciéndose responsables del retraso o incumplimiento a los secretarios y corporaciones municipales.[91]

Bien pronto se advirtió sobre el hecho de que los gobernadores civiles, que en la práctica influían en la designación de diputados, debían tender a que los compromisarios de los ayuntamientos de partidos judiciales, por lo menos en una mitad, eligieran como representantes a alcaldes o concejales de ayuntamientos de pequeños o medianos municipios no capitalidad de partidos judiciales, puesto que en un elevado número sólo resultaban elegidos los que ejercían cargos en municipios grandes y capitalidad de partidos judiciales con la trascendencia que ello suponía en la canalización de las actividades y ayudas económicas provinciales a los municipios de la circunscripción.[92] Dato que revelaba la inercia de la vida local que dejaba los puestos de diputados provinciales no a concejales de municipios rurales o de menor población de la provincia elegidos por sufragio orgánico, sino a alcaldes cuyo nombramiento y cese dependía de la administración central.[93]

La elección de diputados de representación corporativa, a tenor del artículo 232.1 TRRL, se realizaba conjuntamente por los compromisarios de las corporaciones y entidades que tuviesen reconocido su derecho electoral, debiendo recaer necesariamente los nombramientos en los candidatos incluidos en una lista que debía confeccionar el gobernador civil, en número triple, al menos, al de vacantes que hubiesen de ser

---

91 Como es el caso de la circular del gobernador civil de Logroño de 4 de marzo de 1949, en la que recordaba a los alcaldes y secretarios de los ayuntamientos de la provincia el cumplimiento de esta obligación, *vid.* *BOP* de Logroño n. 26, de 5 de marzo de 1949.

92 *Vid.* Carbó Marqués, L (1958), *El Derecho Local Español*, *op. cit.*, p. 81.

93 En este sentido, Sainz de Robles, F. C (1973), "Organización local, autoridades y funcionarios", en Sebastián Martín-Retortillo (dir.), *Descentralización administrativa y organización política*, II, Alfaguara, p. 212.

cubiertas. El procedimiento de designación comenzaba con la determinación del número de entidades y corporaciones con derecho a designar compromisarios, para lo que el artículo 232.2 TRRL remitía a un reglamento. Ante el silencio de la Ley de Bases de 1945, la determinación de esas entidades para las primeras elecciones orgánicas de diputados provinciales celebrada en 1949 se llevó a cabo por el artículo 13 del Decreto de 4 de febrero de 1949 por remisión al Decreto de 30 de septiembre de 1948, por el que se dan normas para la celebración de elecciones municipales, cuyo artículo 42 definía qué había de entenderse por entidades económicas, culturales y profesionales.[94] Para la siguiente convocatoria electoral, en 1952, la situación se clarificó notablemente, dado que el artículo octavo del Decreto de 8 de febrero de 1952, por el que se dan normas para la celebración de elecciones provinciales, cuyo contenido pasaría al artículo 143 ROF, enumeraba hasta diecisiete tipos distintos de entidades a los que se reconocía el derecho de designar compromisarios para el segundo grupo de diputados provinciales.[95]

---

94 Según el artículo 42 del referido Decreto se consideraban Entidades económicas a las personas jurídicas constituidas para el fomento. de la riqueza pública o la defensa de intereses materiales de orden general, excluyéndose expresamente a las Compañías mercantiles y Sociedades civiles dedicadas privativamente, al lucro; mientras que las Entidades culturales se trataba de las personas jurídicas que tenían como fines promover, sin propósito lucrativo, la educación nacional, o suscitar la difusión del saber en sus manifestaciones científica, literaria o artística, con exclusión de las Sociedades recreativas y de deportes; y, finalmente, tenían la consideración de Entidades profesionales las asociaciones nacidas para estímulo y defensa de los intereses morales y materiales de determinados grupos de facultativos, técnicos auxiliares o agentes, que desarrollaban una misma actividad para cuyo ejercicio se exigía nombramiento o título oficial.

95 En concreto, tenían derecho a designar compromisarios para la elección del segundo grupo de diputados provinciales: las Universidades; las Reales Academias integradas en el Instituto de España y las provinciales que hubiesen sido establecidas en virtud de disposiciones lega-

Para designar compromisarios era requisito indispensable la previa inscripción a la fecha de publicación del decreto de convocatoria electoral de las entidades en el registro especial abierto en los gobiernos civiles, o al menos tener tramitada su inscripción de oficio o a instancia de parte dentro de los diez siguientes a aquella fecha. A los gobernadores civiles les incumbía la obligación de publicar en el *Boletín Oficial de la Provincia* los nombres y domicilios de las corporaciones y entidades a las que se había reconocido el derecho de sufragio, sin perjuicio de comunicarlo también directamente a las personas jurídicas interesadas.[96]

Al igual que sucedía en el caso de la designación de compromisarios de los ayuntamientos, el domingo anterior al señalado para las elecciones provinciales debían reunirse en su domici-

---

les; el consejo ejecutivo del Superior de Investigaciones Científicas; las Reales Sociedades Económicas de Amigos del País; los Institutos Nacionales de Enseñanza Media; los Institutos de Enseñanza Laboral; las Escuelas de Comercio; las Escuelas Normales de Magisterio Primario; las Escuelas Industriales; las Escuelas de Artes y Oficios Artísticos; el Instituto de Ingenieros Civiles; los colegios profesionales de abogados, notarios, registradores, procuradores, médicos, farmacéuticos, veterinarios, arquitectos, licenciados en ciencias y en letras, agentes de cambio y bolsa y corredores de comercio y otros similares; las cámaras oficiales de la propiedad urbana; las cámaras oficiales sindicales agrarias; las cámaras oficiales de comercio, industria y navegación; las comunidades de regantes; y, por último, cualesquiera otros organismos establecidos con carácter oficial y que representasen al Estado en una actividad determinada, excluidos los sindicales que designa el correspondiente tercio de los ayuntamientos representados por el primer grupo de diputados.

96 A título de ejemplo, para las elecciones de 20 de marzo de 1949, en la provincia de Madrid se reconoció el derecho de sufragio a 35 entidades y corporaciones (*BOP* de Madrid, n. 57, de 8 de marzo) en la de Zaragoza a 30 (*BOP* de Zaragoza, n. 51, de 4 de marzo), en la de Baleares a 26 (*BOP* de Baleares, n. 12.839, de 3 de marzo), en la de Cáceres a 19 (*BOP* de Cáceres, n. 51, de 4 de marzo) o, por último, en la de Soria a 11 (*BOP* de Soria, n. 56, de 9 de marzo).

lio social no los asociados en asamblea, sino las juntas directivas u órganos rectores de las corporaciones y entidades a las que se hubiese reconocido el derecho de sufragio para designar entre sus miembros un compromisario que concurriese a la elección del grupo de diputados provinciales de carácter corporativo. Para ello debían proponer al gobernador civil los nombres de los socios o afiliados que consideraban más aptos para el ejercicio del cargo de diputado provincial, en número igual al de vacantes que debía cubrirse. Al vocal de la junta directiva designado compromisario se le facilitaba la correspondiente credencial de nombramiento, remitiendo al gobernador civil la comunicación del nombramiento y la propuesta de candidatos que hubiese sido aprobada, en el plazo improrrogable de cuarenta y ocho horas. Más que un procedimiento de elección, en suma, se asemejaba a un sistema de cooptación de compromisarios entre todos los miembros de las juntas directivas descartando la concurrencia de la masa de asociados en el proceso.

A partir de 1964, como ya hemos indicado, la representación corporativa para las elecciones provinciales fue modificada con la finalidad de añadir a las corporaciones y entidades económicas, culturales, y profesionales la representación directa de la Organización Sindical. En este caso, el artículo 231.1 TRRL remitía en bloque a la legislación peculiar la elección de los representantes sindicales que debían completar el segundo grupo de diputados provinciales. A este fin, mediante Orden de 12 de enero de 1974 del secretario general de la Organización Sindical, señor Fernández Sordo,[97] se reguló un complejo y prolijo procedimiento de designación de los compromisarios que debían participar en las elecciones de diputados provinciales. Se abordaba, así, quiénes podían ser electores para la designación de compromisarios (los miembros de las comisiones permanentes de las Juntas Generales de los Sindicatos Provinciales); quiénes

---

97 *Vid.* la Orden de 12 de enero de 1974 sobre elección de Diputados provinciales de representación sindical, *BOE* núm. 39, de 14 de febrero, pp. 2952-2953.

podían ser elegidos compromisarios (empresarios, trabajadores y técnicos integrados en los respectivos Sindicatos Provinciales); el procedimiento de elección de los compromisarios; el número de compromisarios a elegir (treinta por cada uno de los puestos de representación que hubiese que cubrir, salvo cuando existiese un solo puesto, en cuyo caso se elegían cuarenta compromisarios); y, finalmente, los requisitos para ser proclamado candidato.

El gobernador civil, tras recibir la documentación de las designaciones de los compromisarios de los grupos de representantes de los ayuntamientos, de la organización sindical y de los procedentes de las corporaciones y entidades, y tras seleccionar a su prudente arbitrio entre los candidatos propuestos por las dos últimas los que juzgaba más idóneos, tenía que remitir al presidente de la Junta Provincial del Censo las siguientes relaciones: i) la de los compromisarios que hubiesen designado los ayuntamientos de la provincia, agrupados por partidos judiciales; ii) la de los alcaldes y concejales integrantes de las corporaciones municipales respectivas en la fecha de publicación del decreto de convocatoria electoral agrupados también por partidos judiciales; iii) la de los compromisarios designados por las corporaciones y entidades económicas, culturales y profesionales radicadas en la provincia; y, por último, iv) la de los candidatos seleccionados entre miembros de las corporaciones y entidades que integraban la propuesta del gobernador civil, comprensiva de un número de ellos, triple, por lo menos, del de vacantes que hubiesen de cubrirse.

4.5. La votación de diputados provinciales

Llegado el domingo de la votación, sin necesidad de citación previa, todos los compromisarios designados por los ayuntamientos y corporaciones debían reunirse a las diez de la mañana en el edificio de la diputación provincial o cabildo insular. En paralelo, se constituía la mesa electoral, integrada por el presidente, dos vocales y el secretario de la Junta Provincial del Censo Electoral, a la que se encomendaba como primera tarea el examen de las credenciales de los compromisarios designando, entre éstos, a dos escrutadores con la tarea de auxiliar a la mesa.[98]

Dado el número de compromisarios que acudían a la convocatoria electoral era habitual distribuir instrucciones sobre la manera de proceder en el control de las credenciales. En el caso de las elecciones de diputados provinciales de 23 de marzo de 1952 celebradas en la Diputación Provincial de Madrid se distribuyeron unas *Instrucciones para los equipos de control de credenciales,* en las que se indicaba cómo proceder tanto en los casos en que la documentación fuese conforme como en los de disconformidad, especificando unas sucintas reglas a propósito de la necesidad de que los compromisarios ocupasen los lugares destinados al efecto, que portasen en la mano la credencial en el momento de pasar por la mesa de control y por la Mesa electoral, regresando a su lugar una vez hubiesen votado.[99]

Una vez constituida la mesa y el colegio electoral, se llevaba a cabo la elección de acuerdo con las siguientes reglas:

i) las votaciones tenían lugar en un solo acto y sucesivamente comenzando por la de los diputados de representación municipal, de manera que los compromisarios de cada partido judicial eran llamados por orden alfabético de los partidos que representaban. Así, en los comicios de 23 de marzo de

---

98 El nombramiento de los escrutadores debía recaer en el compromisario de más edad entre los representantes de los ayuntamientos y en el más joven de los que ostentaban la representación corporativa.

99 Archivo Regional de la Comunidad de Madrid, caja 0004720/001. Las Instrucciones constan en una hoja sin membrete. Los equipos de control de credenciales si encontraban la documentación conforme debían poner en un ángulo de la credencial la indicación de control mediante una c mayúscula en lápiz rojo; si no hubiese conformidad, debían comunicarlo en el acto al Jefe de Control, sr. Elorriaga, para que este conociese del caso y consultase con el secretario de la Junta Provincial del Censo Electoral la resolución del incidente.

1952 la relación de compromisarios por partido judicial en la Diputación de Madrid fue la siguiente: Partido Judicial de Alcalá de Henares, 37 compromisarios; Partido Judicial de Getafe, 21 compromisarios; Partido Judicial de San Lorenzo del Escorial, 22 compromisarios; Partido Judicial de Torrelaguna, 47 compromisarios. A continuación, se procedía a la votación de los diputados corporativos, comprendiendo todas las corporaciones y entidades en conjunto, que en el caso de los comicios de referencia su número ascendía a 50 compromisarios.[100]

ii) los compromisarios podían votar tantos nombres de candidatos incluidos en las listas de alcaldes y concejales y de los candidatos seleccionados entre miembros de las corporaciones y entidades integrantes de la propuesta del gobernador civil como puestos estuviesen designados al partido judicial o conjunto de corporaciones o entidades correspondientes, siendo nulos los votos emitidos a favor de quien no figurase en la lista respectiva;

iii) el sufragio era secreto mediante papeleta, de idéntica forma y tamaño, intransparente, de color blanco, indicando en la cabecera la clase de diputados provinciales a elegir y, en su caso, el partido judicial a que se referían;

iv) concluida la votación de cada partido judicial se llevaba a cabo el escrutinio correspondiente, proclamando el presidente de la mesa el resultado. Las papeletas escrutadas se conservaban por el secretario para que no pudiesen ocultarse a la vista del público ni mezclarse con las que se emitiesen en posteriores votaciones. Al finalizar la elección del primer grupo de diputados provinciales se procedía a la elección del segundo grupo y concluida se efectuaba el escrutinio general, repitiéndose las operaciones de recuento de votos a fin de ratificar o rectificar los resultados provisionales anunciados;

---

100 Archivo Regional de la Comunidad de Madrid, caja 0004720/001.

v) en caso de que no hubiese reclamación ni protesta alguna sobre los resultados, o se hubiesen resuelto las presentadas mediante resolución fundada de la mesa, se elevaban a definitivos los resultados, proclamándose diputados provinciales o consejeros insulares electos a los candidatos que hubieran obtenido mayoría de sufragios dentro de la clase y grupo respectivos, decidiéndose los empates en favor de los candidatos de mayor edad;

vi) de la sesión electoral se levantaba acta comprensiva de las incidencias y resultados, consignándose necesariamente el número de compromisarios de cada uno de los grupos y dentro del municipal, el de cada uno de los partidos judiciales que hubiesen participado en la elección, el número de votos obtenidos por cada candidato; los votos nulos y los emitidos en blanco; las protestas o reclamaciones que, en su caso, se hubieran formulado y los nombres de los candidatos proclamados diputados provinciales;

vii) en último extremo, se daba publicidad al resultado electoral mediante la fijación en el tablón de anuncios de la diputación o cabildo insular de un extracto del resultado electoral, con el número de votos obtenidos por cada candidato. Asimismo, se remitían certificaciones con igual contenido al Ministerio de la Gobernación, al presidente de la Junta Central del Censo Electoral, al gobernador civil y al presidente de la diputación o cabildo respectivo.

4.6. Garantías y recursos

Las cuestiones relacionadas con incompatibilidades, excusas o incapacidades de los diputados provinciales, así como las que se suscitaban por cuestiones que tenían como origen la pérdida de la condición de diputado o consejero insular, eran resueltas por los gobernadores civiles, pudiendo recurrirse su resolución en alzada ante el Ministerio de la Gobernación en los términos del artículo 382 del TRRL, sin posibilidad de interponer ulterior recurso.

La Base 58ª de la LBRL estableció la posibilidad de interponer un recurso administrativo ante el gobernador civil con relación a la validez de las elecciones y la proclamación de candidatos. Sin embargo, las normas dictadas para la convocatoria de las elecciones municipales de 30 de septiembre de 1948 y para la de diputaciones provinciales de 11 de febrero de 1949 sustituyeron ese recurso por el de nulidad que podía interponerse ante la Audiencia Provincial.[101] En efecto, el artículo 18 del Decreto de 4 de febrero de 1949, cuyo contenido pasaría a ser el artículo 375 TRRL 1955, reconocía el derecho a todo español que se hallase en el pleno ejercicio de sus derechos civiles y políticos y tuviese la cualidad de vecino en un municipio de impugnar la validez de la elección y subsiguiente proclamación de diputados provinciales celebrada en la provincia a que dicho municipio perteneciese, cualquiera que fuese la representación (municipal o corporativa) que ostentase el diputado.

El plazo para la interposición del recurso de nulidad ante la Audiencia provincial era de cinco días. Las causas eran tasadas, dejando un amplísimo margen de apreciación a los Tribunales puesto que el recurso podía fundarse en la existencia de un vicio grave de procedimiento capaz de alterar el resultado de las elecciones,[102] en carecer los diputados provinciales de alguno de los requisitos de elegibilidad (españoles mayores de 23 años, hombres o mujeres que supiesen leer y escribir, que estuviesen desempeñando cargo de alcalde o concejal o perteneciesen a cualquiera de las corporaciones y entidades que concurriesen a la elección) o por hallarse incursos en alguna de las causas

---

101 Barros Martínez, E., (1951), *Derecho Local en España,* Edit. Reus, p. 410.

102 A mero título de ejemplo, puede mencionarse el Auto de la Audiencia provincial de 31 de marzo de 1949 del que da cuenta Barros Martínez, que estima el recurso de nulidad planteado frente a la proclamación de un candidato por la Junta provincial del censo electoral por entender que debía ser proclamado otro candidato que obtuvo mayor número de votos, si bien por aparecer con diferentes nombres en las papeletas no le fueron computados todos los votos que le correspondían a él, *vid. Derecho Local en España, op. cit.,* pp. 213-214.

de incapacidad o incompatibilidad mencionadas anteriormente (*vid. infra* 3.4).

Con posterioridad, el artículo 119 de la Ley de 27 de diciembre de 1956 reguladora de la Jurisdicción contencioso-administrativa reguló el recurso contencioso-administrativo relacionado con la impugnación de la validez de la elección y subsiguiente proclamación de concejales y diputados provinciales, [103] que debían interponerse en el plazo de 5 días desde el siguiente al de la proclamación, pudiendo fundarse en alguno de los motivos siguientes: i) vicio grave del procedimiento que pudiera alterar el resultado de la elección, o ii) carecer los concejales o diputados proclamados de las condiciones de aptitud y capacidad que exige la Ley de Régimen Local. El recurso debía resolverse en el plazo de treinta días, previa audiencia del Abogado del Estado, no procediendo interponer recurso alguno, ordinario o extraordinario, contra la sentencia de la Sala de lo Contencioso-administrativo de la Audiencia Territorial respectiva. Mientras que el artículo 120 de la Ley de la Jurisdicción abordaba los recursos contencioso-administrativos que tuvieran por objeto los acuerdos de las corporaciones locales resolviendo acerca de las condiciones legales de los proclamados. Su plazo de interposición era de cinco días, a partir del siguiente al de la notificación o publicación del acuerdo, y contra

[103] Legitimación que se extendía a los propios diputados provinciales, como se deduce del recurso desestimado por la Sentencia nº 98 de la Sala Segunda, de lo Contencioso-Administrativo, de la Audiencia Territorial de Madrid, en el que el recurrente, José María Maureta González, diputado provincial de la Diputación de Madrid había recurrido la inclusión de su puesto de diputado como vacante para la renovación parcial de diputaciones provinciales celebrada en 1967, Archivo Regional de la Comunidad de Madrid. *Recurso 52/1967*, 0004690/17. Una vez interpuesto el recurso jurisdiccional, el interesado planteó, asimismo, recurso administrativo de reposición frente a la Corporación provincial, que fue desestimado al haber empleado ya la vía de los artículos 119 y 120 de la Ley de 27 de diciembre de 1956 reguladora de la Jurisdicción contencioso-administrativa, Archivo Regional de la Comunidad de Madrid, 0004268/7.

la sentencia podía interponerse recurso de apelación, que habría de ser resuelto en el plazo de dos meses.

5. DEMOCRACIA ORGÁNICA EN EL TARDOFRANQUISMO

La aprobación de la Ley Orgánica del Estado de 10 de enero de 1967 (desde ahora, LOE), tuvo notable trascendencia en el modelo constitucional del régimen, dado que implicó que el poder constituyente originario del jefe del Estado –en el que se habían concentrado «todos los poderes del nuevo Estado» en septiembre de 1936- quedase prácticamente agotado pues, como sostuvo parte de la doctrina del momento, difícilmente podría hacer nuevo uso de él sin incidir en el ámbito de las Leyes Fundamentales en ese momento en vigor. Y ello con la finalidad de injertar una monarquía limitada en el tronco de una dictadura constituyente y de desarrollo.[104] La LOE tuvo a la postre singular relevancia en el ámbito que ahora nos ocupa, pues su Título VIII, dedicado a la administración local, desgranaba en apenas cuatro artículos (45 a 48) los elementos estructurales del régimen local de forma clara y completa. El diseño constitucional partía de la atribución de medios (personalidad para participar en la vida política, compromiso de financiación), se establecía la representatividad para la elección de los miembros de las corporaciones municipales y provinciales, previéndose una reserva de ley en cuanto al régimen de organización y funcionamiento al amparo de la Ley votada en Cortes contemplada en el artículo 10.h) de la Ley de Cortes de 17 de julio de 1942. Quedaba fijado, en consecuencia, el respaldo constitucional en orden a la elec-

---

[104] Fernández-Carvajal, R (1969), *La Constitución Española*, 2ª ed., Editora Nacional, pp. X y 20 y ss.

ción de los órganos rectores de las corporaciones locales por los propios administrados.[105]

La reforma legal del régimen local que gravitaba en el debate político desde la promulgación de la Ley 48/1966, de 23 de julio, de reforma parcial del régimen local, recibió un fuerte respaldo tras la entrada en vigor de la LOE,[106] pues a los pocos meses se constituyó en el seno del Consejo Nacional del Movimiento, dentro de su sección 8ª, una Ponencia específica sobre «Planteamiento político del Régimen Local y Español a la vista de la Ley Orgánica del Estado». Un primer borrador, de apenas nueve páginas mecanografiadas y estructurado en seis epígrafes, abordaba en el último de ellos, en el que se glosaban las conclusiones, tres aspectos nucleares para el régimen local derivados de la LOE: la elección de los alcaldes y presidentes de diputaciones provinciales, la posibilidad de crear nuevas divisiones territoriales respetando la división en provincias y, finalmente, la estructuración del régimen económico de las entidades locales. Basta señalar ahora que, por vez primera en más de treinta años, desde un órgano del régimen se alude expresamente en positivo a la autonomía de los entes locales al afirmarse la no dependencia de los municipios y provincias entre sí y sostenerse que no quedaban subordinados jerárquicamente al gobierno, mencionando la ausencia de aprobación de los actos locales por autoridad gubernativa alguna y quedando sujetos únicamente al

---

105 Cfr. Sainz de Robles, F.C. (1973), "Organización local, autoridades y funcionarios", *op. cit.*, p. 172.

106 La disposición final primera de la Ley 23 de julio de 1966 encomendaba al Gobierno elaborar un proyecto de Ley de Régimen Local que habría de remitirse a las Cortes en el plazo de 18 meses. Por su parte, el preámbulo de la Ley 41/1975, de 19 de noviembre, por el que se establecen las Bases del Estatuto de Régimen Local, reconocía explícitamente en su apartado II que la urgencia de la reforma del régimen local se había acrecentado a partir de la promulgación de la LOE «ante la necesidad de un desarrollo conveniente en la normativa sobre Administración Local contenida en dicha Ley fundamental».

control de los Tribunales.[107] Sobre el trabajo de esta Ponencia volveremos más adelante al abordar la elección del presidente de la diputación provincial (*infra* 6)

Con estos mimbres políticos, el 17 de diciembre de 1971 se presentó en las Cortes un proyecto de Ley de Bases de Régimen Local que, tras un prolijo proceso de tramitación de enmiendas, fue descartado en la primavera de 1973. El siguiente 28 de mayo de 1974 se presentó un nuevo proyecto de Bases del Estatuto de Régimen Local que, tras una tortuosa tramitación parlamentaria, se aprobó como Ley 41/1975, de 19 de noviembre, por la que se aprueban las Bases del Estatuto de Régimen Local,[108] que introducía novedades de calado en los temas de la designación de diputados provinciales y de la elección del presidente de la diputación. La aplicación efectiva de tales innovaciones legislativas fue ciertamente efímera dada la fecha de su aprobación, circunstancia que motivó la práctica inaplicación de las medidas sobre elección de diputados provinciales y la celebración de un único proceso electoral para elegir presidentes de diputación.

La norma de referencia, si nos atenemos a su defensa política en las Cortes por el Ministro del ramo, aspiraba a establecer un modelo de régimen local basado en el principio de descentralización con la finalidad de hacer efectivo el de autonomía. En este momento no podemos llevar a cabo un análisis completo y detallado de la Ley 41/1975, tarea que desbordaría con creces el objeto de la encomienda que se nos ha formulado. No obstante, merece la pena que nos detengamos en la reseña, aún de modo

---

107 «Ponencia 2ª "Corporaciones Locales"; Documentos relacionados con la elaboración del texto aprobado en sesión plenaria del 27 de julio de 1968 sobre "Planteamientos políticos de la Ley de Bases de Régimen Local a la vista de L.O.E"», Archivo General de Alcalá, (09)017.001 caja 51/10010, carpeta 1 *Anteproyecto sobre criterios para planteamiento del régimen local a la vista de la Ley Orgánica del Estado.*

108 Orduña Rebollo, E, (2005), *Historia del municipalismo español,* Iustel, pp. 203-206.

telegráfico, de algunas de las notas estructurales que, a juicio de sus proponentes, inspiraron la regulación del modelo de elección de diputados provinciales (y de presidentes de la diputación provincial), en el referido texto legal.

La primera de esas notas, como materialización del principio de autonomía de las entidades locales, estriba en que expresamente se planteó la separación entre el Movimiento Nacional y los órganos administrativos locales. Recordemos que el gobernador civil, presidente nato de la diputación, ejercía en la práctica en no pocas ocasiones la jefatura provincial del Movimiento para conseguir, sin duda, en la administración provincial la identificación del Partido y del Estado.[109] Esta perspectiva parecía abandonarse en aquel momento al defender el Ministro de la Gobernación que las relaciones entre Movimiento y organizaciones locales partían del hecho de ser conceptos e instituciones distintas en su naturaleza, ámbito, funciones y fines, por lo que sería un «grave error» confundir la misión de promoción de la vida política en «régimen de ordenada concurrencia de criterios» que tenía encomendada el Movimiento según su Ley Orgánica con la intromisión en la actuación administrativa de las corporaciones locales, máxime tras la introducción en el sistema político de las asociaciones políticas reguladas en el Decreto-ley 7/1974, de 21 de diciembre.[110]

---

109 Marqués Carbó, L (1958), *El Derecho Local Español, op. cit.*, pp. 54-55.

110 Intervención del Ministro de la Gobernación, sr. García Hernández, en la sesión núm. 6 de la Comisión de Gobernación de 12 de mayo de 1975 en la que expuso la finalidad del proyecto de Ley por el que se establecen las Bases del Estatuto de Régimen Local, *vid. Cortes Españolas. Diario de Sesiones de las Comisiones. Comisión de Gobernación,* X Legislatura, núm. 510, de 12 de mayo de 1975, p. 5. El Ministro del ramo insistirá en diferentes pasajes de su intervención en la idea de que las corporaciones locales fuesen órganos independientes no sólo en el plano de la representación, sino también en el de su funcionamiento quedando sujetas en su actuación sólo al control de legalidad ejercido por los Tribunales, véase en este sentido lo afirmado en página 7.

La segunda nota estructural está relacionada con los condicionamientos constitucionales del «criterio político» inspirador de la regulación planteada. En concreto, se invocaron como tales el número VIII de la Ley de Principios del Movimiento Nacional,[111] el artículo 10 del Fuero de los Españoles[112] y el artículo 46.2 de la LOE,[113] de los que se desprendía que el pueblo español no sólo colaboraba, sino que también participaba en las tareas legislativas y en todas las funciones que revistiesen interés general. De esta manera, se concluía sosteniendo que las Leyes Fundamentales «deben ser interpretadas con criterios que permitan dar respuesta adecuada a las necesidades que la evolución socio-económica de los pueblos crea a través de los tiempos». De este modo, como corolario, para la efectividad del principio de descentralización sobre el que se asentaba el proyecto de reforma legal del régimen local, según defendió el Ministro del ramo, se precisaba la concurrencia de dos condiciones: la electividad de los directivos de las Entidades y la limitación del control del

---

111 En virtud del cual, «[e]l carácter representativo del orden político es principio básico de nuestras instituciones públicas. La participación del pueblo en las tareas legislativas y en las demás funciones de interés general se llevará a cabo a través de la familia, el municipio, el sindicato y demás entidades con representación orgánica que a este fin reconozcan las leyes. Toda organización política de cualquier índole, al margen de este sistema representativo, será considerada ilegal. Todos los españoles tendrán acceso a los cargos y funciones públicas según su mérito y capacidad.»

112 Que preveía que «[t]odos los españoles tienen derecho a participar en las funciones públicas de carácter representativo, a través de la familia, el municipio y el sindicato, sin perjuicio de otras representaciones que las leyes establezcan.»

113 A tenor del cual, «[l]as Corporaciones municipales y provinciales, órganos de representación y gestión del Municipio y la Provincia, respectivamente, serán elegidas por sufragio articulado a través de los cauces representativos que señala el artículo diez del Fuero de los Españoles».

Estado sobre los actos locales a cuestiones de pura legalidad o técnicas.[114]

Con relación a la electividad de los directivos de las entidades locales, la norma presentada ante las Cortes contemplaba dos previsiones: en el caso de los ayuntamientos, se extendía el voto a todos los vecinos, sin discriminación, para la elección de los concejales; mientras que para los diputados provinciales se proponía que fuesen elegidos por los miembros de las corporaciones municipales de la provincia agrupándose en comarcas establecidas tomando como base el número de habitantes y su distribución territorial, abandonando con ello el criterio tradicional empleado desde 1834 de los partidos judiciales como división territorial para las elecciones provinciales.[115]

No cabe duda de la trascendencia de los cambios que planteaba la norma proyectada, que suscitaron un intenso debate parlamentario como lo demuestra el hecho del elevado número de enmiendas presentadas, más de 7.000, la presentación de cinco enmiendas a la totalidad, tres de las cuales desarrollaron con cierta prolijidad la inconstitucionalidad del texto legal proyectado al vulnerar lo previsto en el artículo 46.2 de la LOE en materia de representación y elección orgánica de concejales y diputados

---

114 No obstante, no se trataba de una autonomía plena puesto que, como inmediatamente precisaba el Ministro de la Gobernación, no se dejaba a las entidades locales desprovistas de control, dado que «hoy la autonomía puede perfectamente predicarse en algunas funciones y no en otras, graduándola incluso atendiendo a la estructura, a la vitalidad y a la característica propia de una Entidad o de un grupo de ellas». Intervención del sr. García Hernández, en la sesión núm. 6 de la Comisión de Gobernación de 12 de mayo de 1975, *vid. Cortes Españolas. Diario de Sesiones de las Comisiones. Comisión de Gobernación,* X Legislatura, núm. 510, de 12 de mayo de 1975, p. 9.

115 Intervención del Ministro de la Gobernación, sr. García Hernández, en la sesión núm. 6 de la Comisión de Gobernación de 12 de mayo de 1975, cfr. *Cortes Españolas. Diario de Sesiones de las Comisiones. Comisión de Gobernación,* X Legislatura, núm. 510, de 12 de mayo de 1975, pp. 5-6.

provinciales,[116] así como la prolongada tramitación del proyecto, que se extendió desde el 31 de mayo de 1974, fecha de su presentación en las Cortes,[117] hasta noviembre de 1975.

La definitiva Base 14ª disponía que los diputados provinciales pertenecerían con representación orgánica a los grupos municipal, corporativo y sindical, añadiéndose como novedad el grupo familiar. Asimismo, como novedad, se fijaba un número máximo de diputados (36) y un número mínimo (18), correspondiendo dos terceras partes del total al grupo municipal y un tercio a los restantes grupos por partes iguales.

Las novedades más interesantes se produjeron respecto al sistema y procedimiento electoral, dado que se preveía que los diputados provinciales del grupo de representación municipal fuesen elegidos por los alcaldes y concejales de los municipios de la provincia, agrupados, no ya en comarcas como era la intención de la norma proyectada, sino por circunscripciones establecidas a estos efectos, que habrían de determinarse posteriormente abandonando el criterio tradicional desde 1834 de división en partidos judiciales. Por su parte, los diputados provinciales de representación familiar, sindical y corporativa, se preveía que fuesen elegidos separadamente por todos los concejales de los municipios de la provincia, de cada una de dichas representaciones.

Asimismo, con relación al derecho de sufragio pasivo se estableció una regulación destinada a ampliar su espectro subjetivo, pues podían ser candidatos elegibles los vecinos de los municipios de la provincia que, perteneciendo a cada cauce orgánico, fuesen

---

116 Se trata de las enmiendas a la totalidad presentadas por los procuradores señores Merino García, Gias Jové y Martín Sanz, a las que se sumaron las de los señores Escudero y Rueda y Zubiaga Imaz, véase *Cortes Españolas. Diario de Sesiones de las Comisiones. Comisión de Gobernación*, X Legislatura, núm. 510, de 12 de mayo de 1975, pp. 13 a 42.

117 *Boletín Oficial de las Cortes Españolas* núm. 1351, de 31 de mayo de 1974, pp. 32897-32932.

proclamados en la forma que se determinase en el texto articulado que habría de aprobarse en el plazo de un año, respetando los principios que el apartado tercero de la Base 14ª establecía en función del grupo de representación de que se tratase.[118]

El contenido del denominado estatuto del diputado provincial era similar al de la regulación inmediatamente precedente: el mandato era de seis años, renovables parcialmente cada tres años; a los diputados provinciales les resultaban de aplicación las mismas causas de incapacidad e incompatibilidad, y los motivos de suspensión, separación y pérdida del cargo establecidos para los concejales; no estaban vinculados por mandato imperativo; el desempeño del cargo era obligatorio y gratuito, sin perjuicio de las indemnizaciones que resultaren procedentes por el ejercicio del mismo; quedando pendiente de su desarrollo en el futuro texto articulado lo relacionado con las atribuciones, derechos y obligaciones de los diputados.

Todas estas previsiones de corte aperturista destinadas a suscitar una mayor extensión de la participación política no llegaron a aplicarse para la renovación parcial de diputaciones provinciales. En efecto, mediante Decreto 275/1976, de 20 de febrero, se convocaron elecciones provinciales parciales para el siguiente 28 de marzo que, a falta del desarrollo del texto articulado de la Ley de Bases de 19 de noviembre de 1975, se rigieron por

---

[118] Así, para el grupo familiar, al igual que se preveía para la elección de concejales, se estableció la posibilidad de propuesta por las asociaciones familiares y las asociaciones políticas reconocidas al amparo del Decreto-ley de 21 de diciembre de 1974; para el grupo sindical habría de estarse al sistema que se previese en las normas de carácter sindical; para el grupo corporativo, la presentación podría efectuarse por acuerdo de las entidades y corporaciones radicadas en la provincia que reuniesen las condiciones que estableciese el futuro texto articulado; y, finalmente, para el grupo municipal, podían ser presentados los miembros de las corporaciones municipales de la comarca que hubiesen sido propuestos por el número de componentes de los ayuntamientos que se determinase en el futuro texto articulado.

la normativa vigente hasta ese momento.[119] El proceso electoral para cubrir las vacantes existentes se celebró con normalidad, así, por ejemplo, en el caso de la Diputación de Madrid en el grupo de diputados de representación municipal existían tres vacantes correspondientes a los Partidos Judiciales de Alcalá de Henares, Getafe y San Lorenzo de El Escorial producidas por haber perdido su condición de alcalde los anteriores titulares; mientras que en el grupo de diputados de representación sindical existía una vacante producida por fallecimiento del anterior titular. Tras constituirse la mesa electoral y celebrarse la votación resultaron elegidos por el grupo municipal los señores Fernando Sancho Thorme, Ángel Arroyo Soberón y José San Martín Carrasco por los partidos judiciales de Alcalá de Henares, Getafe y San Lorenzo de El Escorial, respectivamente, cuyo mandato debía prolongarse hasta 1978; mientras que por el grupo sindical lo era el señor Isaac Saez González, siendo la duración de su mandato hasta 1980.[120] Los nuevos diputados tomaron posesión de sus cargos en la sesión constitutiva del siguiente 1 de abril de 1976, en la que tras las menciones a la actividad de la diputación y la vocación de servicio hacia los pueblos de la provincia, no faltaron alusiones a la política nacional en unos momentos de incertidumbre sobre el desarrollo futuro del país, haciendo menciones explícitas a la democracia como una forma de participación de todos en una serie de bienes no exclusivamente políticos.[121]

---

119 Esto es, los artículos 227 y siguientes del TRRL en la redacción dada por el Decreto 406/1964, de 22 de febrero y el ROF.

120 Archivo General de la Comunidad de Madrid, *Elecciones parciales 1976*, 0004120/007. Por su parte, en el caso de la Diputación de Zaragoza la renovación sólo afectó al grupo municipal, resultandos elegidos los señores Joaquín Celma Azcón y José Luis Echeverría Ainzúa, por los partidos judiciales, respectivamente, de Caspe y Tarazona.

121 Como la efectuada por el presidente de la Diputación de Madrid, *vid. Libro de Actas de La Diputación Provincial de Madrid*, sesión de 1 de abril de 1976, fol, 58 vto.

Este fue el último proceso electoral de renovación parcial de diputaciones provinciales con arreglo a criterios de representación orgánica. La Ley 41/1975, de 19 de noviembre, había previsto la celebración de elecciones parciales en ayuntamientos diputaciones provinciales y cabildos insulares para el tercer trimestre de 1976 y el primero de 1977, pero estos comicios no llegaron a convocarse porque el gobierno aprobó el Real Decreto-ley 17/1976, de 8 de octubre, aplazando las elecciones municipales y provinciales. El aplazamiento, sin perjuicio de que se invocó la finalización del mandato de las Cortes en el preámbulo del citado decreto-ley, resultaba evidente pues en el ínterin las Cortes estaban tramitando el proyecto de Ley para la reforma política, sometido a referéndum por Real Decreto 2635/1976, de 24 de noviembre, que consagraba un modelo de democracia inorgánico, basado en el sufragio universal, incompatible con el modelo de democracia orgánica consagrado en el sistema constitucional de las Leyes Fundamentales, que aventuraba un cambio sustancial en el régimen político al caminar hacia un modelo de democracia parlamentaria.

6. DESIGNACIÓN DEL PRESIDENTE DE LA DIPUTACIÓN

Las funciones de gobierno y administración de la provincia se atribuían en el TRRL, como se ha tenido ocasión de reseñar anteriormente, a órganos distintos. Mientras que aquél incumbía al gobernador civil, ésta se atribuía, con relación a los intereses peculiares de la provincia, a la diputación provincial y a su presidente.[122]

---

122 La LBRL disponía en sus Bases 35ª y 38ª, respectivamente, que «los gobernadores representan al Gobierno en las provincias» y «[l]a administración de los intereses peculiares de la provincia estará a cargo de la Diputación provincial y de su Presidente», reiterados posteriormente en los artículos 212 y 220 del TRRL.

La regulación de la figura del presidente de la diputación en la LBRL, y en la normativa que vino después hasta el TRRL, presenta una serie de características que la singularizan respecto de la aprobada hasta esa fecha que, partiendo del principio totalitario, inciden en un triple plano: la naturaleza del cargo, su duración y la forma de nombramiento. Esta configuración legal se proyectó a lo largo de tres décadas hasta que en 1975, en las postrimerías del régimen, se abandonó la designación ministerial del presidente de la diputación en la Ley 41/1975, de 19 de noviembre, por la que se aprueban las Bases del Estatuto del Régimen Local, optando por un modelo de elección según criterios de representación orgánica, celebrándose un único proceso electoral de acuerdo con los mismos el 18 de enero de 1976.

En lo que atañe a la *naturaleza* del presidente de la diputación, a partir de la LBRL, y con mayor grado de detalle en la LRL (artículos 268 y siguientes), se produce una alteración sustantiva de su carácter con relación al régimen precedente, al menos desde los planteamientos teóricos que se proyectaron en el Derecho positivo. En la Ley provincial de 29 de agosto de 1882 la figura del presidente aparecía desdibujada y casi borrada por completo al corresponder al gobernador civil presidir la diputación con voz y voto en sus tareas deliberantes, ejecutar sus acuerdos y, en su caso, suspenderlos indefinidamente.[123] Por su parte, en el Estatuto provincial de 1925, a pesar de que no tuvo aplicación efectiva en la práctica, la presidencia adquirió sustantividad propia al atribuírsela en exclusiva al presidente sin compartirla con el gobernador civil. Con estos antecedentes, la LBRL retoma el modelo de 1882, configurando al gobernador civil como presidente nato pero con una novedad de hondo calado al diseñar un modelo de «Presidente-gerente».

---

[123] Cfr. Simón Tobalina, J. L de, (1945) "La provincia y su Diputación en el nuevo régimen local", *Revista de Estudios de la Vida Local,* p. 1021.

La Ley de 1945, invirtiendo los términos del Estatuto provincial, disponía que todo aquello que no estuviese expresamente atribuido al pleno de la diputación, (Base 44ª) correspondía al presidente. De este modo, al órgano deliberante provincial se reservaban el conocimiento de apenas una decena de materias,[124] correspondiendo el resto de tareas administrativas y de gestión al presidente-gerente. La justificación política de esta configuración legal fue explicitada por el Ministro de la Gobernación en la presentación del proyecto de Ley de Bases de Régimen Local en las Cortes al advertir que, con su creación, se perseguía «dar mayor importancia a su autoridad y para buscar con ella una mayor eficacia en la actuación, reduciendo el posible parlamentarismo de los Plenos a los asuntos de la mayor trascendencia»; concluyendo que a través de tal opción legislativa «ensaya España un sistema que viene siendo reclamado por los técnicos y que está avalado por sus inmejorables resultados en la práctica de muchos países que van a la cabeza del programa municipalista».[125]

En estrecha relación con su naturaleza, por lo que respecta a la *duración* del cargo los precedentes legislativos habían fijado límites a su desempeño. Así, en la Ley de 29 de agosto de 1882 la presidencia de la diputación se ejercía «hasta la renovación», que se hacía por mitad cada dos años,[126] mientras que en el caso del Estatuto provincial el mandato del presidente se fijaba en seis años. Esta circunstancia se alteró en 1945 pues,

---

124 Entre ellas, la creación, modificación o disolución de Instituciones y Establecimientos provinciales e informar los expedientes de fusión, agregación o segregación de municipios; el ejercicio de acciones judiciales y administrativas; la adquisición de bienes y derechos; la aprobación de los presupuestos ordinarios y extraordinarios y la censura de cuentas; la ejecución, contratación y concesión de obras y servicios provinciales cuando durasen más de un año o exigiesen recursos superiores a los consignados presupuestariamente; la industrialización y provincialización de servicios; etc.

125 *Boletín Oficial de las Cortes Españolas* núm. 112, de 14 de julio de 1945, p. 2344.

126 Véanse los artículos 51 y 57 de la Ley provincial de 29 de agosto de 1882.

a pesar de que no existía precedente alguno en tal sentido, la duración del cargo se configuró como indefinida.[127] Tal y como se desprende del tenor literal de la Base 39ª, el presidente era «nombrado y separado por el Ministro de la Gobernación», de donde se colige que al tratarse de un cargo de confianza del Ministro, correspondía al mismo la facultad discrecional de nombrarlos y separarlos. Este carácter indefinido se justificó en el hecho de que la postura que desempeñaba el Estado en orden a la cooperación económica de la vida municipal requería de una especial vigilancia que debía ejercerse por personas de confianza del Gobierno, así como en su configuración de presidente-gerente.[128] Esta última condición fue la que concitó mayor coincidencia doctrinal para justificar el mandato indefinido del presidente, al considerar que el reemplazo frecuente del presidente-gerente podría causar serios quebrantos a los intereses provinciales «tanto por la desconexión en el desarrollo de los asuntos que inició el antecesor, cuanto por la pérdida de tiempo inherente a la época de formación del sucesor, hasta que fuese superando su inicial impericia en materia quizá ajena a su formación profesional o cultural»[129]. De este modo, además de asentar la estructura de los entes locales sobre una

---

127 A pesar de que en la legislación anterior no existía precedente del criterio consagrado en la Base 39ª, lo cierto es que en la práctica y desde 1923, se venía observando así, pues todos los presidentes de diputación habían sido nombrados y separados gubernamentalmente y sin sujeción a previa norma, cfr. Simón Tobalina, J. L de, "La provincia y su Diputación en el nuevo régimen local", *op. cit.*, p. 1022.

128 Véase en este sentido la intervención del sr. Pérez González, Ministro de la Gobernación, en la presentación de la Ley ante las Cortes en los epígrafes referentes al nombramiento de alcaldes y presidentes de diputación y a la provincia y a la diputación en el *Boletín Oficial de las Cortes Españolas* núm. 112, de 14 de julio de 1945, pp. 2343 y 2344, respectivamente.

129 Cfr. Martínez Díaz, A (1951), "Algunas innovaciones de la nueva Ley en la organización y funcionamiento de las Entidades provinciales", *Revista de Estudios de la Vida Local,* (55), 62-63; y Marqués Carbó, L (1958), *El Derecho Local Español, op. cit.* pp. 67-68.

amplia base representativa conforme a los principios de una democracia organizada en unidades naturales (familia, municipio y sindicato), el diseño legal de la autoridad de los órganos rectores provinciales (y municipales) se llevaba a cabo «con trazos enérgicos y definidos» que permitían esperar una eficacia de gestión no conseguida hasta la fecha.[130]

En lo referente, finalmente, a la *forma* de nombramiento, en la Ley provincial de 29 de agosto de 1882 la diputación elegía «de su seno un Presidente» (artículo 51), mientras que en el Estatuto provincial el presidente se designaba por votación de todos los diputados directos y corporativos, aunque el nombramiento únicamente podía recaer en uno de los primeros. La LBRL supuso un cambio sustancial en este aspecto puesto que no era exigible que el presidente tuviese la condición de diputado provincial. En efecto, según la Base 39ª era nombrado por el Ministro de la Gobernación debiendo reunir las mismas condiciones exigidas en la Base 6ª para ser alcalde, esto es, ser español, mayor de 25 años y concitar las debidas condiciones de idoneidad, competencia y arraigo en la provincia.

Esta situación se va a mantener hasta que la Ley 41/1975, de 19 de noviembre modifique sustancialmente el sistema de designación de los presidentes de diputaciones provinciales y cabildos insulares, como manifestación de los principios de descentralización y autonomía que la inspiraban según se ha desarrollado *supra* (*vid.* 5). Los términos políticos de este enfoque legal se abordaron originariamente en un Informe que se redactó en el seno del X Consejo Nacional del Movimiento de 1964, sobre representación política, en el que sin abandonar ninguno de los postulados en contra de la democracia y el sufragio universal sostenidos hasta la fecha,[131] entre

130 Como proclamaba el sr. Fernández Hernando, a la sazón Director General de Administración Local, al realizar la exégesis de la Ley de 1945, en "Formas de designación de los miembros de las Corporaciones en la nueva Ley de Régimen Local", *op. cit.* p. 664.

131 Dicho Informe se elaboró bajo la premisa de rechazar la concepción liberal de la democracia y el sufragio universal y deshacer la corriente

los objetivos que definía en el ámbito de las corporaciones locales figuraba el de que los alcaldes y presidentes de diputación provincial fuesen elegidos por las propias corporaciones.

Con este precedente, y tras la entrada en vigor de la LOE, la Ponencia constituida en 1968 en el seno del Consejo Nacional del Movimiento sobre las bases políticas del régimen local aludida anteriormente adoptó una posición muy clara sobre el particular. En su primer borrador, remitido a los consejeros para observaciones el 6 de abril de 1968, sostenía expresamente que «habrá de ser el resultado de una elección lo que determine la investidura de quien haya de ostentar el cargo de Presidente de una Diputación o de un Ayuntamiento», decantándose, en consecuencia, por un sistema de elección dentro del seno de cada corporación.[132] En términos generales la propuesta recibió el respaldo de los consejeros que formularon sugerencias, que en su mayor parte se centraron en el tema de la regionalización y la creación de nuevas instancias territoriales. No obstante, merece la pena destacar el rechazo del Consejero Nacional por Pamplona y procurador en Cortes, Juan Moso Goizueta, al considerar tanto que la LOE no se oponía a mantener el sistema de designación por el Ministro de la Gobernación, como que desde una perspectiva funcional resultaba contraproducente, pues el sistema propuesto limitaba enormemente el número de personas a elegir y los mejor preparados eran reacios a presentarse a

---

de opinión que identificaba representación política con representación parlamentaria, afirmando su oposición a la existencia de partidos políticos y propugnando y defendiendo como cauces representativos el municipio, el sindicato y las Cortes, *vid.* «Informe redactado por la Ponencia 2ª "Difusión Interior" de la Comisión 2ª "Difusión doctrinal del Movimiento", del X Consejo Nacional (Publicado en el Boletín Oficial del Consejo nº 46 de 10-7-65)», en Archivo General de Alcalá, (09)017.001 caja 51/10010, carpeta 5 *Documentos relacionados con reuniones plenarias.*

132 Archivo General de Alcalá, (09)017.001 caja 51/10010, carpeta 1 *Anteproyecto sobre criterios para planteamiento del régimen local a la vista de la Ley Orgánica del Estado.*

las elecciones. En realidad, el consejero navarro vislumbraba las posibles consecuencias de una decisión como la defendida por el Consejo Nacional, de modo que, tras afirmar que el modelo planteado equivalía a entregar al azar de una elección cargos tan importantes para la buena marcha de las corporaciones locales, concluía advirtiendo sobre el error político que cometía el Consejo Nacional al favorecer la democratización de las instancias locales.[133]

Al margen de lo anterior, dos consejeros remitieron sugerencias y comentarios dirigidos a mejorar la propuesta. El primero de ellos fue Pedro Nieto Antunez, a la sazón Ministro de Marina, que, tras afirmar que la aplicación de los cauces de representación familiar, municipal y sindical debería tener vigencia exclusivamente en las Cortes, planteó la posibilidad de que las corporaciones municipales estuviesen formadas exclusivamente por miembros elegidos directamente por los vecinos y las corporaciones provinciales por representantes de los municipios que las formaban. Por su parte, el consejero por Córdoba, Felipe Solís Ruiz, planteó dos modelos de elección del presidente de la diputación: bien una terna elaborada por el Consejo Provincial del Movimiento entre personas de la capital y la provincia que sería sometida a votación secreta de los diputados provinciales, o bien la presentación de candidaturas de entre los diputados y la subsiguiente elección secreta por todos ellos.[134] La versión definitiva de la Ponencia, titulada "Criterios para el planteamiento político del régimen local a la vista de la Ley Orgánica del Estado", aprobada en sesión de 27 de julio de 1968 del pleno del

---

133 Afirmaba el señor Moso Goizueta que «bastantes concesiones innecesarias y a mi juicio contraproducentes se han hecho ya en el orden político a una democracia a ultranza, esteril [sic] y demoledora, para que ahora sea el propio Consejo Nacional del Movimiento, el que recomiende nuevas concesiones debilitadoras del poder político», Archivo General de Alcalá, (09)017.001 caja 51/10010, carpeta 2 *Sugerencias.*

134 Archivo General de Alcalá, (09)017.001 caja 51/10010, carpeta 2 *Sugerencias.*

Consejo Nacional del Movimiento no incluía modificación alguna respecto del borrador original, concluyendo que el sistema de elección conveniente sería el de elección por los miembros de cada corporación.[135]

Con estos precedentes políticos, que constituyen el punto de partida del proyecto normativo,[136] en la tramitación en las Cortes de la futura Ley 41/1975, de 19 de noviembre, el Ministro de la Gobernación puso de manifiesto que, al resultar básico el principio representativo para el proyecto, «resultaba preciso eliminar cualquier residuo de carácter gubernativo en la constitución de las entidades locales» suprimiéndose, en consecuencia, el carácter atribuido al gobernador civil como presidente nato de las diputaciones provinciales.[137] Desaparecía, en suma, uno de los vestigios característicos del régimen local de la primera etapa del régimen local del franquismo derivado del principio totalitario.

La Base 15ª abordaba las reglas generales del procedimiento de elección del presidente, además de algunas facultades comprensivas de su estatuto jurídico. Por lo que atañe a las primeras, comenzaba señalando que podían ser proclamados candidatos

---

135 Archivo General de Alcalá, (09)017.001 caja 51/10010, carpeta 4 *Texto aprobado en la sesión plenaria 24-6.68.*

136 Según reconocía expresamente la exposición de motivos de la Ley 41/1975 al declarar en su epígrafe III que «la autorizada voz del Consejo Nacional del Movimiento, en orden a la adecuada interpretación de los criterios constitucionales expuestos, se concretó en un importante dictamen sobre los principios del Régimen Local, emitido en el año mil novecientos sesenta y ocho, y que ha constituido el punto de partida de este proyecto, tanto en orden al carácter natural y de estructura básica de los Municipios, cuanto a la índole representativa de las Corporaciones, modo más adecuado de elegir a sus Presidentes y concreción de las diversas modalidades de división territorial, entre otras materias».

137 Intervención del Ministro de la Gobernación, sr. García Hernández, en la sesión núm. 6 de la Comisión de Gobernación de 12 de mayo de 1975, cfr. *Cortes Españolas. Diario de Sesiones de las Comisiones. Comisión de Gobernación,* X Legislatura, núm. 510, de 12 de mayo de 1975, p. 6.

los vecinos de los municipios de la provincia que lo solicitasen de la Junta Provincial del Censo y reuniesen alguna de las condiciones siguientes: i) ser o haber sido presidente de la diputación o diputado provincial de la propia corporación.; ii) ser propuesto por vecinos incluidos en el censo electoral de la respectiva provincia en número no inferior a 1.000 o al 0,5% del total de vecinos incluidos en el censo de la provincia; o, iii) ser propuesto por cuatro Consejeros provinciales del Movimiento. Adicionalmente, y a expensas del correspondiente desarrollo normativo, también se preveía que las asociaciones políticas reguladas en el Decreto-ley 7/1974, de 21 de diciembre, pudiesen podrán proponer candidatos en la forma que se determinase. La elección debía verificarse mediante votación secreta efectuada por los diputados provinciales, siendo necesario el voto favorable de las dos terceras partes del número de diputados provinciales para ser elegido. En caso de que en la primera votación no se obtuviese la mayoría requerida, debía repetirse entre los dos candidatos que hubiesen obtenido mayor votación, bastando entonces para ser elegido la mayoría simple.

Con relación a su estatuto jurídico, quizás el rasgo más novedoso consistió en la desaparición de la figura del presidente-gerente que se había instaurado en 1945. Recordemos que esta figura encontraba inspiración en el movimiento de reforma municipal norteamericano del *City Manager Plan* iniciado en el Estado de Virginia en 1908, que había sido aireada entre nosotros por Adolfo Posada en 1916 al publicar su trabajo *El Régimen Municipal de la Ciudad Moderna*, con la finalidad de solucionar el problema de la eficacia de los servicios sobre bases democráticas en el gobierno de las ciudades, presupuesto que no concurría en el caso español. La similitud entre ambas figuras era meramente semántica, dado que ni en su nombramiento, funciones y responsabilidad ante los ciudadanos cabía coincidencia alguna.[138] En la regulación planteada en el proyecto de ley de 1975 el presidente tenía atribuida la

---

138 Orduña Prada, E (2013); "Diputaciones Provinciales y Estado Franquista", en M. A. Chamocho (ed.), *Modelos históricos de Diputaciones Provin-*

presidencia de la corporación y la dirección de la Administración local provincial.[139] Se preveía que el mandato fuese de seis años, siendo incompatible con el de alcalde, percibiendo las asignaciones que se consignasen en los Presupuestos, de acuerdo con lo que legalmente se estableciese.

Cumpliendo el mandato de la disposición transitoria primera de la Ley 41/1975, de 19 de noviembre,[140] el Gobierno aprobó el Decreto 3230/1975, de 5 de diciembre, convocando elecciones para proveer los cargos de alcaldes y presidentes de diputaciones provinciales y cabildos insulares. Ante la falta de desarrollo normativo de las Bases de régimen local de 1975, y al igual que había sucedido en 1949, este Decreto contenía algunas normas procedimentales sobre el sistema de elección de los presidentes con la finalidad de que pudiesen celebrarse los comicios. No puede descartarse que en la decisión de convocatoria electoral pesasen en el Gobierno objetivos de naturaleza dispar como la voluntad de proporcionar cierta imagen de estabilidad del gabinete, de apariencia de normalidad del sistema político, ante el incierto escenario que se abría tras el reciente fallecimiento del anterior jefe del Estado. Lo cierto es que, debido al apresuramiento de la cita electoral, apenas dos semanas después se aprobó el Decreto 3411/1975, de 26 de diciembre, modificando diferentes preceptos del Decreto 3230/1975. En concreto, se aplazaron las elecciones de alcaldes de ayuntamientos que no eran capitales de provincia y se adelantaron las de los presidentes de diputaciones

---

ciales. Estudios conmemorativos del Bicentenario de la Diputación Provincial de Jaén (1813-2013), Diputación Provincial de Jaén, pp. 367-368.

139 Así como la representación de la Diputación, la superior dirección e inspección e impulso de los servicios y obras provinciales, el ejercicio de las facultades de carácter económico y sancionadoras que la Ley le asignaba, así como todas aquellas atribuciones que no estuviesen expresamente conferidas a otro órgano provincial.

140 Cuyo apartado segundo confería un plazo de cuatro meses para la elección, entre otros cargos, de la totalidad de los presidentes de diputaciones provinciales y cabildos insulares.

provinciales y cabildos insulares del 8 de febrero inicialmente previsto para el 18 de enero de 1976.

A la incertidumbre del escenario político-social se añadió la complejidad del proceso electoral y los escuetos términos en que estaban fijadas las reglas para su celebración. Esta circunstancia motivó que, ante el volumen de consultas formuladas por las Juntas Provinciales y Municipales del Censo Electoral respecto de la interpretación y aplicación del Decreto 3230/1975, de 5 de diciembre, la Junta Central del Censo Electoral adoptase en fecha 19 de diciembre de 1975 unas prolijas instrucciones con el objetivo de fijar un criterio general que sirviese de base «a la indispensable unidad» en los acuerdos que aquellas Juntas Provinciales y Municipales adoptasen al realizar las operaciones en que debían intervenir.[141] A lo largo de quince acuerdos, la Junta Central fijaba criterio interpretativo sobre asuntos de naturaleza diversa[142] con la finalidad de cubrir las lagunas del Decreto 3230/1975,[143] así como de esclarecer las normas aplicables a distintos supuestos de hecho que podrían producirse a lo largo del proceso electoral.[144]

La elección del presidente se desarrolló en dos fases.[145] En la primera, dando cumplimiento a lo previsto en el artículo 3.2 del Decreto 3411/1975, la Junta Provincial del Censo Electoral, en sesión de 8 de enero de 1976 y tras la comprobación de las condiciones

---

141 Archivo General de la Comunidad de Madrid, *Elecciones presidente diputación 1975*, 0004120/004.

142 Como la improcedencia de exigir el juramento de fidelidad a los principios fundamentales del movimiento en el acto de proclamación de candidatos.

143 Como el medio de determinación de la edad de los candidatos en caso de empate; la hora de celebración de la sesión pública de las Juntas del censo para la proclamación de candidatos; el órgano competente para convocar la sesión extraordinaria de la elección;

144 Entre otras, la determinación del alcance de las mayorías exigidas o las reclamaciones electorales.

145 Archivo General de la Comunidad de Madrid, *Elecciones presidente diputación 1975*, 0004120/004.

de elegibilidad, procedió a la proclamación de los candidatos para el cargo de presidente. En concreto, en el caso de la Diputación Provincial de Madrid se trataba de los señores Carlos González-Bueno y Bocos, hasta esa fecha presidente de la corporación, y José Martínez Emperador, presentado por seis Consejeros Provinciales del Movimiento. La segunda fase se desarrolló el siguiente 18 de enero de 1976, fecha en la que, bajo la presidencia de la Junta Provincial del Censo Electoral, se celebró sesión extraordinaria en la sede de la institución provincial para la elección del nuevo presidente. La votación secreta comenzó por llamamiento, en primer lugar, del vicepresidente, señor Matos Aguilar, y a continuación de los restantes 16 diputados presentes, de un total de 21, por orden alfabético, previa identificación mediante la exhibición del documento nacional de identidad y de la credencial del cargo de diputado. Verificado el escrutinio, el resultado arrojó un empate entre los dos candidatos, que obtuvieron 8 votos cada uno de ellos, contabilizándose un voto en blanco. Dado que en primera votación ninguno de los candidatos había obtenido la mayoría de dos tercios exigida por el artículo 6.1 del Decreto 3230/1975, de 5 de diciembre, se procedió a una segunda votación. Realizado el nuevo escrutinio, el candidato Pedro González-Bueno obtuvo 7 votos, mientras que el candidato José Martínez Emperador alcanzó 10 votos, siendo elegido este último presidente al requerirse mayoría simple en segunda votación.

7. REFERENCIAS BIBLIOGRÁFICAS

El Boletín Oficial de las Cortes Españolas y los Diarios de sesiones de la Comisión de Gobernación mencionados en el texto pueden consultarse en https://app.congreso.es/est_sesiones/

Barros Martínez, E (1951), *Derecho Local en España*, edit. Reus.

Conde, F.J (1945), *Representación política y régimen español. Ensayo político*, Ediciones de la Subsecretaría de Educación Popular.

Del Valle, L (1940), *El Estado Nacionalista, Totalitario, Autoritario,* Editorial Atheneum.

Fernández-Carvajal, R (1969), *La Constitución Española* 2ª ed., Editora Nacional.

Fernández de la Mora, G (1985), "La democracia orgánica en el municipio español", *Anales de la Real Academia de Ciencias Morales y Políticas. I,* Boletín Oficial del Estado, 81-102.

Fernández Hernando, J (1948), "Formas de designación de los miembros de las Corporaciones en la nueva Ley de Régimen Local", *Revista de Estudios de la Vida Local,* (41), 641-665.

Fernández Riquelme, S (2021), *El sueño de la democracia orgánica. Historia del corporativismo en España (1877-1977),* SND Editores.

Garrido Falla, F (1947), "Sobre el concepto de Administración Local", *Revista de Estadios de la Vida Local,* (31), 36-48.

Gascón y Marín, J (1942), *Administración provincial española. Sus problemas,* IEAL.

Jordana de Pozas, L (1941), "El principio de unidad y sus consecuencias políticas y administrativas", *Revista de Estudios Políticos* (3-4), 621-640.

(1961), "Tendencias europeas actuales del Régimen local", en *Estudios de Administración General y Local,* Instituto de Estudios de Administración Local.

(1961) "La Administración Pública", en *El Nuevo Estado Español. Veinticinco años de Movimiento Nacional. 1936-1961,* Instituto de Estudios Políticos, 251-289.

Marqués Carbó, L, (1958), *El Derecho Local español,* Tomo II. Primera parte, Informaciones Municipales.

Martínez Cuadrado, M (1974), "Representación. Elecciones. Referéndum", en Fraga Iribarne, M; Velarde Fuertes, J; del Campo Urbano, S (dirs.), *La España de los años 70. III. El Estado y la Política,* Moneda y Crédito, 1371-1439.

Martínez Díaz, A (1951), "Algunas innovaciones de la nueva Ley en la organización y funcionamiento de las Entidades provinciales"; *REVL,* (55) 56-70.

Nieto, A, (1973), "La organización local vigente: uniformismo y variedad", en Martín-Retortillo (dir.), *Descentralización administrativa y organización política,* II, Alfaguara, 13-156.

Orduña Prada, E (2013), "Diputaciones provinciales y Estado Franquista", en Miguel Ángel Chamocho Cantudo (coord.), *Modelos históricos de Diputaciones Provinciales. Estudios conmemorativos del Bicentenario de la Diputación provincial de Jaén (1813-2013),* Diputación de Jaén, 359-383.

Orduña Rebollo, E (2005), *Historia del municipalismo español,* Iustel.

Pérez Serrano, N (1932), *La Constitución Española (9 diciembre 1931). Antecedentes. Texto. Comentarios,* Editorial Revista de Derecho Privado.

Pradera, V (1937), *El Estado Nuevo*, 2ª ed., Editorial Española.

Royo Villanova, A (1942), *Elementos de Derecho Administrativo*, 17ª ed., Librería Santarén.

Ruiz del Castillo, C (1942) "Las Cortes y la vida local", *Revista de Estudios de la Vida Local* (4) 1-12.

(1944), "Estructura y función de las entidades locales", *Revista de Estudios Políticos*, (15-16), 419-449.

(1945), "Las Bases del Régimen Local", *Revista de Estudios de la Vida Local*, (22) 567-574.

(1948), "Garantías electorales", *Revista de Estudios de la Vida Local*, (41) 666-670.

(1961), "La Vida Local", en *El Nuevo Estado Español. Veinticinco años de Movimiento Nacional. 1936-1961*, Instituto de Estudios Políticos, pp. 307-331.

Sainz de Robles, F.C. (1973), "Organización local, autoridades y funcionarios", en Sebastián Martín-Retortillo (dir.), *Descentralización administrativa y organización política*, II, Alfaguara, pp. 157-296.

Santa Cruz, M. de, (1979) *Apuntes y documentos para la historia del tradicionalismo español. 1939-1966. Tomo 1. 1939*, Gráficas Gonther.

Sevillano Calero, F (2002), "El nuevo Estado y la ilusión de la «democracia orgánica». El referéndum de 1947 y las elecciones municipales de 1948 en España", *Historia Contemporánea* (24), Universidad del País Vasco / Euskal Herriko Unibertsitatea.

Simón Tobalina, J. L. de, (1945) "La provincia y su Diputación en el nuevo régimen local", *Revista de Estudios de la Vida Local*, (24) 1017-1024.

(1954) "La representación corporativa en las elecciones de Diputados provinciales", *Cisneros. Crónica provincial*, Año IV, Excma. Diputación provincial de Madrid, (8) 21-24.

Varela Suanzes-Carpegna, J (2008), "Algunas reflexiones metodológicas sobre la Historia Constitucional", *Teoría y Realidad Constitucional*, (21), 411-425.

Capítulo 5

Hacia la democratización de las diputaciones provinciales durante la transición política y la democracia (1975-2003)

DR. MIGUEL ÁNGEL CHAMOCHO CANTUDO
Catedrático de Historia del Derecho y de las Instituciones
Universidad de Jaén
ORCID: 0000-0001-6605-4990

La transición política española que comenzó tras la muerte del dictador y que culminó con la construcción de un Estado social y democrático de Derecho, bajo un sistema constitucional, inauguró un proceso democratizador de las instituciones políticas encargadas de la gobernanza de los entes organizativos del territorio del Estado, y en particular de los gobiernos de las Diputaciones provinciales.

Un proceso democratizador que debe ser entendido bajo la lógica de la apropiación de la colectividad social de las instituciones que les representan. Democratizar la sociedad y sus instituciones implica que aquélla, la sociedad, conforman a éstas, a las instituciones, están indisolublemente unidas a través de sus represenes elegidos de forma democrática. Tradicionalmente se ha configurado la democratización basándose en la lógica del sufragio universal, libre, directo y secreto para la elección de los representantes de la sociedad en las instituciones que les gobiernan. Así, la ciudadanía es convocada a unas elecciones para elegir a sus representantes en las corporaciones municipales y provinciales, Ayuntamientos y Diputaciones, de forma democrática, para que estos, una vez ocupados sus cargos políticos, lleven a buen puerto las promesas electorales para los que fueron elegidos.

Pero, democratizar también significa darle a la ciudadanía, a través de las instituciones gobernadas por sus representantes, un grado de autonomía suficiente, para que sus representantes, los diputados provinciales, tengan un conjunto de competencias propias, visibles, tangibles, que se identifican con los ámbitos territoriales en los que los entes locales desarrollan dichas competencias, en este caso la provincia[1]. Así, entendemos que

[1] Provincias y municipios, Diputaciones provinciales y Ayuntamientos que desde la legislación de comienzos del siglo XX se configuran dentro de la denominación de Administración local, para diferenciarla de la naciente administración regional y por supuesto de la estatal. Ya desde el Estatuto provincial de 1925, la provincia, por primera vez desde su consolidación en diciembre de 1833, se convierte en una entidad administrativa con personalidad jurídica propia, diferenciada del municipio, pero incardinada para fines de interés local, dentro de un régimen local. Así lo ha querido ver Parejo Alfonso, para quien con el Estatuto

la concepción de la democratización de las instituciones locales, y en particular de las Diputaciones provinciales, significa también autonomía, régimen competencial de las corporaciones democratizadas y suficiencia financiera para la realización de dicho régimen competencial.

En este capítulo, nos centraremos en los aspectos jurídicos de la democratización de las Diputaciones provinciales, en la doble vertiente anteriormente indicada, tanto en el sistema y proceso electoral así, como en el grado de autonomía que las corporaciones provinciales van a ser dotadas para el ejercicio de las competencias propias y delegadas. Y esta doble vertiente de la democratización de las Diputaciones provinciales comenzaremos a reconstruirla desde la legislación preconstitucional, entre 1975 y 1978, con el ánimo de ver qué medidas jurídicas se tomaron para transformar el modelo de Estado centralista y vertical de la Dictadura en un Estado Social y Democrático de Derecho; acto seguido se centrará en las disposiciones constitucionales con que los españoles se dotaron en 1978 en materia de administración y democratización de las Diputaciones provinciales, con el desarrollo normativo de las primeras elecciones locales hasta la entrada en vigor de las bases del nuevo régimen local y de la nueva legislación electoral de 1985;

---

provincial de 1925, "se llega así a un verdadero hito en la evolución institucional de la Provincia", ya que este Estatuto, "incardina definitivamente la Provincia en la Administración Local pero distinguiéndola netamente del Municipio". Parejo Alfonso, L. (1991), "La provincia como entidad local determinada por la agrupación de municipios; fines básicos y competencias mínimas", en Gómez-Ferrer, R, *La provincia en el sistema constitucional,* Civitas, Madrid, pp. 77-112, cita en p. 84. Y en el marco regulatorio del Estatuto provincial se verifica que las Diputaciones provinciales poseerán personalidad jurídica, con capacidad plena y se institucionalizan para el desarrollo de los intereses y servicios propios de la Administración local, en la que ahora se inserta, pero que excedan del Municipio o superen la competencia municipal. El Estatuto Provincial fue publicado en Gaceta de Madrid, nº 80, de 21 de marzo de 1925, pp. 1446-1483.

cuestiones éstas, la ley de bases de régimen local y la ley electoral que serán objeto de análisis en sendos epígrafes, pasando luego a referenciar las modificaciones normativas, en sede de democratización de las Diputaciones provinciales, que con motivo del Pacto local permitió la reforma en dos ocasiones, en 1999 y en 2003, de la anterior ley de bases de 1985.

1. LA REFORMA JURÍDICA DE LAS DIPUTACIONES PROVINCIALES: DE LA NORMALIDAD DE LOS PARTIDARIOS DEL RÉGIMEN A LA REFORMA POLÍTICA Y DEMOCRÁTICA (1975-1979)

Con un Jefe del Estado, Francisco Franco, moribundo, y un incierto futuro de la también moribunda dictadura, no fueron razones suficientes para paralizar cualquier reforma legislativa de cualquier institución, de cualquier nivel del Estado, más bien al contrario, al menos en materia de régimen local, los llamados "partidarios del régimen" quisieron dar un golpe de efecto con la aprobación por las Cortes de la dictadura, que representan a una democracia orgánica, y no a una auténtica democracia –carentes de representatividad e independencia democrática-, de una nueva y flamante ley 41/1975, de 19 de noviembre, de Bases del Estatuto de Régimen Local[2], encargado de sostener el modelo de corporaciones locales del régimen, prorrogando dicho modelo hasta la llegada al Gobierno de Adolfo Suárez, su proyecto de reforma política y de decidida y decisiva democratización de las corporaciones locales, inicialmente a través de las elecciones.

---

2 Boletín Oficial del Estado (en adelante BOE) nº 280, de 21 de noviembre de 1975, pp. 24342-24360.

1.1. Apariencia de continuidad y normalidad del régimen local (1975-1978)

La ley 41/1975 fue aprobada el 19 de noviembre, un día antes del fallecimiento del Jefe del Estado Francisco Franco, siendo publicada en el Boletín Oficial el día 21, ya fallecido Franco, por lo que, para muchos políticos e intelectuales de la época, esta ley nacía para no llegar a ser aplicada. El empeño de los "partidarios del régimen" era la de gestionar esta ley como un modelo de normalidad institucional y de continuidad del sistema, a pesar de que su valedor ya hubiera fallecido.

La ley incorpora una extensa exposición de motivos, en el que repasa, de una manera tremendamente ideologizada, la historia del régimen local desde el sistema foral medieval, pasando por los principales hitos jurídicos en materia de régimen local de los siglos XIX y XX, y reconstruyendo lo que a juicio de los "partidarios del régimen" eran los elementos claves, tanto de los principios del movimiento nacional, como del régimen local de la dictadura, que no eran otros, siguiendo las palabras de Orduña Rebollo, que "el control de Ayuntamientos y Diputaciones [como] una baza fundamental en el manejo de los resortes territoriales del Estado"[3].

El objetivo básico de esta ley de bases es la de señalar los cauces de representación sin afectar al procedimiento ni al sistema electoral, que queda en manos del legislador ordinario. Consecuente con ello, las Bases parten de la separación entre electores y elegibles para diputados de la corporación provincial. Los cauces de participación son los previstos en las Leyes Fundamentales, ampliándose el electoral a todas las personas con capacidad administrativa para serlo, es decir, a todos los vecinos para la elección de Concejales.

---

[3] Orduña Rebollo, E. (2003). *Municipios y Provincias. Historia de la Organización Territorial Española*, ed. FEMyP, INAP y CEPyC, p. 616.

Además del Estado, como elemento vertebrador básico de la nación española, las otras dos únicas vertebraciones del territorio dotados de órganos de gobierno son los municipios y las provincias, que, según la ley de bases deben concebirse sus Ayuntamientos y Diputaciones como entes territoriales con personalidad jurídica y plena capacidad para el cumplimiento de sus fines[4], es decir, órganos aparentemente descentralizados y autónomos, pero sólo en apariencia, dado que siempre se encuentran bajo un estricto control estatal y siguiendo escrupulosamente los principios básicos del movimiento nacional[5].

El mismo día que Arias Navarro fue confirmado como Presidente del Gobierno, en clara continuidad del régimen, aprobó el Real Decreto 3230/1975, de 5 de diciembre, por el que se convocaban elecciones para proveer los cargos de Presidentes de Diputaciones y Cabildos Insulares con el nuevo Estatuto de

---

4 Base primera de la Ley 41/1975. BOE nº 280, de 21 de noviembre de 1975.

5 "La descentralización, como principio de organización administrativa, implica como condición necesaria el dotar de personalidad jurídica y económica a esferas administrativas distintas de las del Estado, pero exige también la concurrencia de condiciones suficientes para que pueda denominarse autonómica, de tal manera que existen distintos grados de descentralización, atendiendo a los índices de suficiencia. El grado máximo, que es precisamente la autonomía, requiere dos requisitos: La electividad de los directivos de las Entidades y la limitación del control estatal sobre los actos o cuestiones de legalidad, que no debe afectar a aspectos de pura conveniencia, lo cual no empece, sin embargo, para que en aspectos concretos y determinados el control puede llegar más allá de dichos límites, pero siempre que así se establezca por disposiciones con rango de Ley (...). Partiendo de estos principios, las Bases reconocen la electividad como medio de conseguir la autonomía, y ello tanto para la composición de los órganos colegiados como para la designación de los Presidentes de las Entidades Locales. Lo primero, a través de un sistema mayoritario, con separación entre electores y elegibles, de acuerdo con las Leyes Fundamentales". Exposición de motivos de la Ley 41/1975. BOE nº 280, de 21 de noviembre de 1975, p. 24344.

Régimen Local[6]. El Real Decreto establece las condiciones para el sufragio activo y pasivo, las causas que incompatibilizan el cargo, así como el sistema de votación, los días y plazos para todo el desarrollo del sistema electoral, hasta la toma de posesión. Las fechas clave del proceso electoral recogidas en el artículo 8 establece el día 11 de enero de 1976, para la elección de Presidentes de Diputaciones y Cabildos insulares, así como las tomas de posesión previstas para el 8 de febrero, luego retrasadas una semana, mediante Real Decreto 3411/1975, de 26 de diciembre, por el que se modifican las disposiciones del anterior decreto sobre convocatoria electoral local[7]. Finalmente, el domingo 18 de enero se celebraron las elecciones a Presidentes de Diputaciones provinciales y Cabildos insulares. En 26 diputaciones provinciales hubo reelección de los que ya ostentaban dicho cargo, por falta de otras candidaturas; en otras 10 diputaciones, sus presidentes, a pesar de tener competencia, salieron reelegidos, mientras que sólo 8 provincias eligieron un nuevo presidente.

Ante la pretendida apariencia de normalidad y continuidad institucional que pretendían los "partidarios del régimen", cada vez más forzada y contestada por otros tantos sectores sociales, el gobierno heredado del Franquismo, quiere dar por zanjada la cuestión de las elecciones de las corporaciones provinciales. Para ello, una nueva ley, la 7/1976, de 11 de marzo, modifica los plazos electorales, reformando para ello la Disposición transitoria primera de la ley 41/1975 que los había establecido[8], a pesar de que otro decreto posterior los había modificado también, retrasándolos una semana. Ahora, dentro de los cuatro meses siguientes a la publicación de aquella ley 41/1975 (recordemos que fue publicada el 21 de noviembre, al día siguiente de la muerte del Jefe del Estado, Francisco Franco),

6 BOE nº 296, de 10 de diciembre de 1975, pp. 25661-25662.

7 BOE nº 311, de 27 de diciembre de 1975, p. 26797.

8 BOE nº 63, de 13 de marzo de 1976, pp. 5215-52156.

deberán estar elegidos todos los presidentes de Diputaciones y Cabildos insulares.

La efectividad de esta ley fue nula, y los miembros de las corporaciones provinciales se mantuvieron en sus cargos hasta que los aires democráticos llegaran a nuestras Diputaciones provinciales.

1.2. Sistema y proceso electoral en las primeras elecciones democráticas a Diputaciones provinciales (1978-1979)

Y ese cambio tiene un nombre propio, Adolfo Suárez, un abulense nacido en Cebreros en septiembre de 1932, quien el 3 de julio de 1976, tras la dimisión de Carlos Arias Navarro realizada el día 1, accede a la Presidencia del Gobierno. La apuesta por la inauguración de una nueva etapa, decisiva ésta para la transición democrática española, había comenzado.

En referencia a lo que nos atañe, la primera medida tomada por el Gobierno de Adolfo Suárez, en materia de democratización de las Diputaciones provinciales, fue la de aplazar las elecciones provinciales mediante el Real Decreto-Ley 17/1976, de 8 de octubre[9]. La cercanía de un nuevo proceso electoral a las Cortes españolas aconsejaba no vincularlas con las elecciones a los gobiernos provinciales e insulares, posponiéndolas a la celebración de aquéllas[10].

---

9 BOE nº 244, de 11 de octubre de 1976, p. 19847.

10 "La circunstancia de esta prórroga de la legislatura –establece la Exposición de motivos-, la conveniencia de no acumular procesos electorales que incluso podrían llegar a solaparse, aconsejan proceder a un aplazamiento de las referidas elecciones municipales y provinciales, posponiéndolas a la celebración de las elecciones legislativas generales". Así los artículos 1 y 2 del citado Real Decreto explicita la autorización "al Gobierno para aplazar la convocatoria de las elecciones que debieran realizarse en mil novecientos setenta y seis y mil novecientos setenta y siete para renovación parcial de Ayuntamientos, Diputaciones Provinciales y Cabildos Insulares, respectivamente, hasta después de la

Este retraso de las elecciones provinciales, coincidentes lógicamente con las municipales tiene una interpretación muy simple. El nuevo Gobierno de Adolfo Suárez, quiere que la llegada de la democracia en el ámbito de la representación política debe vertebrarse, inicialmente, en sede parlamentaria. Sólo con el alcance de la democratización de la soberanía nacional, podrá con posterioridad determinarse la democratización de los gobiernos de las administraciones provinciales.

Y la nueva presidencia del Gobierno hizo efectiva la renovación democrática del parlamento español gracias a la ley 1/1977, de 4 de enero, para la reforma política, en la que ya deja a las claras su artículo 1.1 que "la democracia, en el Estado español, se basa en la supremacía de la ley, expresión de la voluntad soberana del pueblo"[11]. Soberanía nacional, y democratización de las instituciones españolas, en la agenda de la transición política. Principios que se verán luego vertebrados en la aprobación del Real Decreto-Ley 20/1977, de 18 de marzo, sobre normas electorales, cuyos principios serán luego inspiradores para los procesos electorales de ámbito provincial[12].

Le siguieron las elecciones generales de 15 de junio de 1977, las primeras elecciones democráticas conforme a la recién aprobada ley de reforma política, y que permitió la constitución de un nuevo parlamento, de unas nuevas Cortes, con sus 350 diputados, éstas sí, lejanas a aquéllas "partidarias del régimen", aunque muchos amigos del mismo siguieran sentados en su escaño, al igual que un nuevo Senado compuesto de 207 senadores.

---

celebración de las primeras elecciones legislativas", quedando para ello prorrogado el mandato de concejales, diputados provinciales y consejeros de cabildos hasta la constitución de las nuevas corporaciones locales. RDL 17/1976, de 8 de octubre. BOE nº 244, de 11 de octubre de 1976, p. 19847.

11 BOE nº 4, de 5 de enero de 1977, pp. 170-171.

12 BOE nº 70, de 23 de marzo de 1977, pp. 6584-6600.

Este nuevo parlamento, estas nuevas Cortes, ahora sí completamente democráticas, fueron las encargadas de aprobar la ley 39/1978 de 17 de julio, de elecciones locales, convirtiéndose en el marco jurídico de referencia para las futuras elecciones, ahora sí, plenamente democráticas, para las corporaciones provinciales[13].

Son normas electorales que democratizan por completo el proceso electoral para la elección de los representantes de la ciudadanía en las Diputaciones provinciales. Una norma con rango de ley que pretende cubrir una parte de la democratización, y posterior constitucionalización de las Diputaciones provinciales, como es el régimen electoral local, y que se ha desgajado de la normativa dirigida a regular el régimen electoral general, a la que, eso sí, mantiene como norma supletoria[14]. La ley regula en cinco títulos, cuarenta y seis artículos y varias disposiciones transitorias, finales y la consabida disposición derogatoria genérica, el régimen jurídico de las elecciones a los Ayuntamientos, Diputaciones provinciales y Cabildos insulares.

El título II, dedicado exclusivamente a las elecciones para Ayuntamientos, establece el número de concejales que se distribuyen en función de la población local, salvo en aquellos vecindarios inferiores a 25 residentes, para los que se habilitará el

---

13 BOE nº 173, de 21 de julio de 1978, pp. 17267-17275. Seguimos el excelente estudio de Cosculluela Montaner, L., y Muñoz Machado, S. (1977), *Las elecciones locales. Comentarios a la Ley 39/1978, de 17 de julio*, Madrid.

14 "Las elecciones de los miembros de las Corporaciones locales se regirán por lo dispuesto en la presente ley aplicándose con carácter supletorio lo establecido en el Real Decreto-ley veinte/mil novecientos setenta y siete, de dieciocho de marzo, sobre Normas Electorales". Artículo 1 de la ley 39/1978 de 17 de julio, de elecciones locales. BOE nº 173, de 21 de julio de 1978, p. 17267. Así, por ejemplo el recurso a la norma supletoria se observará para la organización de las Juntas electorales centrales, provinciales y de zona, nombramiento de interventores o procedimiento electoral en el día de la votación, fiscalización de gastos electorales, entre otros aspectos.

sistema de concejo abierto, si así lo tuvieran adoptado previamente[15]. Especial relevancia tiene el artículo 6 que establece el sufragio activo y pasivo. El sufragio activo es universal para todos los hombres y mujeres mayores de 18 años[16]; mientras que el sufragio pasivo, es decir, el de las personas elegibles para los cargos de concejales, sigue la misma lógica de sufragio pasivo universal, si bien, establece un número importante de causas tasadas de incompatibilidad, en su mayor parte en función del cargo que ocupan[17], y en menor medida, por carecer de todos los derechos políticos al estar incursos en condena por sentencia firme[18].

Los artículos siguientes regulan el sistema electoral bajo listas cerradas y método D´Hondt de elección, configuración de las mesas electorales, organismos que pueden presentar candidaturas, con el nombramiento de sus representantes para la gestión ante las Juntas electorales de zona y también ante la provincial, nombramiento de interventores, regulación de la

---

15 Artículo 5.1 de la ley 39/1978 de 17 de julio, de elecciones locales. BOE nº 173, de 21 de julio de 1978, p. 17267.

16 Siempre que estuvieran "incluidos en el Censo del Municipio correspondiente, y que se hallen en uso de sus derechos civiles y políticos". Artículo 6.1 de la ley 39/1978 de 17 de julio, de elecciones locales. BOE nº 173, de 21 de julio de 1978, p. 17267.

17 En razón del cargo, son incompatibles para ser nombrados concejales o alcaldes, los presidentes de las principales instituciones del Estado, aquellos altos cargos de la escala militar o de los cuerpos de seguridad del Estado, los miembros de la carrera judicial y fiscal, miembros de las juntas electorales, gobernadores civiles, delegados del Gobierno, otras instituciones en representación de los ministerios, entre otros. Artículo 7.1 y 9.1 de la ley 39/1978 de 17 de julio, de elecciones locales. BOE nº 173, de 21 de julio de 1978, p. 17267.

18 Junto a los condenados por sentencia firme están inhabilitados también quienes estén bajo tutela o hayan perdido la patria potestad de sus hijos, o aquellos deudores con la Hacienda. Artículo 7.1 de la ley 39/1978 de 17 de julio, de elecciones locales. BOE nº 173, de 21 de julio de 1978, p. 17267.

campaña electoral, la publicidad del escrutinio, publicación de los resultados y constitución de la corporación.

El título III regulaba las elecciones de diputados provinciales, distribuyendo la representación entre un mínimo de 24 diputados para provincias de menos de 500.000 habitantes, de 27 diputados provinciales para las provincias con población de más de 500.000 y menos de 1.000.000, de 30 diputados para las que superan el millón de habitantes y excepcionalmente las provincias de Madrid y Barcelona para las que se tasa un total de 51 diputados[19]. Se regula inmediatamente la distribución de diputados por cada uno de los partidos judiciales, a razón de uno como mínimo por partido judicial, adjudicándose el resto proporcionalmente a la población que resida en dichos partidos. Se regula el procedimiento electoral en su artículo 32, cuyo sistema de sufragio se estructuraba de la siguiente manera:

Primero.- No hay sufragio directo para la elección de diputados provinciales, sino que dicho sufragio se realiza efectivamente en favor de los concejales de los ayuntamientos de la provincia.

Segundo.- Realizado dicho sufragio en favor de los concejales, éstos se agruparán por partidos judiciales en función del partido político, coalición, federación o agrupación de electores en cuyas listas hubiesen participado. Esto implica que dichos partidos y coaliciones tienen un peso específico muy notable para la determinación de quienes serán los futuros diputados, que deberán salir de entre los concejales electos.

Tercero.- La Junta electoral de zona le corresponde la asignación de diputados siguiendo la ley D´Hondt según las listas electorales y resultados obtenidos.

---

19 Artículo 31.1 de la ley 39/1978 de 17 de julio, de elecciones locales. BOE nº 173, de 21 de julio de 1978, p. 17271.

Cuarto.- Realizada la asignación, los concejales de aquellas listas que hubiesen obtenido puesto de diputados provinciales elegirían, por y de entre ellos, a los que finalmente se convertirían en diputados.

En suma, los diputados provinciales son elegidos por medio de un sufragio universal indirecto en segundo grado, debido a que el sistema electoral está diseñado para elegir mediante sufragio directo a los concejales, y en un segundo grado, y de forma indirecta, no por la ciudadanía, sino por y de entre los propios concejales, la elección de los diputados provinciales.

Le sigue la regulación de la sesión constitutiva de la Diputación provincial en el artículo 34, que en aquel proceso electoral se produjo el 26 de abril de 1979. Aquel día, los secretarios de las Diputaciones provinciales fueron los encargados de dar lectura de la normativa que regulaba aquel acto constitutivo, constituyéndose en primer lugar la mesa de edad, conformada por el diputado de mayor y menor edad respectivamente. Acto seguido se procede a la comprobación de las credenciales previamente presentadas por los diputados, las cuáles deben ajustarse todas a derecho, y tras la verificación de que todos los diputados se encuentran presentes y perfectamente acreditados, el presidente de la mesa de edad procede a tomarles el juramento o promesa según la fórmula establecida por el Real Decreto núm. 707/1979, de 5 de Abril. Llamados por el Secretario de la Mesa, uno a uno, se debieron acercar a la Presidencia y unos ante los Evangelios y otros ante la Constitución contestaron a la fórmula en forma afirmativa, *Sí juro*, en el primer caso, o *Sí prometo*, en el segundo. Finalizado el juramento, se debía hacer entrega a cada uno de los diputados, de la medalla corporativa y del fajín correspondiente.

Acto seguido correspondía otro de los momentos más solemnes del acto constitutivo, cual es la elección de la Presidencia de la Diputación Provincial, la cual se realizaba por mayoría absoluta, en primera votación y mayoría simple en segunda, de los miembros elegidos como diputados, como hemos podido comprobar para Jaén[20] o Valladolid[21].

---

20 Permítaseme traer a colación la transcripción del acta del Secretario de la Diputación provincial de Jaén en el que se documenta la primera elección a la presidencia de la institución provincial: "El Sr. Presidente de la Mesa de edad declara que son candidatos a la Presidencia de esta Corporación todos los Señores Diputados elegidos, manifestando que el procedimiento establecido para ello es el de la votación secreta e individual, por cada uno, procediéndose a continuación por el Secretario actuante a llamar, uno a uno, a los Señores Diputados que, acercándose a la mesa entregan sus respectivas papeletas de votación dobladas al Sr. Presidente que las introduce en la urna preparada al efecto y terminada tal operación, el propio Sr. Presidente la abre y, extrayendo, una a una, dichas papeletas da lectura en voz alta al nombre que en ellas se contiene, resultando haberse depositado y leído 27 papeletas; que los votos válidos emitidos han sido igualmente 27, al no haber habido ningún voto nulo ni en blanco, arrojando el escrutinio el siguiente resultado, previa comprobación por la Mesa de las papeletas depositadas y leídas: D. Leocadio Marín Rodríguez quince votos; D. José Ramos Manzano doce votos. Como consecuencia del resultado de dicho escrutinio el Presidente declara haber sido elegido Presidente de la Diputación Provincial D. Leocadio Marín Rodríguez por un total de quince votos que representan más de la mayoría absoluta del número legal de miembros que componen la Corporación provincial, dado que estando integrada por 27 Diputados, la mayoría absoluta de dicho número es el de 14 votos. La proclamación del elegido es acogida con grandes aplausos por parte de la Corporación y de los asistentes al acto como público". Archivo de la Diputación provincial de Jaén, Actas de la Diputación provincial de 26 de abril de 1979, fols. 133v-134r.

21 En la misma fecha se constituía la primera Diputación democrática de Valladolid en las dependencias de la Granja-Escuela, con 19 diputados de UCD, 3 del PSOE, 1 del Partido Ruralista y 1 de Coalición Democrática, estando al frente de ella, el diputado ucetista Federico Sáez Vera. En aquella Granja-Escuela o Palacio provincial, se le instó al presidente saliente, el Sr. Miguel Molero, que no acudiera a la nueva constitución democrática. En palabras de Gómez Cuesta, "a pesar de la amistad personal entre Sáez Vera con el anterior titular, la ruptura de la Diputación Provincial con la etapa anterior ya era un hecho". Gómez Cuesta, C. (2011), "Del tardofranquismo a la consolidación democrática (1974-1991)", en Rodríguez Escanciano, I (Dir.), *La Diputación provincial de*

Conforme a esta ley 39/1978 que acabamos de glosar sus aspectos fundamentales en cuanto a las elecciones locales, éstas se celebraron el 3 de abril 1979. Se convirtieron así en las primeras elecciones, ya en pleno régimen constitucional español, en las que se eligió democráticamente a los miembros de las Diputaciones provinciales, bajo un sistema electoral basado en el sufragio universal, igual, libre, secreto y directo para concejales, e indirecto en segundo grado para diputados provinciales.

2. CONSTITUCIÓN Y DEMOCRATIZACIÓN DE LAS DIPUTACIONES PROVINCIALES (1978-1985)

El proceso de democratización de una sociedad como la española, cuyos primeros pasos se habían dado en los últimos meses, tiene su auténtico punto de partida con la redacción, discusión, aprobación en referéndum y publicación en el Boletín Oficial del Estado de la Constitución que nos dimos todos los españoles a finales de 1978 y que entró en vigor el mismo día de su publicación, el 29 de diciembre de 1978[22]. Constitucionalizada la soberanía nacional que garantiza la convivencia democrática "dentro de la Constitución y de las leyes", para establecer una "sociedad democrática avanzada", España se constituye en un Estado social y democrático de Derecho, de cuya soberanía nacional, que reside en el pueblo español, emanan todos los poderes del Estado, y cuya vertebración territorial se fundamenta "en la indisoluble unidad de la Nación española"[23]. De dicha Constitución se va a

---

Valladolid: trayectoria histórica, imagen pública y protagonistas en 30 años de Democracia, ed. Diputación de Valladolid, Valladolid, pp. 15-62, cita en p. 31.

22 BOE nº 311, de 29 de diciembre de 1978, pp. 29313-23424.

23 La doctrina encargada del estudio de la constitución española de 1978, bien sea de forma general, bien sea de forma parcial, de algunos de sus títulos, es enorme. Un botón de muestra sobre las obras que sigo para la elaboración de estas páginas: García De Enterría, E. (1982), *El desarrollo de la Constitución española de 1978,* Zaragoza; Garrido Falla, G. (2001)

desprender una nueva concepción del régimen local español, que será apuntalado por una serie de normas emanadas ya de un parlamento democrático, y en la que es muy importante el talante que este legislador otorgue a uno de los elementos tradicionales del régimen local, las provincias y sus diputaciones provinciales, que tendrá que convivir con los regímenes autonómicos en construcción.

2.1. La Administración local en la Constitución española

La regulación constitucional de la vertebración del territorio español se encuentra en el título VIII de la misma, bajo el título "De la organización territorial del Estado", comportando una serie de principios generales, y un capítulo segundo, dedicado a la administración local.

El artículo 137, en un primer inciso, establece que "el Estado se organiza territorialmente en municipios, en provincias y en las Comunidades Autónomas que se constituyan".

En un segundo inciso del mismo artículo 137, se indica que todas estas entidades, municipios, provincias y comunidades autónomas, "gozan de autonomía para la gestión de sus respectivos intereses". A la condición de ente territorial encuadrado en la administración pública, y por tanto con personalidad jurídica propia, se le incorpora ahora, el no menos importante principio de su autonomía.

Son entes públicos autónomos, entendida esta autonomía, en varios sentidos: primero como valor democratizador, en el sentido de que la autonomía es una "exigencia de representatividad de las corporaciones locales"; en segundo lugar, como "potestad de

---

Comentarios a la Constitución, Civitas, Madrid; Jiménez Blanco, A. (1993), *Comentario a la* Constitución, EU Ramón Areces, Madrid; Alzaga Villaamil, O. (Dir.) (2016), *Comentario sistemático a la Constitución Española de 1978,* Marcial Pons, Madrid.

autoorganización y autogobierno", lo que implica dotarse de un aparato competencial y libertad para decidir y acordar sobre ellos; en tercer lugar, y para desarrollar sus propias competencias, autonomía tiene que ser entendida también "como reconocimiento de potestad reglamentaria"; y por último, autonomía, también entendida "como garantía de contar con unos recursos económicos suficientes". ¿Y autónomos para qué? Para la gestión de los intereses que les son propios[24]. La doctrina es unánime al afirmar que la constitucionalización de la autonomía local, concedida a municipios y provincias, es una autonomía de carácter administrativo, mientras que la autonomía que se predica en el artículo 2 del mismo texto constitucional, para las nacionalidades y regiones que integran la Nación española, es una autonomía considerada de carácter político[25].

El artículo 141 hará lo propio con la regulación constitucional de las provincias, islas, y sus gobiernos respectivos, diputaciones y cabildos o consejos insulares. Al respecto se indicará que la provincia, al igual que el municipio, "es una entidad local con personalidad jurídica propia", cuya determinación viene atribuida por la "agrupación de municipios", en base a una división territorial, que en nuestro caso se prolonga desde 1833, con el objetivo de cumplir con las actividades del Estado. Es decir, que no importa dónde se encuentre el ciudadano, en qué pueblo y en qué provincia, que hasta él deberán llevarse los servicios públicos que presten las administraciones.

Al igual que los municipios, la democratización y la autonomía local también llegará a las provincias y a sus gobiernos a través de las diputaciones, tal y como establece el apartado 2,

---

[24] Así lo reconoció entre otras la sentencia del Tribunal Constitucional 4/1981, de 2 de febrero, en donde se establece que el concepto de autonomía local es un concepto limitado exclusivamente a la gestión de los intereses que les son propios.

[25] Salvador Crespo, M. (2007), *La autonomía provincial en el sistema constitucional español. Intermunicipalidad y Estado autonómico*, MAP y FDyGL, Madrid, pp. 35-36, y 56.

del artículo 141. A partir de este artículo de la Constitución, la provincia debe ser concebida como una entidad local con personalidad jurídica propia, determinada por la agrupación de los municipios de la provincia, a la vez que se estructura como un ámbito territorial para el desarrollo de las competencias del Estado. En cuanto a la Diputación provincial, el precepto constitucional la convierte en la encargada del gobierno y la administración autónoma de los pueblos que conforman la provincia.

La glosa sistemática de ambos artículos confirma lo ya avanzado anteriormente. De forma natural, los ciudadanos que conforman ahora la soberanía nacional se agrupan por municipios, dotados ahora de personalidad jurídica, y que de forma democrática eligen a sus representantes quienes de forma autónoma, gestionan los intereses que les son propios. Es por tanto el municipio la entidad territorial básica del Estado español. Configurada esta distribución territorial básica, y para el ejercicio de otros tantos derechos, dichos municipios, y con ellos sus ciudadanos, se agrupan en provincias, como reunión de municipios, y que salvo excepciones contadas, la división provincial permanece casi inalterada desde su creación en 1833.

La entrada en vigor de la Constitución española, y la regulación, también en sede constitucional, del Estado autonómico, provocó que tanto en el ámbito organizativo, como en el competencial, la vertebración de esta nueva España descentralizada en Comunidades consideradas autónomas tanto orgánica como competencialmente, fueran la mayor de las preocupaciones del desarrollo político y legislativo de los años siguientes, dejando en un segundo plano al desarrollo normativo de Ayuntamientos y Diputaciones, y sobre todo al encaje de éstas últimas con el nuevo Estado autonómico[26].

---

26 "El protagonismo jurídico y político de las regiones ha absorbido paulatinamente por completo todas las energías del proceso de descentralización, dejando relegada a un segundo plano la descentralización

Estas son las razones por las cuales, desde 1978, y el desarrollo de las primeras elecciones en abril de 1979, apenas si encontramos ocupado al parlamento español en regular jurídicamente a las Diputaciones provinciales. Muy al contrario, se abrió el proceso autonómico que ocupó a sus señorías durante los años siguientes, al menos entre 1979, año en el que se aprobaron los estatutos de autonomía más tempraneros, como los de País Vasco y Cataluña, siendo los demás aprobados entre los años 1981 y 1983, como el de Andalucía aprobado mediante Ley Orgánica 6/1981, de 30 de diciembre[27]. En materia de régimen local, este Estatuto de Autonomía para Andalucía regula en su artículo 13, apartado 3, que "la Comunidad Autónoma de Andalucía tiene competencia exclusiva en régimen local, sin perjuicio de lo que dispone el número 18 del apartado 1 del artículo 149 de la Constitución". En este sentido, el denominado carácter bifronte del régimen local vuelve a quedar plenamente constatado por la autonomía andaluza, quien con un sentido constitucional latente, su Estatuto reconoce la competencia exclusiva de la Junta de Andalucía para regular el régimen local de las corporaciones locales andaluzas, toda vez que el legislador estatal haya establecido las bases de dicho régimen, cuya competencia le es propia y le corresponde.

---

local". Belmonte Martín, I. (2008), "El modelo territorial en la Constitución de 1978", en Reig, J. y Pérez, J.A. (Coords), *El Papel de las Diputaciones provinciales en el siglo XXI,* Thomson Civitas y Diputación de Alicante, Navarra, pp. 41-71, cita en p. 42.

27 BOE nº 9, de 11 de enero de 1982, pp. 517-524; más tarde publicado en el Boletín Oficial de la Junta de Andalucía (BOJA), nº 2, de 1 de febrero de 1982, pp. 21-31. Seguimos Jiménez-Blanco Carrillo de Albornoz, A. (1982), *Estatuto de autonomía de Andalucía,* Centro de Estudios Municipales y de Cooperación Internacional, Granada.

2.2. Las primeras normas democráticas sobre régimen local tras la Constitución española: las elecciones de mayo de 1983

La norma más relevante en este período ya constitucional, a la espera de que se establezca la regulación básica en torno al régimen jurídico de las entidades locales, que como ya se ha indicado, habrá que esperar hasta 1985, es sin duda el Real Decreto-ley 3/1981, de 16 de enero, por el que el Ejecutivo de Adolfo Suárez, aprueba determinadas medidas sobre régimen jurídico de las corporaciones locales, una especie de regulación que sigue avanzando en los principios constitucionalizados de los entes locales: su democratización, su autonomía, y la suficiencia de sus haciendas locales, hasta que se aprueben definitivamente las bases del régimen local[28].

De igual manera, aquella ley orgánica, ya democrática, pero en todo caso previa a la constitución, como fue la 39/1978, de 17 de julio, de elecciones locales, va a ser modificada por la ley orgánica 6/1983, de 8 de marzo, como paso previo para la convocatoria de las nuevas elecciones a corporaciones municipales y diputaciones provinciales que tendrán lugar en mayo de 1983.

---

[28] Así lo indica el preámbulo del citado Real Decreto-Ley al decir que "la Constitución española consagra tres principios fundamentales en relación con el Régimen Local: La Autonomía de las Corporaciones Locales en la gestión de sus intereses; el carácter democrático y representativo de sus órganos de Gobierno, y la suficiencia de las Haciendas Locales. El pleno desarrollo y aplicación de estos principios contenidos en el capítulo II del título VIII de la Constitución exigirá, de conformidad con lo previsto en el artículo ciento cuarenta y nueve punto uno punto dieciocho del propio texto constitucional, la promulgación de una Ley por la que se aprueben las bases del Régimen Local. No obstante, parece conveniente abordar con carácter inmediato algunos problemas y cuestiones que demandan urgente solución. Con este propósito, el presente Real Decreto-ley introduce diversas modificaciones en la vigente legislación del Régimen Local, con el fin de dotar de mayor autonomía, agilidad y eficacia a las Corporaciones Locales". Real Decreto-ley 3/1981, de 16 de enero, en BOE nº 27, de 31 de enero de 1981, pp. 2244-2247.

Los preceptos más relevantes que procedieron a su modificación, fueron el artículo 3 referente a la legitimación de la convocatoria de elecciones y al plazo de la misma, que no varía, incorporándose el mandato de cuatro años de los diputados provinciales, a contar desde la constitución de la corporación provincial, procediendo entonces a la renovación de forma total, quedando en funciones desde la nueva convocatoria electoral y hasta la constitución de la nueva corporación local. También es reformado el artículo once, en sus apartados seis y siguientes, incorporando una nueva estructura procedimental en el caso de que se produzcan vacantes entre los concejales o diputados una vez comenzado el período de cuatro años tras la toma de posesión, ya fuera por fallecimiento o cualquier otra circunstancia que exija su sustitución. Se modifica el artículo veinte, en su párrafo primero, añadiendo simplemente que la duración de la campaña electoral será entre catorce y veintiún días naturales. Se modifica igualmente el número de diputados provinciales que se adjudicaban en el artículo 31. La reforma se completa con algunas normas atinentes a la sesión constitutiva de la corporación provincial, de la que ahora nos ocupamos[29].

Con estos mimbres jurídicos fue convocada por segunda vez, en este nuevo marco democrático, las elecciones locales al amparo del Real Decreto 448/1983, de 9 de marzo, por la que se procede a la renovación total de los miembros integrantes de las corporaciones locales, citándose a la ciudadanía para la emisión de su voto para el 8 de mayo de 1983.

El procedimiento seguido para la determinación de los diputados provinciales, toda vez que han sido elegidos los concejales viene de nuevo regulado, con alguna modificación de la ley electoral de 1978, en la anteriormente citada ley orgánica de 2 de marzo de 1983.

---

29 Ley Orgánica 6/1983, de 2 de marzo, por la que se modifican determinados artículos de la ley 39/1978, de 17 de julio, de elecciones locales, en BOE nº 53, de 3 de marzo de 1983, pp. 6157-6158.

Varias son las modificaciones introducidas en materia de sistema y procedimiento electoral para las Diputaciones provinciales. Por un lado, se incrementa el número de diputados para las provincias inferiores a medio millón, que de 24 pasan a 25, e igualmente incrementan en uno, hasta 31 diputados, las provincias con más de un millón de habitantes. Por lo que se refiere al sistema electoral sigue siendo el mismo, sin apenas variación: un modelo de sufragio para las Diputaciones provinciales que parte del sufragio universal libre, directo y secreto para concejales, y éstos, toda vez que han sido repartidos por partidos judiciales, partidos políticos y resultados electorales, serán los encargados, ahora en un sufragio indirecto de elegir a los que ejercerán como diputados provinciales.

Esta consolidación del sistema de elecciones a diputados provinciales proyecta sobre el ciudadano el desconocimiento del elector al que vota para diputado. Su certeza es la del concejal, pero nunca la del diputado provincial, ya que dicha potestad es discrecional de los partidos políticos, en función de los concejales que hayan salido electos. Una democracia indirecta para las diputaciones que quizá deba corregirse en un futuro.

Con este sistema y procedimiento electoral, el 9 de junio de 1983 tuvo lugar el acto de constitución de las nuevas corporaciones provinciales

2.3. Autonomía y garantía institucional de la provincia

La Constitución Española, como ya se ha dicho, articuló un sistema autonómico, en el que distintas entidades territoriales se institucionalizaban en el territorio español, el Estado, las Comunidades Autónomas y las administraciones locales, municipios y provincias, entre otras.

Pronto, en los distintos debates preautonómicos, se observó la posible incompatibilidad o, en su caso, duplicidad en el ejercicio de la prestación de servicios, si los niveles territoriales autónomos, comunidades regionales y provincias, compartían el mismo sistema de competencias en sus distintos ámbitos territoriales[30].

Al respecto, y desde determinadas regiones autónomas en proceso de construcción como la de Cataluña, se vertió una desafección hacia la provincia, y hacia sus diputaciones provinciales, como órganos de gobierno, con el ánimo de que esta demarcación y su órgano de gobierno fueran desarticulados y sus competencias se transfirieran a las comunidades autónomas, todavía en construcción. La construcción de entes preautonómicos había permitido la creación de comisiones mixtas paritarias, compuestas por miembros de las diputaciones provinciales, así como de los entes preautonómicos, y aunque éstas comisiones partían de la existencia de las provincias y de las diputaciones para la construcción de los entes autonómicos, también atisbaron la necesaria coordinación, pero también integración de las competencias de los entes provinciales en los nuevos autonómicos. En esta línea se promulgó el Real Decreto 2704/1978, de 27 de octubre, por el que se determina el procedimiento para la ejecución de transferencias de las Diputaciones provinciales a los organismos provisionales autonómicos[31]. Una propuesta de transferencia de competencias y servicios, que según el Real Decreto, "son actualmente titulares las Diputaciones Provinciales

---

30 Este proceso de transferencias de las competencias del Estado a los entes preautonómicos comenzó gracias al Real Decreto 2115/1978, de 26 de julio, sobre transferencias de competencias de la Administración del Estado a la Generalidad de Cataluña en materias de Interior, Turismo, actividades molestas, insalubres, nocivas y peligrosas y Transportes. BOE nº 214, de 7 de septiembre de 1978, pp. 20936-20943; luego corregidos errores y publicados en BOE nº 250, de 19 de octubre de 1978, p. 24118.

31 Así se expresa el artículo 1 del citado Real Decreto: "Las Comisiones Mixtas para el estudio y propuesta de las transferencias de las Diputaciones Provinciales a los Organismos provisionales autonómicos elaborarán, con arreglo a sus respectivas normas internas de funcionamiento, las oportunas propuestas de transferencia". BOE nº 274, de 16 de noviembre de 1978, pp. 26053-26054.

y cuya transferencia de titularidad se propone al órgano provisional autonómico, con indicación expresa en cada caso, de los preceptos legales o reglamentarios que amparan la respectiva competencia o servicio"[32].

Determinadas por las comisiones mixtas la propuesta de transferencia, ésta es elevada a la Diputación provincial correspondiente, así como al órgano de gobierno preautonómico, con el fin de que se pronuncien sobre su aprobación o, en su caso, reparos subsanables en el plazo de un mes. Subsanados estos reparos, si los hubiera, la comisión mixta eleva propuesta definitiva de transferencia al presidente del órgano preautonómico, y de éste a la Presidencia del Gobierno, quien someterá a su Consejo de Ministros su aprobación mediante el correspondiente Real Decreto, que será publicado en el correspondiente Boletín Oficial del Estado[33].

Sin perjuicio de que a través de este Real Decreto se garantizaba la permanencia de las Diputaciones y supeditaba a la aprobación de la transferencia de las competencias a los órganos preautonómicos mediante Real Decreto, la aprobación de la ley 6/1980, de 17 de diciembre, por parte de la Comunidad

---

32 Y sigue articulando el Real Decreto que junto a las competencias, deberá indicarse en las propuestas de transferencias, "las instituciones, servicios o unidades concretas que se transfieren al órgano provisional autonómico, con especificación de si la transferencia se refiere a la titularidad plena, la mera dependencia funcional o al otorgamiento de potestades de planeamiento. coordinación, control o de naturaleza semejante (...); el régimen de financiación de las competencias y servicios transferidos, con detalle, en su caso, de los créditos de los presupuestos provinciales que se transfieren y de su forma de gestión presupuestaria y contable"; finalmente también "el régimen del personal que desempeña las competencias y servicios transferidos, así como de sus relaciones con el órgano provisional autonómico y la Diputación". Artículo 2º del Real Decreto 2704/1978, de 27 de octubre. BOE nº 274, de 16 de noviembre de 1978, p. 26053.

33 Artículo 3º y 4º del Real Decreto 2704/1978, de 27 de octubre. BOE nº 274, de 16 de noviembre de 1978, pp. 26053-26054.

Autónoma de Cataluña, por la que se aprobaba la transferencia urgente y plena de las Diputaciones provinciales catalanas a la Generalidad, y con ello la supresión de las cuatro diputaciones provinciales catalanas, supuso la exasperación del Gobierno y la presentación del correspondiente recurso de inconstitucionalidad ante el Tribunal Constitucional[34]. El pronunciamiento del alto tribunal intérprete de nuestra Constitución se realizó mediante la sentencia 32/1981, de 20 de julio, por el que casi todo el articulado de la ley fue declarado inconstitucional. Mediante esta sentencia del Tribunal Constitucional, hoy por hoy, la provincia y la Diputación provincial asumen la doctrina importada del derecho público alemán, de la garantía institucional[35], en virtud de la cual, se indica, en su fundamento jurídico tercero que "el orden jurídico-político establecido por la Constitución asegura la existencia de determinadas instituciones, a las que se considera como componentes esenciales y cuya preservación se juzga indispensable para asegurar los principios constitucionales, estableciendo en ellas un núcleo o reducto indispensable por el legislador. Las instituciones garantizadas –entre las que se encuentra la provincia y su órgano de gobierno, las diputaciones provinciales- "son elementos arquitecturales indispensables del orden constitucional y las normaciones que las protegen son, sin duda, normaciones organizadas". Desde esta perspectiva, añade el Tribunal constitucional que debe considerarse completamente inconstitucional cualquier intento, ya fuera por el legislador estatal o autonómico, de legislar proponiendo cualquier tipo de vaciamiento competencial que dejen inermes e inertes, sin funciones, a las diputaciones provinciales. "En consecuencia, la garantía institucional -de la autonomía local para provincias y sus órganos de gobierno- no asegura un contenido concreto o un

---

[34] Norma publicada en el Diario Oficial de la Generalitat de Cataluña, nº 104, de 30 de diciembre de 1980.

[35] Parejo Alfonso, L. (1981), *Garantía institucional y autonomías locales,* Instituto de Estudios de Administración Local, Madrid; del mismo autor véase también (1984), "Garantía institucional y autonomías locales", en *Revista Española de Derecho Administrativo,* 40-41.

ámbito competencial determinado y fijado de una vez por todas, sino la preservación de una institución en términos reconocibles para la imagen que de la misma tiene la conciencia social en cada tiempo y lugar". En suma, son fundamentales en el organigrama constitucional, y por ende, componentes esenciales de la vertebración territorial del Estado[36].

---

36 Algunas referencias a la jurisprudencia del alto tribunal constitucional sobre la autonomía provincial, su garantía institucional, y el carácter indispensable de la provincia puede verse en Salvador Crespo, M. (2007), *La autonomía provincial en el sistema constitucional español*, pp. 128-130. En otro trabajo, la misma profesora afirma que "concretamente el reconocimiento constitucional y jurisprudencial de la provincia como entidad supramunicipal obligatoria, así como la exigencia de ley orgánica para la alteración de sus límites, la convierten en indisponible para el legislador autonómico a menos que la Constitución sea reformada. Las Comunidades Autónomas no podrán alterar los límites provinciales o sustituir la división provincial existente por nuevas demarcaciones comarcales o de ámbito supramunicipal, si eso conlleva la supresión de la provincia. Esta decisión constituyente ha sido también respaldada por la jurisprudencia constitucional de forma muy temprana en la STC 32/1981 sobre la unificación de las diputaciones catalanas; la 27/1987 sobre las Diputaciones valencianas; 109/1998 sobre el Plan Único de obras y servicios de Cataluña; 233/1999 sobre Haciendas Locales; y la más reciente la 31/2010 sobre el Estatuto de Autonomía de Cataluña en la que se afirma con firmeza por el alto tribunal que la provincia es una entidad "asumida y asegurada en su existencia por la Constitución (Fundamento Jurídico 40). Consecuentemente, conforme a la interpretación constitucional la provincia queda garantizada como entidad local, y también tiene que tener reservado un ámbito de autonomía que le será propio". Salvador Crespo, M. (2013), "Cambiarlo todo para que nada cambie. Desafíos y oportunidades para las diputaciones provinciales en un contexto de crisis económica", en *Modelos históricos de Diputaciones provinciales. Estudios conmemorativos del bicentenario de la Diputación provincial de Jaén (1813-2013)*, Chamocho Cantudo, M.A. (ed.). Diputación Provincial de Jaén. Jaén, pp. 379-395, cita en p. 383. Véase también Morell Ocaña, L. (1987), "Las entidades locales, elementos integrantes de la organización territo-

Por lo que se refiere a la vertebración de las provincias y sus diputaciones en el contexto autonómico andaluz, sigo las palabras de Carbonell Porras, cuando escribe que en "la Ley Orgánica 6/1981, de 30 de diciembre, que aprueba el Estatuto de Autonomía de Andalucía de 1981 (...), la provincia, en su artículo 4, se concebía como una entidad local que «constituye, también, ámbito territorial para el desarrollo y gestión de las competencias y funciones de la Comunidad Autónoma», de modo que, sin perjuicio de las competencias propias de las Diputaciones, la Comunidad Autónoma articularía «la gestión ordinaria de sus servicios periféricos propios a través de las Diputaciones Provinciales» en los términos previstos por una Ley autonómica que establecería los mecanismos de dirección y control por parte de la Comunidad. En general, la regulación estatutaria de la provincia, con similitudes a las de otros Estatutos, expresaba con relativa precisión el papel relevante que se le quería dar a las Diputaciones. Esta idea era, sin duda, coherente con la extensión de Andalucía y con la consolidación que tienen en esta Comunidad donde, por otra parte, podían constituir una fórmula adecuada para frenar la tentación centralista. Pero estas previsiones estatutarias se han desarrollado sólo parcialmente. Se ha profundizado, más bien, incluso excesivamente, en la coordinación, acaso llevándola más allá de lo que propiamente debe significar, para convertirse en el instrumento de centralización. Por el contrario, los aspectos que destacaban la autonomía provincial y que habrían orientado la organización andaluza en una dirección descentralizadora han quedado casi inéditos. Por lo pronto, así ha ocurrido palmariamente con la atribución a las Diputaciones de la gestión ordinaria de los servicios autonómicos, aunque inicialmente parecía que se cumpliría la previsión estatutaria"[37].

---

rial del Estado y de las comunidades autónomas", en *Revista Española de Derecho Administrativo,* 55, pp. 325-352.

37 Carbonell Porras, E. (2013), "Las Diputaciones provinciales en la Comunidad Autónoma de Andalucía", en *Modelos históricos de Dipu-*

Por todo lo demás, el órgano de gobierno de la Comunidad autónoma andaluza, debe ser paciente para ejercer la competencia legislativa en materia de régimen local; dado que dicha paciencia viene marcada por la puesta en marcha de la competencia exclusiva que tiene el Estado de fijar las bases del régimen local. Sólo fijadas dichas bases podrá el legislador estatutario cumplir con su función competencial en dicho régimen local. No obstante, el legislador autonómico andaluz, siguiendo las competencias asumidas constitucionalmente, acuerda mediante la ley 3/1983, de 1 de junio, la organización territorial de la Comunidad Autónoma de Andalucía[38].

La autonomía local también está garantizada en esta ley, como no podía ser de otra manera, una autonomía que se garantiza sólo y exclusivamente en el hecho de no mencionar controles de legalidad o criterios de tutela y vigilancia de un ente territorial sobre otro, sino que por el contrario, se regula, en la sección segunda del capítulo segundo, las competencias que la Comunidad Autónoma puede delegar y asignar a las entidades locales, así como la sección tercera, que regula las transferencias y delegaciones de competencias en otros entes territoriales. Ello no significa que cuando se produzca la delegación de competencias no implique la determinación de facultades de dirección y control de la prestación de dichos servicios públicos, así como la posibilidad de dejar en suspenso la citada delegación, o en su caso, suprimirla.

---

taciones provinciales, pp. 397-416, cita en p. 400. También al respecto véase Morillo-Velarde Pérez, R. (1990), "Las Diputaciones provinciales en la Comunidad Autónoma de Andalucía", en *Revista española de Derecho administrativo,* 65, pp. 65-100. También Embid Irujo, A. (1992), "Las relaciones de las comunidades autónomas con las diputaciones provinciales", en *Revista de Estudios de la Vida Local,* 258.

38 BOJA nº 44, de 3 de junio de 1983, pp. 558-562.

3. LA DEMOCRATIZACIÓN DE LAS DIPUTACIONES PROVINCIALES EN LAS LEYES DE 1985

Nuestra concepción de la democratización de las diputaciones provinciales abarca no sólo el sistema de sufragio y el procedimiento electoral, sino que, como ya hemos avanzado, la democratización abarca además una importante consideración de administraciones públicas con potestad de autogobierno, autónomas en sí misma, con competencias propias y suficiencia financiera.

En este sentido, en el presente epígrafe analizaremos esta doble vertiente en torno a la democratización de las diputaciones, por un lado, la establecida en materia de régimen competencial en la ley de bases del régimen local de 1985, y por otro, el establecimiento, de la primera ley electoral general, también de 1985, tras la entrada en vigor de la Constitución española, para el análisis del sistema electoral establecido para las diputaciones provinciales.

3.1. Ley reguladora de las Bases del Régimen local de 1985

El nuevo Ejecutivo de Felipe González, cuyo Partido Socialista Obrero Español se había alzado con la victoria electoral el 28 de octubre de 1982, presentará un nuevo proyecto de ley de bases de régimen local al parlamento español[39]. Un proyecto que asume, como punto de partida, aquel otro presentado por la Unión de

[39] La redacción de aquel proyecto fue realizada por un grupo de trabajo presidido por el Ministro de Administración Territorial, Tomás de la Quadra Salcedo, y en el que participaron reputados profesores tales como Francisco Sosa Wagner, Luciano Parejo Alfonso y Miguel Sánchez Morón –todos profesores de derecho administrativo-, a los que se sumaron el Director de Administración Local, Mariano Benítez de Lugo, y el miembro del Gabinete del Ministro, José Luis Fuertes. Orduña Rebollo, E. (2003) *Municipios y provincias*, p. 679.

Centro Democrático, bajo el gobierno de Adolfo Suárez, al parlamento español en mayo de 1981, pero que quedó encina de la mesa, sin perjuicio de que ahora también se tenga en cuenta lo discutido por la doctrina universitaria reunida en un seminario organizado por la Dirección General de lo contencioso del Estado[40].

El proyecto de ley de bases fue presentado al Congreso el 12 de junio de 1984, procediéndose a un largo debate por parte de todos los grupos que formaban el hemiciclo aprobándose el 2 de abril de 1985[41].

La estructura de la ley de bases de régimen local parte de un extenso preámbulo estructurado en dos partes, una primera con una extensa exposición y reconstrucción del régimen local desde una perspectiva histórica y redactada por el profesor de Historia del Derecho, Benjamín González Alonso; y una segunda también igual de extensa, en la que se establece las razones políticas y jurídicas de la ley de bases, recogiendo la influencia de la doctrina municipalista alemana, así como el encuadre de la ley con los nuevos principios constitucionales, y que fue redactada por el insigne administrativista Luciano Parejo Alfonso[42].

Al preámbulo le siguen un total de 120 artículos, distribuidos en 9 títulos, a los que hay que añadir 6 disposiciones adicionales, una única derogatoria, 10 disposiciones transitorias, y finalmente 5 disposiciones finales[43].

---

40 Las ponencias de aquel seminario dedicado al régimen local fueron publicadas en la obra *Organización Territorial del Estado: Administración Local*, ed. Instituto de Estudios Fiscales, 3 vols., Madrid, 1985.

41 BOE nº 80, de 3 de abril de 1985, pp. 8945-8964.

42 Orduña Rebollo, E. (2003) *Municipios y provincias*, p. 679.

43 Seguimos entre otros, García-Escudero Marquez, P., y Pendás García, B. (1985), *El nuevo régimen local español. Estudio sistemático de la Ley 7/1985, de 2 de abril*, Praxis, Barcelona. Morell Ocaña, L. (1988), *El régimen local español*, Civitas, Madrid.

"Decir régimen local es decir autonomía", así de contundente comienza Parejo Alfonso la parte II del preámbulo de esta ley de bases[44]. A este principio se unen la consideración de la personalidad jurídica, política y constitucional de los entes locales, de ahí su consideración de administraciones públicas, el régimen jurídico bifronte de los entes locales en la medida en que "la determinación de ese marco es el resultado de la acción conjunta, según la concreta distribución de la potestad legislativa en la materia operada por el bloque normativo integrado por la Constitución y los Estatutos de Autonomía" [45].

De "baluarte inexpugnable", ha sido caracterizado por Carballeira Rivera, la protección jurídica que la Ley de Bases le va a otorgar a la autonomía local, en general, y en particular

---

44 Y así lo establece igualmente los artículos 1 y 3 de la ley para municipios y provincias. BOE nº 80, de 3 de abril de 1985, pp. 8948-8949. Sígase Leguina Villa, J. (1985), "La autonomía de Municipios y provincias en la nueva Ley básica de Régimen Local", en *Revista de Estudios de Administración Local y Autonómica,* 227, julio-septiembre, pp. 431-440. En la misma línea Parejo Alfonso, L. (1997), "La protección jurídica de la autonomía local en el Derecho español", en *Defensa de la autonomía local ante el Tribunal Constitucional,* INAP, Madrid, pp. 123-139.

45 Esta calidad de Administraciones públicas de carácter territorial, según se desprende del artículo 4 de la ley de bases, les confiere dentro de la esfera de sus competencias las siguientes potestades: la potestad reglamentaria y de autoorganización; la potestad tributaria y financiera; la potestad de programación y planificación; la potestad expropiatoria y de investigación, deslinde y recuperación de oficio de sus bienes; la presunción de legitimidad y la ejecutividad de sus actos; la potestad de ejecución forzosa y sancionadora; la potestad de revisión de oficio de sus actos y acuerdos; la inembargabilidad de sus bienes y derechos en los términos previstos en las leyes; las prelaciones y preferencias y demás prerrogativas reconocidas a la Hacienda Pública para los créditos de la misma, sin perjuicio de las que correspondan a las Haciendas del Estado y de las Comunidades Autónomas. BOE nº 80, de 3 de abril de 1985, p. 8949.

a la autonomía provincial[46]. En este sentido, el artículo 2 es sumamente elocuente al especificar que "para la efectividad de la autonomía garantizada constitucionalmente a las Entidades locales, la legislación del Estado y la de las Comunidades Autónomas, reguladora de los distintos sectores de acción pública, según la distribución constitucional de competencias, deberá asegurar a los Municipios, las Provincias y las islas su derecho a intervenir en cuantos asuntos afecten directamente al círculo de sus intereses, atribuyéndoles las competencias que proceda en atención a las características de la actividad pública de que se trate y a la capacidad de gestión de la Entidad local, de conformidad con los principios de descentralización y de máxima proximidad de la gestión administrativa a los ciudadanos". Unas competencias que, a tenor del artículo 7, deben considerarse como propias, ejercidas en régimen de autonomía y bajo la propia responsabilidad del ente local, o bien atribuidas por delegación, y en función de los límites establecidos en dicha delegación, que en todo caso habrán de respetar la potestad de autoorganización de los servicios que tienen las entidades locales. En suma, la presente ley es la constatación definitiva del proceso de democracia consolidada en los gobiernos locales, de la autonomía y de la descentralización, como paradigma de la nueva concepción del Estado autonómico español.

El título II de la ley de bases, se dedica al municipio, y a sus elementos constitutivos, el territorio, la población y su organización, y es el título III el que se dedica a la provincia, con una estructura interna similar a la anterior de los municipios regulando su organización y competencias. Desde el punto de vista competencial, y también amparadas bajo el régimen bifronte de los ayuntamientos, tienen como competencias propias y definidas, siempre que así lo determine el legislador estatal o autonómico en la coordinación de los servicios municipales entre sí para la garantía de la prestación integral y adecuada; la asisten-

---

46 Carballeira Rivera, M.T. (1993), *La provincia en el sistema autonómico español*, Madrid, p. 144.

cia y cooperación a los Ayuntamientos; la prestación de servicios públicos de carácter supramunicipal y, en su caso, supracomarcal; y en general, el fomento y la administración de los intereses peculiares de la Provincia. Igualmente serán competencias de las diputaciones aquellas que siendo de las Comunidades Autónomas, puedan ser delegadas o encomendadas su gestión ordinaria en los términos previstos en los correspondientes estatutos de autonomía[47].

La misma disposición final de la ley 7/1985 indicaba que era también obligación del Ejecutivo llevar a cabo, en el mismo plazo de un año, una serie de normativas, entre las que destaca el reglamento de organización, funcionamiento y régimen jurídico de las corporaciones locales, cuya base legislativa se encontraba en el viejo Decreto de 17 de mayo de 1952, y en otras tantas normativas posteriores que lo hubieran modificado. La misión del gobierno es cumplida gracias al Real Decreto 2568/1986, de 28 de noviembre, por el que se aprueba el Reglamento de Organización, Funcionamiento y Régimen Jurídico de las Entidades Locales[48].

Un régimen jurídico que completaba el marco normativo de las entidades locales que, de nuevo, y cuatro años después de las últimas elecciones democráticas de las corporaciones municipales y provinciales, tenidas en 1983, vuelve a ejemplificarse esta democratización con un nuevo proceso electoral en la primavera de 1987.

En este sentido, este mismo año de 1985, el 15 de octubre, y en la misma línea del proceso de democratización y descentralización llevado a cabo en España, se aprueba por el Comité de Ministros del Consejo de Europa la *Carta Europea de la Autonomía Local*, un convenio internacional que pretende crear una "Europa basada en los principios de democracia y descen-

---

47 Artículos 36 y 37 de la ley de bases, BOE nº 80, de 3 de abril de 1985, p. 8953.

48 BOE nº 305, de 22 de diciembre de 1986, pp. 41811-41832.

tralización" y establecer así, un marco jurídico básico y común para la construcción de gobiernos locales democráticos, bajo el principio de que "la existencia de gobiernos locales democráticos es estandarte para los estados democráticos", en la medida que considera la Carta a las "Entidades locales como uno de los elementos fundamentales de los regímenes democráticos". La *Carta Europea de Administración Local* fue acordada y puesta a la ratificación de los Estados que conforman el Consejo de Europa, el 15 de octubre de 1985. El parlamento español ratificó este convenio internacional el 20 de enero de 1988[49]. Y traigo a colación esta *Carta* porque en ella se consolidan los principios de autonomía local, democratización, descentralización y subsidiariedad competencial. No obstante, España se vio obligada a introducir una reserva en el instrumento de ratificación de esta *Carta Europea,* para poder congeniar el sistema electoral de segundo grado para las Diputaciones provinciales, el cual chocaba directamente con el artículo 3.2, según la cual la autonomía local, y por ende provincial "se ejerce por asambleas y consejos integrados por miembros elegidos por sufragio libre, secreto, igual, directo y universal". Ese carácter de sufragio directo no coincide con el de la elección de los diputados provinciales, por lo que España debió añadir a la ratificación de la *Carta Europea,* que "no se considera vinculado por el apartado 2 del artículo 3 de la Carta en la medida en que el sistema de elección directa en ella previsto haya de ser puesto en práctica en la totalidad de las colectividades locales incluidas en el ámbito de aplicación de la misma", pensando en las Diputaciones provinciales[50].

---

49 BOE nº 47, de 24 de febrero de 1989, pp. 5396-5398. Al respecto sígase Rodríguez Álvarez, J.M. (1997), *La Carta Europea de Administración Local: su significado en el ordenamiento jurídico español,* Barcelona, y del mismo autor (1998), "La *Carta Europea de Administración Local.* Su trascendental posición y significación en el ordenamiento jurídico español", en *Revista Actualidad Administrativa,* 42.

50 BOE nº 47, de 24 de febrero de 1989, p. 5396.

3.2. El sistema de elecciones provinciales en la Ley Orgánica de Régimen Electoral General de 1985

La lógica cronológica de este capítulo exigiría un análisis detallado del sistema electoral establecido en la nueva Ley Orgánica 5/1985, de 19 de junio, que regula los procesos electorales a las diputaciones provinciales, como norma consolidada dentro del Estado de Derecho español[51]. Pero por la lógica temática, también debería ser abordado en el próximo capítulo, en la medida en que aquél se reserva el establecimiento de propuestas de modificación del sistema electoral hacia una elección directa. En este sentido, el peso del análisis, se ha acordado que se vehicule en el próximo capítulo, pero por coherencia cronológica aquí van algunas pinceladas del nuevo sistema electoral de la Ley electoral.

La primera referencia importante es que la base de dicha ley electoral es la preconstitucional aunque ya democrática ley 39/1978, aquí analizada, luego modificada por la 6/1983, por lo que, antes incluso del análisis del sistema electoral a las diputaciones provinciales, intuimos que el sistema electoral no haya sufrido excesivas variaciones, dado que el ámbito de aplicación de dicha ley abarca también las elecciones a los miembros de las corporaciones locales (art. 1b). Así, la ley, tras establecer en un título I, las disposiciones comunes para las elecciones llevadas a cabo mediante sufragio universal directo, entiéndase por ellas, las elecciones a diputados nacionales, senadores, y titulares de alcaldías, a los cuáles, además, dedica algunas disposiciones especiales en el Titulo II, hemos de esperar hasta el título V de este Título II, para que podamos concretar cuáles son las disposiciones especiales para la elección de diputados provinciales. Nuestra primera sorpresa, ya atisbada en la legislación electoral de 1978, es que no se regula el sufragio directo para la elección de diputados provinciales, sino que el sistema electoral sigue articulando la modalidad de sufragio indirecto

---

51 BOE Nº 147, de 20 de junio de 1985, pp. 19110-19134.

de segundo grado[52]. Así lo regula el art. 205, pues una vez constituidos todos los ayuntamientos de la provincia, es la Junta electoral de zona la que forma una relación de los partidos políticos y demás agrupaciones de electores que hayan obtenido algún concejal en los ayuntamientos de los partidos judiciales. Realizada esta operación aritmética, la Junta electoral publica la distribución de los puestos que corresponden a cada partido o agrupación electoral, dando cinco días a los concejales de dichos partidos que hayan obtenido puestos de diputados, para que elijan de entre las listas a quienes hayan de ser proclamados diputados, eligiendo además tres suplentes para cubrir las eventuales vacantes (art. 206). En suma, un protagonismo reconocido a los partidos políticos que ha sido traído a colación por Garrido López[53].

Realizada dicha elección por y de entre los concejales, la Junta electoral se encarga de proclamarlos, expidiendo sus credenciales, a la espera de la sesión constitutiva de la Diputación provincial.

Una sesión constitutiva que agrupará a tantos diputados provinciales, según el número de residentes de cada provincia, siguiendo el reparto idéntico ya visto en 1978, de 25 diputados para población inferior a medio millón de habitantes provinciales; de 27 para las poblaciones entre medio millón y un millón; de 31 para las que superen el millón y queden por debajo de los tres millones y medio, y de 51 diputados para las que superen esta

---

52 Garrido López, C. (2022), "El sistema electoral de segundo grado de las diputaciones provinciales", en *Revista española de Derecho Constitucional*, 124, 75-105. Del mismo autor (2021), "Apuntes sobre el sistema electoral provincial", en Palacios Romero, F. y otros, *Elección y representación: una conjunción compleja. Perspectivas y problemas de los regímenes electorales en España*, Colección Obras colectivas, Fundación Manuel Giménez Abad, Zaragoza.

53 Garrido López, C. (2000), "Los partidos políticos en el sistema electoral de las diputaciones provinciales", en *Teoría y Realidad Constitucional*, nº 6, 2º semestre, 191-199.

última población (art. 204), siendo esta última la única variación, pues en la anterior legislación estaba solamente previsto para las provincias de Madrid y Barcelona.

Esta lógica de reparto de diputados provinciales tiene la discriminación positiva de que todos los partidos judiciales, por muy pequeños que sean, tienen al menos un diputado, por lo que el municipalismo de ámbito rural también estaría presente en las diputaciones, y no sólo el concentrado en las capitales.

En suma, y volvemos sobre nuestro mismo análisis, el sistema electoral bajo sufragio universal, libre, secreto, pero no directo, sino indirecto en segundo grado para la elección de diputados provinciales, y de tercer grado para la elección de la Presidencia de la institución es un déficit democrático que no permite la visibilidad de las instituciones provinciales, toda la visibilidad que merecerían, en función de las importantes competencias que desarrollan.

3.3. Las relaciones entre la Comunidad autónoma Andaluza y las diputaciones provinciales

Recordemos que el tenor del artículo 37 de la ley 7/1985, establecía que "las Comunidades Autónomas podrán delegar competencias en las Diputaciones, así como encomendar a éstas la gestión ordinaria de servicios propios en los términos previstos en los Estatutos correspondientes. En este último supuesto las Diputaciones actuarán con sujeción plena a las instrucciones generales y, particulares de las Comunidades". En cumplimiento de este precepto y otros, tanto del texto constitucional como de la ley citada, y en relación con el ya analizado régimen jurídico bifronte de las corporaciones locales, el Parlamento de Andalucía acuerda mediante ley 11/1987, de 26 de diciembre, regular las relaciones entre la Comunidad Autónoma de Andalucía y las Diputaciones provinciales de su territorio[54]. Una ley cuya pretensión es "sentar

[54] BOJA nº 198, de 30 de diciembre de 1987, pp. 6207-6212.

las bases exigidas por el principio constitucional de coordinación que faciliten la superación del carácter exclusivamente provincial de determinados fines, sin perder de vista en ningún momento el debido respeto por la autonomía provincial, constitucionalmente asegurada"; "fijar las competencias de las mismas –las Diputaciones provinciales- así como establecer las relaciones interadministrativas entre ambas Administraciones públicas".

El título preliminar se encarga de delimitar el ámbito de competencias de las Diputaciones provinciales, teniendo en cuenta, para ello, la relación entre intereses locales y supralocales en asuntos vinculados a la provincia[55]. Se intentará en la medida de lo posible evitar duplicidades competenciales, interferencias o posibles conflictos administrativos con otras administraciones públicas, priorizando las relaciones recíprocas entre la administración de la Comunidad Autónoma y las Diputaciones bajo "los principios de eficacia, descentralización, información mutua, coordinación, colaboración y respecto a los ámbitos competenciales respectivos"[56], para los cuáles las Diputaciones gozan de autonomía plena para la gestión de sus intereses y administración de sus recursos, tal y como ya había establecido la Constitución española[57]. No obstante, esta autonomía ha de entenderse no de modo absoluto, como ya indicara el máximo tribunal intérprete de la Constitución, sino que debe entenderse dentro de los límites y condiciones establecidos por el legislador andaluz dentro del Estatuto de Autonomía, y del legislador estatal dentro de lo ya marcado en la ley 7/1985[58]. Cabe pues preguntarse si

---

55 Artículo 1 de la ley 11/1987, de 26 de diciembre, reguladora de las relaciones entre la Comunidad Autónoma de Andalucía y las Diputaciones provinciales de su territorio. BOJA nº 198, de 30 de diciembre de 1987, p. 6208.

56 Artículo 2 de la ley 11/1987, de 26 de diciembre. BOJA nº 198, de 30 de diciembre de 1987, p. 6208.

57 Artículo 3 de la ley 11/1987, de 26 de diciembre. BOJA nº 198, de 30 de diciembre de 1987, p. 6208.

58 Artículos 4 y 5 de la ley 11/1987, de 26 de diciembre. BOJA nº 198, de 30 de diciembre de 1987, p. 6208.

cuando el legislador andaluz habla de descentralización, dentro de su exposición de motivos, en materia de competencias de las Diputaciones, en realidad se refiere, según el texto constitucional a desconcentración de competencias, y no de descentralización, en la medida en que la titularidad de dichas competencias, o son del Estado o son de la Comunidad Autónoma andaluza y que sólo las Diputaciones tienen funciones de coordinación y cooperación en los servicios municipales, de asistencia jurídica, económica y técnica a los Ayuntamientos, así como la prestación de servicios de carácter supramicipal[59].

Sólo a partir del artículo 19 de la ley se podría hablar de atribución de competencias propias de las Diputaciones, tales como las referentes a materia de cultura, deporte, turismo, y aquellas otras que en el futuro puedan serle atribuidas, lo que exigirá por parte de la Comunidad andaluza "el correspondiente traspaso de servicios y medios personales, económicos, materiales y patrimoniales" [60].

Siendo competencias exclusivas de la Comunidad andaluza las relativas a economía, industria y comercio, agricultura, ganadería y pesca, carreteras, viviendas y transportes, salud y servicios sociales, éstas podrán ser delegadas a las Diputaciones provinciales "de acuerdo con los principios de eficacia y descentralización y se somete su ejercicio a las normas establecidas en la legislación básica del Estado y a lo que dispone la presente ley". De nuevo habla de descentralización, cuando en realidad lo que transfiere no es la titularidad de la competencia, sino sólo, y a través de la delegación, transfiere "el ejercicio de las funciones y servicios"[61] ya indicados.

---

59 Yun Casalilla, J., (2001), "Administración Local", en *Desarrollo de las competencias del Estatuto de Autonomía para Andalucía,* coordinado por la Asociación de Letrados de la Junta de Andalucía, Consejería de Relaciones Institucionales, Junta de Andalucía, Sevilla, pp. 177-195, ref. en p. 185.

60 Artículos 19-23 de la ley 11/1987, de 26 de diciembre. BOJA nº 198, de 30 de diciembre de 1987, pp. 6209-6210.

61 Artículo 40 de la ley 11/1987, de 26 de diciembre. BOJA nº 198, de 30 de diciembre de 1987, p. 6210.

Lo que se delega a las Diputaciones provinciales, en virtud de esta ley, son las competencias en materia de mantenimiento, conservación y mejora de la red andaluza de carreteras, en la que se integran las vías de titularidad provincial y las de la Comunidad andaluza que no sean declaradas de interés exclusivo para el ámbito autonómico; también se delegan los servicios sociales, tales como la gestión de centros y establecimientos de servicios sociales, la coordinación y gestión de dichos centros en los municipios de hasta 20.000 habitantes, así como la ejecución y gestión de programas de servicios sociales[62].

En suma, la ley 11/1987, ha supuesto la recentralización por parte de la Comunidad de Andalucía de competencias anteriormente provinciales. En este sentido, se ha escrito que esta ley es el "resultado del afán de poder de unos y de los prejuicios y complejos reivindicativos de otros (...) con una filosofía que, sin exageración alguna, se centra en una afirmación total de la supremacía de la Administración autonómica"[63].

---

62 Artículos 41-42 de la ley 11/1987, de 26 de diciembre. BOJA nº 198, de 30 de diciembre de 1987, pp. 6210-6211.

63 Morillo-Velarde Pérez, J.I. (1989), «Las Diputaciones provinciales en la Comunidad Autónoma de Andalucía», en *Revista Española de Derecho Administrativo,* 65, p. 66 y ss; y del mismo autor, (1989) «La provincia en el Derecho propio de Andalucía» en *Revista Andaluza de Administración pública,* 33, p. 11 ss. Ambos citados por Carbonell Porras, E. (2013), "Las Diputaciones provinciales en la Comunidad Autónoma de Andalucía", p. 401. En la misma línea, Torno Mas sostenía que "la Ley 11/1987 impone ya un modelo de organización territorial que, puede afirmarse, comporta, al menos transitoriamente, un incremento de la centralización a nivel autonómico y una reducción del nivel competencial propio del ente provincial". Tornos Mas, J. (1991), «La provincia en la legislación de las Comunidades Autónomas», en Gómez-Ferrer Morant, R. (dir.), *La provincia en el sistema constitucional,* ed. Cívitas, Madrid, pp. 252-253, citado por Carbonell Porras, E. (2013), "Las Diputaciones provinciales en la Comunidad Autónoma de Andalucía", p. 401.

4. LA MODERNIZACIÓN DE LAS DIPUTACIONES PROVINCIALES EN EL ENTORNO DE LOS PACTOS LOCALES

Más de una década después de la constitucionalidad de la autonomía local, y de la democratización de los gobiernos locales, ésta no se ha llevado a su máxima extensión, en la medida en que las corporaciones locales aún no tienen clarificado su ámbito competencial. Sin perjuicio de la garantía institucional y constitucional de las corporaciones locales, y con la pesada losa del carácter bifronte de su régimen jurídico, éstas, las Diputaciones dependen de la valentía del legislador estatal primero y autonómico después, para seguir caminando en la democratización de sus gobiernos.

Y siendo objetivos, los legisladores tanto estatal como autonómico han sido parcos en esta materia, dejando el proceso de democratización de los entes locales a medio camino en construcción. Principios constitucionales y estatutarios que garantizan un sistema electoral democrático y representativo de las Diputaciones; principios de autonomía local reconocidos incluso por el Tribunal Constitucional. Pero todo este conjunto de principios queda a medio camino del proceso de construcción de la verdadera democratización de las Diputaciones provinciales, hasta que el proceso de redefinición competencial de éstos, a costa de los poderes centrales y autonómicos, no se produzca.

En este sentido, los próximos años vamos a vivir un nuevo impulso a la democratización de las Diputaciones provinciales, gracias por un lado a la creación de la Federación Española de Municipios y Provincias (FEMP), cuyas demandas objetivarán el proceso del denominado Pacto Local, el cual, aun siendo un avance cuantitativo y cualitativo en lo que se refiere a la redefinición de competencias entre el legislador estatal y local, así como una financiación adecuada para la prestación de estos servicios, fue frustrante en el mismo proceso autonómico. De ahí que, tras este Pacto Local, se reiniciara lo que ha venido en denominarse una "segunda descentralización", y que culminará con la ley para la modernización del gobierno local de 2003, extremo cronológico de este capítulo.

4.1. La descentralización estatal: el Pacto Local (1993-1999)

El resultado de la Ley reguladora de las Bases del régimen local no fue del agrado de un buen número de municipios y provincias españolas. Al reconocimiento de su personalidad jurídica, su carácter de administraciones públicas, su autonomía en el ejercicio de sus funciones, se le niegan precisamente éstas últimas, sus competencias, dependientes ellas de los legisladores sectoriales.

Si como se ha indicado, el proceso democratizador de las instituciones implica hacerlas reconocibles, en gran medida, este reconocimiento se vertebra a través del ejercicio de competencias propias. Una reflexión que, no siendo muy jurídica, tiene un componente social y político bien entendible: cuando un ciudadano tiene un problema cuya solución depende de alguna institución pública, no acude a las instituciones del Estado, tampoco acude a las instituciones regionales, el hábito inherente del ciudadano español de finales del siglo XX, es acudir a su primer representante, a su alcalde, al que considera responsable primero y directo de la mejora de su calidad de vida, en función de la prestación de los servicios públicos. Y cuando éstos superan los límites del término municipal y afectan a municipios vecinos, se acude al alcalde de alcaldes, a la presidencia de la Diputación.

Todas estas listas de agravios personales, se fueron socializando por los propios titulares de alcaldías y presidencias de diputaciones, quienes eran conscientes que intentaban atender competencias que no les correspondían y para las que además no tenían recursos. Necesitaban un foro de debate en el que se pudieran canalizar de forma global sus pretensiones, al fin y al cabo, las pretensiones de todos los ciudadanos a los que representan, creando para ello la FEMP en 1985.

La acumulación de toda esta lista de agravios fue presentada, a través de un documento base, en la Asamblea de la FEMP celebrada en La Coruña, en los primeros días de noviembre de 1993, con el lema "La Administración más cercana". El documento emanado de aquella asamblea pretendía, por un lado, una redefinición de las competencias que poseían los entes locales, clarificando éstas, y que en todo caso se ampliaran, además, a aspectos como tráfico, seguridad vial, transportes, consumo, deportes, educación, empleo, juventud, medio ambiente, seguridad ciudadana, servicios sociales, urbanismo y vivienda; de otro lado, se suscitaba la exigencia de la reforma de la ley de haciendas locales con el fin de dotar a las corporaciones locales de los instrumentos financieros y fiscales que permitieran cumplir con estos ámbitos competenciales[64]. Se planteaba, en suma y como necesidad, que las provincias pudieran asumir las funciones que, de acuerdo con su capacidad y la demanda social, les debiera corresponder.

Nace así, en 1993, un proyecto de impulso hacia la democratización de los gobiernos locales, denominado como Pacto Local y que culminará en 1999, con la aprobación de la ley que modifica el régimen local de 1985, e impulsa medidas para su desarrollo[65].

El Pacto local se convierte en una estrategia de negociación que tiende a reformular y fortalecer el poder de las corporaciones provinciales, a través del sacrosanto principio de la autonomía local, intentando reforzar sus posibilidades como gobierno visible, con personalidad jurídica propia y con competencias también visibles que permitan una mayor profundización en la capacidad de gestión de estos Entes locales"[66].

---

64 Orduña Rebollo, E. (2003), *Municipios y Provincias,* p. 693.

65 El itinerario cronológico del Pacto Local puede verse en Márquez Cruz, G.M. (2000), "Gobierno local y Pacto local (de las medidas para el desarrollo del Gobierno local a los pactos locales autonómicos)", en *REGAP, Revista galega de Administración Pública,* 25, pp. 53-138.

66 Seguimos VVAA, (1999). *El Pacto Local. Medidas para el desarrollo del gobierno local,* Federación española de Municipios y Provincias-Ministerio de Administraciones Públicas, Madrid. También VVAA, (2000) *El pacto local de 1999. Medidas para el desarrollo del gobierno local,* ed. Comares, Granada.

El proceso de negociación del Pacto Local culmina, en esta primera fase, con el Gobierno central en 1999 con la aprobación del documento "Medidas para el desarrollo del gobierno local", cuya principal virtualidad fue el compromiso de la mayoría parlamentaria para sacar adelante una serie de medidas legislativas que pretendían, desde exclusivamente las competencias del Estado en materia de régimen local, seguir apuntalando la democratización de estas corporaciones, a partir de un fortalecimiento del principio de la autonomía local[67]. El denominado "Pacto Local", del que, en esta primera fase, quedaron fuera los procesos de negociación de las Comunidades autónomas con las corporaciones locales.

El paquete legislativo que conforma el Pacto Local fue aprobado el 21 de abril de 1999, y publicado al día siguiente en el periódico oficial. La que nos interesa a nosotros de este paquete legislativo, son la segunda ley orgánica del Pacto local, la 8/1999, de 21 de abril, que modifica a su vez la ley orgánica 5/1985, de 19 de junio, del régimen electoral general[68]. Esta reforma pretende mejorar la gobernabilidad de las corporaciones locales permitiendo que la democratización de estas entidades llegue a sus últimas consecuencias, incluso en el seno del pleno de ambas corporaciones y afectando a sus titulares. Para ello se introduce, por un lado, una modificación de la moción de censura, regulando la forma automática de discusión en el pleno de la corporación[69]; y por otro, se regula la moción de confianza pero esta vez afecta a proyectos determinados y concretos, tales como la aprobación de

---

67 Véase Font i Llovet, T. (1998), "La autonomía local en España, a los veinte años de la Constitución: perspectivas de cambio", en *Anuario del Gobierno Local,* 1, pp. 15-54.

68 BOE nº 96, de 22 de abril, de 1999, pp. 14924-14926.

69 Se establece así una "nueva regulación de las mociones de censura a nivel local introduciendo una convocatoria automática del Pleno que debe discutirla a fin de evitar la situación en algunos casos producida de que el Alcalde no convoque el citado Pleno, obligando a los concejales interesados a interponer los recursos jurisdiccionales correspondientes". Exposición de motivos de la ley 8/1999, de 21 de abril. BOE nº 96, de 22 de abril, de 1999, p. 14924.

los importantes presupuestos de la corporación, del reglamento orgánico de la misma, del no menos importante plan general de ordenación urbana, de cualquier ordenanza fiscal, entre otras[70]. Y todo ello, aplicable no sólo a Ayuntamientos, sino también a Diputaciones provinciales[71].

La siguiente ley en conformar el Pacto Local que nos interesa a nosotros y la que nos parece más relevante por la carga simbólica que conlleva, es la ley 11/1999, de 21 de abril, que modifica a su vez a la ley 7/1985, de 2 de abril, reguladora de las bases del régimen local[72].

La amplitud de la autonomía local que le otorga esta reforma se observa desde la primera modificación, aquella que confiere capacidad jurídica a las corporaciones locales "para adquirir, poseer, reivindicar, permutar, gravar o enajenar toda clase de

---

70 "La introducción de la cuestión de confianza vinculada a proyectos concretos, como son la aprobación de los presupuestos de la corporación, del reglamento orgánico, de las ordenanzas fiscales y la aprobación que ponga fin a la tramitación municipal de los instrumentos de planeamiento general de ámbito municipal. Se trataría con ello de dotar a los Ayuntamientos de un instrumento que permita superar las situaciones de rigidez o de bloqueo en el proceso de tomas de decisiones en las materias señaladas, que tienen la máxima trascendencia en el desarrollo del gobierno municipal". Exposición de motivos de la ley 8/1999, de 21 de abril. BOE nº 96, de 22 de abril, de 1999, p. 14924. Al respecto véase López Pellicer, J.A. (1999), "La moción de censura y la cuestión de confianza en la Administración local (reforma e innovación en la Ley orgánica 8/1999, de 21 de abril), en *Revista de Estudios de Administración Local y Autonómica*, 279, pp. 119-149. También De Julián Cañada, E. (1999), "La moción de censura y la cuestión de confianza en la Administración local", en *Revista de estudios locales. CUNAL*, 30, pp. 45-53. Con carácter general véase Arnaldo Alcubilla, E. (1999), "La estabilidad de las corporaciones locales tras la reforma de la ley electoral como consecuencia del Pacto Local", en *El Consultor*, 10.

71 "Se prevé la posibilidad de aplicar la cuestión de confianza por parte de los Presidentes de las Diputaciones". Exposición de motivos de la ley 8/1999, de 21 de abril. BOE nº 96, de 22 de abril, de 1999, p. 14924.

72 BOE nº 96, de 22 de abril, de 1999, pp. 14928-14936.

bienes, celebrar contratos, establecer y explotar obras o servicios públicos, obligarse, interponer los recursos establecidos y ejercitar las acciones previstas en las leyes"[73].

Se modifican y se redistribuyen mejor las competencias que poseen tanto el Presidente como el pleno de la corporación provincial. Para ello se modifican los artículos 21-22, y 33-34 de la ley de bases, con el ánimo de solventar los problemas planteados al atribuirse en la actual regulación al Pleno de la corporación, municipal en los dos primeros artículos, y provincial en el tercero y cuarto, funciones que tienen un carácter eminentemente ejecutivo y que es más lógico que sean competencias del presidente de la corporación, en aras a una mayor eficacia en el funcionamiento del respectivo Ayuntamiento o Diputación. Como contrapartida, se clarifican las competencias del Pleno, se refuerzan las funciones de control por parte de éste mediante una mayor frecuencia de sus sesiones ordinarias y se establece el carácter preceptivo de los órganos de estudio, informe y seguimiento de la gestión del Presidente y de sus órganos delegados en las Diputaciones Provinciales.

Todas estas reformas, sobre todo esta última que modifica la ley de bases de régimen local, ha supuesto una mejora de la gobernabilidad de municipios y provincias, por cuanto aumenta la capacidad ejecutiva de sus gobernantes, alcaldes y presidentes de diputaciones, lo que se traslada también a sus equipos de gobierno, concejales y diputados provinciales, permitiendo así la dinamización y agilidad en el devenir cotidiano de dichas instituciones[74].

---

73 Esta nueva redacción del artículo 5, aquel que se quedó sin contenido tras haber sido anulado por el Tribunal Constitucional en la sentencia 214/1989, de 21 de diciembre, pretende establecer la regulación que con carácter básico ya se establece en la actualidad en el artículo 1 del texto refundido de las disposiciones legales vigentes en materia de régimen local, aprobado por Real Decreto legislativo 781/1986, de 18 de abril, por considerar que la previsión sobre la capacidad jurídica de las Entidades locales debe figurar en la propia Ley de Bases

74 VVAA. (1999) *El Pacto Local. Medidas para el desarrollo del gobierno local,* pp. 22-23. Algunas reflexiones para la Comunidad andaluza en López

Y en el entretanto de este desarrollo legislativo, dos nuevas elecciones a corporaciones locales y diputación provincial han tenido lugar, ambas dos en las primaveras de 1995 y 1999.

4.2. La segunda descentralización y la modernización de las Diputaciones provinciales (2000-2003)

La doctrina jurídica más acreditada ha calificado el anterior paquete legislativo denominado "Pacto local", como un avance en materia de gobernabilidad y democratización de los gobiernos locales que ha quedado aún inconcluso, como el lector habrá podido comprobar. Inconcluso porque tan sólo se ha referido a las competencias del Estado en materia de régimen local, habiendo quedado al margen las competencias que en la misma materia tienen las comunidades autónomas. Era necesario que se acometiera una segunda fase del Pacto local, una segunda descentralización, un nuevo compromiso con los gobiernos locales.

Se evidenciaba que el Estado debía ser de nuevo actor y parte en esta segunda descentralización, aunque sólo fuera impulsando el proceso y legislando para facilitar la renovación autonómica del Pacto local. En este sentido, ese proceso que nace en el año 2000, tras el cierre de la primera fase del Pacto local, culminará unos años después con la aprobación de la ley 57/2003, de 16 de diciembre, de medidas para la modernización del gobierno local, y que entró en vigor el primero de enero de 2004[75].

Menudo, F. (2003), "El pacto local en la comunidad Autónoma de Andalucía", en *Revista Andaluza de Administración Pública,* nº extraordinario 2, pp. 33-60.

[75] BOE nº 301, de 17 de diciembre de 2003, pp. 44771-44791. Una ley que nace con posterioridad a las séptimas elecciones locales democráticas con la convocatoria realizada en la primavera de 2003.

Varios son los aspectos a los que esta ley va a hacer frente, y que en cierta media, mejoran la concepción democrática de las corporaciones locales, como fue, por un lado, la participación ciudadana. "En este sentido, -dice el legislador estatal- se ha manifestado como insuficiente, por su carácter meramente declarativo, el tratamiento que de la participación ciudadana se hace en la LRBRL (...). Existe una clara tendencia continental a reforzar las posibilidades de participación y de incidencia de los ciudadanos en el gobierno local, para evitar o corregir, en el contexto de un mundo globalizado, el alejamiento de los ciudadanos de la vida pública. En esta materia, hay que destacar la procedencia de incrementar la participación y la implicación de los ciudadanos en la vida pública local, lo que no constituye en modo alguno un elemento contradictorio con los anteriores, sino que, por el contrario, los complementa y enriquece. Y si bien es cierto que en este ámbito hay que conceder amplios márgenes a la potestad de autoorganización de las entidades locales, también lo es que la legislación básica estatal debe contener unos estándares mínimos concretos que permitan la efectividad de esa participación"[76].

---

[76] Sigue indicando el legislación que "en materia de participación ciudadana, se establecen unos estándares mínimos que constituyen los mecanismos necesarios para su potenciación: el establecimiento de la necesidad de reglamentos orgánicos en todos los municipios en materia de participación ciudadana, que determinen y regulen los procedimientos y mecanismos adecuados para hacerla efectiva; la aplicación necesaria de las nuevas tecnologías de la información y la comunicación de forma interactiva, para facilitar la participación y la comunicación con los vecinos, así como para facilitar la realización de trámites administrativos y la introducción en la legislación básica sobre régimen local de las iniciativas ciudadanas, que pueden constituir un importante instrumento participativo, que puede dar lugar, incluso, a consultas populares". Exposición de motivos de la ley 57/2003. BOE nº 301, de 17 de diciembre de 2003, p. 44773.

También será objeto de regulación por esta ley el sistema de gestión de los servicios públicos, estableciendo para ello "una nueva clasificación de las diversas formas de gestión, incorporando al ámbito local una figura que la experiencia ha demostrado eficaz en otras Administraciones públicas, como son las entidades públicas empresariales. Por otra parte, se incorpora a la ley la regulación sustancial necesaria de los organismos autónomos y de las sociedades mercantiles con capital social público, hasta ahora sólo reguladas parcialmente en normas reglamentarias"[77].

Otro aspecto importante a la que procede la reforma es el ámbito de las competencias de las corporaciones locales, y en este caso de las diputaciones provinciales. En este sentido, señala el legislador que "la atribución a las provincias de funciones en materia de cooperación en el fomento del desarrollo económico y social y de planificación estratégica en el territorio provincial, sin perjuicio de las competencias de las demás Administraciones públicas en este ámbito, es de particular relevancia, pues enlaza directamente con un conjunto de actividades de creciente importancia en los gobiernos locales contemporáneos, en el que las Diputaciones provinciales ya se han venido implicando de forma creciente durante los últimos años. Esta competencia provincial resulta especialmente necesaria en las zonas rurales, donde la puesta en práctica de las políticas de desarrollo local está produciendo excelentes resultados"[78].

---

[77] Exposición de motivos de la ley 57/2003. BOE nº 301, de 17 de diciembre de 2003, p. 44773.

[78] Sigue indicando el legislación que "en materia de participación ciudadana, se establecen unos estándares mínimos que constituyen los mecanismos necesarios para su potenciación: el establecimiento de la necesidad de reglamentos orgánicos en todos los municipios en materia de participación ciudadana, que determinen y regulen los procedimientos y mecanismos adecuados para hacerla efectiva; la aplicación necesaria de las nuevas tecnologías de la información y la comunicación de forma interactiva, para facilitar la participación y la comunicación con los vecinos, así como para facilitar la realización de trámites administrativos

La ley 57/2003, de medidas para modernizar el gobierno local también modifica algunos artículos de la ley reguladora de las bases de régimen local en materia de provincia y gobierno de la diputación provincial.

Se incorporan algunas breves modificaciones en la estructura orgánica provincial, siendo en el ámbito competencial del artículo 36, donde sin perjuicio de tasarse sus competencias, éstas no han supuesto tampoco un sustancial cambio de tratamiento respecto de legislaciones anteriores, constatándose en este sentido la tradicional indeterminación de la ya vieja ley de bases de 1985. Así, a las ya consabidas competencias de coordinación de servicios municipales, asistencia y cooperación jurídica, económica y técnica a los municipios, la prestación de servicios públicos de carácter supramunicipal, se le atribuye una nueva función cual es la de "cooperación en el fomento del desarrollo económico y social y en la planificación en el territorio provincial, de acuerdo con las competencias de las demás Administraciones Públicas en este ámbito"[79].

Con todo ello, el sentir unánime de la doctrina jurídica es que las diputaciones provinciales tienen que seguir contentándose con competencias subsidiarias reconocidas por el Estado y las Comunidades Autónomas, así como aquellas que por su carácter supramunicipal, o por la inframunicipalidad e incapacidad de estos pequeños municipios para prestar los servicios que tienen encomendados[80], es decir, aún lejos de ser consi-

---

y la introducción en la legislación básica sobre régimen local de las iniciativas ciudadanas, que pueden constituir un importante instrumento participativo, que puede dar lugar, incluso, a consultas populares". Exposición de motivos de la ley 57/2003. BOE nº 301, de 17 de diciembre de 2003, pp. 44773.

79 Artículo 36 de la ley 57/2003. BOE nº 301, de 17 de diciembre de 2003, p. 44778.

80 Mozo Amo, J. (2004), "La ley 57/2003, de 16 de diciembre, de Medidas para la Modernización del Gobierno local, desde la perspectiva de los

deradas como entidades locales con competencias y servicios propios.

Ese mismo sentir de carácter inconcluso del Pacto Local es tenido en cuenta, en general, no sólo con las diputaciones sino también con el resto de corporaciones locales[81].

5. REFERENCIAS BIBLIOGRAFICAS

Agudo González, J. (2001), "La potestad normativa municipal", en *Revista de estudios locales. CUNAL*, 44, pp. 21-66.

Alegre Ávila, J.M. (2004) "Potestad sancionadora y Entes locales: el principio de legalidad sancionadora", en *CUNAL, Revista de estudios locales*, 71, pp. 37-51.

Alzaga Villaamil, O. (Dir.) (2016), *Comentario sistemático a la Constitución Española de 1978*, Marcial Pons, Madrid.

Arias Martínez, M.A. y Ferreira Fernández, A.J. (2000), "El pacto local y la reorganización competencial de la estructura interna de las corporaciones locales", en *Revista de estudios de la Administración local y autonómica*, 282, pp. 159-194.

Arnaldo Alcubilla, E. (1999), "La estabilidad de las corporaciones locales tras la reforma de la ley electoral como consecuencia del Pacto Local", en *El Consultor*, 10.

Belmonte Martín, I. (2008), "El modelo territorial en la Constitución de 1978", en Reig, J. y Pérez, J.A. (Coords), *El Papel de las Diputaciones provinciales en el siglo XXI*, Thomson Civitas y Diputación de Alicante, Navarra, pp. 41-71.

---

pequeños municipios", en *CUNAL, Revista de estudios locales*, 73, pp. 37-50.

81 Sobre el carácter inconcluso del Pacto Local véase Cicuéndez Santamaría, R, (2003), "El Pacto Local ¿Medidas para el desarrollo del Gobierno Local?, en *Cuadernos de Gobierno y Administración*, 3-4, pp. 109-131. Igualmente resulta de enorme interés el número extraordinario que la revista CUNAL, Revista de Estudios locales del año 2005, ha dedicado a la reforma del gobierno local en España, en el que pueden verse aportaciones sobre el sistema competencial de las entidades locales, sobre el principio de subsidiariedad y competencia, sobre nuevos modelos de gobierno local que se afrontan conforme a la nueva ley, etc.

Carballeira Rivera, M.T. (1993), *La provincia en el sistema autonómico español*, Madrid.

Carbonell Porras, E. (2013), "Las Diputaciones provinciales en la Comunidad Autónoma de Andalucía", en *Modelos históricos de Diputaciones provinciales, Estudios conmemorativos del bicentenario de la Diputación provincial de Jaén (1813-2013)*, Chamocho Cantudo, M.A. Diputación Provincial de Jaén. Jaén, pp. 397-416.

Cicuéndez Santamaría, R, (2003), "El Pacto Local ¿Medidas para el desarrollo del Gobierno Local?, en *Cuadernos de Gobierno y Administración*, 3-4, pp. 109-131.

Cosculluela Montaner, L., y Muñoz Machado, S. (1977), *Las elecciones locales. Comentarios a la Ley 39/1978, de 17 de julio*, Madrid.

Cosculluela Montaner, L., y Orduña Rebollo, E. (1990), *Legislación de Administración Local, 1975-1987*, INAP, Madrid.

De Julián Cañada, E. (1999), "La moción de censura y la cuestión de confianza en la Administración local", en *Revista de estudios locales. CUNAL*, 30, pp. 45-53.

Domingo Zaballos, M.J. (2004), "La asesoría jurídica en los municipios de gran población (comentario al artículo 129 de la LBRL)", en *CUNAL, Revista de estudios locales*, 77, pp. 22-29.

Embid Irujo, A. (1992), "Las relaciones de las comunidades autónomas con las diputaciones provinciales", en *Revista de Estudios de la Vida Local*, 258.

Familiar Sánchez, A. (2004), "Derecho de reunión y manifestación y Administración local", en *CUNAL, Revista de estudios locales*, 74, pp. 40-48.

Font i Llovet, T. (1998), "La autonomía local en España, a los veinte años de la Constitución: perspectivas e cambio", en *Anuario del Gobierno Local*, 1, pp. 15-54.

García De Enterría, E. (1982), *El desarrollo de la Constitución española de 1978*, Zaragoza.

García-Escudero Marquez, P., y Pendás García, B. (1985), *El nuevo régimen local español. Estudio sistemático de la Ley 7/1985, de 2 de abril*, Praxis, Barcelona.

Garrido Falla, G. (2001) *Comentarios a la Constitución*, Civitas, Madrid.

Garrido López, C. (2000), "Los partidos políticos en el sistema electoral de las diputaciones provinciales", en *Teoría y Realidad Constitucional*, nº 6, 2º semestre, 191-199.

(2022), "El sistema electoral de segundo grado de las diputaciones provinciales", en *Revista española de Derecho Constitucional*, 124, 75-105.

(2021), "Apuntes sobre el sistema electoral provincial", en Palacios Romero, F. y otros, *Elección y representación: una conjunción compleja. Perspectivas y problemas de los regímenes electorales en España,* Colección Obras colectivas, Fundación Manuel Giménez Abad, Zaragoza.

Gómez Cuesta, C. (2011), "Del tardofranquismo a la consolidación democrática (1974-1991)", en Rodríguez Escanciano, I (Dir.), *La Diputación provincial de Valladolid: trayectoria histórica, imagen pública y protagonistas en 30 años de Democracia,* ed. Diputación de Valladolid, Valladolid, 2011, pp. 15-62.

Gómez-Ferrer Morant, R. (dir.) (1991), *La provincia en el sistema constitucional,* ed. Cívitas, Madrid.

Jiménez-Blanco Carrillo de Albornoz, A. (1982), *Estatuto de autonomía de Andalucía,* Centro de Estudios Municipales y de Cooperación Internacional, Granada.

(1993), *Comentario a la Constitución,* EU Ramón Areces, Madrid.

Leguina Villa, J. (1985), "La autonomía de Municipios y provincias en la nueva Ley básica de Régimen Local", en *Revista de Estudios de Administración Local y Autonómica,* 227, julio-septiembre, pp. 431-440.

López Menudo, F. (2003), "El pacto local en la comunidad Autónoma de Andalucía", en *Revista Andaluza de Administración Pública,* nº extraordinario 2, pp. 33-60.

López Pellicer, J.A. (1999), "La moción de censura y la cuestión de confianza en la Administración local (reforma e innovación en la Ley orgánica 8/1999, de 21 de abril), en *Revista de Estudios de Administración Local y Autonómica,* 279, pp. 119-149.

Márquez Cruz, G.M. (2000), "Gobierno local y Pacto local (de las medidas para el desarrollo del Gobierno local a los pactos locales autonómicos)", en *REGAP, Revista galega de Administración Pública,* 25, pp. 53-138.

Morell Ocaña, L. (1987), "Las entidades locales, elementos integrantes de la organización territorial del Estado y de las comunidades autónomas", en *Revista Española de Derecho Administrativo,* 55, pp. 325-352.

(1988), *El régimen local español,* Civitas, Madrid.

Morillo-Velarde Pérez, R. (1989), «Las Diputaciones provinciales en la Comunidad Autónoma de Andalucía», en *Revista Española de Derecho Administrativo,* 65.

(1989) «La provincia en el Derecho propio de Andalucía» en *Revista Andaluza de Administración pública,* 33, p. 11 ss.

Morillo-Velarde Pérez, J.I. (1990), "Las Diputaciones provinciales en la Comunidad Autónoma de Andalucía", en *Revista española de Derecho administrativo,* 65, pp. 65-100.

Mozo Amo, J. (2004), "La ley 57/2003, de 16 de diciembre, de Medidas para la Modernización del Gobierno local, desde la perspectiva de los pequeños municipios", en *CUNAL, Revista de estudios locales,* 73, pp. 37-50.

Orduña Rebollo, E. (2003). *Municipios y Provincias. Historia de la Organización Territorial Española,* ed. FEMyP, INAP y CEPyC.

Parejo Alfonso, L. (1981), *Garantía institucional y autonomías locales,* Instituto de Estudios de Administración Local, Madrid.

(1984), "Garantía institucional y autonomías locales", en *Revista Española de Derecho Administrativo,* 40-41.

(1991), "La provincia como entidad local determinada por la agrupación de municipios; fines básicos y competencias mínimas", en Gómez-Ferrer, R, *La provincia en el sistema constitucional,* Civitas, Madrid, pp. 77-112.

(1997), "La protección jurídica de la autonomía local en el Derecho español", en *Defensa de la autonomía local ante el Tribunal Constitucional,* INAP, Madrid, pp. 123-139.

Rodríguez Álvarez, J.M. (1997), *La Carta Europea de Administración Local: su significado en el ordenamiento jurídico español,* Barcelona.

(1998), "La *Carta Europea de Administración Local.* Su trascendental posición y significación en el ordenamiento jurídico español", en *Revista Actualidad Administrativa,* 42.

Salvador Crespo, M. (2007), *La autonomía provincial en el sistema constitucional español. Intermunicipalidad y Estado autonómico,* MAP y FDyGL, Madrid.

(2013), "Cambiarlo todo para que nada cambie. Desafíos y oportunidades para las diputaciones provinciales en un contexto de crisis económica", en *Modelos históricos de Diputaciones provinciales. Estudios conmemorativos del bicentenario de la Diputación provincial de Jaén (1813-2013),* Chamocho Cantudo, M.A. Diputación Provincial de Jaén. Jaén, pp. 379-395.

Tornos Mas, J. (1991), "La provincia en la legislación de las Comunidades Autónomas", en Gómez-Ferrer Morant, R. (dir.) (1991), *La provincia en el sistema constitucional,* ed. Cívitas, Madrid.

VVAA. (1985), *Organización Territorial del Estado: Administración Local,* ed. Instituto de Estudios Fiscales, 3 vols., Madrid.

VVAA, (1999). *El Pacto Local. Medidas para el desarrollo del gobierno local,* Federación española de Municipios y Provincias-Ministerio de Administraciones Públicas, Madrid.

VVAA, (2000), *El pacto local de 1999. Medidas para el desarrollo del gobierno local,* ed. Comares, Granada.

Yun Casalilla, J., (2001), "Administración Local", en *Desarrollo de las competencias del Estatuto de Autonomía para Andalucía,* coordinado por la Asociación de Letrados de la Junta de Andalucía, Consejería de Relaciones Institucionales, Junta de Andalucía, Sevilla, pp. 177-195.

Capítulo 6

Hacia una nueva democratización de las corporaciones provinciales: Perspectivas para la elección directa (2003-2024)

DR. RAFAEL J. VERA TORRECILLAS
Profesor Asociado de Derecho administrativo UHU
Secretario General de la Diputación de Huelva
ORCID 0000-0001-8736-6416

1. UNA INSTITUCIÓN CUESTIONADA DESDE SUS ORÍGENES

El cuestionamiento de las diputaciones provinciales, como entidades de gobierno, es un tema que históricamente y de forma cíclica irrumpe en el debate político sobre la organización territorial y las estructuras administrativas de nuestro Estado; un debate que en última instancia incide sobre la eficacia, relevancia y adaptabilidad de estas instituciones al contexto político actual marcado por la globalización, la digitalización y la descentralización territorial, ante una ciudadanía que demanda mayores cotas de transparencia, participación y eficacia en la gestión pública.

Históricamente, desde su creación hace ya más de 200 años las diputaciones provinciales han jugado un papel crucial en la administración territorial del propio Estado, encargándose de la coordinación y prestación de servicios en áreas que trascienden los límites de los municipios, como el desarrollo rural, las infraestructuras viales o los servicios sociales, entre otros. Sin embargo, estas instituciones tradicionalmente han sido percibidas por la ciudadanía como opacas, alejadas de las necesidades reales de la población y, en ocasiones, como reductos de prácticas clientelares y de poderes fácticos tradicionales. Sin lugar a dudas el hecho de que se trate de entidades que no son objeto de elección directa no ha contribuido a limpiar la imagen de estas instituciones, pues no cabe duda que la elección directa fortalece el vínculo entre representantes y representados, aumentando la legitimidad de las decisiones tomadas y facilitando mecanismos de control y seguimiento por parte de la ciudadanía. No obstante, creo que el planteamiento debe ser otro, en concreto si la actual forma de elección y conformación de las diputaciones provinciales es el medio más idóneo para el cumplimento de las funciones que la actual normativa atribuye a estas entidades. Es cierto que cualquier proceso de democratización implica, en su esencia, la reforma de estas entidades hacia modelos de gobernanza más abiertos, participativos y responsables ante los ciudadanos.

Por otro lado, la transparencia y la rendición de cuentas son también pilares esenciales en cualquier proceso de democratización. En este sentido, la implementación de políticas de acceso a la información, auditorías externas, el reforzamiento de los mecanismos de control interno y la publicación regular de informes de gestión, son prácticas que contribuyen a un control efectivo sobre los recursos públicos y a prevenir la corrupción. Estas medidas fomentan la confianza de la población en sus instituciones, que junto con la participación ciudadana son elementos clave en cualquier proceso de reforma. Por otro lado, la creación de espacios de deliberación, como consejos consultivos o plataformas de participación ciudadana, permite que los diferentes sectores de la sociedad puedan influir en la toma de decisiones e incluso en la definición de políticas públicas. Este enfoque colaborativo contribuye a una gestión más inclusiva y sensible a las diversas necesidades de la población.

La modernización de la gestión pública mediante la adopción de tecnologías de la información y comunicación facilita también una mayor eficiencia y efectividad en la prestación de servicios, así como una interacción más dinámica entre ciudadanos y gobierno, al tiempo que supone un significativo avance hacia sistemas de gobernanza local más participativos. Aunque el camino es complejo y se enfrenta desafíos tanto estructurales como culturales, son muchos los beneficios potenciales en términos de calidad democrática.

Desde un punto de vista organizativo se puede cuestionar la necesidad de un cuarto nivel de Administración junto al Estado, las comunidades autónomas y los municipios; todos ellos considerados como imprescindibles. De hecho hoy en día nadie los pone en duda. Pese ello, para algunos sectores las diputaciones se perciben como entidades perfectamente prescindibles y sólo el blindaje constitucional se erige en una garantía supuestamente injustificada o excesiva de su mantenimiento[1]. Desde estos planteamientos, las diputaciones provinciales, surgidas a principios del siglo XIX, constituyen un entramado institucional totalmente innecesario, ante la existencia de las comunidades autónomas y el necesario fortalecimiento del principio de autonomía local, que llevaría a la potenciación de las entidades asociativas de ámbito supramunicipal, como son las mancomunidades. Pese a ello, las diputaciones han logrado resistir los embates de quienes ven a estas entidades como un nivel administrativo que no se ajusta correctamente al modelo de descentralización que caracteriza a nuestro sistema institucional, contando con el respaldo de fuerzas políticas y sociales que valoran su papel en la gestión y vertebración territorial y en el equilibrio entre áreas urbanas y rurales. Este apoyo político es crucial para su supervivencia.

Lo cierto es que, como señala Concepción Barrero, la constitucionalización de la provincia no ha ido acompañada de la fijación, entre otros extremos, del cometido propio de este nivel de gobierno, más allá de esa genérica alusión a «la gestión de sus respectivos intereses», de forma que queda en manos del legislador ordinario el diseño de la entidad encargada de su gobierno y administración, la diputación, en sus aspectos tanto organizativos como competenciales[2]. De este modo, esta falta de definición en la Constitución ha generado un debate continuo sobre el papel y la relevancia de las diputaciones provinciales. Al no estar claramente delimitadas las funciones y competencias específicas de las provincias, ni de los órganos de gobierno, se produce una cierta indeterminación que otorga al legislador una considerable flexibilidad, pero también conlleva

---

1 De la Quadra Salcedo Fdez. del Castillo, T (2016). "El debate sobre las diputaciones en un escenario de reforma constitucional del título VIII", en *Documentación Administrativa*, 3, enero-diciembre, 2016.

2 Barrero Rodríguez, C. (2022) "De nuevo sobre el nivel intermedio de gobierno local. ¿Qué cabe hacer sin reformar la Constitución?", en *Documentación Administrativa*, núm. 6, 81–102.

riesgos de ineficiencia y duplicidad de funciones. Una situación que da lugar a conflictos de competencias con otros niveles de la Administración, como las comunidades autónomas y los municipios, complicando el panorama administrativo y político. Así, la falta de precisión en la definición de las competencias provinciales puede llevar a una "crisis de legitimidad" de estos organismos, donde su función queda confusa y superpuesta con las responsabilidades de los municipios y las comunidades autónomas. Es fundamental, por tanto, un rediseño normativo que refuerce la autonomía provincial y clarifique su papel, lo que no solo contribuiría a una mayor eficiencia administrativa, sino también a fortalecer la legitimidad democrática de las diputaciones.

La realidad es que las diputaciones han demostrado una notable capacidad de adaptación y resistencia, que se debe principalmente a dos factores: Por un lado, el arraigo que le ofrece la propia Constitución española y el hecho de que la legislación estatal básica les otorga un marco legal sólido, independientemente de lo anteriormente señalado respecto a sus competencias, que supone que cualquier intento de eliminarlas o modificar sustancialmente sus funciones requiere profundos cambios legislativos; y por otro, el crucial papel que juegan en la prestación de servicios a municipios pequeños y medianos, especialmente en áreas rurales y despobladas, y que incluye a servicios esenciales como los servicios sociales, infraestructuras, medio ambiente o la asistencia técnica y financiera, una función muy reconocida por los municipios que se benefician de ella. Y, por otro lado, no podemos olvidar que en los últimos años, en particular desde la última reforma de la Ley 7/1985, de 2 de abril, que llevo a cabo la Ley 27/2013, de 27 de diciembre, de racionalización y sostenibilidad de la Administración local, muchas diputaciones han buscado maneras de adaptarse a las críticas mejorando su transparencia, eficiencia y evitando duplicidades, redefiniendo sus roles dentro del marco de la descentralización, lo que les ha llevado a concentrarse en aquellas áreas, principalmente las rurales, donde pueden aportar valor añadido.

2. LAS DIPUTACIONES PROVINCIALES EN LA ENCRUCIJADA DEL DEBATE POLÍTICO

2.1. El difícil encaje de las diputaciones provinciales en la estructura territorial del Estado

La Constitución de 1812, promulgada en Cádiz durante la Guerra de Independencia Española, marcó un hito en la historia constitucional española y europea. En un contexto de guerra y crisis política, el texto constitucional establecería las bases para una monarquía constitucional, introduciendo conceptos revolucionarios como la soberanía nacional, la división de poderes, así como la creación de entidades administrativas modernas, entre ellas, las diputaciones provinciales. De este modo, estas entidades territoriales intermedias fueron concebidas como órganos de gobierno y administración a nivel provincial, encargadas de promover el bienestar económico y asegurar la ejecución de las leyes en sus territorios, partiendo de la necesidad de descentralizar el poder y acercar la administración a los ciudadanos.

Pero lo cierto es que las diputaciones provinciales han tenido un difícil encaje en la estructura territorial del Estado, muy particularmente desde la implementación del Estado Autonómico. Los planteamientos de las distintas fuerzas políticas sobre estas instituciones evidencian que estamos ante un modelo que, si bien está plenamente consolidado en la estructura territorial del Estado, necesita ser redefinido de cara a una ciudadanía que exige cada vez más eficacia en la gestión pública. Precisamente, desde la crisis del año 2008 se pondría en cuestión el modelo institucional del Estado ante los casos de corrupción y el aumento exorbitado del gasto público que impedía a nuestro país cumplir los objetivos de estabilidad presupuestaria. En este contexto, las diputaciones provinciales, alejadas de los ciudadanos y consideradas tradicionalmente entes caducos y opacos en su gestión, fueron la diana de quienes planteaban la necesidad de adelgazar nuestro modelo institucional. Los casos de corrupción que afectaron en esos años a algunas diputaciones sobre todo, aunque no exclusivamente, del Levante peninsular, generaría un amplio debate centrado en esa secular controversia sobre la supresión de estos entes[3].

Como manifestó en su momento Rivero Ysern, el debate sobre la provincia no está exento de oportunismo y ha venido acompañado de declaraciones que pueden calificarse de un tanto frívolas por parte de algunos responsables del Gobierno y la oposición, pero no es un tema nuevo ni de pacífica solución[4]. Pese a su cuestionamiento, lo cierto es que algunos partidos políticos, especialmente aquellos con una fuerte presencia en áreas rurales, defienden la importancia de las diputaciones provinciales como instrumentos clave para la prestación de servicios en municipios pequeños y medianos, argumentando que estas instituciones son esenciales para garantizar la igualdad en el acceso a servicios básicos en todo el territorio nacional, favoreciendo el desarrollo socio económico de las zonas rurales. Para estos grupos, las diputaciones provinciales actúan como un contrapeso necesario a las desigualdades territoriales y como facilitadoras de la cooperación intermunicipal.

En contraposición, otros partidos y movimientos políticos han cuestionado la relevancia de las diputaciones en el contexto actual del Estado de las Autonomías. Critican la duplicidad de estructuras y competencias entre las diputaciones, las comunidades autónomas y los municipios, lo que, a su juicio, conduce a un gasto público ineficiente y a la falta de claridad en la asignación de responsabilidades. Desde estos planteamientos, se exige una reforma profunda o incluso la supresión de las

---

3 Vid. Tajadura Tejada, J. (2019), "El futuro de las provincias y las diputaciones provinciales ante una reforma de la constitución territorial", en *Teoría y Realidad Constitucional (UNED)*, núm. 43, 219-256.

4 Rivero Ysern, F. (2014), La provincia en la Ley de Racionalización y Sostenibilidad de la Administración Local de 27 de diciembre de 2013", en *Revista General de Derecho Administrativo*, núm. 36.

diputaciones, proponiendo la redistribución de sus funciones entre los gobiernos autonómicos y locales, para lograr una administración más ágil y menos burocrática. Entre los primeros se sitúan los dos partidos mayoritarios que, aunque con algunas diferencias, parten de la necesidad de modernizar estas instituciones que pasaría por la necesidad de una nueva legislación reguladora de la Administración Local en la que precisamente se potencie su papel, dotándola de "competencias propias" con el objetivo de vertebrar y cohesionar el territorio concertando, cooperando y asistiendo económica, técnica y materialmente a pequeños y medianos ayuntamientos. Lógicamente estos planteamientos pasan por una profunda reforma del modelo de financiación local, con el fin de aumentar la dotación financiera a través de medidas legislativas que supriman la regla de gasto y la limitación de reposición de efectivos en las plantillas. Por su parte, son los partidos nacionalistas, principalmente los catalanes, quienes abogan claramente por la supresión de las cuatro diputaciones catalanas y su sustitución por siete veguerías, apelando a la necesidad de recuperar la división territorial catalana anterior al siglo XVIII, aunque en el fondo de lo que se trata es de una simple sustitución del mapa territorial y de la denominación de estas entidades, pues estas asumirían gran parte de las funciones y competencias que vienen desarrollando las diputaciones provinciales.

Pero hay un dato que, como señalaría Tajadura Tejada, no podemos dejar de pasar por alto. Históricamente las diputaciones provinciales nacen y se insertan en un Estado territorial y políticamente centralizado, lo cual choca con el modelo implementado tras la Constitución de 1978 basado en un alto grado de descentralización tras la creación de las comunidades autónomas, que supone la creación de un cuarto nivel de gobierno (el autonómico) que se suma al municipal, provincial y al propio estatal, y que obliga a replantearse la posición institucional de las diputaciones provinciales en este nuevo Estado, sobre todo desde el momento en que con la creación de las comunidades autónomas uniprovinciales desaparecen las diputaciones en estos territorios[5]. Inicialmente, durante el proceso autonómico, pareció que las diputaciones provinciales jugarían un papel mucho más destacado del que finalmente desarrollaron, planteándose, incluso, la posibilidad de actuar como entes periféricos de la Administración autonómica. Precisamente esta posibilidad fue alumbrada por la Comisión de Expertos presidida por el profesor García de Enterría (el denominado "informe Enterría"):

> "Un esquema organizativo como el propuesto impone lógicamente la utilización necesaria de las Corporaciones locales, y destacadamente de las Diputaciones provinciales, para que ejerzan ordinariamente las competencias administrativas que pertenecen a las Comunidades autónomas. Las Diputaciones deben quedar convertidas en el escalón administrativo intrarregional básico: es preciso fortalecer sus servicios, dotarlas mejor, integrar en su organización los servicios periféricos de que se ha de desprender la Administración del Estado, para que puedan asumir el ejercicio de competencias por transferencia o delegación de las Comunidades autónomas y atender ordinariamente la prestación de los servicios que están encomendados a la gestión regional"[6].

Sin embargo, con el desarrollo del proceso autonómico se perdió la oportunidad de haber convertido a las diputaciones provinciales en el escalón administrativo intrarregional básico, y que asumieran un papel esencial en la gestión de las competencias transferidas o delegadas. La integración de los servicios periféricos de la Administración autonómica en las diputaciones provinciales podría haber sido una estrategia clave para optimizar la gestión pública en el ámbito provincial. Esta medida habría permitido una mayor coherencia y coordinación en la prestación de servicios públicos del Estado, ya que al centralizar los servicios en las diputaciones, se habría logrado una utilización más eficaz de los recursos disponibles, reduciendo así costes administrativos

---

5 Tajadura Tejada, J. (2019), 231.

6 Vid., García de Enterría, E., (1991) "La Provincia en la Constitución", en Gómez Ferrer Morant, R., (Coord.), *La provincia en el sistema constitucional*, Madrid, Civitas, 5-20.

y eliminando la duplicidad de funciones que, en muchos casos, conlleva a un desperdicio de esfuerzos y recursos. La colaboración y el alineamiento de las estrategias autonómicas con la experiencia de las diputaciones en la gestión del territorio y su conocimiento de las particularidades y necesidades específicas de cada provincia, habría sido fundamental para mejorar la calidad de los servicios ofrecidos a nivel provincial, la creación de políticas públicas adaptadas a la realidad local y, al mismo tiempo, evitar la fragmentación y redundancia que a menudo afectan a la Administración pública cuando las diferentes entidades operan de manera aislada. Al quedar relegadas a un papel secundario, las diputaciones perdieron la posibilidad de ejercer una influencia decisiva en la modernización y racionalización de la gestión pública en sus territorios, y lógicamente son diana de las críticas de quienes pretenden reforzar el papel de la Administración autonómica frente al propio Estado.

El debate sobre cuál debe ser el sentido jurídico e institucional de las diputaciones provinciales es, en cualquier caso, un tema recurrente tanto en la doctrina administrativista como en los planteamientos de los principales partidos políticos, lo que no debe extrañarnos puesto que, siguiendo a Alejandro Nieto, "es probablemente la institución pública que menos ha evolucionado en los siglos XIX y XX: lo que habla mucho en favor de su perfección inicial por lo mismo que explica su actual obsolescencia"[7]. De este modo, la falta de evolución de las diputaciones provinciales puede interpretarse de dos maneras: Por un lado, resulta evidente que su estructura y funciones originales eran adecuadas a las necesidades de las poblaciones rurales hasta el punto de considerar que estas instituciones no requerían grandes cambios pues cumplían adecuadamente la función que tenían encomendada. Pero por otro lado, esta misma rigidez ha llevado a que, en el contexto contemporáneo, estas instituciones sean vistas como obsoletas. La configuración ini-

---

7 Nieto García, A., *Los primeros pasos del Estado constitucional*, Barcelona, Ariel, 1996, 238.

cial de las diputaciones se fundamentaba en su capacidad para gestionar de manera eficaz las necesidades locales en una época en que la Administración pública estaba en sus primeras etapas de desarrollo, pero en la actualidad resulta evidente que es necesario abordar su reforma a fin de adaptar estas instituciones a la realidad institucional del siglo XXI. Esta reforma debe operar fundamentalmente en dos aspectos esenciales: sus competencias y su democratización.

2.2. El debate político sobre la reforma o supresión de las diputaciones provinciales: posturas de las principales agrupaciones políticas

El debate político sobre el mantenimiento, la reforma o la supresión de las diputaciones provinciales depende, con matices, en gran medida de los partidos políticos que controlan las diputaciones en la actualidad. De este modo, mientras que los partidos políticos emergentes, partidos que no controlan ninguna de las diputaciones provinciales españolas, se muestran, con mayor o menor claridad, contrarios a las mismas, los dos partidos mayoritarios se posicionan a favor de su mantenimiento. De hecho, desde la aprobación de la Constitución española, como puso de manifiesto Manuel Clavero en 1979, las diputaciones provinciales están en el centro del debate político sobre la estructura territorial del Estado, apreciándose tensiones entre los distintos actores políticos en relación a su mantenimiento o supresión[8]. Un debate que se ha ido intensificando con el tiempo, especialmente a medida que las comunidades autónomas han asumido muchas de las competencias que tradicionalmente correspondían a las provincias, reduciendo a estas instituciones territoriales a una función de mero auxilio y

---

[8] Vid. Clavero Arévalo, M. (1979), *Igualdad, uniformidad y variedad en el tratamiento constitucional de las autonomías*, Universidad de Granada.

apoyo a los municipios, especialmente a los más pequeños y los de las zonas rurales.

Llegados a este punto merece la pena destacar cuales son las propuestas de los dos principales partidos políticos en relación a las diputaciones provinciales. En el caso del Partido Socialista, su posición fue variando desde planteamientos que abogaban por su sustitución por consejos de alcaldes, con una clara finalidad de simplificar la estructura administrativa, que a su vez lleva a una reducción significativa de la representación política, hasta posiciones que defienden la necesidad de modernizar las diputaciones, buscando un encaje adecuado como institución intermedia entre la municipal y la autonómica. En el último programa electoral, dentro de la estrategia de respuesta al reto demográfico se parte del convencimiento de que las diputaciones provinciales son un instrumento adecuado para la lucha contra la despoblación. Por su parte, el Partido Popular, siempre partidario de reforzar el papel de las diputaciones provinciales, fue el artífice de la última reforma del régimen local donde se dio un paso adelante, como veremos posteriormente, en la redefinición del papel de las diputaciones en la estructura local, incrementando sus competencias y posibilidades de actuación en aras a la eficacia y, sobre todo, eficiencia en la asignación de recursos públicos. Desde estos planteamientos las diputaciones provinciales tienen su principal justificación funcional en la necesidad de prestar una serie de servicios de los que son destinatarios directamente los pequeños municipios españoles, una perspectiva descentralizadora que aboga por el fortalecimiento de las diputaciones provinciales como entidades esenciales para la gestión de servicios en áreas rurales y menos pobladas. En cualquier caso, ambos planteamientos políticos parten de la consideración que, desde una perspectiva descentralizadora, las diputaciones desempeñan un papel crucial en asegurar que las políticas regionales lleguen efectivamente a todos los rincones del territorio, proporcionando apoyo técnico y financiero a municipios pequeños que carecen de recursos suficientes.

En este sentido, debe señalarse que quienes defienden la supresión de las diputaciones provinciales lo hacen por considerar, como uno de sus argumentos principales, que dicha supresión supondría un ahorro considerable de recursos, que calculan en algunos miles de millones de euros al año. Precisamente, Sánchez Morón señalaba que: "(...), conviene preguntarse a qué o a quién beneficia hoy en día la subsistencia de las Diputaciones Provinciales. Por parte de quienes las defienden suele apelarse más que nada a la asistencia que prestan a los pequeños municipios, que es imprescindible para que éstos puedan prestar en condiciones los servicios de su competencia. Sin duda, esos pequeños municipios necesitan asistencia financiera y técnica. Pero no es imprescindible que les llegue de una Diputación Provincial. Esa función puede prestarse perfectamente por las Comunidades Autónomas, como ya sucede en parte, en su caso a través de sus servicios territoriales o periféricos. Es más, debería organizarse y regularse como una función propiamente administrativa, sometida a criterios exclusivamente técnicos y de legalidad, claros y transparentes, además de eficientes, y no a criterios de discrecionalidad política, ni siquiera mínimamente. Obviamente para eso –para asistir técnica y económicamente a los municipios o aprobar planes de cooperación a las obras y servicios municipales- no se precisa de un nivel de gobierno local diferenciado"[9]. Frente a estos argumentos, parte de la doctrina administrativista fundamenta precisamente la existencia de esta institución en la incapacidad de muchos municipios españoles de atender de forma adecuada los servicios públicos esenciales, siendo necesario articular la supramunicipalidad a través de una institución intermedia entre la comunidad autónoma y el municipio, pues de esta forma se garantiza el principio de autonomía local reconocido y garantizado por nuestro texto constitucional. Ahora bien, como ha señalado Enrique Linde ambos argu-

---

9 Sánchez Morón, M. (2017), "¿Deben suprimirse las diputaciones provinciales?", en *El Cronista del Estado Social y Democrático de Derecho,* nº 6, 46-51.

mentos, en pro y en contra de la existencia de las diputaciones provinciales tienen escasa consistencia, pues la reducción del gasto no puede contemplarse de un modo aislado, sin considerar aspectos sustanciales como la función que desempeñan las diputaciones y, por otra parte, la supresión de las diputaciones provinciales no tiene por qué suponer menoscabo de los servicios que en la actualidad prestan este nivel de gobierno, ya que podrían ser desempeñados por otras instituciones con igual o mayor eficacia y eficiencia[10]. Por tanto, el debate sobre el futuro de las diputaciones provinciales debe situarse en otro nivel y circunscribirse a la evaluación de la idoneidad de las funciones que desempeñan estos órganos de gobierno representativos en el contexto actual. Es necesario cuestionar si las competencias que gestionan las diputaciones provinciales responden a las necesidades reales de los ciudadanos, si su estructura institucional es la más eficiente para garantizar la prestación de servicios públicos de calidad y si estas instituciones son el mejor mecanismo para la redistribución de recursos y la equidad territorial. Este enfoque exige también una revisión crítica del impacto de las diputaciones en la cohesión territorial y en el desarrollo económico y social de las provincias, valorando si su existencia contribuye o, por el contrario, frena la evolución hacia modelos de gobernanza más adaptados a la realidad del siglo XXI.

Hemos señalado anteriormente que en el denominado Informe Enterría, a inicios del proceso autonómico, se planteó la conveniencia de convertir a las diputaciones provinciales en el pilar básico de la Administración periférica a nivel autonómico. Lo cierto es que aquella recomendación de la LPA y de la Comisión de Expertos quedó en nada; probablemente eso tenía su lógica y justificación en razones políticas suficientes o que pesaban más que la pretensión de no duplicar Administraciones. Pero, más allá de ese comportamiento respecto de las diputaciones, lo que se pro-

---

10 Linde Paniagua, E. (2018), "Las diputaciones provinciales y su futuro incierto", en *UNED. Teoría y Realidad Constitucional,* núm. 41, 113-135.

dujo es una batalla por el control y condicionamiento de las tareas y funciones de éstas últimas. Todo empezó en Cataluña sobre la base de su posición antiprovincialista que probablemente tiene su fundamento en la presencia en la capital de la Comunidad de una Diputación con una potencia tal que sí que podía hacer sombra a la nueva institución naciente. Por esa o por otras razones que podían invocar a la historia de las instituciones catalanas, a la tradición o el propio proceso pre-autonómico, lo cierto es que la cuestión no consistía tanto en no ceder competencias autonómicas a las diputaciones sino en imponerles a éstas la cesión de todas las suyas a la Comunidad Autónoma. Cataluña rompe el fuego con su Ley 6/80 de 17 de diciembre de 1980 sobre "Transferencia urgente y plena de las Diputaciones Catalanas a la Generalidad" que hubo de ser declarada inconstitucional en la parte más sustancial de su articulado por la STC 32/1981, de 28 de julio. Pero ese intento de vaciamiento total de las Diputaciones, tuvo continuidad, si bien con otras formas más matizadas, en otras Leyes que igualmente fueron anuladas parcialmente por el Tribunal Constitucional. Se trataba de la Ley del Parlamento de Cataluña 5/1987, de 4 de abril, del Régimen Provisional de las Competencias de las Diputaciones Provinciales, y una serie de preceptos de la Ley del Parlamento de Cataluña 23/1987, de 23 de diciembre, por la que se establecen los criterios de financiación de las obras y servicios a incluir en el Plan Único de Obras y Servicios de Cataluña. Como resultado de esta normativa las competencias de las diputaciones catalanas quedaron sensiblemente mermadas y muy condicionadas por la propia *Generalitat.* Pero a Cataluña le siguen otras comunidades autónomas como es el caso de Valencia (Ley 2/1983 de 24 de octubre, por la que se declaran de interés general para la Comunidad Valenciana determinadas funciones propias de las diputaciones provinciales) o, incluso, Andalucía (Ley 11/1987, de 26 de diciembre, reguladora de las Relaciones entre la Comunidad Autónoma de Andalucía y las Diputaciones Provinciales de su Territorio) quienes también tratarían de absorber, reducir o condicionar las competencias de las diputaciones dentro de un claro proceso de reafirmación de las competencias autonómicas.

3. JUSTIFICACIÓN DE LA EXISTENCIA DE LAS DIPUTACIONES PROVINCIALES COMO ENTES INTERMEDIOS DE LA ORGANIZACIÓN TERRITORIAL DEL ESTADO

3.1. Las diputaciones provinciales como garantes de la prestación de servicios municipales esenciales

La existencia de las diputaciones provinciales, como entes locales para el gobierno y administración autónoma de la provincia, tiene una clara justificación: la necesidad de garantizar la prestación de los servicios esenciales que tienen encomendados los municipios, cuando estos, por su dimensión y ausencia de recursos, carezcan de la capacidad para gestionarlos de forma adecuada. Tras la Ley de Racionalización y Sostenibilidad de la Administración Local, las diputaciones provinciales salieron notablemente reforzadas atribuyéndoles importantes competencias como la de coordinar los servicios mínimos municipales, y la prestación de nuevas funciones como los servicios de recaudación, administración electrónica o contratación centralizada, entre otras. Ahora bien, acertadamente ha señalado Enrique Linde que el futuro de las diputaciones provinciales depende directamente de las disfunciones municipales que se aprecian en España, señalando al respecto que "si no se concibe un nuevo tipo de municipio desvinculado de agrupación urbana, y vinculado a la finalidad de satisfacer las necesidades de los ciudadanos, serán necesarias las diputaciones o otras organizaciones que sustituyan a los municipios y ayuntamientos fallidos"[11].

---

11 Linde Paniagua, E., (2018), 122.

A este respecto debemos tener en cuenta que dos notas caracterizan la planta municipal española: el inframunicipalismo y la uniformidad. En España existen 8.131 municipios, de los que solo 392 tienen más de 20.000 habitantes; es decir, el 95 por ciento de los municipios españoles tiene menos de 20.000 habitantes, que es la cifra que utiliza la Ley de Bases para habilitar el ejercicio de competencias por parte de las diputaciones provinciales. Los datos son demoledores y no está de más recordarlos: en el año 2021 de los 8.131 municipios que hay en España, 5.002 (el 61,5 %) tienen una población menor de 1.000 habitantes, según los datos del Padrón Continuo del Instituto Nacional de Estadística (INE). El problema es que en los últimos 20 años hemos aumentado, en vez de disminuir, el número de municipios. De hecho, en el año 2015 tenemos 95 municipios más que en el año 1979, pese a los intentos de disminuir el número de municipios. Dos datos pueden sintetizar la anterior información: solo el 4 % tienen más de 20.000 y más del 72% no superan los 2.000 habitantes.

Los problemas derivados de la excesiva atomización municipal tienen importantes repercusiones en el plano político, económico, administrativo y representativo, problemas que lastran a una administración en muchos casos ineficaz y, sobre todo, ineficiente en la prestación de los servicios públicos al ciudadano. Precisamente, esta fue una de las razones de peso que influyeron en la decisión del legislador de fortalecer y consolidar las diputaciones provinciales en la reforma llevada a cabo en 2013 a costa de las entidades locales de menos de 20.000 habitantes, lo cual llevo a parte de la doctrina y al propio Consejo de Estado a enarbolar airadas críticas a la reforma por entender que suponía un debilitamiento del principio de autonomía local y un vaciamiento competencial de los municipios de menor tamaño, al convertirse la diputación en el gestor ordinario de sus servicios y ser este órgano una entidad representativa de segundo grado, lo cual podía llegar a desvirtuar el principio democrático (Dictamen del Consejo de Estado 567/2013, de 26 de junio). A partir de tal premisa, el Consejo de Estado apuntó otras vías alternativas a la solución planteada y entre ellas figuraba el impulso de la fusión de municipios[12]:

> "(...) se prevé en ciertos casos la traslación de la prestación de los servicios mínimos obligatorios a las Diputaciones Provinciales, que asumirán la titularidad de la competencia correspondiente (artículo 26 y varias disposiciones concordantes del anteproyecto), lo que supone un desapoderamiento *ex lege* de las competencias municipales en favor de la Provincia y, por tanto, constituye también manifestación de la reducción apuntada. Tal reducción ha sido cuestionada por la mayor parte de las Comunidades Autónomas, por considerar que con ella se vulnera la garantía institucional de la autonomía local consagrada en los artículos 137 y 140 de la Constitución"

La pregunta que surge a continuación es si la posición institucional de las diputaciones provinciales en la estructura territorial del Estado ha quedado definitivamente consolidada tras la aprobación y entrada en vigor de la Ley de Racionalización y Sostenibilidad. La experiencia obtenida tras diez años desde su entraba en vigor nos lleva a cuestionar esta afirmación. A tal efecto, Tomas de la Cuadra-Salcedo señaló en su momento que el debate sobre el papel de la Provincia como Entidad local ha sido cerrado en falso, porque entre otras razones, el triunfo de las diputaciones se ha pretendido construir precisamente, y como hemos indicado anteriormente, sobre la base de la sustracción forzosa de competencias a los municipios más pequeños a partir de una concepción municipal tributaria de una visión tecnocrática y puramente presupuestaria y financiera del municipalismo, y en este sentido como acertadamente señala "la función y el papel de las Diputaciones no puede construirse a costa de los municipios de menos de 20.000 habitantes (es decir suprimiéndolos o dejándolos casi forzosamente sin competencias como pretendía la Ley 27/2013 hasta la declaración de inconstitucionalidad de algunos preceptos importantes de

---

12 Vid. Morcillo Moreno, J., "El pretendido impulso a la administracion provincial en la reforma española de 2013", en *Istituzioni del federalismo. Rivista di studi giuridici e politici*, Núm. 2, 2014.

esa reforma) o con medidas de estímulo a la renuncia al ejercicio de competencias en beneficio de la Diputación al amparo del artículo 36.2 a)" [13].

Por otro lado, no está de más recordar, como señaló Enrique Linde, el escaso arraigo entre los españoles de la provincia como ente local: "los españoles, de acuerdo con las encuestas más fiables sienten arraigo, en primer lugar, con sus municipios, con sus pueblos y, en segundo lugar, con sus regiones. Incluso se aprecia, en no pocos ciudadanos españoles, una cierta aversión a su vinculación a la provincia, especialmente cuando, como sucede por lo general, la denominación de la provincia coincide con la denominación de la capital de la misma con la que solo se suelen sentir identificados los vecinos de la misma"[14]. O dicho de otro modo, los ciudadanos sienten un desapego casi generalizado hacia la provincia y hacia su órgano de gobierno y administración. La diputación provincial sigue siendo la gran desconocida de las instituciones de gobierno. Pero además, las diputaciones son instituciones que no se eligen directamente por los ciudadanos y que, por tanto, no rinden cuentas de sus actividades y de su gestión en ningún proceso electoral. Si a esto le unimos que generalmente cuentan con presupuestos considerables, con una nutrida nómina de empleados y con unas competencias poco claras para la ciudadanía, no es de extrañar que sean percibidas como unas instituciones muy opacas, y un caldo de cultivo para el clientelismo y el caciquismo.

Esta percepción es fruto del desconocimiento de la institución, de unas fotos fijas que no coinciden con la realidad, y de la demagogia de algunos partidos políticos que hacen de las diputaciones provinciales la diana de las críticas a un modelo institucional que tildan de obsoleto. Sin embargo, las diputaciones encuentran su razón de ser en la prestación de servicios a los ayuntamientos sobre la base de la solidaridad y el equilibrio intermunicipal, a fin

---

13 De la Cuadra Salcedo, T. (2016).

14 Linde Paniagua, E. (2017), 117.

de garantizar que todos los municipios, sin importar su tamaño o riqueza, tengan acceso a los mismos recursos y a los servicios mínimos necesarios, pues la realidad es que para muchos ayuntamientos, especialmente en zonas rurales y afectadas por el fenómeno de la despoblación, las diputaciones representan un apoyo fundamental sin el cual no podrían funcionar de manera efectiva. En definitiva, el debate sobre el papel de las diputaciones provinciales es complejo y refleja diferentes puntos de vista sobre la organización territorial y administrativa de nuestro país, y si bien las críticas a este modelo apuntan a la necesidad de avanzar en una mayor transparencia y modernización de estas estructuras administrativas, el propósito fundamental de estas entidades -apoyar a los ayuntamientos y promover la equidad y el equilibrio territorial- sigue siendo un argumento que justifica plenamente hoy en día su existencia.

3.2. A vueltas sobre el problema competencial de las diputaciones provinciales

En el año 2007 Parada Vázquez se refería a la realidad institucional española "(...) como un conjunto de organizaciones públicas desconexas que se reclaman soberanas e independientes unas de otras: Estado, comunidades autónomas, entes locales, Administraciones independientes, universidades autónomas; unidas no por la jerarquía propia o impropia, como antaño, sino por los débiles principios de la lealtad, coordinación y cooperación, técnicas ineficaces por falta de garantías en el cumplimento de esos deberes o de las obligaciones que esas técnicas comportan y por estar sujeto cada ente público a la obediencia de organizaciones o partidos políticos de distinta ideología y obediencia"[15]. No le faltaba razón pues si algo caracteriza nues-

---

15 Parada Vázquez, R. (2007), "La segunda descentralización: El Estado autonómico al municipal", en *Revista de Administración Pública,* núm. 72, 10.

tro régimen institucional es la permanente tensión entre el Estado y los entes infraestatales (particularmente comunidades autónomas y municipios) por acaparar competencias dentro de un proceso de constante descentralización que aún está lejos de ser resuelto. Transcurridos casi cuarenta años de la vigente Ley de Bases del Régimen local existen hoy razones que aconsejan una reforma en profundidad o, incluso, su sustitución. De este modo, la ley que supuso la entrada del gobierno democrático en municipios y provincias y, por ende, la modernización de nuestro régimen local, necesita adaptarse a la realidad de una Administración local muy diferente a aquella que abordó la Ley de 1985. Aparte de otros aspectos en los que no vamos a detenernos, como podría ser el problema de la financiación o el de la planta municipal, es esencial revisar y actualizar la distribución de competencias entre municipios, provincias y comunidades autónomas, con el objetivo de fortalecer la autonomía local y evitar duplicidades en la gestión pública, aspectos estos que ya fueron parcialmente abordados en la reforma de 2013.

En efecto, la Ley 7/1985, de 2 de abril, estableció un régimen competencial flexible que reconoció el derecho de los municipios, provincias e islas a intervenir en todos aquellos asuntos que afecten directamente a sus intereses. Basándose en la autonomía local, reconocida y garantizada constitucionalmente, se asigna al legislador estatal y autonómico la tarea de atribuir las competencias correspondientes, teniendo en cuenta las características de la actividad pública en cuestión y la capacidad de gestión de la entidad local. Este enfoque amplio y flexible está en consonancia con el artículo 4.3 de la Carta Europea de Autonomía Local (CEAL), que reconoce el principio de subsidiariedad como un principio rector en la asignación de responsabilidades entre los diferentes niveles de la administración[16]. Sin embargo, como acertadamente señala Jaime

---

16 Rodríguez-Arana, J., (2016), "Las competencias de las diputaciones provinciales", en *Cuadernos de Derecho Local,* octubre de 2016, 229-262.

Rodríguez-Arana, el legislador nunca llegó a articular técnica alguna que garantizase la correlación entre capacidad de gestión y ejercicio de competencias. Pero, además, establece un modelo competencial fundado en muchas ocasiones en conceptos jurídicos indeterminados, como la alusión en la redacción original del art. 36 a "el fomento y la administración de los intereses peculiares de la Provincia", que condujo a un crecimiento exponencial de la actividad prestacional que terminó llevando en muchos casos a un desequilibrio en las Haciendas locales, aumentando de manera descontrolada los servicios y prestaciones proporcionados por las entidades locales. La crítica situación en la que se encontraba la Administración local española motivó en 2012 la aprobación por el Gobierno de un Programa Nacional de Reformas, en cuyo marco se plantearía la eliminación de duplicidades y la clarificación de competencias de los diferentes niveles territoriales de Gobierno, racionalizar la organización de los entes locales; suprimir las entidades locales menores; cuestionar las mancomunidades y consorcios; y, finalmente, reforzar el papel de las diputaciones provinciales como entes prestadores de servicios municipales[17].

La reforma operada en nuestra Ley de Bases de Régimen Local de 2013, frenó un proceso de evidente descentralización municipal que se había iniciado a costa de la provincia, que prácticamente estaba abocada a desaparecer. No en vano, si analizamos la Ley de Autonomía Local de Andalucía nos damos cuenta como las competencias de las diputaciones provinciales quedaban reducida a la mínima expresión, entrando por otro lado en colisión con la legislación básica del Estado que recogía un ámbito competencial en favor de las diputaciones mucho más amplio que el diseñado por el legislador andaluz. No obs-

---

17 Vid. Jiménez Asensio, R. (2014), "La reforma local: primer análisis de la Ley de Racionalización y sostenibilidad de la Administración Local Contexto, elementos estructurales y algunas pautas interpretativas para la aplicación de un marco normativo complejo", en *Anuario Aragonés del Gobierno Local*, 5, 281-328.

tante, consciente de la utilidad de las diputaciones provinciales como elementos vertebradores del territorio, la Exposición de Motivos de la LRSAL señala:

> "Otra de las medidas adoptadas en la Ley es la de reforzar el papel de las Diputaciones Provinciales, Cabildos, Consejos insulares o entidades equivalentes. Esto se lleva a cabo mediante la coordinación por las Diputaciones de determinados servicios mínimos en los municipios con población inferior a 20.000 habitantes o la atribución a éstas de nuevas funciones como la prestación de servicios de recaudación tributaria, administración electrónica o contratación centralizada en los municipios con población inferior a 20.000 habitantes, su participación activa en la elaboración y seguimiento en los planes económico-financieros o las labores de coordinación y supervisión, en colaboración con las Comunidades Autónomas, de los procesos de fusión de Municipio".

Sin embargo, y a pesar de que la LRSAL define las competencias propias de las entidades locales y establece disposiciones específicas para las delegaciones de competencias del Estado y las comunidades autónomas a dichas entidades, parte de la doctrina ha manifestado que dada su importancia y relevancia política, esta materia debería ser tratada en una reforma profunda del texto constitucional que permitiese diseñar un modelo integral de competencias para todas las Administraciones y Gobiernos[18]. En cualquier caso, la necesidad de proceder a una reforma global del modelo de Administración local debe ir más allá de un simple ajuste organizativo o un proceso, más o menos intenso, de simplificación y racionalización de competencias, de estructuras burocráticas o de personal. Es esencial no solo simplificar y racionalizar las competencias, sino también redefinirlas de manera que cada nivel de gobierno tenga claro su ámbito de actuación y responsabilidades, lo que implica un análisis detallado de las competencias actuales, su adecuación a las necesidades presentes y futuras, y una redistribución que evite duplicidades y solapamientos. Y en este contexto

---

18 Rodríguez-Arana, J., (2016). 234.

es necesario situar a las diputaciones provinciales como entidades territoriales intermedias con unas competencias propias y bien definidas. De este modo, la reforma de la Administración local debe ser abordada de forma integral, abarcando no solo ajustes organizativos y racionalización de competencias, sino también la modernización de estructuras, la formación continua del personal, la promoción de la participación ciudadana, la integración de criterios de sostenibilidad, la adecuación de la financiación y la promoción de la innovación. Solo así se podrá garantizar una administración provincial eficiente, eficaz y verdaderamente orientada a las necesidades de los ciudadanos.

3.3. Las diputaciones provinciales como entidades prestadoras de servicios al municipio

La nueva redacción dada al art. 36 de la LRBRL por la LRSAL, aparentemente amplía el catálogo de competencias que deben asumir las diputaciones provinciales. De acuerdo con el artículo 36 de la LRBRL, son competencias propias de la diputación o entidad equivalente, además de las que fija ese mismo precepto, "las que le atribuyan en este concepto las leyes del Estado y de las comunidades autónomas en los diferentes sectores de la acción pública". Por consiguiente, el marco competencial de las diputaciones no se limita a la relación de competencias señaladas en el art. 36, sino que permite y puede ser ampliada por el legislador, tanto autonómico como estatal. Algo que, por otro lado no es ninguna novedad, puesto que ya se establecía en la redacción original de la LRBRL. Las competencias propias de las diputaciones provinciales que relaciona el art. 36.1 de la LRBRL continúan siendo las tradicionales relativas a la coordinación de los servicios municipales entre sí, para garantizar su prestación integral y adecuada en el territorio provincial –letra a)–; a la asistencia y cooperación a los municipios, especialmente los de menor capacidad económica y de gestión –letra b)–; a la prestación de servicios públicos supramunicipales –letra c)–; y a la cooperación en el fomento del desarrollo económico y social en la planificación en el territorio provincial –letra d)–. Esta última se había incorporado con la Ley 57/2003, de 16 de diciembre, de medidas para la modernización del gobierno local. Ahora, con la LRSAL, se ha suprimido la competencia general para el fomento y la administración de los intereses peculiares de la provincia que había reconocido la LRBRL desde su primera versión. Con esta supresión se impide que las diputaciones puedan ejercer atribuciones distintas de las previstas en la legislación de régimen local o sectorial, buscando evitar duplicidades de funciones y promover una gestión más eficiente de los recursos públicos, pero se hace a costa del principio de autonomía local, convirtiendo a las diputaciones en entidades meramente instrumentales al servicio de otras Administraciones públicas que son las que les marcan su ámbito competencial.

Ciertamente, como apunta Concepción Barrero, es la asistencia y apoyo a los municipios la que centra, desde la aprobación misma de la Ley de Régimen Local, el núcleo básico de la actividad provincial en detrimento del resto de las competencias atribuidas a la diputación en el art. 36.1, entre ellas, la prestación de servicios supramunicipales o, incluso, la misma cláusula general que estaba contenida en la redacción originaria a la que acabamos de referirnos. Pero además, el ordenamiento de las comunidades autónomas ha consolidado un modelo de diputación articulado sobre la base del auxilio y cooperación con los municipios, como puede comprobarse con una simple lectura de los arts. 11 y siguientes de la Ley de Autonomía Local de Andalucía[19]. Siguiendo a Zafra Víctor, la configuración de las diputaciones provinciales como una estructura de gobierno intermedia se fundamenta en "hacer posible la viabilidad política de un municipalismo inarticulado, poco poblado y con escasa capacidad de gestión"[20]. No esta demás

---

19 Barrero Rodríguez, C. (2019), "De nuevo sobre el nivel intermedio de gobierno local. ¿Qué cabe hacer sin reformar la Constitución?", en *Documentación Administrativa,* número 6, enero-diciembre de 2019, 81-102.

20 Zafra Víctor, M (2012)., "Relaciones entre municipios y provincias", *Cuadernos de Derecho Local (QDL),* núm. 29, 120

recordar que precisamente la propia definición de la provincia como agrupación de municipios nos da una idea de cuál es la posición institucional de las diputaciones en el modelo de Estado diseñado desde nuestra Constitución. Esta, desde nuestro punto de vista, es su debilidad, ya que al configurar a la provincia como una mera agrupación de municipios y hacerla pivotar sobre las competencias de apoyo a la prestación de servicios municipales, se le sustrae de su verdadero carácter como entidad intermedia entre el Estado y el Municipio, y se le impide su verdadera configuración como entidad territorialmente vertebradora de la provincia. Sin embargo, la viabilidad institucional de la denominada España vaciada reside precisamente en la existencia de la provincia como entidad supramunicipal, pues permite que el ejercicio de las competencias municipales se quede resididas en el nivel local e impidan que, en virtud del principio de subsidiariedad, pasen al autonómico.

Partiendo de estos argumentos, la provincia debe ser configurada como un elemento estructurante de nuestro Estado en consonancia con la previsión constitucional que atribuye a su órgano representativo su gobierno y administración, pero para ello es necesario atribuir a las diputaciones un núcleo competencial propio al margen de su función de asistencia y apoyo al municipio. En este sentido, siguiendo a Concepción Barrero, la intervención de la diputación, como ente supramunicipal, no puede fundamentarse única y exclusivamente en razones de índole económica en relación a los municipios que carecen de capacidad para prestar esos servicios, pues quedaría fuera de su ámbito de actuación el conjunto de municipios con capacidad para gestionar por sí mismo los servicios públicos a ellos encomendados. Por el contrario, la existencia de las diputaciones debe sustentarse sobre la base de los principios de eficacia, eficiencia y coordinación de los servicios públicos[21]. Y desde estos planteamientos, consideramos que el verdadero eje compe-

---

21 Barrero Rodríguez, C. (2019), 84.

tencial de las diputaciones debe ser el de la coordinación en la prestación de los servicios de la competencia municipal, así como la prestación de servicios de carácter supramunicipal, y en este sentido debemos considerar que la reforma de la LRBRL no ha dado respuesta adecuada a la posición competencial de las diputaciones provinciales, siendo urgente y necesario un replanteamiento del papel de estas instituciones provinciales que dé respuesta a las demandas que la ciudadanía exige de nuestras instituciones públicas.

Las diputaciones, por tanto, deben tener competencias materiales propias al margen de las de asistencia a los municipios, y precisamente este es en el aspecto en el que fracasa, a nuestro entender, la reforma de la LRBRL operada en el año 2013 por la LRSAL, norma que viene a acentuar este papel como institución de apoyo al servicio del municipio[22], al tiempo que elimina la competencia residual de fomento y administración de los intereses peculiares de la provincia. En este sentido, las nuevas competencias que la LRSAL atribuye a las diputaciones provinciales y que vienen a reforzar, más aparentemente que real, la posición institucional de la diputación provincial no son más que meras concreciones de las competencias atribuidas en la redacción originaria de la LRBRL a la diputación. La eliminación de la competencia antes referida impide que la diputación pueda desarrollar competencias propias distintas de aquellas que la legislación del Estado o de las comunidades autónomas le atribuyan, lo que la convierte en una institución instrumental exclusivamente al servicio de los municipios, sin que puedan desarrollar competencias propias más allá de aquellas que expresamente le atribuya la legislación sectorial del Estado o la de las comunidades autónomas.

22 Salvador Crespo, M. (2019), "El papel de los gobiernos locales intermedios en la actualidad", en *Revista Democracia y Gobierno Local*, núm. 44, 10-11.

Nadie cuestiona el papel desarrollado por las diputaciones en ámbitos como la gestión recaudatoria, la medioambiental o los servicios sociales, incluso ejerciendo competencias fuera del marco competencial atribuido por la LRBRL. Sin embargo, la verdadera cuestión es si las diputaciones deberían ampliar su papel para implicarse de manera más activa en la prestación a los ciudadanos de servicios que actualmente son de la competencia municipal, servicios que con el actual marco normativo solo podrían ser prestados por las diputaciones por delegación o sustitución. Pero, como apunta Eloísa Carbonell, la posición institucional de las diputaciones provinciales realmente depende de la política territorial propia de cada comunidad autónoma, posición que oscila en función del partido político gobernante y de la idea que tenga de la provincia en cada concreto momento[23]. Y esta cuestión condiciona realmente el papel de las diputaciones dentro de la estructura territorial del Estado, situándolas en una posición de debilidad institucional frente al resto de entidades territoriales. Por este motivo, debe ser el legislador estatal el que, en el ejercicio de las competencias básicas que le atribuye el art. 149.1.18 de la Constitución, afronte con decisión una redefinición del papel que deben jugar las diputaciones provincial en el ámbito competencial.

---

23 Carbonell Porras, E. (2021), "Las diputaciones provinciales, garantes de servicios e infraestructuras en los municipios rurales: su posición institucional en la lucha contra la despoblación", en *Cuadernos de Derecho Local,* núm. 56, 84-117.

4. LA NECESARIA REFORMA DEL MODELO DE ELECCIÓN: HACIA UN MODELO DE ELECCIÓN DIRECTA

4.1. Consideraciones previas

La Constitución de 1978 contiene dos garantías esenciales en relación con la Administración local indisolublemente unidas: Por un lado, la autonomía local que se manifiesta esencialmente en la potestad de autoorganización[24], y por otro lado, el gobierno elegido democráticamente[25]. De este modo, la legitimación democrática de las decisiones que adoptan las entidades locales constituye un pilar básico sobre el que se sustenta el régimen local español. Sin embargo, como señala Díez Sastre, mientras que en los municipios se garantiza la elección democrática directa de los concejales (art. 140 CE), no sucede lo mismo cuando se trata de las diputaciones provinciales, respecto a las cuales tan solo se garantiza su carácter representativo (art. 141 CE), y este diferente tratamiento de la provincia en relación con el municipio enlaza con la discusión sobre la posición de las diputaciones dentro del modelo territorial e institucional del Estado.

Resulta evidente la relación que existe entre elección directa y la legitimidad del sistema político, pues en un modelo de elección directa la confianza en las instituciones políticas es medible a partir de la participación en las elecciones y, en todo caso, a partir de los datos sobre el apoyo que consiguen las diferentes instituciones en el proceso electoral, aspectos estos que quedan sustraídos en el caso de nuestras diputaciones

---

24 Parejo Alfonso, L. (1991), "La potestad de autoorganización de Administración Local," en *Documentación Administrativa,* núm. 228, 21.

25 Díez Sastre, S. (2019), "Las formas de gobierno local cuarenta años de Ayuntamientos democráticos: evolución y retos", en *Documentación Administrativa,* núm. 6, enero-diciembre, 114-128.

provinciales. Por el contrario, el actual modelo de elección indirecta provoca un verdadero hiperpersonalismo de las formaciones políticas al margen de la ciudadanía, desembocando en una forma de gobierno de elites políticas, de espaldas al electorado, a cuya cabeza se sitúa las direcciones de los partidos políticos que controlan plenamente y a puerta cerrada todo el proceso electoral. Partiendo de esta reflexión, es patente el profundo desajuste existente entre los nuevos desafíos del contexto social actual y las estructuras y procesos de estas instituciones representativas. Ahora bien, el modelo de elección y de gobierno de las diputaciones provinciales en España nunca ha centrado la atención del legislador, obviándose las principales disfunciones observadas en el sistema electoral, donde se evidencian importantes carencias, como acabamos de indicar, en materia de representatividad y gobernabilidad. No podemos perder de vista que en un contexto de crisis de legitimidad de las instituciones de la democracia española, la reforma del modelo electoral, entre otras acciones, favorecería sin duda a la mejora de la calidad democrática de unas instituciones seriamente cuestionadas.

El modelo de elección indirecta de las diputaciones provinciales pudo tener una justificación en los momentos iniciales de la Transición española, ahora bien de cara a la ciudadanía la consecuencia directa de esta opción del legislador ha sido un profundo desconocimiento y una escasa visibilidad de la institución provincial por parte de los ciudadanos, que ha tenido con el transcurso del tiempo efectos perversos, pues ha degenerado en demasiados casos en un modelo caudillista, poco democrático, en el que la inmensa mayoría de diputados provinciales son desconocidos por quienes supuestamente les representan. En este contexto, la necesidad de una reforma del modelo electoral se torna imprescindible si se quiere reforzar el papel de estas instituciones territoriales intermedias en el contexto de un Estado descentralizado.

4.2. El modelo electoral de las diputaciones provinciales en la Ley Orgánica 5/1985, de 19 de junio, del Régimen Electoral General (LOREG)

El sistema de elección de las diputaciones provinciales se regula en la normativa electoral donde se establecen las reglas de un particular proceso electoral que se realiza tras la constitución de todos los ayuntamientos de la provincia. Hay que señalar que la configuración actual del régimen electoral es tributario, en gran parte, del diseño realizado por la Ley 39/1978, de 17 de julio, de elecciones locales, destinada a regir las elecciones locales a celebrar "dentro del plazo de treinta días, a partir de la promulgación de la Constitución" (disposición transitoria séptima), que a su vez tuvo como antecedente privilegiado la Ley municipal de 1935[26].

En concreto, desde 1983 las elecciones a diputaciones provinciales se celebran por un procedimiento homogéneo, que difiere en parte del aplicado en 1979, aunque toma de él sus características principales; un procedimiento que se caracteriza por:

a) Sólo se elige diputaciones en 38 provincias, no existiendo esta institución en País Vasco, Canarias, ni en las comunidades autónomas uniprovinciales.

b) El número de diputados se establece, según la población, en 25, 27, 31 ó 51.

c) Cada provincia se divide en circunscripciones, que corresponden a los partidos judiciales vigentes en 1979, con un mínimo de un diputado y el resto se distribuyen según la población de las circunscripciones. Desaparece la limitación por la que ninguna circunscripción podía elegir más de un tercio del total de miembros de la Diputación.

---

26 Ridao i Martín, J., García i Martínez, A. (2015), "La elección directa del alcalde por los vecinos. Criterios para un régimen presidencialista en los gobiernos municipales", en *Revista de Estudios de La Administración Local y Autonómica,* (3), 77-94.

d) En cada circunscripción, los escaños se asignan según el número de votos de cada partido, aplicando la Ley D'Hondt; aquí se marca una diferencia importante respecto a 1979, en que la distribución se hizo a partir del número de concejales.

En efecto, el programa de gobierno, o los candidatos a diputados provinciales, nunca se someten a un proceso electoral directo. Su elección, como refleja la LRBEL y la LOREG, se realiza de forma indirecta a partir de los resultados de las elecciones municipales. El fundamento del modelo electoral pivota sobre el resultado (número de votos) obtenido por cada partido político en las circunscripciones delimitadas por los partidos judiciales, que determinan el número de diputados provinciales asignado a cada partido, que a su vez se elegirán entre los concejales o alcaldes. Por su parte, el Pleno elige, a su vez, al presidente de la diputación. Los ciudadanos nunca visualizan a los candidatos a diputados provinciales, o a presidentes de diputación, y aún menos asistirán a ningún debate sobre los programas o proyectos que abordarán las diputaciones. Este déficit de legitimidad democrática debería constituir por sí mismo una razón suficiente para cuestionar esta institución.

En efecto, el art. 141.2 de nuestro texto constitucional señala que: "El gobierno y la administración de la provincia estarán encomendadas a las diputaciones provinciales u otras corporaciones de carácter representativo". Se trata, sin lugar a dudas, de una regulación muy general si la ponemos en relación con la que establece el art. 140 CE para la elección de los concejales y el alcalde en los ayuntamientos. La Constitución únicamente se refiere a que el gobierno de la provincia será ejercido por un órgano de carácter representativo, aunque no menciona ninguna modalidad electoral concreta como en el caso de los municipios. Esa opción se encomienda al legislador, quien dispone de un amplio espacio de configuración para concretar qué tipo de sistema electoral se incorpora. De este modo, excepción hecha de los regímenes especiales autonómicos y forales, el sistema electoral previsto con carácter general para conferir representatividad a las diputaciones provinciales, como ha señalado Carlos Garrido López, supone la combinación de dos de las opciones referidas: de una parte, la elección indirecta o de segundo grado de los diputados, atribuida a los concejales de los municipios comprendidos en las circunscripciones electorales en que se divide la provincia y, de otra, la determinación automática del número de escaños asignados a cada uno de los grupos políticos que concurrieron a las elecciones municipales en función de los resultados de las mismas en cada uno de los partidos judiciales.

Una de las principales críticas, aparte de la opción del legislador por la elección de segundo grado, radica en la utilización de los partidos judiciales de 1979 como circunscripciones electorales. Como ha puesto de manifiesto Belda Pérez-Guerrero[27], el elevado número de partidos judiciales existentes en muchas provincias tiene como consecuencia directa un reducido tamaño electoral, que limitan la proporcionalidad del sistema electoral provincial. El problema, según expresan los autores citados, radica en que los partidos judiciales no son demarcaciones que se ajusten realmente al asentamiento de la población en el territorio, y esto provoca una importante distorsión en el reparto de escaños, hasta el punto de que en muchos de ellos solo se eligen dos o tres representantes provinciales, por lo que la fórmula proporcional D'Hondt que conforme al art. 205.3 LOREG se utiliza para distribuir los escaños entre los grupos políticos y las agrupaciones de electores opera, en la práctica, como una fórmula mayoritaria, que reduce el pluralismo político en la diputación y que excluye a los partidos minoritarios del reparto de escaños. Pero además, y por otro lado, la opción de considerar a los partidos judiciales como circunscripciones electorales, sin tomar verdaderamente en consideración el dato poblacional con factores correctores a la hora de establecer las circunscripciones electorales, determina además una

27 Pérez- Guerrero, B. (2000), *Los representantes locales en España,* Centro de Estudios Políticos y Constitucionales, Madrid, p. 266-267

desproporcionada representación en las diputaciones de las capitales y de los partidos judiciales de las grandes aglomeraciones urbanas, en detrimento de las zonas rurales (que curiosamente van a ser las principales receptoras de los servicios que presta la diputación). Nadie pone en duda que los diputados provinciales representan a la provincia en su conjunto y no a los ciudadanos de los partidos judiciales que los elijen, pero pese a ello, y aunque los diputados no se agrupan en la diputación atendiendo a criterios territoriales, sino políticos, parte de la doctrina considera necesario avanzar en la consideración de una verdadera representación de la provincia concebida en cuanto colectividad frente a los municipios que la integran[28].

De hecho, el propio legislador fue consciente de lo perverso de un sistema de elección que hacía pivotar sobre el partido judicial la distribución de escaños, y precisamente a este efecto contribuyen las previsiones del apdo. 2 del art. 204 LOREG, cuyas letras a) y b) que establecen dos correctivos adicionales a la regla de la proporcionalidad aplicable al reparto de escaños que el apdo. 1 del mismo artículo encomienda a las juntas electorales provinciales: el primero, que todos los partidos judiciales deberán contar, al menos, con un diputado, y, el segundo, que a ningún partido judicial pueden asignársele más de tres quintos del número total de diputados provinciales. Se pretende, con ello, al tiempo, asegurar una representación mínima de las circunscripciones más despobladas y limitar la sobrerrepresentación de la capital de la provincia, que, de otro modo, debido a su peso poblacional, acapararía la práctica totalidad de los escaños de la diputación. Aun así, la sobrerrepresentación se produce en la práctica al configurarse como un sistema que hace depender las mayorías de la diputación de los resultados electorales de las grandes aglomeraciones urbanas, que pueden estar integradas por dos o más partidos judiciales, corriéndose el riesgo de que

---

28 Vid. Morell Ocaña, L. (1988), *El régimen local español,* Madrid, Civitas. 769; Martín-Retortillo Baquer, S. (1991), *La provincia: pasado, presente y futuro,* Madrid, Civitas, 76.

las dinámicas políticas en estas áreas determinen el gobierno de la diputación en su conjunto. Esto lleva, desde nuestro punto de vista, a una desproporción en la representación real de la diversidad de intereses y necesidades que existen dentro de una provincia.

En resumen, aunque las medidas establecidas por la LOREG en orden a la distribución de escaños intentan corregir las desigualdades inherentes a un sistema electoral basado en partidos judiciales y que intenta, aunque sin demasiado éxito, mitigar la concentración de poder en áreas urbanas densamente pobladas, la realidad es que lleva a una patente desproporción en la representación de la diversidad de intereses dentro de la provincia, persistiendo una tensión entre la representación proporcional y la equidad en la distribución de escaños. De este modo, aunque la LOREG busca soluciones para asegurar que todas las áreas, tanto urbanas como rurales, estén representadas de manera justa en las diputaciones provinciales, estas soluciones no eliminan completamente las desigualdades. La representación proporcional implica que los escaños se distribuyan según el número de votos recibidos, lo que beneficia a las áreas con mayor población. Por otro lado, la equidad en la distribución de escaños busca garantizar que las áreas menos pobladas también tengan una voz significativa. Esta tensión surge porque las medidas correctivas, aunque necesarias, no logran equilibrar perfectamente ambos objetivos, resultando una representación que favorece a las áreas más pobladas en detrimento de una verdadera equidad territorial.

4.3. Consideraciones sobre el modelo representativo: Un modelo representativo pero escasamente participativo

A pesar de las críticas que acusan al sistema de falta de democracia por su naturaleza indirecta, es importante poner en perspectiva esta afirmación. Aunque los diputados provinciales no son elegidos directamente por los ciudadanos, el sistema ciertamente mantiene un nivel de participación democrática a través de los concejales municipales. Las críticas a menudo provienen de aquellos que desean justificar la supresión de las diputaciones provinciales más que mejorar el sistema electoral. Argumentan que la elección indirecta reduce la transparencia y la rendición de cuentas. Sin embargo, el sistema garantiza que las diputaciones reflejen las preferencias políticas expresadas en las elecciones municipales, proporcionando un equilibrio entre eficiencia administrativa y representatividad política. Esto es innegable. Pero la verdadera cuestión es si el modelo por el que optó el legislador es el más adecuado a la naturaleza política e institucional de estas administraciones territoriales intermedias.

Es cierto que el sistema electoral de las diputaciones provinciales en España, tal como se deriva del artículo 141.2 de la Constitución, permite un amplio margen de configuración por parte del legislador. Y en este sentido, la combinación de la elección indirecta y la asignación automática de escaños asegura una representación proporcional basada en los resultados municipales. Aunque criticado por algunos por su falta de elección directa, el sistema proporciona una forma legítima de representación democrática y debe ser evaluado en su totalidad antes de considerar su reforma o eliminación. Si miramos al Derecho comparado nuestro país es ciertamente un caso peculiar en lo referente al modelo de elección de las diputaciones provinciales. En este sentido, se ha dicho con bastante acierto que "España es una absoluta y huérfana excepción: no existen Gobiernos locales intermedios en ningún país miembro de la Unión Europea que dispongan de un sistema electoral de sufragio indirecto o de segundo grado. Todos los Gobiernos locales intermedios, con variantes que no vienen al caso, tienen sistemas de legitimidad democrática directa en la elección de sus órganos representativos o de sus propios presidentes, en su caso"[29]. De hecho, España tuvo que hacer una excepción a la aplicación en nuestro país de

---

[29] Fundación Democracia y Gobierno Local (2011), *Libro Verde. Los gobiernos locales intermedios en España,* Barcelona.

la carta Europea de Autonomía Local Carta Europea , en cuyo art. 3.2 es establece que los miembros de las asambleas o consejos locales estén integrados por miembros elegidos por sufragio libre, secreto, igual, directo y universal. A tal efecto, en el Instrumento de ratificación se señaló expresamente que "el Reino de España no se siente vinculado por el apartado 2 del artículo 3 de la Carta en la medida en que el sistema de elección directa en ella previsto haya de ser puesto en práctica en la totalidad de las colectividades locales incluidas en el ámbito de aplicación de la misma".

De este modo, el modelo de elección de nuestras diputaciones es sin dudas representativo pero escasamente participativo. Los elementos básicos del concepto de representación política están recogidos en los artículos 66.1, 67.2, 67.3 y 69.3 de la Constitución Española. Estos artículos detallan una relación formal entre el colectivo soberano, actuando como tal, y el órgano que actúa como su representante, en cada uno de los niveles territoriales de un Estado que se define, entre otros aspectos, por el principio de autonomía[30]. "Representar", como acertadamente señala Gonzalo Arruego, es "hacer presente lo ausente", por ese motivo es el adjetivo "política" el que da el verdadero significado al término. De este modo, el concepto de representación política se basa en la habilidad de un colectivo para estructurarse políticamente a través de un sistema de poder que es plural y territorialmente diverso, manteniendo el principio de autonomía. Esto significa que no hay una sola relación representativa; además de la que abarca a toda la comunidad, existen otras estructuras institucionales representativas que formalizan al colectivo en los distintos niveles territoriales de autonomía en los que se organiza la comunidad. La representación política posibilita que un colectivo decida "formalizarse políticamente" a través de estructuras de poder que deben respetar la diversidad territorial. En otras palabras, dentro

---

30 Arruego Rodríguez, G. (2004), "Representación política y régimen electoral", *Cuadernos de Derecho Público,* núm. 22-23 (mayo-diciembre, 2004), 147.

de un Estado que se define por su principio de autonomía, la representación política no se articula de manera única. A nivel práctico, esto significa que existen múltiples relaciones representativas que funcionan en diferentes niveles territoriales, cada uno con su propia estructura institucional y normativa. El Tribunal Constitucional ha reiterado en su jurisprudencia que el ámbito institucional definido por la representación política incluye tanto a las Cortes Generales como a los entes territoriales en los que se organiza el Estado, conforme a lo previsto en el artículo 137 de la Constitución. Esto significa que la representación política no se limita únicamente al nivel nacional, sino que se extiende a los diversos niveles de autonomía territorial, reflejando así la estructura descentralizada del Estado español.

El concepto de representación incorpora, así, un doble aspecto: es tanto ser representado como identificarse el representado en la imagen del representante, y precisamente es en este aspecto donde falla el actual sistema de representación política en las diputaciones provinciales. Como señaló en su momento T. Hobbes "una multitud de hombres se convierte en una persona cuando está representada por un hombre o una persona, de tal modo que ésta pueda actuar con el consentimiento de cada uno de los que integran esta multitud en particular"[31]. En este sentido, señala Gonzalo Arruego que "el concepto constitucional de representación política describe, en suma, una relación de unidad de voluntad entre colectivo representado y órgano representante; más concretamente, en un contexto democrático la representación política describe una forma de participación inorgánica a cuyo través se expresa la voluntad general como voluntad de la generalidad de los ciudadanos en los distintos ámbitos en que territorialmente se articula el Estado precisamente en lo que tiene de general"[32].

---

31 Hobbes, T., (1651), *Leviatan o la materia, forma y poder de una República eclesiástica y civil*, Parte I, Capítulo XVI, Londres: Andrew Crooke, 135.

32 Arruego Rodríguez, G. (2004), 152.

La participación política es un principio constitucional que se vincula directamente con la soberanía nacional. Este vínculo permite diferenciar la participación política de otras formas de manifestación del principio representativo en la organización social del poder, especialmente en lo que respecta a la democracia participativa. No puede perderse de vista que la participación política, en este contexto, se vincula con los mecanismos y procesos a través de los cuales los ciudadanos ejercen esta soberanía y el medio más evidente de participación política incluye el voto en las elecciones, es decir el derecho de sufragio activo. El modelo de elección indirecta de las diputaciones provinciales no encaja bien con ese modelo de democracia representativa en la medida que genera una desconexión entre la ciudadanía y sus representantes en las diputaciones provinciales. De este modo, un sistema democrático donde la soberanía reside en el pueblo debe asegurar que la ciudadanía tenga el mayor control posible sobre la elección de sus representantes y las decisiones políticas. La participación política directa es crucial para asegurar que las decisiones reflejen verdaderamente la voluntad general y es precisamente aquí donde falla el modelo electoral de las diputaciones provinciales.

4.4. Los orígenes del actual modelo de elección y su evolución: Aspectos esenciales del régimen de elección de diputados provinciales

La elección directa de los diputados provinciales en circunscripciones plurinominales fue una innovación significativa introducida en el proyecto de ley orgánica de elecciones provinciales, elaborado por el Gobierno de Calvo Sotelo. Este cambio surgió en cumplimiento de los pactos autonómicos firmados en 1981 entre el Gobierno y el Partido Socialista Obrero Español (PSOE). Aunque este proyecto no prosperó debido a la disolución de las Cámaras, sentó las bases para futuras reformas en el sistema electoral de varias regiones de España. En el País Vasco, la elección directa de los diputados se concretó a través de las leyes 2, 3 y 4 del 7 de marzo de 1983, que establecieron este método para las juntas generales de los territorios históricos. Este sistema permitió una mayor representatividad y proximidad entre los electores y sus representantes.

En Canarias, por su parte, se adoptó un enfoque similar aunque específico para su contexto geográfico. La elección directa se implementó no para las mancomunidades interinsulares, que actuaban como réplicas formales de las diputaciones en el archipiélago, sino para los cabildos insulares. El sistema electoral directo de los cabildos está regulado en el artículo 201 de la Ley Orgánica del Régimen Electoral General (LOREG), derivado del artículo 37 de la Ley Electoral de Canarias. Hasta la entrada en vigor del Estatuto de Autonomía de las Islas Baleares, los miembros de los consejos insulares también eran elegidos directamente por los ciudadanos, en conformidad con el artículo 39 de la LEL. Este mecanismo electoral fomentaba una mayor implicación de los ciudadanos en la elección de sus representantes insulares, reforzando la autonomía y la gobernanza local.

Durante la tramitación de la Ley de Elecciones Locales, en marzo de 1978, el grupo parlamentario socialista propuso un sistema de elección mixto para las diputaciones provinciales. Este sistema permitiría la coexistencia de diputados elegidos directamente en una circunscripción única y diputados designados por los concejales de cada partido judicial. No obstante esta propuesta no tuvo éxito. Varios diputados del PCE defendieron también esta fórmula durante la tramitación parlamentaria de la Ley Orgánica 6/1983, del 2 de marzo, de reforma de la Ley de Elecciones Locales, pero tampoco lograron sacarla adelante. Años después, durante la tramitación de la LOREG, algunos diputados comunistas propusieron un sistema electoral de segundo grado en circunscripción única que coincidiera con la totalidad del territorio provincial. Esta propuesta tenía como objetivo potenciar la proporcionalidad en la distribución de escaños, siguiendo una tradición histórica arraigada y alineada con una visión instrumental o funcional de la provincia. Aunque estas iniciativas no fueron adoptadas, reflejan los esfuerzos continuos por mejorar la representatividad en el sistema electoral español, al tiempo que ponen de manifiesto la disfuncionalidad del modelo actual. Sin embargo, los legisladores de la Ley de Elecciones Locales y posteriormente los de la LOREG decidieron combinar la elección indirecta de segundo grado de los diputados, realizada por los concejales de los partidos judiciales de la provincia, con varias fórmulas automáticas de distribución basadas en los votos obtenidos por las formaciones políticas en las elecciones municipales, sin que el Tribunal Constitucional haya planteado objeciones al respecto.

Con excepción de los regímenes especiales autonómicos y forales, el sistema electoral para las diputaciones provinciales en España se ha mantenido sin cambios significativos. Este sistema pretende garantizar que los concejales sólo puedan atribuirse representatividad si pertenecen a las formaciones políticas que han obtenido escaños en la diputación en su correspondiente partido judicial, una división territorial propia de la Administración de Justicia que cuenta con una larga tradición para atribuir los puestos de diputados provinciales, estableciéndose una asignación automática del número de puestos a cada grupo político o agrupación de electores. El modelo tiene como objetivo principal tratar de equilibrar la representatividad y la eficiencia en la elección de los diputados provinciales, pues al combinar la elección indirecta con la asignación proporcional de escaños, se pretende evitar que las formaciones políticas con menos apoyo popular puedan influir desproporcionadamente en las decisiones provinciales. Además, se busca garantizar que los partidos con mayor respaldo en las elecciones municipales tengan una representación acorde a su apoyo electoral, promoviendo una gobernanza más justa y representativa en las diputaciones provinciales[33]. Se corrige, así, mediante la asignación automática

---

[33] Salvador Crespo, M.T. (2014), "Las competencias de las diputaciones provinciales en la Ley 27/2013, de 27 de diciembre, de racionalización y sostenibilidad de la Administración Local", *Cuadernos de derecho local,* núm. 34, 2014 (Ejemplar dedicado a: La revisión del Gobierno y la Administración local en la Ley 27/2013), 112-113.

del número de puestos correspondientes a cada grupo político o agrupación de electores, la desproporción entre escaños y votos que se derivaría de un mecanismo indirecto stricto sensu, en el que los concejales electos de cada distrito pudieran actuar incondicionalmente como auténticos compromisarios de las fuerzas políticas que los eligen. Sin embargo, al depender de la representación obtenida en los partidos judiciales, puede ocurrir que partidos minoritarios, pero con apoyo significativo a nivel provincial, queden infrarrepresentados si su fuerza está dispersa geográficamente y no concentrada en un número suficiente de partidos judiciales, y por otro lado, dado que los concejales actúan como intermediarios en la elección de los diputados provinciales, las cúpulas de los partidos tienen una gran influencia en la selección de los candidatos, lo que puede llevar a un sistema donde las lealtades internas dentro del partido sean más importantes que la conexión con los votantes o la idoneidad de los candidatos para abordar las necesidades provinciales.

De este modo, estamos ante un modelo que implica que quienes eligen a los diputados provinciales no actúan en representación de los habitantes de sus municipios, sino como delegados de las fuerzas políticas a las que pertenecen. Esta función se considera un requisito previo para un acto administrativo posterior: la proclamación de diputados y suplentes por la Junta Electoral de Zona. Morell Ocaña los describe como simples apoderados del grupo político, ya que su intervención es mayormente formal y destinada a ratificar decisiones tomadas en otras instancias, a las que realmente se ha reservado la función electoral[34]. De este modo, la LOREG viene a reconocer legalmente la existencia de colegios electorales compuestos exclusivamente por concejales pertenecientes a cada fuerza o partido político con representación en los ayuntamientos de cada uno de los partidos judiciales. La ley consagra esta realidad al priorizar en este acto electoral no la condición de cargos públicos representativos de los conce-

34 Morell Ocaña, L. (1988), 77.

jales, sino su vinculación partidista y su relación asociativa con organizaciones políticas. Así, el predominio de los partidos políticos en este modelo es indiscutible, son los actores principales del proceso electoral. De este modo, el sistema de elección de los diputados provinciales, tal como se ha detallado, se enfrenta a severas críticas debido a su déficit democrático, su complejidad y el protagonismo excesivo conferido a los partidos políticos. No está demás reiterar que en dicho sistema electoral, se carece de información sobre los programas electorales, los proyectos y los candidatos, lo que impide a los ciudadanos conocer las propuestas específicas y los perfiles de aquellos que aspiran a representarlos. Además, las campañas electorales locales suelen ignorar la dimensión provincial, enfocándose en cuestiones de menor relevancia y obviando la evaluación de la actividad desarrollada por los diputados durante su mandato. Este sistema de elección indirecta obstaculiza la valoración de la gestión política tanto de la mayoría gobernante como de la oposición, y no facilita el escrutinio ciudadano ni la rendición de cuentas, dado que la composición de las diputaciones provinciales queda en manos de los aparatos partidistas, sin intervención directa de los ciudadanos. Es más, como manifiesta acertadamente Salvador Crespo, el actual modelo se caracteriza por el control absoluto de las formaciones políticas en todas las fases del proceso electoral, desde la elaboración de las candidaturas hasta la propia elección de los diputados. Para ser diputado provincial, como hemos señalado, debes ser candidato por una formación política y obtener acta de concejal en algún ayuntamiento del partido judicial correspondiente. A continuación, es el propio partido quien elige a los candidatos; "por tanto, si el partido no quiere dar opción a que una persona se pueda postular en su momento para formar parte de la corporación provincial, no facilita su inclusión en candidatura alguna y, en ese caso, no cumple con el requisito habilitante para ser elegido diputado provincial"[35]. Consiguientemente, no solo se requiere la condición de concejal electo, sino

[35] Salvador Crespo, M. (2014), 170

haberlo sido en una candidatura de una fuerza política a la que, por el cómputo de los votos, le corresponda al menos un escaño y que la propia formación política, a través de sus concejales, avalen al posible candidato a diputado. De este modo, siguiendo a Garrido López, existe una relación representativa entre los correligionarios y el representante, que anula la relación básica entre representantes y la ciudadanía, en la medida que los concejales acuden no en representación de sus municipios, "sino en calidad de delegados de las formaciones o agrupaciones que los incluyeron en sus listas"[36].

En definitiva, el método de elección de segundo grado, en el cual los ciudadanos no participan directamente en la elección de sus representantes provinciales, genera un déficit democrático significativo. Este procedimiento de elección indirecta no solo impide una evaluación adecuada de la gestión pública, sino que también obstaculiza la transparencia y la responsabilidad política. La mayoría de los ciudadanos desconocen quiénes son sus representantes provinciales, cuáles son sus actividades y cómo se gestionan los recursos públicos. Esta desconexión entre los ciudadanos y sus representantes debilita la democracia y limita la capacidad de los ciudadanos para exigir rendición de cuentas. La falta de conocimiento y participación en el proceso electoral provincial subraya la necesidad de reformas que permitan una mayor transparencia y una conexión más directa entre los electores y sus representantes.

4.5. Una reflexión crítica: la necesaria reforma del sistema electoral

La Comisión de Diputaciones, Cabildos y Consejos Insulares trasladó al XIII Pleno de la FEMP una resolución acerca de propiciar una reflexión sobre el sistema electoral provincial en la línea

---

36 Garrido López, C. (2022), "El sistema electoral de segundo grado de las diputaciones provinciales", en *Revista Española de Derecho Constitucional*, 124, 75-105.

de abrir un debate sobre las diversas fórmulas posibles que pudieran corregir los distintos problemas de percepción que genera su actual configuración. El objetivo pretendido no era otro que avanzar hacia un modelo de elección directa de los representantes de los Gobiernos Locales Intermedios.

En efecto, en atención a las críticas generalizadas del modelo electoral de las diputaciones provinciales, en los últimos años se han formulado diversas propuestas de reforma del sistema electoral. Entre las alternativas más discutidas se encuentra la sustitución del sistema indirecto por uno de elección directo, en el que diversas candidaturas compitan en un proceso similar al de las elecciones municipales. Otra propuesta es la creación de un modelo mixto de representación que combine la elección directa de algunos diputados por parte de los ciudadanos con la elección indirecta de otros por los concejales. Finalmente, también se ha considerado la posibilidad de reformar el sistema actual de elección indirecta de segundo grado, corrigiendo algunos de sus aspectos más disfuncionales para mejorar la transparencia y la rendición de cuentas. Estas propuestas tienen como objetivo fortalecer la democracia, incrementar la participación ciudadana y garantizar que los representantes provinciales sean verdaderamente responsables ante los electores. No obstante, hay que reconocer que existen también algunas voces críticas ante una eventual reforma del modelo de elección de las diputaciones provinciales. En este sentido, Biglino Campos se ha mostrado contrario a este planteamiento por considerar que la elección directa es incoherente con la naturaleza y función de las diputaciones provinciales, cuyas competencias son fundamentalmente instrumentales[37]. De este modo, la provincia como una entidad local determinada por la agrupación de mu-

---

37 Biglino Campos, P. (2017), "La reforma de la elección de los miembros de las diputaciones provinciales: mejorar la legitimidad de origen respetando la legitimidad de ejercicio", en Parejo Alfonso L. (dir.). *El futuro de la Administración local y el papel de los gobiernos locales intermedios*, Barcelona, Fundación Democracia y Gobierno Local, 373-375.

nicipios, cumple esencialmente una labor de apoyo y asistencia al ejercicio de competencias y servicios municipales, por lo que tendría toda su lógica que los diputados provinciales sean a su vez concejales. Ahora bien, se trata de un razonamiento que gira exclusivamente en la percepción de la provincia como una mera agrupación de municipios, limitada al ejercicio de competencias instrumentales en relación a los mismos; un planteamiento que desde nuestro punto de vista debilita a la provincia como un auténtico gobierno local territorial intermedio y que aleja a la ciudadanía de una verdadera representación a nivel provincial. Y, por otro lado, pese a que el núcleo competencial de las diputaciones provinciales gira en torno a la asistencia a los municipios, no podemos olvidar que la ley, en particular desde la LSRAL, le atribuye otras competencias propias que van mucho más allá de esa la labor meramente asistencial o de apoyo, como es el caso de la prestación de servicios de carácter supramunicipal o la coordinación de los servicios municipales obligatorios en el ámbito provincial. De este modo, para fortalecer la legitimidad institucional y democrática de las diputaciones provinciales y, en su caso, adecuarla a las disposiciones del artículo 3.2 de la Carta Europea de Autonomía Local, así como para mejorar su calidad representativa y su visibilidad, consideramos necesario abrir un proceso de reflexión sobre la reforma del sistema electoral de las diputaciones provinciales[38].

La elección directa de los diputados provinciales por parte de los ciudadanos traería como consecuencia un incremento notable en el protagonismo político de las diputaciones. Al ser elegidos directamente por el pueblo, estos diputados adquirirían una legitimidad democrática más sólida, reflejando de manera más precisa la voluntad popular. Este cambio no solo elevaría el perfil político de las diputaciones, sino que también mejoraría la confianza de los ciudadanos en estas instituciones, al saber que sus líderes son elegidos directamente por ellos y

38 Salvador Crespo, M., "Algunas pistas para entender las elecciones locales en clave provincial", *Instituto de Derecho Local*, blog, Mayo 2015.

no a través de mecanismos indirectos. Precisamente, un aspecto clave de la elección directa es la posibilidad que ofrece a los ciudadanos de evaluar los programas de gobierno provinciales y la gestión realizada por las diputaciones durante su mandato. En cada proceso electoral, los ciudadanos tendrían la oportunidad de contrastar las promesas y los logros de los representantes provinciales, permitiendo una rendición de cuentas efectiva. Esto fomentaría una mayor transparencia y responsabilidad política, ya que los diputados serían conscientes de que su reelección depende directamente de su desempeño y del juicio de sus electores.

Hay que recordar que existen precedentes históricos importantes de la elección directa de las diputaciones provinciales por los ciudadanos, especialmente tras la consolidación de este método en la Ley Provincial de 29 de agosto de 1882. Esta ley, a través de su artículo 33, reconocía el sufragio en comicios provinciales a todos los españoles varones mayores de edad. Esta experiencia histórica nos proporciona un marco de referencia valioso para afrontar la necesaria reforma del actual sistema electoral. Además, la elección directa de los diputados provinciales alinearía a las diputaciones españolas con otras entidades locales intermedias en Europa, donde la elección directa es la práctica común. Esta armonización no solo fortalecería la democracia local en España, sino que también proporcionaría a las diputaciones una legitimación popular equiparable a la de sus homólogas europeas, promoviendo una mayor cohesión y estándares democráticos a nivel continental. Por su parte, la opción por un modelo electoral mixto que combine la elección popular directa de un número de diputados y la elección indirecta del resto siguiendo un procedimiento electoral similar al establecido en la LOREG también cuenta en nuestro Derecho histórico con precedentes. En concreto, el Estatuto Provincial de 1925 que distinguía entre diputados directos y diputados corporativos. Los primeros (titulares y suplentes), cuyo número se determinaba en el propio Estatuto para cada provincia, sería elegidos por sufragio universal (masculino) estableciéndose la provincia como circunscripción electoral, dividida en los mismos distritos y Colegios que se fijaban para las elecciones municipales. No obstante, para algunos casos se permitía la división de la circunscripción electoral en dos, en concreto cuando la capital de la provincia tuviera un censo de electores igual o superior al de todos los demás municipios reunidos. En estos casos, se formaba dos circunscripciones: una, constituida por la capital, y la otra por el resto de la provincia. A cada una de dichas circunscripciones se le asignaría por la Junta provincial del censo el número de diputados provinciales que proporcionalmente procediera según los electores que respectivamente tengan. Por su parte, los denominados diputados corporativos (titulares y suplentes), en igual número que los de elección directa, eran designados por los ayuntamientos de la provincia, constituidos a este efecto en colegios electorales, y se señalaba que sólo podrían ser diputados corporativos los concejales de los ayuntamientos de la provincia, ya fuera directos o corporativos, titulares o suplentes. Se trataba de un complejo procedimiento, muy en la línea del corporativismo que caracterizó al régimen primorriverista que, sin embargo, no se llevó a la práctica, pues las diputaciones provinciales funcionaron con comisiones gestoras de designación gubernativa hasta bien entrado el régimen franquista. El objetivo de este modelo trata de buscar un equilibrio entre la representatividad política de los ciudadanos y la presencia de los intereses de los municipios que integran la provincia. Pero esta fórmula, debe ser descartada a nuestro juicio por su complejidad y porque presenta una evidente distorsión en la representatividad, al dividir el número total de diputados en dos tipos o clases, y resultaría difícilmente justificable de cara a la ciudadanía que la mitad de los miembros de un órgano representativo fueran elegidos por los partidos políticos, mientras que solo la otra mitad directamente por los ciudadanos.

La opción más viable de reforma debe pasar por un replanteamiento total del modelo a fin de optar por una elección directa con el objetivo de reforzar la legitimidad basada en el principio democrático y alinearlo con los modelo europeos de elección de los representantes de gobiernos intermedios, pues tal y como hemos indicado anteriormente nuestro país es una absoluta excepción en el panorama político en Europa, pues no existen Gobiernos locales intermedios en ningún país miembro de la Unión Europea que dispongan de un sistema electoral de sufragio indirecto o de segundo grado, fundamentándose todos ellos en sistemas de legitimidad democrática directa en la elección de sus órganos representativos o de sus propios presidentes.

En esta línea, nuestro planteamiento desde una perspectiva jurídica, parte de la necesaria reforma del actual sistema de elección de los miembros de las diputaciones provinciales a fin de prever su elección directa por el conjunto del cuerpo modo electoral de la provincia, mediante sufragio libre, secreto, igual, directo y universal, conforme a lo dispuesto en el artículo 3.2 de la Carta Europea de Autonomía Local de 1985. Desde esta perspectiva, las candidaturas para la elección de los miembros de las diputaciones provinciales deberían configurarse como listas cerradas y bloqueadas, asegurando una representación equilibrada de género, en consonancia con las normativas aplicables a las elecciones generales, autonómicas y al Parlamento Europeo. La votación debería coincidir con la jornada electoral prevista para las elecciones municipales (el cuarto domingo del mes de mayo) utilizando una urna separada para este propósito. Este modelo permitiría que los candidatos a diputados pudieran no ser concejales ni necesariamente ir en las listas de las elecciones municipales. El procedimiento de asignación de escaños se realizaría aplicando los criterios establecidos en el artículo 163 de la LOREG, distribuyendo los escaños en función de los votos obtenidos por cada candidatura en el ámbito provincial, eliminando así la actual división territorial en partidos judiciales. Lógicamente, esta propuesta implica una modificación sustancial del sistema de elección vigente y debería ser el resultado de un consenso político, al menos entre las principales fuerzas políticas del país. Esta reforma, de *lege ferenda*, se alinearía con los principios de la Carta Europea de Autonomía

Local promoviendo un proceso electoral directo y representativo para las diputaciones provinciales.

5. A MODO DE CONCLUSIÓN

Desde su creación hace más de 200 años, las diputaciones han jugado un papel crucial como entes intermedios entre el Estado y el Municipio, especialmente en la coordinación y apoyo a los municipios más pequeños. Aun así, existe un considerable desconocimiento entre la ciudadanía sobre el papel y las funciones que desempeñan las diputaciones provinciales. Para muchos, estas instituciones parecen lejanas y menos visibles en comparación con otros niveles de gobierno, como los ayuntamientos o las comunidades autónomas, un desconocimiento que contribuye a que el papel que desarrollan estas instituciones no siempre sea valorado o entendido por la población. Además, la percepción ciudadana de estas instituciones como entes alejados de las necesidades reales de la población se ha visto agravada por el hecho de que sus miembros no sean elegidos directamente por los ciudadanos, lo que debilita el vínculo entre representantes y representados. A pesar de las críticas, que se inserta en un contexto político y social de cuestionamiento de las instituciones del Estado, las diputaciones han mostrado una notable capacidad de adaptación y resistencia. Esto se debe en parte a su arraigo en la Constitución española y a la legislación estatal que les otorga un marco legal sólido, y al hecho de que desarrollan un papel crucial en la prestación de servicios a municipios pequeños y medianos, especialmente en áreas rurales y despobladas. En los últimos años, algunas diputaciones han mejorado su transparencia y eficiencia para adaptarse a las críticas y redefinir sus roles dentro del marco de la descentralización. En cualquier caso, son muchas las voces críticas que reclaman abrir un debate sobre la necesidad de incrementar la democracia en estas instituciones para mejorar su legitimidad y eficacia.

El debate sobre el futuro de las diputaciones provinciales es complejo y polarizado. Por un lado, algunos partidos políticos defienden la importancia de estas instituciones para la prestación de servicios en municipios pequeños y medianos, argumentando que son esenciales para garantizar la igualdad en el acceso a servicios básicos y promover el desarrollo socioeconómico de las zonas rurales. Por otro lado, otros sectores critican la duplicidad de estructuras y competencias entre las diputaciones, comunidades autónomas y municipios, abogando por una reforma profunda o incluso la supresión de las diputaciones. En cualquier caso, las propuestas de reforma parten de la necesaria modernización de estas instituciones, dotándolas de "competencias propias" para vertebrar y cohesionar el territorio, concertar, cooperar y asistir económicamente, técnica y materialmente a pequeños y medianos ayuntamientos. En cualquier caso, es fundamental un rediseño normativo que refuerce la autonomía provincial y clarifique el papel de las diputaciones a fin de mejorar la eficiencia administrativa y reforzar la legitimidad democrática de estas instituciones. Solo así podrán estas instituciones seguir desempeñando un papel crucial en la administración territorial del país, especialmente en la prestación de servicios a municipios pequeños y medianos, y en la promoción del desarrollo socioeconómico de las zonas rurales. Y en este contexto, la reforma del modelo electoral es decisivo para mejorar la legitimidad de las diputaciones, su visibilidad y percepción por la ciudadanía.

6. BIBLIOGRAFÍA

Arruego Rodríguez, G. (2004), "Representación política y régimen electoral", *Cuadernos de Derecho Público,* núm. 22-23 (mayo-diciembre, 2004), 145-172.

Barrero Rodríguez, C. (2022) "De nuevo sobre el nivel intermedio de gobierno local. ¿Qué cabe hacer sin reformar la Constitución?", en *Documentación Administrativa,* núm. 6, pp. 81–102.

Biglino Campos, P. (2017), "La reforma de la elección de los miembros de las diputaciones provinciales: mejorar la legitimidad de origen respetando la legitimidad de ejercicio", en Parejo Alfonso L. (dir.). *El futuro de la Administración local y el papel de los gobiernos locales intermedios,* Barcelona, Fundación Democracia y Gobierno Local, 373-375.

Carbonell Porras, E. (2021), "Las diputaciones provinciales, garantes de servicios e infraestructuras en los municipios rurales: su posición institucional en la lucha contra la despoblación", en *Cuadernos de Derecho Local,* núm. 56, 84-117.

Clavero Arévalo, M. (1979), *Igualdad, uniformidad y variedad en el tratamiento constitucional de las autonomías,* Universidad de Granada.

De la Quadra Salcedo Fdez. del Castillo, T (2016). "El debate sobre las diputaciones en un escenario de reforma constitucional del título VIII", en *Documentación Administrativa,* 3, enero-diciembre, 2016.

Díez Sastre, S. (2019), "Las formas de gobierno local cuarenta años de Ayuntamientos democráticos: evolución y retos", en *Documentación Administrativa,* núm. 6, enero-diciembre, 114-128.

Fundación Democracia y Gobierno Local (2011), *Libro Verde. Los gobiernos locales intermedios en España,* Barcelona.

García de Enterría, E., (1991) "La Provincia en la Constitución", en Gómez Ferrer Morant, R., (Coord.), *La provincia en el sistema constitucional,* Madrid, Civitas, 5-20.

Garrido López, C. (2022), "El sistema electoral de segundo grado de las diputaciones provinciales", en *Revista Española de Derecho Constitucional,* 124, 75-105.

Hobbes, T., (1651), *Leviatan o la materia, forma y poder de una República eclesiástica y civil,* Parte I, Capítulo XVI, Londres: Andrew Crooke.

Jiménez Asensio, R. (2014), "La reforma local: primer análisis de la Ley de Racionalización y sostenibilidad de la Administración Local Contexto, elementos estructurales y algunas pautas interpretativas para la aplicación de un marco normativo complejo", en *Anuario Aragonés del Gobierno Local,* 5, 281-328.

Linde Paniagua, E. (2018), "Las diputaciones provinciales y su futuro incierto", en Martín-Retortillo Baquer, S. (1991), *La provincia: pasado, presente y futuro,* Madrid, Civitas.

Morcillo Moreno, J. (2014), El pretendido impulso a la administracion provincial en la reforma española de 2013·, en *Istituzioni del federalismo. Rivista di studi giuridici e politici,* núm. 2.

Morell Ocaña, L. (1988), *El régimen local español,* Madrid, Civitas.

Nieto García, A., *Los primeros pasos del Estado constitucional,* Barcelona, Ariel, 1996.

Parada Vázquez, R. (2007), "La segunda descentralización: El Estado autonómico al municipal", en *Revista de Administración Pública,* núm. 72, 9-77.

Parejo Alfonso, L. (1991), "La potestad de autoorganización de Administración Local," en *Documentación Administrativa,* núm. 228, 13-44.

Pérez- Guerrero, B. (2000), *Los representantes locales en España,* Centro de Estudios Políticos y Constitucionales, Madrid, 266-267

Ridao i Martín, J., García i Martínez, A.(2015), "La elección directa del alcalde por los vecinos. Criterios para un régimen presidencialista en los gobiernos municipales", en *Revista de Estudios de La Administración Local y Autonómica,* (3), 77-94.

Rivero Ysern, F. (2014), "La provincia en la Ley de Racionalización y Sostenibilidad de la Administración Local de 27 de diciembre de 2013", en *Revista General de Derecho Administrativo,* núm. 36.

Rodríguez-Arana, J., (2016), "Las competencias de las diputaciones provinciales", en *Cuadernos de Derecho Local,* octubre de 2016, 229-262.

Salvador Crespo, M. (2019), "El papel de los gobiernos locales intermedios en la actualidad", en *Revista Democracia y Gobierno Local,* núm. 44, 10-11.

Salvador Crespo, M.T. (2014), "Las competencias de las diputaciones provinciales en la Ley 27/2013, de 27 de diciembre, de racionalización y sostenibilidad de la Administración Local", *Cuadernos de derecho local,* núm. 34, 2014 (Ejemplar dedicado a: La revisión del Gobierno y la Administración local en la Ley 27/2013), 126.144

Sánchez Morón, M. (2017), "¿Deben suprimirse las diputaciones provinciales?", en *El Cronista del Estado Social y Democrático de Derecho,* nº 6, 46-51.

Tajadura Tejada, J. (2019), "El futuro de las provincias y las diputaciones provinciales ante una reforma de la constitución territorial", en *Teoría y Realidad Constitucional (UNED),* núm. 43, 219-256.

Zafra Víctor, M (2012), "Relaciones entre municipios y provincias", *Cuadernos de Derecho Local (QDL),* núm. 29, 119-140.